냉전의 문화지형과 디아스포라 정체성

재일동포와 민족무용

재일한인 연구총서 **4**

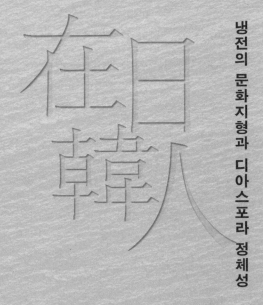

냉전의 문화지형과 디아스포라 정체성

재일동포와 민족무용

한영혜 지음

한울
아카데미

　구한말 피폐한 농촌을 떠난 농민들이 해외로 삶의 터전을 찾아 나선 이래 개항과 식민지 시기를 거치면서 한인들의 해외 이주는 세계 각지로 확대되었다. 낯선 땅에서 삶을 일궈내야 했던 해외 이주 한인들의 다수가 역사의 격랑 속에서 귀환하지 못한 채 이주지에 정착하여 새로운 뿌리를 내렸다. 이 시기에 일본으로 건너간 한인들 중에서도 약 60만 명이 해방 후 여러 가지 이유로 일본에 잔류하여 오늘날에 이르고 있다. 근현대사를 통해 재일한인들이 걸어온 길은 거주국과 본국 어느 쪽의 역사로도 환원될 수 없는 독자적인 궤적을 그리고 있다. 동시에 그 궤적은 거주국과 본국 각각의 역사와 불가분하게 연결되어 있다. 그러나 그동안 대한민국의 현대사에서 재일한인은 제대로 자리매김되지 못했다. 재일한인의 존재와 그들의 삶에 대한 기술이 교과서에 실린 일도 없었다.

　재일한인은 구종주국에서 엄혹한 민족 차별에 맞닥뜨리며 생계를 꾸리고 자식들을 키워내면서 억척스럽게 살아왔다. 절대다수가 본국 국적을 지니고 살았으며, 고달픈 생활 속에서도 '조국' 또는 고향과의 연결선을 유지하고 그 발전에 기여하고자 노력했다. 본국의 적대적 분단과 냉전 체제 공고화로 인해 '조국'과의 연계 강화가 재일한인 사회의 내적 분단과 갈등의 심화로 이어지는 구조적 모순하에서 다양한 주체들이 여러 형태로 본국과 관계를 형성해 왔다. 그러나 한국 현대사의 복합적인 동학 속에서 우리에게 재일한인은 어떤 존재였고, 재일한인에게 '조국'은 어떤 의미를 지닌 존재였는가에 대한 학문적 성찰은 충분히 이루어지지 못했다.

　'재일한인 연구총서' 전 4권은 이러한 문제의식에서 기획된 공동연구의 성과들을 묶어낸 것이다. 2015년 1월 초, 사회학, 인류학, 경제학 전공의 연구자 6명이 모여 각자의 연구 관심과 시각에서 재일한인에 대한 생각을 나누고 문제의식을 공유했다. 이들의 연구 분야는 도시·공간, 지식과 권력, 시민사회, 커뮤니케이션과 미디어, 젠더, 경제사, 기업 등으로, 각자의 관심 영역에서 재일한인에 관한 주제들을 제안하여 이를 토대로 학제적인 공동 연구를 조직하게 되었다. 공동연구의 관점과 방향은 다음과 같이 설정했다.

첫째, 다양한 주체들의 구체적인 실천을 통해 재일한인의 능동적인 역사를 부각시키고 해방 후 재일동포 사회의 역동성과 다양성을 입체적으로 파악한다.

둘째, 해방 이후 한국의 사회 변동과 한일 관계의 변화 속에서 이루어진 재일한인과 한국 사회의 관계 양상을 사회동학적으로 조망한다.

셋째, 재일한인 연구를 넘어 보편적으로 적용할 수 있는 이론적 함의를 발견하는 데 힘쓴다.

넷째, 한국의 연구자 또는 학계의 재일한인 연구는 어떤 독자적인 관점을 가질 수 있는지 성찰해 본다.

공동연구는 2015년 3월부터 2018년 2월까지 3년에 걸쳐 수행되었다. 그동안 공동 현지 조사와 개별 현지 조사 및 연구를 수행하는 한편, 월례 세미나, 워크숍(3회), 심포지엄(3회), 국제학술대회 단독 세션 등을 통해 연구 내용을 점검하고 다양한 국내외 연구자들과 의견을 교환하는 기회를 가졌다. 그중 세 차례의 연례 심포지엄은 다음과 같은 주제로 이루어졌다.

제1차 "'재일한인은 누구인가'를 다시 묻는다"(2016년 9월 23일, 서울대학교 국제대학원. *서울대학교 재일동포연구단·한국사회사학회 공동 주최).
제2차 "1세들의 대한민국: 재일한인의 삶과 정체성, 그리고 조국"(2017년

9월 29일, 대한민국역사박물관. *대한민국역사박물관, 서울대학교
재일동포연구단·서울대학교 일본연구소 공동 주최),

제3차 "재일한인의 주체성, 정체성, 공동체"(2018년 2월 23일, 서울대학
교 국제대학원).

2017년에는 심포지엄 외에도 4월 체코 프라하에서 열린 제28회 유럽한
국학회에 단독 세션을 조직하여 참가했다. 본 연구단은 "First-generation
Ethnic Koreans in Japan Re-explored: Diversity and Agency"라는 주제
로 연구팀 전원이 참가하여 주제 발표와 토론을 했다.

그동안 연구 성과물은 대부분 한국의 전문 학술지에 게재했으며, 특히
제1차 연구 성과는 ≪사회와 역사≫, 113권(한국사회사학회, 2017.3)에 특집
으로 발표되었다. 이번에 출간하는 '재일한인 연구총서' 전 4권은 그동안
학술지에 게재한 논문들을 수정, 보완하고 여기에 참여 연구자의 기존 글들
중 이번 연구와 긴밀하게 연결되는 것 두 편을 더해서 묶어낸 것이다. 3년간
의 공동연구가 종료된 후 연구팀은 1년여 동안 다섯 차례의 세미나를 통해
단행본 편제를 구상하고 그에 맞게 논문들을 수정, 보완하는 작업을 했다.
참여 연구자들의 논문을 다 함께 읽고 토론하면서 이 글들이 어떤 소주제
들로 다시 묶일 수 있는지 생각해 보는 과정은 지적 자극이 넘치는 또 하나
의 공동연구와도 같은 작업이었다. 당초 2권으로 기획했던 단행본은 이 과
정을 거치면서 결국 4권의 시리즈로 바뀌게 되었다. 그런 점에서, 각 권의
저자는 1~3명이지만 사실상 4권 모두가 연구팀 전원의 참여로 탄생한 것이
라고 할 수 있다.

이번 연구 및 출판은 '이희건 한일교류재단'의 지원을 받아 이루어졌다.
동 재단의 설립자 故 이희건 신한은행 명예회장은 재일한인 1세로, 재일동
포들이 힘을 모아 설립한 신한은행의 창립을 주도한 분이다. 연구 지원의

취지를 살려 2017년 9월에 있었던 제2차 심포지엄은 명예회장 탄생 100주년을 기념하는 특별 학술 행사로서 기획되었다. 공동연구와 출판이 원활하게 이루어질 수 있도록 지원해 주신 '이희건 한일교류재단'과 관계자 여러분께 깊은 감사를 드린다. 아울러 총서 출간을 보지 못하고 얼마 전 타계하신 故 박노수 전 이사장께도 생전의 진지한 관심과 협조에 감사드리며 삼가 명복을 빈다.

이훈 동 재단 고문과 故 이희건 명예회장의 가족분들께도 감사드린다. 명예회장의 손녀인 이훈 고문은 필자가 마련한 재일한인 무용가 김리혜 선생 특강을 청강한 것이 계기가 되어 재일한인 연구에 대한 생각을 나누게 되었고, 우리의 문제의식과 연구 방향에 공감하여 재단과의 가교 역할을 해주셨다. 또한 명예회장의 자제분인 이승재, 이경재 선생은 연구 출발 무렵, 연구에 도움이 될 지인들을 소개해 주고 가족사를 전해주는 등 도움을 주셨다.

3년간의 공동연구 과정에서 정말 많은 분들과 기관으로부터 다양한 협조를 받았다. 민단(중앙본부, 도쿄지방본부, 오사카지방본부, 아이치지방본부, 효고지방본부, 오사카 이쿠노미나미지부, 오사카센슈지부), 민단 신문사, 재일한인역사자료관, 가와사키 후레아이관, 고베학생청년센터, 오사카한국인상공회의소, 도쿄한국인상공회의소, 이상의 기관들로부터는 1차 자료와 기출판 문헌들 중에서도 지금은 입수하기 어려운 것들, 문헌 관련 정보들에 관해 많은 도움을 받았다. 자료 입수에 협조를 아끼지 않으신 관계자 여러분께 감사드린다.

대한민국역사박물관, 한국사회사학회, 서울대학교 일본연구소는 학술대회 공동 개최를 통해 연구 내용을 발전시키고 더 많은 사람들과 공유할 수 있는 장을 마련해 주었다. 각 기관 관계자분들께도 감사를 드린다.

위 기관들 외에도 더 많은 단체들로부터 자료와 정보 제공, 소개 등의 다양한 협조를 받았으나, 그 모든 기관과 관계자분들께 감사드리며, 여기서 거명하여 인사를 드리는 것은 비교적 연구팀의 여러 범위에 걸쳐 협조를 받은 기관에 국한하는 점, 양해 부탁드린다.

기관 외에 개인으로서 협조해 주신 분들도 매우 많았다. 야마다 다카오(山田貴夫) 선생과 배중도 선생은 연구의 전 과정에서 자료 제공부터 현지 답사 안내, 중요 인물 소개, 구술 등 다방면에서 지원을 아끼지 않으셨다. 이지치 노리코(伊地知紀子) 교수는 일본에서 재일한인 관련 연구자 및 활동가들과의 간담회를 주선하여 우리의 연구 방향과 관점을 성찰할 수 있는 기회를 제공하고 연구의 전 과정에서 연구 내용에 관한 조언과 구술자료를 제공하고, 중요한 인물을 소개해 주는 등 다방면에서 큰 도움을 주었다. 이 분들의 우정 어린 협조에 진심으로 감사드린다. 그 외 연구 과정에서 인터뷰에 응해주신 분들, 워크숍과 심포지엄 등 학술 행사에서 기조 강연, 토론, 사회 등으로 참가하여 날카롭고 유용한 조언을 해주신 분들 등 감사드려야 할 분이 많으나 총서 각 권의 논문들에서 다시 인사를 드릴 것으로 생각하고 여기서는 한 분 한 분 거명하는 것은 생략한다.

공동연구가 원활하게 진행되는 데 있어서 조교의 역할은 무엇보다도 중요하다. 1, 2차 연도에는 안예담, 3차 연도에는 가와세 에마리(川瀨愛舞璃) 조교가 꼼꼼하고 성실한 일처리로 연구진들을 뒷받침해 주었다. 조교들의 노고에 감사드린다.

출판 사정이 좋지 않은 가운데 상업성과는 거리가 먼 이 총서의 출판 제안을 주저 없이 받아들여 준 한울엠플러스 출판사의 김종수 사장님께도 진심으로 감사를 드린다. 윤순현 차장님은 여러 가지 문제들을 편안하게 조율해 주고, 조수임 팀장님을 비롯한 편집자들은 원고를 꼼꼼하게 챙겨 보면서 단행본에 적합한 모양새로 다듬어주었다. 이분들의 노고에 힘입어 우리의 연구 성과가 좋은 책으로 거듭날 수 있는 것에 감사드린다.

연구를 시작한 지 5년 만에 '재일한인 연구총서'(전 4권) 출판으로 공동연구는 완전히 일단락이 된다. 연구 과정에서 얻게 된 많은 이야기들, 생각들, 자료들이 '추억'으로만 남기기에는 미안하고 아쉬움도 있는 것 같다. 단행본으로 세상에 내어놓은 우리의 그동안의 노력이 '종료'된 '연구 성과'로 남을지, 새로운 이야깃거리를 만들어나가는 마중물이 될지, 두렵기도 하고 설레기도 한다.

2019년 12월
한영혜
서울대학교 재일동포연구단을 대신하여 쓰다

차례

서문: 문제의식과 연구의 궤적

　오늘날 재일한인은 일본으로 건너간 시기에 따라 이른바 '올드커머'와 '뉴커머'로 구분된다. '올드커머'는 일제강점기에 일본으로 건너가 해방 후에도 일본에 남아 정착하게 된 사람들과 그 자손들을 가리키며, '자이니치(在日)'라고도 일컬어지는 좁은 의미의 재일동포이다. 이들은 오늘날 3세, 4세가 활동의 주축이 되고 있고 자손이 6세에 이르렀을 만큼 일본에 뿌리를 내려, 향후에도 일본에서 디아스포라로서 삶을 구축해 갈 가능성이 크다. 이 책은 이러한 재일동포 사회에서 민족무용은 어떻게 전승되어 왔으며, 재일동포들에게 민족무용이 갖는 의미는 무엇인지 탐구한다. 여기서 '민족무용'은 민족 고유의 양식을 바탕으로 무대 공연물로 양식화된 춤을 말한다. 한국에서는 '한국무용' 또는 '한국춤', '고전무용', '전통춤', '우리춤' 등 여러 가지 명칭이 사용되고 있지만, '한국'과 '조선'이 사실상 남·북한의 국가 표상으로 간주되는 일본에서는 '한국무용'은 주로 민단계를 통해 전승된 남한 무용, '조선무용'은 총련계를 통해 전승된 북한무용을 지칭한다. 이러한 재일동포 사회의 상황을 반영하는 동시에 용어 사용상의 혼란을 피하기 위해 이 책에서는 민단계와 총련계, 또는 '한국무용'과 '조선무용'을 아우르는 재일동포 사회의 춤을 '민족무용'이라 칭한다. 그리고 이 책에서 '재일한인', '재일동포'는 첫머리에서 밝힌 좁은 의미로 사용하고, 문맥상 필요할 때는 '자이니치', '재일조선인', '재일한국인'이라는 명칭을 채용한다.

　현대사에서 재일동포가 걸어온 길은 본국의 한인은 물론 재일한인 '뉴커머'와도 다른 궤적을 그리고 있다. 재일동포는 구종주국 일본에서 분단된 두 '조국'을 품고 살아왔으며, 민족무용의 전승에도 이 같은 재일동포 특유의 역사성이 투영되어 있다. 따라서 재일동포 사회에서 민족무용이 전승되는 양상과 성격을 고찰하는 것은 그 역사성이 민족무용에 구체적으로 어떻게 작동하고 있는지를 밝히는 작업이라고 할 수 있다. 재일동포 사회에서 민족무용은 '한국무용'과 '조선무용'이 경합적인 관계를 이루며 전승되어 왔다. 그것은 한반도의 본국이나 다른 재외동포 사회에서 찾아볼 수 없는 특징적인 현상으로, 이렇게 내부에 경합적인 두 계열을 내포한 것으로서의 민족무용이 바로 재일동포의 민족무용에 다름 아니다. 따라서 재일동포 사회의 '한국무용' 또는 '조선무용'에 대해 논할 수는 있지만, 그중 어느 한쪽만으로 재일동포 사회의 민족무용을 설명할 수는 없다. 이러한 문제의식에 기초하여 이 책에서 필자는 민족무용이 '한국무용'과 '조선무용'으로 이원화되어 전개해 온 양상을 고찰함으로써 재일동포 사회의 민족무용의 지형을 그려보고자 하였다. 민족무용의 전승 양상을 무용 양식보다는 전승 체계나 전승 주체들의 행위와 의식에 초점을 맞추어 고찰하며, 무용 양식이나 무용 작품들에 대해서는 그 구체적인 내용이나 성격을 논하지 않고 가능한 범위 내에서 주제와 관련지어 언급하는 정도에 그쳤다. 필자는 사회학, 사회사, 일본지역연구 등을 학문적 배경으로 하는 연구자이며, 애호가로서 전통춤을 추고는 있지만, 무용학 분야는 문외한이다. 재일동포의 민족무용에 대해 평가를 하거나, 재일동포의 민족무용사를 기술하는 것은 필자의 역량 밖의 일이기도 하고, 이 연구가 목표하는 바도 아니다.

이 책에서 탐구하는 내용은 다음과 같다.

첫째, 재일동포 사회에서 민족무용이 '한국무용'과 '조선무용'으로 이원화된 과정과 배경. 적어도 해방 후 한반도에 분단국가가 성립되기까지는 민족무용은 조선무용으로서 하나였다. 이때의 조선무용은 민족무용이 이원화된 이후의 '조선무용'과 명칭이 같을 뿐 본질적으로 다르다고 할 수 있다. 재일동포 사회에서는 당초 민족무용이 어떻게 시작되어 전해졌으며, '한국무용'과 '조선무용'으로 이원화되기 전에는 어떤 형태로 존재하고 있었는 가? 또, 하나의 민족무용은 왜, 언제부터, 어떤 과정을 통해서 두 계열로 나 뉘게 되었는가?

둘째, '한국무용'과 '조선무용' 각각의 전승 체계의 양태와 특징. 무대공연 물로 양식화된 춤으로서의 민족무용은 교육이나 전문적인 훈련을 통해 습 득되고, 공연을 통해 표현되어 대중들과 공유됨으로써 사회적·문화적 의미 를 갖게 된다. 따라서 민족무용의 전승은 교육이나 훈련, 전문 무용가 양성, 공연 등을 수행할 수 있는 체계가 뒷받침되어야 할 것이다. 재일동포 사회 에서 '한국무용'은 민단계에서, '조선무용'은 총련계에서 전승되어 왔는데, 전승 체계 또는 방식에서 각각의 특징은 무엇이며, 만약 공통되는 점이 있 다면 그것은 무엇인가?

셋째, 민족무용 전승에서 본국과의 관계와 재일동포의 독자성. 재일동포 사회에서 '한국무용'과 '조선무용'은 각각 한국과 북한의 무용을 계승하고 있다. 본국으로부터 민족무용의 유입은 어떤 방식 또는 경로들을 통해 이 루어지며, 여기에 관여하는 행위자들은 누구인가? 재일동포 사회의 민족무 용은 본국의 무용과는 다른 독자적인 부분을 갖고 있는가? 재일동포 민족 무용에서 독자성 또는 본국과 다른 특성은 어떤 점에서 찾을 수 있는가? 민 족무용 작품들 중 본국에서 전수한 것과 재일동포가 창작·안무한 것으로는 각각 어떤 춤들이 있는가? 민족무용 공연이 이루어지는 장은 어떤 것들이 있으며, 어떤 춤들이 무대에 올려지는가? 공연의 목적 내지 취지는 무엇이 고, 관객 또는 수요층은 누구인가?

넷째, 민족무용 지형의 변화. 민족무용은 정태적인 것이 아니라 역사적· 사회구조적 맥락의 영향하에서 전승되는 것이며 재일동포 사회의 민족무 용도 예외는 아니다. 그렇다면, 실제로 재일동포 사회의 민족무용 지형에 변화가 있었는가? 있었다면 구체적으로 어떤 변화가 있었으며, 그러한 변화의 요인은 무엇인가?

다섯째, 재일동포 민족무용가 개인의 삶에서 민족무용의 의미. 무용가는 민족무용 전승의 핵심적인 주체라 할 수 있다. 전문 무용가의 양성은 전승 체계에 속하지만, 그것을 넘어서는 무용가 개인의 영역이 있다. 재일동포로서 전문적인 민족무용가의 길을 추구하게 된 동기와 계기는 무엇이며 어떤 과정을 거쳐 무용가가 되었는가? 민족무용 활동에서 재일동포라는 위치는 본국의 무용가들에 비해 어떤 특성(난점과 장점을 포함하여)을 갖는가? 추구하는 민족무용의 방향은 어떤 것인가?

이 책은 총 7개의 장으로 이루어져 있으며, 7개의 장은 전사(前史)와 제1부, 제2부로 나뉜다. 전사에서는 일제강점기 조선무용이 어떤 경로를 통해, 어떤 형태로 일본에 유입되었는지 살펴본다. 필자의 관심은 재일동포의 현대사 내지 동시대사에 있지만, 해방 후 민족무용이 어떤 토대 위에서 전개되기 시작했는지를 파악할 필요가 있었다. 일제강점기에 이미 일본에는 상당 규모의 조선인이 살고 있었고, 일본과 식민지 조선 사이에 문화의 교류도 이루어졌기 때문에 어떤 형태로든 민족무용은 존재했을 것이며, 해방 후 민족무용의 전개와 연속성을 갖는 부분도 있을 것이라 생각했다.

제1부는 "냉전시대 문화지형의 구축"이라는 제목에 나타나듯 냉전기 민족무용의 전개를 다룬다. 여기서는 냉전과 분단국가 체제의 확립을 배경으로 조선무용이 '조선무용'과 '한국무용'으로 나뉘고 무용 양식도 이질화되는 과정을 밝혀보고자 했다. 제2장~제4장의 3개 장으로 구성되며, 제2장은 해방 후 1950년대 말에 이르는 시기의 민족무용의 양상, 제3장과 제4장은 1960~1970년대를 중심으로 각각 '한국무용'과 '조선무용'의 전승 양상을 고찰한다. 제2장에서는 한반도 분단과 연동된 재일동포 사회의 분열에도 불구하고 1950년대까지는 진영에 따른 민족무용 양식의 이질화가 진전되지 않았음을 밝힌다. 재일동포의 민족무용이 '한국무용'과 '조선무용'으로 이원

화되고 무용 양식의 이질화가 진전되는 것은 1960~1970년대임을 밝히고, 그 핵심적인 요인으로서 본국과의 관계, 민족무용 전승체계 등을 고찰한다. '한국무용'과 '조선무용' 각각의 전승 자체도 연구 과제로서 매우 중요하고 필요한 것이므로 제3장과 제4장은 각각의 전승 양상과 전승 체계를 집중적으로 살펴보며, 이를 통해 비교적인 관점에서 양자의 특성을 드러낼 수 있다.

제2부 "경계 넘기와 디아스포라 정체성"은 1960~1970년대에 구축된 민족무용 지형의 변화를 다루고 있다. 1990년대 이후 분명하게 나타나는 변화의 양상들은 과거의 '경계짓기'에 대비되는 '경계 넘기'로 개념화할 수 있다. 제2부도 3개 장으로 구성되어 있다. 제5장은 6명의 재일 2세 한국무용가의 개인사에 초점을 맞추어 그들이 한국무용을 배우게 된 계기와 한국무용가로 성장하기까지의 과정, 한국무용 활동의 양상과 추구하는 한국무용의 방향 등을 탐구한다. 이를 통해, '자이니치'의 정체성에 대해 고민하는 새로운 세대의 등장과 더불어서 냉전기 문화의 헤게모니 경쟁 구도 속에서 이루어졌던 '한국무용'의 전승이 새로운 맥락으로 전환되고 있음을 밝히고자 하였다. 제6장은 '조선무용'의 지형변화를 다룬다. '조선무용' 전승 체계에 나타난 변화를 비롯하여 여러 변화의 구체적인 양상들을 살펴보고, 그 배경과 함의를 고찰한다. 마지막 장인 제7장에서는 재일동포의 무용 활동에서 '한국무용'과 '조선무용'의 경계를 넘는 다양한 실천 사례들을 알아본다.

사실 이 연구는 소박한 궁금증에서 비롯되었다. 필자는 비교적 오랜 기간 전통춤을 배워온 우리춤 애호가이다. 어린 시절부터 동경하던 '고전무용'을 나이 들어서 연구자가 된 후에야 정식으로 배울 수 있게 되었다. 춤은 필자의 본업인 연구와는 전적으로 다른 영역이기도 하고, 그저 좋아서 하는 것으로 오롯이 남겨두고 싶은 마음에 지적 호기심이 일어도 억제하는 편이었다. 그런데, 그렇게 15년쯤 보냈을 무렵 문득 자신이 배우는 춤의 정체성을 알고 싶어졌고, 전통춤에서 '전통'의 의미에 대해 생각해 보게 되었다. '전통'이 박제화된 옛것이 아니라 민족의 삶과 역사의 흐름 속에서 재창조되어 계승되는 것이라면, 일찍이 해외로 이주하여 그곳에 삶의 기반을 구축한 디아스포라 한인의 전통춤은 오늘날 한국의 전통춤과 다른 모습을 띠고 있지 않을까? 필자는 사회학자로서 일본을 주된 연구 대상으로 하고 있었기 때문에, 그런 생각은 자연스럽게 재일동포의 민족무용에 대한 관심으로 이어졌다. 그러나 당초에는 애호가로서의 관심이었을 뿐 연구 주제로 생각했던 것은 아니다. 그런데 필자의 지적 호기심에 부응할 만한 읽을거리를 쉽사리 찾지 못하여 재일동포 무용가에게 이야기를 들어봐야겠다는 생각을 하게 되었다. 처음에는 재일동포 무용가에 대해 아는 바가 없어 지인들에게 혹시 아는 민족무용가가 있으면 소개해 달라고 부탁을 했다. 이렇게 다소 가벼운 마음으로 시작한 일이 뒤에는 연구로 발전하여 이 책의 출간에 이르게 되었다.

'서문'으로서 '적절한' 분량과 체제가 되지 못할 우려를 무릅쓰고, 아래에서는 그간의 연구 궤적을 개략적으로 기술해 보고자 한다. 이 연구는 명확한 문제의식과 방법론에 입각하여 추진된 것이 아니라, 소박한 궁금증을 풀기 위해 재일동포 무용가들을 만나 이야기를 듣는 과정에서 새로운 질문들이 떠오르고 문제의식이 형성되어 연구로 발전한 경우다. 무용가와의 만남도 우연한 계기로 이루어지는 일이 종종 있었다. 즉, 상당한 기간 동안 연구 방향에 따라 만나볼 무용가의 범위나 조건이 정해진 것이 아니라, 어떤 무용가를 만났는가에 따라 연구 방향이 움직이는 방식으로 전개된 것이다. 연구의 궤적을 개략적으로나마 기술하고자 하는 것은 그런 이유에서다.

필자는 2008년 2월로 예정된 고베 현지조사를 앞두고 지인 두 분에게 민족무용가 소개를 부탁드렸다. 현지조사는 그 전해부터 시작한 재일동포의 민족명에 대한 연구의 일환이었다. 지인 중 한 분은 필자와 2005년부터 교

류가 있던 고베의 커뮤니티 방송 FMYY의 프로듀서 김치아키(金千秋) 선생이다. NGO인 FMYY는 1995년의 고베 지진을 계기로 설립된 다언어 방송 매체로, 지역 현장을 발로 뛰는 김치아키 선생은 재일한인들을 비롯하여 지역사회 전반에 발이 매우 넓다. 또 한 분은 당시 서울대학교 일본연구소에 재직하고 있던 재일동포 2세 고경미 선생이다. 오사카 출신의 고 선생은 민족학교에 다녔고 오사카에 친지들이 많아 무용가에 대한 정보도 얻을 수 있을 것 같았다. 두 분의 신속한 소개 덕분에 2008년 2월 21일 고베에서 두 건의 인터뷰 일정이 잡혔다. 먼저 만난 분은 총련 산하 예술단인 교토가무단에서 활동하다가 퇴단하여 새로운 길을 가고 있던 재일 3세 조혜미 선생이다. 가무단을 그만둔 후 한국무용을 배웠고, 조선무용과 한국무용을 결합하는 시도를 하는 한편, 젊은 재일동포와 일본인 예술가들이 함께 '유교게이노―친구들(遊合藝能―親舊漣 チングドウルー)'이라는 단체를 만들어 활동하고 있었다. 필자가 조선무용가, 그것도 총련 산하 가무단에서 활동한 경력의 소유자를 직접 접한 것은 처음이었다. 더욱이 본래 조선무용을 전문적으로 하다가 한국무용을 배워 융합을 시도한다는 것은 필자로서는 생각지도 못한 일이었기에, 이 최초의 인터뷰는 필자에게 신선한 충격이었고 매우 큰 지적 자극이 되었다. 같은 날 오후에 만난 분은 무용가가 아니라 오사카에 기반을 둔 '뉴코리아 아카데미'라는 기획사의 고무성 대표였다. 그 회사 산하에 한국전통예능단체 '버들회'가 있고, 고 대표의 부인인 재일 2세 한국무용가 차천대미 선생이 '버들회'의 핵심 단원이었다. 고무성 선생을 만난 후 함께 오사카에 있는 민족학교 건국학원으로 가서 전통예술부 지도를 하고 있던 차천대미 선생도 만날 수 있었다. 이분들은 오전에 만난 조혜미 선생과는 민족무용과 관련하여 배경도 다르고, 방향도 달랐는데, 그런 점이 필자에게는 흥미로웠고, 또 다른 재일동포 무용가들의 이야기를 듣고 싶어졌다.

2008년 4월에는 도쿄와 오사카에서 인터뷰가 잡혔다. 어느 날 사회학계의 선배이자 일본 유학 선배인 이종구 선생(당시 성공회대 교수)과 전화 통화를 하던 중에 재일동포 무용가들 인터뷰에 대한 이야기를 하게 되었다. 그 이야기를 듣자 이종구 선생은 당시 릿쿄대학에 있던 이종원 교수의 부인이 재일동포인데 한국무용을 하는 분이라고 귀띔해 주었다. 이종원 교수는 서울공대 재학 중 민주화운동에 참여해서 어려움을 겪다가 1980년대에 도쿄대학으로 유학을 가, 졸업 후 일본의 대학에 자리를 잡은 국제정치학자이다. 마침 이전에 필자가 이종원 교수의 요청을 받고 인터뷰에 응했던 인연이 있었기에, 곧바로 연락을 드려, 재일 2세 한국무용가인 변인자 선생을 소개받을 수 있었다. 2008년 4월 11일 도쿄에서 변인자 선생을 만나게 되었는데, 함께 한국무용 연습을 하던 조선학교 출신의 재일 3세 여성 두 명이 인터뷰 자리에 합석하여, 결과적으로 3명의 합동 인터뷰가 되었다.

도쿄에 이어 오사카에서는 한국무용가 이능자 선생(4월 14일)과 김희옥 선생(4월 15일)을 만났다. 재일 3세인 이능자 선생은 1990년대에 한국 어학연수 중에 이매방 선생에게 한국무용을 배우고, 2000년에 중요무형문화재 27호인 이매방류 승무를 이수한 분이다. 한편, 김희옥 선생은 1980년대에 일본 유학을 간 뉴커머 한국무용가로, 재일동포와 결혼하여 오사카에 거주하면서 한국무용 활동을 하고 있는 분이다. 김희옥 선생은 필자와 만난 한 달 뒤 중요무형문화재 92호 강선영류 태평무를 이수했다. 필자가 이 두 한국무용가를 알게 된 것은 앞선 인터뷰들을 통해서였다. 그해 8월에 다시 오사카를 방문하여 재일 3세 한국무용가 정미기[1] 선생을 만났다. 정미기 선생은 재일동포 한국무용가 1세대로 꼽히는 정민 선생의 따님이다. 필자는

---

1) 수년 후 민단신문에 '정유선'이라는 성함으로 소개된 기사를 보았는데, 정미기(鄭美紀)는 인터뷰 당시의 성함이다.

2월~4월의 무용가들 인터뷰를 통해 처음으로 정민이라는 무용가의 존재를 알게 되었는데, 정민 선생은 고인이 되었고 따님이 한국무용을 한다는 이야기를 듣고, 정미기 선생께 인터뷰 요청을 하였다. 정민 선생은 한국무용계에서도 잘 알려져 있고, 총련계의 조선무용가들 사이에서도 재일동포 민족무용 1세대이자 대표적인 한국무용가로 꼽히는 분이라는 것은 이후 연구를 진행하면서 알게 되었다.

2007년, 필자가 소장을 맡고 있던 서울대학교 일본연구소는 국립요코하마대학의 다케다 요코(武田洋子) 교수를 방문연구원으로 맞이했다. 경영학자인 다케다 교수는 연구년을 맞아 1년간 한국에서 연구할 계획이었다. 이분과의 인연은 후일 전혀 예상치 못한 재일동포 조선무용가와의 만남으로 이어졌고, 그것은 필자의 민족무용 연구에서 하나의 획을 그었다고 할 만큼 중요한 만남이었다. 일본연구소에 부임한 직후 점심식사를 함께하면서 이야기를 나누던 중, 다케다 교수는 필자가 한국무용을 한다는 말을 듣고 자기도 한국무용을 배우고 싶다고 하였다. 곧바로 필자의 한국무용 스승인 정주미 선생을 소개했고, 다케다 교수는 서울에 체류하는 내내 한국무용을 배웠다. 연구년을 마치고 귀국한 뒤, 다케다 교수는 일본에서도 한국무용을 계속하고 싶어서 배울 곳을 수소문한 끝에 좋은 선생님을 찾았다는 소식을 전해왔다.

민족무용가라면 무조건 만나서 이야기를 들어보고 싶던 필자로서는 좋은 기회다 싶어 곧바로 소개를 부탁했고, 2009년 2월 8일 요코하마시 츠루미(鶴観)구에 있던 무용실로 찾아가 한국무용가 유미라 선생을 만나게 되었다. 유미라 선생은 한국에서 예술단 단원으로 활동하기도 했던 뉴커머 한국무용가인데, 조선무용가와 서로 춤을 배우고 함께 무대를 만드는 작업을 하고 있다고 했다. 필자에게는 매우 놀랍고 흥미로운 이야기였기에 유미라 선생께 함께 작업하는 조선무용가를 소개해 주십사고 부탁드렸다. 이렇게 해서 만나게 된 분이 조선무용가 고정순 선생이다. 도쿄 가무단에서 21년 간 활동하고 2005년에 은퇴하여 프리랜서로 무용 활동을 하고 있던 고정순 선생은 필자가 처음으로 접한 시니어급 조선무용가였다. 고정순 선생에게 는 2009년 3월의 인터뷰 외에도 여러모로 협조를 받았는데, 특히 조선무용 계의 대모라 일컬어지는 임추자 선생을 소개받은 것은 민족무용 연구의 진 전에 매우 중요한 계기가 되었다. 재일동포 조선무용가 1세대에 속하는 임 추자 선생은 금강산가극단 무용부장을 역임하고 북한에서 '조선민주주의인 민공화국 인민배우' 칭호를 받은 최고의 엘리트 무용가이다. 임추자 선생으 로부터는 재일동포의 민족무용이 '한국무용'과 '조선무용'으로 이원화되기 이전인 1940~1950년대의 이야기까지 폭넓게 들을 수 있었는데, 특히 당시 조택원 선생, 정무연 선생에게 무용을 배웠던 이야기는 필자에게 신선한 충격이었다. 임추자 선생과의 첫 인터뷰를 통해 필자는 재일동포 사회의 정치적 분단 과정과는 다른 민족무용의 분단 과정에 대한 인식을 갖게 되 었다. 이 책 제2장 「두 개의 '조국', 하나의 춤」은 여기서 구상이 시작된 것 이라 할 수 있다. 연구출장 중 서울대 일본연구소에 적을 두게 된 방문연구 원과 연구소 소장이라는 공식적인 관계로 만났던 다케다 교수와의 만남은 이와 같은 예기치 못한 인연으로 이어졌다.

2009년 3월에는 도쿄에 기반을 두고 활동하는 재일 2세 한국무용가 김순 자 선생과 조수옥 선생에 대한 인터뷰도 이루어졌다. 두 분은 모두 한국의 중요무형문화재 춤의 이수자로, 조수옥 선생은 1994년에 제97호 살풀이(이 매방류), 김순자 선생은 1997년에 제92호 태평무(강선영류)를 이수했다. 김 순자 선생은 히가시구루메(東久留米)에 있던 '김순자 한국전통예술연구원', 조수옥 선생은 오쿠보(大久保)에 있던 '조수옥 무용교실'에서 각각 인터뷰를 했다. 13일 임추자 선생과 고정순 선생, 14일 조수옥 선생, 15일 김순자 선 생과 고정순 선생, 16일 다시 임추자 선생, 이렇게 3월 13일~16일 나흘 동안 밀도 높은 인터뷰 조사를 통해 필자는 재일동포의 민족무용은 '한국무용'과 '조선무용'을 아우르는 것으로서 접근해야 한다는 문제의식을 명확히 갖게 되었다.

2009년 3월 인터뷰를 마친 후, 그간의 모든 인터뷰 기록을 토대로 논문 집필을 시작했다. 문헌 조사는 거의 하지 못하고 대부분 인터뷰에 의거했다는 연구 방법상의 한계를 충분히 인식하고 있었지만, 그동안의 인터뷰 내용만으로도 재일동포 사회의 민족무용 전승에 대한 밑그림이 그려졌고, 재일동포 무용가들로부터 들은 소중한 이야기들을 어떻게든 정리해서 재일동포 사회의 민족무용에 대한 화두를 던지고 싶은 마음이 강했기 때문이다. 위에서 보았듯이 1년 남짓한 기간에 필자가 만난 무용가들은 다양한 배경을 갖고 있었다. 그것이 필자에게는 놀라웠고, 재일동포 사회의 민족무용이 한국과 다른 지형을 갖고 있다는 생각을 하게 되었다. 다양한 배경의 재일동포 무용가들을 만나면서 필자는 처음으로 재일동포 사회에서 '민족'이나 '본국' 등의 내부에 그어진 경계들과 그 경계에 의해 나뉘고 경계를 넘어가기도 하는 행위자들의 모습을 구체적으로 접했고, 재일동포와 본국의 경계에 대해서도 인식을 갖게 되었다. 필자가 재일동포 무용가들과의 만남을 통해 새롭게 인식하게 된 또 한 가지 중요한 점이 있는데, 그것은 무용가로서의 프로 의식과 자존심이다. 인터뷰를 시작할 무렵까지만 해도 필자는 그들의 무용 활동을 주로 민족의식 내지 민족정체성이라는 측면에서만 보고자 했던 것 같다. 인터뷰를 진행하면서 그에 못지않게 민족무용가, 또는 한국무용가·조선무용가로서 전문성을 확보하고자 하는 열망이 강하다는 것을 인식하게 되었다.

논문 집필을 하면서 한국에서 보충 인터뷰를 진행하여 논문에 반영했다. 임추자 선생으로부터 조선중급학교 시절 1949년에 정무연이라는 무용가에게 조선무용을 배웠고 그분은 한국의 지방에서 무용연구소를 하고 있다는 이야기를 듣고, 인터넷 검색으로 정무연 선생을 찾았고, 연락이 닿아 그해 6월 부산의 무용연구소에서 인터뷰를 하였다. 한편, 변인자, 조수옥 두 분으로부터 1980년대 도쿄에서 지성자 선생에게 한국무용을 배웠다는 이야기를 듣고, 가야금 명인인 지성자 선생께 요청하여 6월에 서울에서 인터뷰를 하였다. 또한, 당시 서울대학교의 재일동포 유학생 중 조선학교 무용부 출신인 K를 소개받아 역시 6월에 만나서 이야기를 들었다. 이렇게 해서 2009년 여름에 논문 「재일조선인사회 민족무용의 전승과 아이덴티티」를 완성하여 ≪일본비평≫ 창간호에 발표했다.

논문 발표 후 한동안 다른 과제들에 밀려 민족무용에 대한 후속 연구는 진전이 별로 없었다. 그러던 중 2012년 9월~2013년 8월에 연구년을 맞아, 미국의 스탠퍼드대학에 6개월, 그리고 일본 교토대학에 3개월간 머물며 연구에 집중할 수 있는 기회를 얻었다. 6개월간은 서울대학교에서 해외연수로 연구비 지원을 받아 스탠퍼드대학 아시아태평양연구센터(Walter H. Shorenstein Asia-Pacific Research Center)에 방문교수로서 적을 두게 되었다. 해외연수 기간 동안 그동안 수행했던 '민족무용' 연구와 '국적' 연구를 되돌아보고, 문제의식과 연구 문제들을 재검토하였으며, 이런 작업을 통해 재일동포의 '민족무용'과 '국적', 이 두 연구를 관통하는 문제의식을 "한국"과 '조선'—경계짓기와 경계 넘기'로 개념화할 수 있었다. 사실 2009년에 생각했던 것은 '한국'-'조선'이라는 단선적인 경계가 아니라 중층적인 경계였다. 앞에서 본 것처럼 2008~2009년에 다양한 배경의 무용가들을 만나면서 필자는 재일동포 사회의 민족무용에는 민단계-총련계, '한국무용'-'조선무용' 이라는 경계와 더불어 올드커머와 뉴커머의 경계, 재일동포와 본국 사이의 경계 등 복수의 경계선이 교차하며 중층적으로 존재한다고 느꼈다. 다만, 2009년 당시에는 이런 생각을 논문으로 담아낼 만큼 숙성시킬 시간과 역량이 부족하여, 일단 가능한 범위 내에서 필자가 파악한 내용을 정리하고, 담아내지 못한 부분은 향후 과제로 제시했다. 스탠퍼드대학에 체류하는 동안 일단 후속 연구는 '한국'과 '조선'의 경계에 초점을 맞추는 것으로 방향을 재설정한 셈이다.

2013년 4월부터는 교토대학 사회학과에 객원교수로 초빙되어 3개월간 교토에 체류하게 되었다. 그동안 진전이 별로 없었던 민족무용 연구를 본격적으로 추진하기에 좋은 기회였다. 3개월이면 연구의 일환으로 필자가 직접 재일동포 무용가에게 춤을 배워볼 만도 했다. 마침 이전 인터뷰 조사 때 여러 무용가들이 언급했으나 일정상 만나지 못했던 한국무용가 김일지 선생이 교토를 활동 기반으로 하고 있었다. 교토에 들어간 뒤 곧 인터넷 검색으로 연락처를 찾아 '김일지 한국전통예술원' 문을 두드렸고, 연락이 닿은 바로 다음날 4월 1일부터 곧바로 수업을 시작했다. 개인 지도와 단체반을 함께 등록했는데, 선생께는 미리 이것이 연구의 일환이라는 점을 밝히고 양해를 구했다. 수업을 시작한 지 보름 남짓 지난 4월 17일에 정식으로 첫 인터뷰를 했다.

5월 초 김일지 선생으로부터 나고야에 갈 일이 있는데 같이 가지 않겠냐는 제안을 받았다. 6월에 예정되어 있는 선생의 공연에서 장구 반주를 해줄 분이 한국 분인데 나고야에 오셔서 그 참에 맞춰보러 가는 것이라고 했다. 그래서 5월 5일에 나고야에 가게 되었고, 뜻하지 않게 여기서 매우 소중한 인연이 만들어졌다. 장구 반주를 맡은 분은 노름마치의 김주홍 선생이었고, '놀이판'이라는 단체의 워크숍에 지도 강사로 초빙되어 나고야를 방문한 것이었다. 우리가 찾아간 곳에서는 워크숍이 한창 진행 중이었는데, 김일지 선생이 장구와 함께 연습을 하는 동안 필자는 진행 중인 워크숍을 참관했다. '놀이판' 대표인 채효 선생과 인사도 나누고 '놀이판'이라는 단체에 대한 간략한 설명도 들었다. 1985년에 자녀들이 일본학교에 다니는 재일동포 가족 몇몇이 한반도의 문화에 접할 기회를 만들고자 모인 것이 '놀이판'

의 시작이었고, 이후 일본인도 참가하여 타악기와 무용을 배우고 있다고 하였다. 그 이야기가 매우 흥미로웠던 필자는 추후 다시 뵙기를 청했다.

이를 계기로 6월에 나고야를 두 번 재방문하게 되었다. 6월 15일 방문은 '놀이판'이 출연하는 공연을 보기 위한 것이었다. 이 공연은 '한국문화의 집(KOUS)' 예술감독 진옥섭 선생이 기획·연출한 〈판굿—나그네들의 축제〉로, 한국에서 온 예인들과의 합동무대였고, 재일동포 출연자는 '놀이판', '놀이판'의 창립 멤버인 이은자 선생, 조선무용교실 '무희' 등이었다. 6월 22일에 다시 나고야에 가서 채효 선생과 이은자 선생, 그리고 '무희'의 설립자이자 대표인 조선무용가 황향순 선생을 만났다. 이은자 선생은 1978년부터 지성자 선생에게서 가야금과 한국무용을 배웠고, 결혼하여 나고야로 온 후 자영업을 하면서 가야금과 한국무용을 보급하는 활동을 해왔다. 무용가는 아니지만, 필자의 연구에서 비중 있게 다루는 재일 2세 한국무용가들과 중요한 부분을 공유하고 있는 분이어서, 인터뷰 내용이 알찼을 뿐 아니라, 다른 곳에서는 구하기 어려운 귀한 자료들을 제공해 주셨다. 황향순 선생 인터뷰는 나고야 조선초급학교 일각에 있는 연습실에서 이루어졌다. 황향순 선생은 도카이(東海) 가무단에서 활동했던 조선무용가로, 무용교실을 운영하는 한편, 총련 산하 예술단 출신의 무용가들과 함께 조선무용과 한국무용을 아우르는 무용단 '아리나래'를 결성하여 활동하고 있었다.

5월에는 김일지 선생의 무용교실을 매개로 알게 된 재일 3세 한국무용가를 만나러 히로시마에도 갔다. 필자는 4월 1일에 첫 수업으로 개인지도를 받은 후 저녁반 수업을 참관했는데, 수업에 참가한 4명 중 한 분이 히로시마 출신의 재일 3세 박유혜 선생이었다. 박유혜 선생은 민단계의 한국적 재일 3세인데 조선무용을 하다가 한국무용으로 전환하여 김일지 선생 문하에서 춤을 배운 지 10년이 넘었으며, 히로시마 민단에서 한국무용을 가르치고 있었다. 한국무용 수업 현장도 보고 싶어서 5월 15일에 히로시마를 방문하여 수업을 참관하고, 인터뷰를 했다.

히로시마에 다녀온 후, 원로 조선무용가 강휘선 선생의 연락처를 검색하여 인터뷰 요청을 했다. 재일 2세인 강휘선 선생은 가극단이나 가무단 같은 총련 산하 예술단에서 활동한 경력은 없지만 총련계 무용가들 중 가장 오랜 기간 무용연구소를 운영하며 많은 제자들을 길러낸 분이다. 전부터 만나고 싶다고 생각하면서도 연락드릴 방도조차 알아보지 못한 채 시간이 흘러간 상태였다. 흔쾌히 인터뷰에 응해주서서, 5월 20일에 오사카의 다마즈쿠리(玉造)에 있는 '강휘선 조선무용연구소'에서 첫 인터뷰를 할 수 있었다. 그리고 6월 20일에 다시 한번 무용연구소를 방문하여 추가 인터뷰와 수업 참관을 하고, 수업의 일부에 직접 참가하여 기본동작을 배워보기도 했다.

귀국을 나흘 앞두고 급거 마련된 인터뷰도 있었다. 필자는 교토에서 재일동포의 국적에 관한 현지조사도 병행하고 있었는데, 그 일로 인터뷰를 한 재일동포 한 분이 필자의 민족무용 연구에 대한 이야기를 듣고는 조선무용가 친구를 소개해 주셨다. 그분은 전업주부인 재일 2세 김명숙 선생이고, 친구분은 오사카 가무단, 도카이 가무단, 금강산가극단 등에서 활동했던 재일 2세 이민선 선생이다. 이민선 선생은 금강산가극단에서 은퇴한 뒤 32년 동안(인터뷰 당시) 무용 지도를 주로 해왔고, 강휘선 조선무용연구소 초기 10년간 강사로 일한 경력도 있었다. 그 날의 주된 인터뷰 대상은 이민선 선생이었지만, 조선학교 때부터 친구인 두 분이 함께 있으니 자연스럽게 조선학교 시절의 무용 관련 경험에 대한 이야기가 나온 것도 필자에게는 도움이 되었다. 이민선 선생을 만난 다음날에는 오사카에서 재일 2세 조선무용가 임수향 선생을 만났다. 임수향 선생을 만나게 된 계기는 고려학회 일본지부 세미나였다. 모처럼 교토에 와 있으니 한번 연구 발표를 하면 어떻겠냐고 제안을 해주서서 교토 생활을 마무리할 무렵 재일동포의 민족무용 연구에 대해 발표할 기회를 갖게 되었다. 그날 세미나에 참석한 고려학

회 회원 고용수 교수께서 지인 중에 가무단에서 활동한 조선무용가가 있다 하여 소개를 부탁드렸다. 이렇게 해서 고용수 교수의 주선으로 만나게 된 분이 임수향 선생이다. 임수향 선생은 오사카 가무단에서 활동하던 1991년 부터 계속해서 문예동 무용부장을 맡고 있었고, 퇴단 후 조선무용교실 '마 이(舞い)'와 코리아무용단 '구슬'을 개설하여 다른 조선무용가들과 함께 운 영하고 있었다.

연구년을 마치고 신학기 준비에 한창이던 2013년 8월 하순, 나고야에서 만난 이은자 선생으로부터 한국에 온다는 연락을 받았다. 사물놀이 김덕수 선생의 부인이고 한국무용을 하는 김리혜라는 재일동포 친구가 한국에 있 는데, 셋이 함께 만나면 좋을 것 같다는 내용도 있었다. 재일동포 출신 한 국무용가 김리혜라는 이름은 몇 년 전인가 신문 기사에서 보고 기회가 있 으면 만나보고 싶다는 생각을 한 적이 있다. 그러나 그동안 인터뷰 조사는 일본에서 활동하는 무용가들을 중심으로 해왔고, 재일동포 연구의 '현지'는 일본이라는 생각이 전제되어 있었던 탓에 그 기사 건을 잊고 있었다. 이렇 게 이은자 선생과의 만남은 뜻하지 않던 김리혜 선생과의 만남으로 이어졌 다. 2013년 9월 10일 김리혜 선생이 이은자 선생과 함께 필자의 연구실을 방문하여 첫 만남을 갖게 되었다. 이후 수년간 여러 번에 걸쳐 두 분 각각 의 인터뷰를 통해 재일동포 사회의 한국무용 전승과 관련하여 새로운 귀중 한 정보를 얻고 향후 연구 방향에 새로운 축을 하나 더하게 되었다. 특히 두 분은 요절한 재일동포 소설가 이양지와 함께 가야금과 한국무용을 배웠 고 오랫동안 가깝게 지낸 친구여서, 한국무용과 이양지의 관계에 대해 다 른 곳에서는 접하기 어려운 귀중한 이야기들을 들을 수 있었을 뿐 아니라, 소설가 이양지와 공유했던 경험에 대한 1차 자료들을 얻을 수 있었다. 두 분 모두 젊은 시절부터 잡지 등 여러 매체에 기고한 글들이 있었고, 함께 한 공연의 팸플릿 등도 있었다. 모두 그분들이 제공해 주지 않았다면 필자의 문헌조사 범위에서 전혀 포착되지 않았을 귀중한 자료들이다. 한편, 두 분의 이야기들은 2008~2009년에 했던 인터뷰 내용을 보완하는 부분을 담고 있어, 이전에 정리했던 구술자료를 새로운 맥락에서 다시 정리하게 되었다. 이 부분은 주로 제5장에 반영되어 있다.

　김리혜 선생과의 만남은 또 다른 뜻하지 않던 만남으로 이어졌다. 2013년 2학기 〈현대일본사회의 쟁점〉이라는 필자의 수업에서 김리혜 선생의 특별강연을 마련했는데, 선생의 지인 한 분이 강연을 듣고 싶다고 함께 참석했다. 그 지인분은 신한은행 설립을 주도한 고(故) 이희건 신한은행 명예회장의 손녀로, 명예회장이 설립한 '이희건 한일교류재단'의 고문을 맡고 있었다. 그날의 만남을 계기로 재일동포 연구에 대한 생각을 나눌 수 있는 기회를 더 얻게 되었고, 이훈 선생이 가교 역할을 해준 덕분에 필자는 '이희건 한일교류재단'으로부터 연구비 지원을 받아 2015년 3월부터 3년 프로젝트로 재일동포에 관한 공동연구를 기획, 추진하게 되었다. 그 경위와 공동연구의 취지, 경과 등은 「간행사」에서 기술하고 있기 때문에 여기서는 그에 대한 설명은 생략하고, 민족무용 연구와 관련된 부분만 간단히 언급해 두고자 한다. 공동연구 3년 동안 참여 연구자들은 각기 두 건의 연구를 순차적으로 수행했는데, 필자는 제2차 연구의 주제를 재일동포와 민족무용으로 잡아, 2016년 하반기부터 본격적으로 연구를 시작했다.

　연구비 지원을 받게 되어 좀 더 체계적이고 집중적인 현지조사가 가능해졌기 때문에, 인터뷰 조사와 더불어 문헌자료의 조사와 수집에도 힘을 쏟을 수 있게 되었다. 이번 기회에 민단계 동포 사회의 '한국무용'에 대해, 특히 재일동포 사회에서 민족무용의 냉전체제 구도가 공고하게 구축된 1960~1970년대에 초점을 맞추어 집중적으로 탐구해 보기로 하였다. 재일동포의 민족무용 전승에 대한 기존 연구는 총련계의 조선무용 쪽에 편중되어 있고, 민단계 쪽은 학문적 조명을 받지 못했다고 생각했기 때문이다.

2016년 당시까지 선행연구로는 김채원의 「재일조선인 무용 연구―금강산 가극단을 중심으로」(2007)와 앞서 소개한 필자의 2009년 논문(이상 한국에서 출판), 그리고 조선대학교 박정순 교수의 『재일조선학생들의 민족성교양과 민족무용교육』(2000), 『재일조선인들 속에서 민족무용을 통한 민족성교양에 대한 연구』(2012), 「재일동포의 민족무용을 생각한다」(2013) 등이 있는데, 필자의 논문 외에는 모두 총련계의 민족무용에 대한 연구이다. 한국무용에 관한 연구는 2017년에 한국예술종합학교 예술전문사 학위논문으로 제출된 이사라의 「재일한국인 2세 무용가들의 무용활동을 통한 정체성 형성에 관한 고찰」이 유일하다.

학술적인 연구를 넘어서서 일반적으로도 재일동포 사회에서 민족무용의 전승은 총련계를 중심으로 이루어져 왔다는 인식이 지배적이었다. 그동안의 인터뷰 조사 과정에서 총련은 전문예술단을 만드는 등 조직적으로 민족무용을 육성해 왔지만 민단은 그러지 못했고, 따라서 재일동포 사회에서 '조선무용'과 '한국무용'은 수준 차이가 크다는 이야기를 많이 들었다. 그것은 민단 관계자들도 인정하는 터였다. 단, 2000년대 들어 일본의 한류붐을 타고 '한국무용'에 대한 관심이 높아졌고, 재일동포 사회에서 '조선무용'과 '한국무용'의 위상에도 변화가 일어났다는 점을 많은 사람들이 부연했다. 필자는 재일동포 사회의 '한국무용' 전승에 대한 연구가 없는 것은 어쩌면 연구 주제로 삼을 만한 실체가 없다는 인식 때문이었을 수도 있으며, 그런 전제를 벗어나서 총련계와는 현격히 다른 민단계 동포 사회의 '한국무용'의 존재 양상을 고찰해 볼 필요가 있다고 생각하게 되었다. 그것은 간행사에서 밝힌 공동연구의 취지와 관점에 부합되는 주제이기도 했다. 2016년 하반기부터 연구를 시작하여 2017년 9월 29일 심포지엄에서 "1960~1970년대 한국무용의 일본 유입과 재일한인사회: 민족 표상과 시장"이라는 제목으로 중간발표를 하였다. 이 책 제3장은 2016~2017년에 이루어진 연구를 토대로 하고 뒤에 보완 작업을 하여 집필한 것이다. 제2차 연구를 마무리하며 결과 발표를 위한 심포지엄을 2018년 2월 22일에 개최했는데, 여기서는 이번 연구 결과를 필자의 민족무용 연구의 큰 틀에 자리매김하여 "재일한인사회에서의 민족무용의 전승과 두 '조국'"이라는 제목으로 발표했다.

2016년 하반기 이후의 연구는 문헌자료의 수집과 분석에 주력하면서 필요한 경우에 한하여 추가 인터뷰를 하는 방향으로 이루어졌다. 재일동포의 '한국무용' 전승에 관한 선행연구는 전혀 없는 상태였기 때문에 우선 도쿄의 재일한인역사자료관에 소장된 민단계 신문과 다양한 잡지들을 중심으로 1차 자료를 모으는 한편, 한국에서도 인터넷 매체를 포함한 신문, 잡지의 관련 기사들을 수집했다. 자료를 수집, 분석하면서 한국무용의 경우 '무용'이라는 전문 분화된 영역을 넘어서 국악 분야를 폭넓게 살펴볼 필요가 있다는 것을 깨닫게 되어, 일본과 관련된 활동은 예를 들어 무용협회 같은 무용단체뿐 아니라 국악협회나 국립국악원, 그 외 국악 관련 단체와 국악인들에 대해서도 일정한 범위 내에서이지만 자료를 찾아보았다. 필자의 관심은 주로 현대에 있었지만, 전사(前史)로서 해방 전 조선무용의 일본 유입에 대해서도 알아볼 필요성을 느끼게 되어 문헌 조사의 범위가 넓어졌다. 필자가 민족무용 연구를 시작한 무렵에 비해 비교적 최근에 이와 연관성이 있는 구술자료나 연구 논문들이 다수 출간되어, 집필 과정에서도 지속적으로 자료를 찾아볼 필요가 있었다.

사실, 문헌자료 조사와 수집은 '한국무용' 전승 부분에 상당히 편중되었다. 기존 연구에서 다뤄지지 못한 부분을 중점적으로 연구하다 보니 그에 관한 문헌자료를 찾는 일이 우선 시급했다. 또한, 인터뷰 조사를 중심으로 했던 그동안의 연구만으로도 총련계 커뮤니티의 '조선무용' 전승에 관해서는 비교적 분명한 상(像)이 잡힌 데 비해, 민단계의 '한국무용' 전승 양상은 복잡다단하여 정리된 상을 그리기가 어려웠던 점도 '한국무용' 관련 자료

수집에 더 힘을 쏟게 된 이유의 하나이다. '조선무용'은 총련 조직을 축으로 전승 체계가 단선적이고 명확한 데 반해 '한국무용'은 그렇지 못하여 인터뷰 내용과 문헌 자료들을 함께 검토하여 다양한 전승의 경로들을 정리할 필요가 있었다. '조선무용' 관련 자료는 '한국무용'에 비해 접근하기가 쉽지 않은데다가, 일단 집필 작업에 들어가 집필과 병행하여 보충 연구를 하는 입장에서 총련계 쪽의 자료를 본격적으로 조사, 수집하는 데는 한계가 있었다. 그런 상황에서, 앞서 소개한 선행연구 중 박정순의 저작들 특히 해방 후 오늘날까지 '조선무용'의 전개를 개괄적으로 고찰한『재일조선인들 속에서 민족무용을 통한 민족성교양에 대한 연구』(2012)는 세부적이고 구체적인 정보들을 많이 담고 있어, 자료상의 한계를 적잖이 보완해 줌으로써 필자의 연구에 매우 큰 도움이 되었다. 조선대학교 교육학부 교수인 박정순은 1975년에 부임한 이래 오늘날까지 조선대학교의 무용교육을 담당해 온 분으로, 위 책은 박정순 교수가 2012년에 김일성 대학교 학술학 박사학위 논문으로 제출한 것이다. 해방 후 1955년 총련 결성에 이르기까지 10년, 그리고 총련 출범 이후 오늘날까지를 10년 단위로 시기 구분하여, 각 시기에 총련계 동포 사회에서 이루어진 민족무용 활동과 작품들을 정리하고 있는데, 금강산가극단과 지방가무단 같은 전문예술단뿐 아니라 각급 조선학교와 동포 대중들의 무용 활동에 이르기까지 폭넓게 다루고 있다.

필자가 이 책에 대해 알게 된 것은 서울대학교 대학원 사회학과에 교환학생으로 왔다가 뒤에 서울대학교 일본연구소에 객원연구원으로 적을 두기도 했던 재일 3세 연구자 김태식 선생 덕분이다. 필자는 일본연구소와 한국사회사학회의 세미나나 학술대회 등을 통해 재일동포 연구와 관련하여 김태식 선생과 이야기를 나눌 기회가 종종 있었는데, 민족무용 연구도 그중 하나였다. 확실치는 않지만 아마도 필자가 스탠퍼드대학에 머물던 2012년 겨울 무렵, 김태식 선생이 조선대학교 박정순 교수라는 분이 재일동포의 민족무용을 주제로 박사학위 논문을 썼다는 소식을 전해줬다. 매우 귀중한 정보였지만, 필자의 요령부득 탓인지 어디서 어떻게 입수할 수 있는지 쉽게 알 수가 없었다. 연구년 종료 후 한동안 민족무용 연구는 답보 상태에 있어 자연히 박정순 교수의 박사학위 논문을 찾는 일도 미뤄진 상태였는데, 2016년 하반기부터 다시 본격적으로 연구를 추진하면서 문헌자료 조사 과정에서 박정순 교수의 다른 논문 「재일동포의 민족무용을 생각한다」(2013)를 먼저 발견하게 되었다. 이 논문도 필자에게는 매우 참고가 되는 자료였지만, 집필을 시작하고 보니 '한국무용'에 비해 '조선무용' 쪽의 문헌 자료가 많이 부족하여, 오사카시립대학의 이지치 노리코(伊地知紀子) 교수께 박정순 교수의 박사학위 논문을 입수할 방도를 문의하고, 박정순 교수와의 만남을 주선해 줄 만한 분을 소개해 주십사고 부탁드렸다. 이렇게 해서 조선대학교 임정혁 교수를 소개받았고, 임 교수의 주선으로 2018년 6월 12일에 조선대학교 박정순 교수 연구실에서 인터뷰를 할 수 있게 되었다. 조선학교 중학생 시절부터 무용소조 활동을 해온 박정순 교수는 전문 무용가가 아닌 무용교육자로서 '조선무용' 전승의 일익을 담당하는 한편, 연구자로서 재일동포 사회에서 '조선무용'이 전개되어 온 과정을 탐구했다. 그날 받은 박사학위 논문 「재일조선인들 속에서 민족무용을 통한 민족성교양에 대한 연구」는 운동사적인 관점에서 '조선무용'의 흐름을 정리한 노작으로, 구체적이고 세부적인 정보들을 많이 담고 있었고, 인터뷰는 저서의 내용을 심도 있게 이해하는 데 도움이 되었다. 이날 함께 받은 『재일조선학생들의 민족성교양과 민족무용교육』(2000)은 정책 연구의 성격을 띤 저작이지만, 조선학교의 무용교육 체계와 현황에 관한 부분은 유용한 정보였다.

2016년 하반기부터 문헌자료 조사와 수집에 주력하면서, 필요한 경우에 한해 인터뷰를 병행했다. 새롭게 만난 무용가는 재일 3세 한국무용가 강방강 선생, 재일 2세 한국무용가 최숙희 선생, 그리고 원로 한국무용가 김문

숙 선생이다. 강방강 선생은 2016년 10월 18일 필자가 자료 조사를 위해 방문한 가와사키의 후레아이칸(ふれあい館)에서 우연히 만나 즉석에서 인터뷰가 이루어진 경우다. 후레아이칸은 재일동포 교회인 가와사키 교회가 운영하는 사회복지법인으로 1992년 이래 필자가 연구 관련하여 여러모로 도움을 받으며 교류를 이어온 곳이기도 하다. 후레아이칸을 방문한 날, 풀치마를 입고 계단을 내려오는 분과 마주쳤는데, 그분이 한국무용 선생님이라는 말을 듣고 곧바로 인터뷰 요청을 하였다. 강방강 선생은 오랫동안 도쿄 한국YMCA의 한국무용 강사를 맡아왔고, 당시에는 후레아이칸에서도 한국무용을 가르치고 있었다. 우연히 이루어진 그날의 인터뷰에서도 유익한 이야기들을 들을 수 있었는데, 특히 1950년대에 조택원 선생의 무용 파트너였던 오자와 준코 문하에서 한국무용을 배웠던 일은 다른 곳에서 접하기 어려운 귀중한 정보였다.

최숙희 선생은 일찍이 1970년대에 오사카에서 한국무용단을 결성하여 공연과 교습 활동을 해온 분으로, 최숙희 선생에 대해 처음 들은 것은 2009년의 조수옥 선생 인터뷰였는데, 어떤 연유에서인지 상당히 시일이 흐른 뒤에야 최숙희 선생께 연락이 닿았다. 민족예능을 연구하는 고정자 선생의 소개로 연락을 드려 인터뷰 승낙까지 받았지만 한동안 실천이 안 되고 있었는데, 뜻하지 않게 기회가 왔다. 2017년 1월 어느 날 민단 오사카지방본부를 방문하여 사무국의 최준일 선생과 이야기를 나누던 중에 우연히 최숙희 선생이 고모님이라는 것을 알게 되었다. 최준일 선생이 즉석에서 전화를 드려 급거 약속이 잡혔고, 2017년 1월 24일에 최숙희 선생 자택에서 드디어 인터뷰가 이루어졌다. 그 후 다시 한번 자택을 방문하여 선생의 공연 팸플릿들을 비롯하여 여러 가지 귀중한 자료들을 받았다.

새로 만난 또 한 분의 무용가는 재일동포가 아니라 한국무용계의 원로 김문숙 선생으로, 최승희와 더불어 한국 신무용의 선구자로 일컬어지는 조택원 선생의 부인이다. 앞에서도 언급했듯이 필자는 2009년 조선무용가 임추자 선생의 첫 인터뷰에서 조택원 선생과의 인연에 대해 듣고 신선한 충격을 받았으며, 재일동포 사회의 민족무용 전승과 관련하여 조택원이라는 무용가가 갖는 의미에 대해 관심을 갖게 되었다. 2017년 9월 심포지엄에서 발표한 내용에도 이 부분이 반영되었는데, 당시 심포지엄에 청중으로 참석했던 80대의 노신사 한 분이 김문숙 선생과의 인터뷰를 주선해 주셨다. 그분은 공동연구팀의 정진성 교수가 참여하는 독서회의 일원인 신태환 선생으로, 정 교수로부터 심포지엄 소식을 듣고 보러 오신 것이었다. 필자의 발표를 듣고 김문숙 선생과 친분이 있다고 알려주셨고, 직접 소개도 해주셨다. 실제로 김문숙 선생을 만나기까지는 시일이 좀 걸려서 2018년 5월 31일에 선생의 자택 부근 카페에서 인터뷰를 할 수 있었다. 당초 주된 목적은 조택원 선생과 관련된 이야기를 듣는 것이었지만, 김문숙 선생 자신의 한국무용가로서의 경험과 활동에 대한 이야기들도 매우 흥미롭고 유익했다.

무작정 재일동포 민족무용가를 찾아 나서면서 시작된 긴 여정을 이제야 마무리하게 되었다. 돌이켜보면 첫 발자국 뗄 때부터 여정의 길목길목에서 정말 많은 분들의 도움을 받았다. 그 모든 분들이 길을 닦아주신 것이나 다름없다.

인터뷰에 응해주신 무용가분들께는 어떤 감사의 말도 모자랄 것 같다. 개인의 삶이 담긴 이야기들은 하나하나가 다 소중하고 의미가 있었다. 여러 번 인터뷰를 하게 된 경우에도 필자의 요청에 마다하지 않고 응해주셨고, 공연 팸플릿이나 신문기사, 영상 자료 등 본인의 무용활동과 관련된 자료를 제공해 주시기도 했다. 무용가 외에도 무용의상 만드는 분, 국악기점 사장님, 시민운동가, 사물놀이 연주자, 민족학교 학생, 민단 직원, 인테리어 업체 운영자 등등 다양한 층의 관계자분들을 만나 이야기를 들었다. 이분들의 이야기는 무용가 인터뷰 내용을 보완하거나 다른 각도에서 볼 수도 있게 했고, 새로운 정보들도 담겨 있어 매우 유익했다. 소중한 시간을 내어 인터뷰에 응해주신 모든 분께 진심으로 감사드린다.

필자가 다양한 배경의 민족무용가들을 만날 수 있었던 것은 전적으로 그 분들과의 연결 고리가 되어주신 조력자들 덕분이다. 또한, 필자가 알지 못 했던 자료나 구하기 어려운 문헌을 알려주시고 제공해 주신 분들 덕분에 연구가 좀 더 충실해질 수 있었다. 앞에서 그동안의 무용가 인터뷰 조사와 문헌자료 조사·수집 과정을 개략적으로 기술하면서, 어떤 인연으로 조력자 분들의 도움을 받게 되었는지 구체적으로 밝혔다. 돌이켜보면, 이 연구가 결실을 맺기까지 진행되어 온 과정이 신기하게 느껴진다. 조력자분들 가운 데는 필자의 오랜 지인도 있지만 우연히 만난 분들도 있고, 하나의 인연이 생각지도 못한 인연으로 이어지거나 연쇄적으로 또 다른 인연으로 이어지 기도 했다. 그 모든 인연이 소중하고 감사하다.

연구 과정에서 세미나나 학술대회 등을 통해 발표할 기회가 여러 차례 있었다. 연구를 시작한 이듬해 2009년 봄 한국사회사학회 월례발표회에서 첫 발표를 했다. 2009년 ≪일본비평≫에 게재한 논문은 이를 토대로 집필 한 것이다. 그 후 2013년에 교토대학 사회학과, 고려학회 일본지부 세미나 에서 발표할 기회가 있었고, 연구년을 마치고 복귀한 보고의 의미를 담아 필자가 속한 서울대학교 국제대학원 교수세미나에서 또 한 번 발표를 했 다. 다시 몇 년의 간격을 두고 2017년 가을과 2018년 봄에 '서울대학교 재 일동포연구단'의 학술 심포지엄에서 좀 더 진전된 발표를 하였다. 발표의 제목과 내용은 연구 진전에 따라 달라졌지만, 각 발표의 장마다 지정 토론 자분들의 꼼꼼한 논평은 이후 필자의 연구에 무엇보다 중요한 자양분이 되 었다. 그 외에 학술회의 참가자들로부터 받은 귀중한 조언과 격려, 그리고 생산적인 비판도 큰 힘이 되었다. 필자의 설익은 발표에도 귀 기울여 주시 고, 관심을 보여주신 모든 동료 연구자분들께 깊은 감사를 드린다.

특별한 조력자에 대해서도 기록해 두고 싶다. 이 책의 제목은 초고 집필을 시작한 2018년 7월 초에 이미 확정되었다. 전체적인 틀이 머릿속에 들어 있음에도 불구하고, 좀처럼 글의 흐름이 잡히지 않아 고생하고 있던 어느 날, 친구에게 전화로 하소연을 했다. 하소연을 듣던 친구는 '내가 가서 세미나를 해줄게' 하더니 곧바로 달려왔다. 1시간 남짓 마주 앉아 필자의 머릿속에 들어 있는 스토리를 풀어낸 후, 친구와 함께 각 장, 절의 가제목을 정하고, 내친김에 책의 가제목도 정해보았다. 그날의 세미나 덕분에 글의 흐름이 어느 정도 잡혀 조금씩 진전이 되었다. 그 후 초고의 초고 수준까지 완성시키는 데에도 많은 시간이 걸리면서 원고를 여러 번 수정하게 되었고, 그 과정에서 장·절의 가제목은 일부 변경되었으나, 책 제목은 그대로 확정했다. 따라서 이 책의 제목은 필자와 친구의 합작이다. 즉석 세미나로 큰 물꼬를 터주고, 가장 중요한 제목을 정할 수 있게 해준 대학시절부터의 오랜 친구 영문학자 조애리 카이스트 교수의 우정에 감사한다.

참으로 오랜 기간 미련하리만치 더딘 걸음으로 이 연구를 끌고 왔다. 그 해묵은 작업이 이번에 한 권의 책으로 결실을 맺게 된 것은 서울대학교와 이희건 한일교류재단의 연구비 지원 덕분이다. 2012년 하반기에 서울대학교의 파견 지원으로 스탠퍼드대학에서 연구에 전념할 시간을 가지면서 처음으로 단행본 구상을 하게 되었고, 이를 위한 연구의 큰 틀도 어느 정도 확정할 수 있었다. 이로써 필자의 연구는 한 단계 도약하여 새로운 출발을 기할 수 있었다. 중요한 기회를 제공해 주신 서울대학교 본부에 감사드린다. 이후 이희건 한일교류재단의 연구비 지원을 받게 됨으로써, 필자는 단행본 출간이라는 구체적인 목표와 실천 계획을 갖고, 연구와 집필을 추진할 수 있었다. 그 경과는 앞에서 밝힌 바와 같다. 기회와 더불어 책임성을 부여받는 연구비 지원이 없었다면, 이 연구의 마무리는 앞으로도 한동안 굼뜬 걸음을 계속했을지도 모른다. 지원해 주신 이희건 한일교류재단과 관계자 분들께 진심으로 감사드린다.

　이렇게 많은 도움을 받은 결과물을 예정보다도 한참 뒤늦게 선보이게 되어 송구할 따름이다. 더욱이, 최근 몇 년 사이에 두 분의 무용가가 고인이 되셨다. 임추자 선생은 2019년 6월 83세를 일기로 타계하셨다. 2009년 3월에 첫 인터뷰를 한 이래 2017년 7월 6일 선생의 무용인생 80년을 기리는 〈춤한길〉 공연에서 마지막으로 뵈었을 때까지, 여러 차례 뵙고 이야기를 들을 기회가 있었다. 임추자 선생의 춤을 처음 접한 2010년 12월 9일 국립국악원 예악당에서의 공연은 선생의 첫 한국 공연이기도 하여 특별한 감회를 느꼈던 기억이 새롭다. 2017년 도쿄 오타(太田)구민홀에서 있었던 공연 〈춤한길〉은 원래 선생의 팔순을 기념하여 마련된 특별공연인데, 건강 문제로 당초 예정보다 2년 늦게 열린 것이다. 그해 1월 27일 필자는 선생께서 건강을 회복하여 다시 공연 준비를 하신다는 소식을 듣고 인사차 임추자 민족무용단이 한창 연습 중이던 가와사키 '아리랑의 집'을 방문했다. 여전히 꼿꼿한 자세로 기본동작 연습을 하시면서 필자에게 "이것이 재활에도 도움이 됩니다"라고 하시던 모습이 떠오른다. 공연 이틀 후 전화로 팸플릿에 실린 조택원 선생과 함께 찍은 사진에 대해 여쭤보고 사진 설명을 들은 것이 임추자 선생과의 마지막 대화가 되었다. 강휘선 선생은 2017년 1월 73세를 일기로 타계하셨다. 2013년 5월과 6월 두 차례의 인터뷰와 수업 참관을 한 이후 다시 뵐 기회가 없었다. 필자가 참관한 수업 중 하나는 자신의 공연에서 조선무용을 한 작품 하고자 하는 일본인 발레리나에게 '도라지'를 가르치는 것이었다. 얼굴 표정을 섬세하게 지도하시는 부분이 특히 인상적이어서 수업 후에 그 부분에 대해 이야기를 나누었던 기억이 새롭다. 강휘선 선생의 공연은 볼 기회가 없었지만, 인터뷰에서 평양 및 서울과 제주에서의 공연에 대해 여러 가지 이야기를 들었다. 선생의 무용연구소에는 2007년 7월 강휘선 선생과 학생들이 서울 국립국악원 예악당 앞에서 오른팔을 들고 환하게 웃으며 찍은 사진이 걸려 있었는데, 인터뷰에서 들은 이야기와 어우러져 각별한 느낌으로 다가왔었다. 임추자 선생과 강희선 선생, 두 분의 원로 무용가의 이야기들은 현대사의 굴곡을 느끼게 해주는 무게를 갖고 있었고, 두 분의 배경과 삶의 궤적은 매우 다르지만 무용가로서의 자부심과 프로 의식은 다르지 않았다. 두 분의 이야기가 담겨 있는 이 책의 출간을 고인이 되신 후에야 보고드리는 것이 송구할 따름이며, 삼가 두 분의 명복을 빈다.

어려운 시기에 기꺼이 이 책의 출판을 맡아주신 한울 아카데미와 거듭해서 지연되는 필자의 작업을 인내하며 책을 완성시켜주신 조수임 편집자님께 진심으로 감사드린다. 재일한인 연구총서로 동시에 출간되었어야 하는데, 1년여를 넘겨서야 빈자리를 채우게 되었다. '서울대학교 재일동포연구단'의 동료 연구자들께 죄송함과 더불어 함께해 주신 데 대한 감사의 마음을 전한다.

필자는 2019년 8월 말에 서울대학교에서 명예퇴직을 하였다. 원래 이 책을 정년퇴임 전 마지막 작업으로 생각했는데, 퇴임 후에 마무리하게 되었다. 이 연구에 대한 필자 나름의 '치열함'과 '욕심'을 이해해 주고, 연구자로서의 길을 함께하며 늘 응원해 준 남편 정진성 방송통신대 교수, 엄마의 연구를 관심 있게 봐주고 갑작스러운 자료 검색 부탁도 기꺼이 받아들여 주곤 했던 딸 정승현에게 감사하고, 지금까지도 '바쁜 사람' 걱정을 하시는 구순의 친정어머님과 시어머님께 그간의 응원에 깊은 감사를 드린다. 학문을 업으로 한 필자의 길을 자랑스럽게 여기셨던 두 아버님의 영전에 이 책으로 은퇴 보고를 드린다.

2021년 1월 13일 수리산 자락에서
한영혜

1. 조선무용의 두 길: '조선풍 무용'과 '조선고전무용'

1937년 3월 27일 자 《조선일보》 6면에는 한국무용사에서 대표적인 두 인물 한성준과 최승희에 관한 기사가 나란히 실려 있다. 두 기사는 곧 발간 될 《조광》 4월호의 홍보성 기사로, 동 잡지에 게재된 '최승희 송별 좌담 회'와 명 고수(鼓手) 한성준 인터뷰 기사의 내용을 요약 발췌하여 소개한 것이다. 그러나 같은 지면에서 다뤄지는 방식과 내용 그리고 기자의 시선 등은 당시 이 두 사람의 위치, 그리고 이들이 추는 조선무용의 위상이 상당히 다른 지점에 놓여 있음을 잘 보여준다.

〈그림 1-1〉과 같이 우선 기사 위치와 크기의 현저한 차이가 한눈에 들어온다. "최승희 송별회"가 지면 중앙에 "대망의 조광 4월호 출현"이라는 홍보 문구 바로 아래 5단에 걸쳐 자리잡고 최승희의 무용 사진(〈무당춤〉)도 크게 들어간 데 반해, "고수50년 한성준씨"는 좌측 맨 아래쪽에 훨씬 작은 크기로 실려 있으며 작은 얼굴 사진이 들어가 있다. 또한, 두 기사에서 최승희는 "세계적 무희"로, 한성준은 "빈한(貧寒)과 천대 가운데서 '춤'과 장단을

그림 1-1 _ 최승희와 한성준

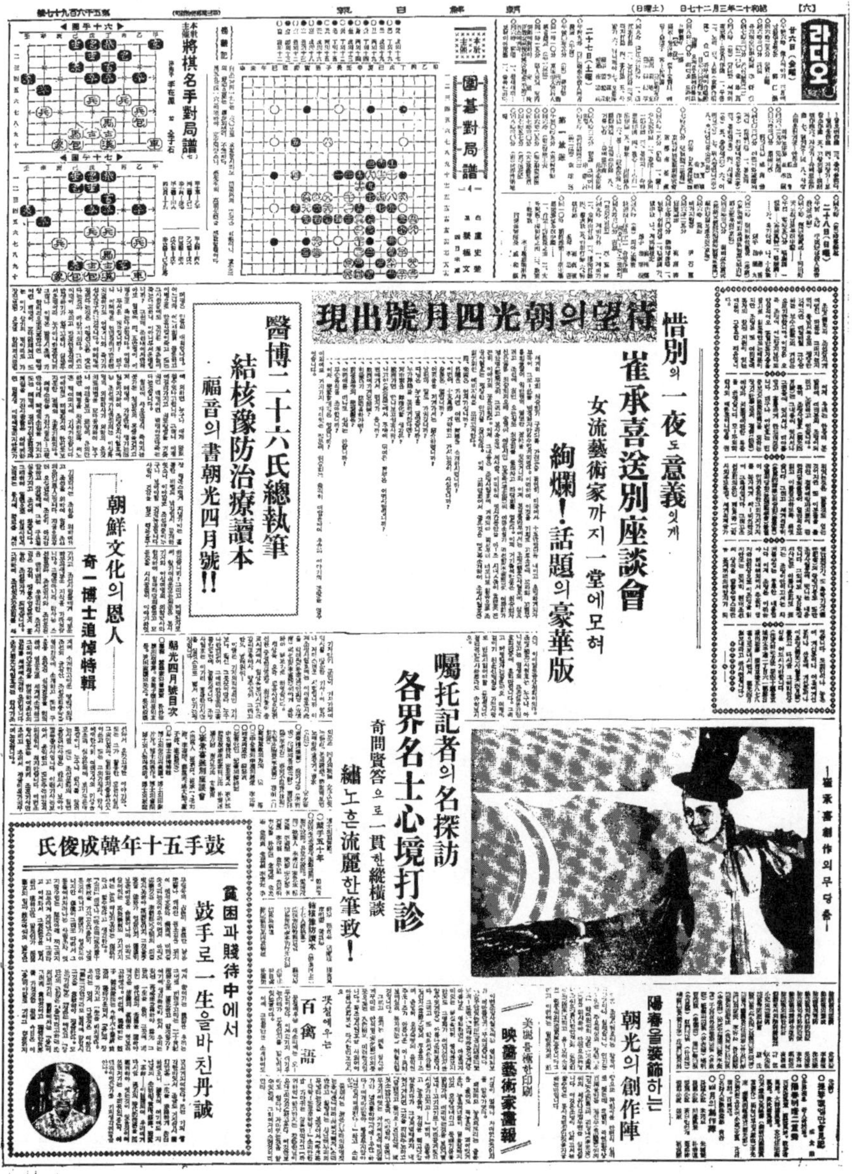
朝鮮日報

昭和十二年三月二十七日(土曜)

라디오

圍碁對局譜

將棋名手對局譜

待望의朝光四月號出現

惜別의 一夜도 意義있게

崔承喜送別座談會

女流藝術家까지 一堂에모혀

絢爛!話題의豪華版

醫博二十六氏總執筆

結核豫防治療讀本

福音의書朝光四月號!!

朝鮮文化의恩人

奇一博士追悼特輯

朝光四月號目次

囑托記者의名探訪

各界名士心境打診

奇問賓答으로 一貫한縱橫談

繡노흔流麗한筆致!

—崔承喜創作의무당춤—

鼓手五十年韓成俊氏

貧困과賤待中에서

鼓手로一生을바친丹誠

百食語

陽春을裝飾하는

朝光의創作陣

美麗한精巧한印刷

映畵藝術家畵報

자료: ≪조선일보≫(1937.3.27).

가지고 일생을 바치엿"던 "고수"로 기술되고 있다.

최승희 송별 좌담회는 미국 공연을 앞두고 고별공연차 조선에 들어온 최
승희를 맞이하여 마련한 자리로, 시인 모윤숙, 소설가 최정희, 소설가 리선
희, 화가 정찬영 등 '여류 예술가'들과 최승희의 오빠 최승일, 조선일보 측
인사 등이 참석했다. 최승희는 원래 유럽 공연을 계획하고 있다가 미국으
로부터 15만 달러로 초청하는 제안을 받고 계획을 변경하여 미국행을 택한
것이라 한다. 미국 공연의 내용에 대해 최승희는 "조선 것과 내지의 춤을
소개하렵니다. 필경은 조선춤을 더 많이 소개하겠지요. 별로 이름조차 없
는 조선에도 이런 예술이 있는 것을 소개하고 싶습니다"(≪朝光≫, 1937.4:
52)라고, 조선과 일본 양편의 춤을 소개하되, 조선무용을 적극적으로 피로
하겠다는 포부를 밝혔다. 그리고 잡지 ≪저팬≫과 ≪오사카마이니치(大阪
每日)≫ 영문판에 최승희의 춤이 많이 소개되었기 때문에 주최 측도 이미
자신의 춤이 어떤 것인지를 잘 알고 있다면서, 매니저의 주선으로 10여 명
의 서양인에게 자신의 춤을 보여준 일화를 소개했다.

> "그랫더니 아주 좋다고 야단이군요. 조선검무를 모방한 춤으로 그저 팔만
> 들고 폭상(暴狀)을 부리며 손짓발짓 어깨짓을 하면 그들은 좋다고 대박
> 수니까요. 엉뚱춤과 손짓, 어께짓을 하는 조선 정조(朝鮮情調)의 춤은 서
> 양사람들은 도서히 하지 못하는구려"(≪朝光≫, 1937.4: 53).

한편, 같은 잡지에 실린 인터뷰에서 한성준은 아래와 같이 조선무용의
어려운 현실을 토로했다.

> "(조선무용을—필자) 참말 배우는 이는 기생도 있고 시인도 있고 남도 사
> 람도 잇고, 차츰 취미로 대학생들도 하나, 얼마나 열을 가지고 꿋꿋이 해

줄지가 문제이지요. 생각하면 원통한 말 다 무엇이라고 말 다 못하겠습니다. 재작년에 제자들과 같이 부민관에서 공연했는데 서툴게 하여서 실패만 보고 있습니다 … 어떻게 하면 죽어가는 조선무용을 살릴지 가슴이 답답할 따름입니다."

최승희가 미국에서 개최될 초청 공연에서 조선의 예술로서 조선무용을 소개하겠다는 포부를 이야기할 때, 같은 미디어 공간에서 한성준은 "60년 빈한과 천대 속에서 일생을 바쳐" 지켜왔으나 "조선에서는 거의 그 존재조차 모르는", "죽어가는" 조선무용을 어떻게 살릴지 고민하고 있었던 것이다. 1937년 3, 4월의 ≪조선일보≫와 ≪조광≫에 실린 이 기사들은 당시같은 조선무용의 판이하게 다른 두 모습을 잘 보여주고 있다.

잘 알려진 바와 같이 최승희는 1926년에 이시이 바쿠(石井漠) 문하에 들어가 현대무용을 배웠는데, 1934년 9월 도쿄의 일본청년회관에서 열린 개인 무용발표회에서 처음으로 조선무용을 도입하여 대성공을 거두었다. 그해 ≪신동아≫ 12월호에 실린 「동경에 있어서의 최승희 제1회 발표회 인상기」에 의하면, 발표회 제1부와 제3부는 "신무용(노이에·딴스)", 제2부가 "조선의 고전을 기초로 한 무용"으로, 제2부의 공연목록에는 〈검무〉, 〈영산무〉, 〈에헤라·노아라〉, 〈승무〉, 〈마음의 풍작〉 등이 올랐다. 기자는 최승희의 "조선풍 무용"은 "조선의 민속무용을 예술무용으로 끄러올리기 위한 탁월한 양식화"라 평하고, "조선의 고전무용의 참된 재생은 최승희가 뵈여준 새로운 양식화의 경우에서만이 가능할 것"이라고 단언했다(東京一記者, 1943: 134). 그는 ≪도쿄일일신문(東京一日新聞)≫(9월 22일)과 일본의 무용평론가 기관지 ≪무용세계≫ 11월호, ≪문예≫ 11월호 등에 실린 일본인 평자들의 평문도 인용하고 있는데, 이들도 한결같이 〈검무〉, 〈영산무〉, 〈에헤라 노아라〉, 〈승무〉 등 조선무용에 기초한 작품을 가장 큰 수확으로 칭송했다. 일본인 평자들은 민속무용, 향토무용으로서의 조선무용을 소재로 발굴하고 양식화하여 새롭게 창조한 점을 높이 평가하고, 그것이야말로 일본의 무용가들이 배워야 할 태도임을 강조했다. 일본에서 열린 첫 개인 발표회에서 "조선의 고전을 기초로 한 무용" 또는 "조선풍 무용"이 거둔 성공으로 최승희는 일본에서 일약 스타로 떠올랐고, 조선무용 또한 일본의 문화인·지식인들 사이에서 관심을 끌게 되었다.

1934년에 간행된 자서전에서 최승희는 자신이 발표회에 조선무용을 올리게 된 경위를 밝히고 있다. 그에 따르면, 스승인 이시이 바쿠로부터 다음 발표회에서는 자작을 하나 만들어보라는 말을 듣고, "전부터 지금은 쇠퇴하여 없어져 버린 조선의 무용에 새로운 숨결을 불어넣어 예술적으로 되살려서, 조선에서 태어난 내가 아니면 할 수 없는 새로운 예술을 창조하겠노라 생각하고 있었기 때문에" 무엇보다도 먼저 '굿거리춤'을 소재로 택했다. 최승희는 그것은 "결국 아버지가 추었던 '굿거리춤'을 보면서 자연히 기억하게 된 어릴 적의 기억으로부터 탄생한" 작품이라고 하였다(백향주, 2006: 13에서 재인용). 그런데 후일 이시이는 최승희의 첫 발표회 프로그램에 조선무용을 넣도록 권한 것은 자신이며, 최승희가 싫어하는 것을 무리하게 프로그램에 넣기로 하고, "때마침 방송국 일로 상경 중의 조선무용의 명수 한성준 옹에게 부탁하여 적당히 어레인지하여 제명을 '에헤라 노아라'라고 하여 상연"한 것이라고 밝혔다. 자신이 최승희에게 조선무용을 권한 이유는 현대무용가는 발레와 달리 각자 특징을 가져야 하며, "조선무용을 연구하여 그것을 국제적 수법에 의해 그 정신을 재현"하는 것이 최승희 자신과 세계의 무용계에 가장 의미 있는 일이기 때문이라고 하였다(石井漠, 1951: 152).

최승희가 1932년 도쿄에서의 첫 발표회를 통해 "조선고전무용의 참된 재생"이라는 찬사를 받은 조선무용의 새로운 양식화 작업은 3년 후 이시이의

또 한 명의 걸출한 조선인 제자 조택원에 의해서도 이루어졌다. 조택원이
조선무용을 처음으로 선보인 것은 1935년 1월 26~27일에 부민관(경성공회
당)에서 열린 제2회 무용발표회에서로, 승무를 재구성한 〈승무의 인상〉이
라는 작품을 발표했다.[1] 피아노 반주에 맞춰 서양춤의 기교를 배합시켜 창
작한 이 새로운 형태의 춤에 대해 조택원은 "그때는 조선무용이라는 말을 많
이 썼지만 나의 이 창작무용은 신무용의 범주에 들어간다. … 나는 한국의 옛
날 춤을 그대로 춘 것이 아니라 내 사상을 거르고 재구성했다"라고 자평했다.
그는 이 작품을 위해 음악도 새롭게 작곡했다. 조택원은 귀국 후 승무를 잘
추는 김백옥이라는 기생에게 승무를 배웠다. 그는 광대나 기생들이 추는 승
무를 여러 번 보았는데 너무 잡스럽다고 느꼈고, 이 춤을 예술무용으로 재탄
생시키는 시도를 하게 되었다. 조택원은 생전에 안제승과의 대화에서 〈승무
의 인상〉을 안무하게 된 동기를 "불교에서 감득되는 종교적 기상이나 심오
한 철학적 정신 배경이 부각되지 못하고 미소 짓고 재주부리기에만 시종되
고 있는 내면 결핍에의 예술적 반발"에서였다고 술회했다(김말애, 2006: 153).
이듬해 1936년 3월 31일 도쿄의 일본청년관에서 열린 〈조택원 제1회 무용
발표회〉에서도 〈승무의 인상〉을 선보였다(日本芸術文化振興会, 2003: 16).

조택원은 〈승무의 인상〉을 좀 더 다듬어서 1938년 공연 무대에 다시 올
렸는데, 이때 음악은 정희석의 바이올린 연주로 하였다. 후일 정지용은 승
무 의상인 가사가 펄럭이는 모습이 마치 나비가 날아다니는 모습 같다 하
여 '가사호접'이라는 제목을 지어주었다(김말애, 2006: 153). 이후 조택원은
도쿄에서 〈학(鶴)〉, 〈춘향전〉, 〈만종〉 등 여러 작품들을 발표했다. 이시이
는 "조택원은 최승희가 깨닫기도 전에 조선무용의 부활에 뜻을 두어 경성

---

1) 조택원의 제1회 발표회는 1934년 1월 27일 경성 하세가와마치(長谷川町)공회당에서 개최되
   었다(≪매일신보≫, 1934.1.22).

에서도 여러 번 상연하고 있었는데 그것이 도쿄가 아니었기 때문에 최승희에게 밥그릇을 빼앗긴 형태가 되어버렸다"(이시이, 2007: 365)고 했을 만큼 조선무용을 기초로 한 조택원의 춤을 높이 평가했다.

당시 최승희와 조택원이 추구한 무용, 스승 이시이가 이들에게 권했던 무용의 방향성은 '순(純) 조선무용'은 아니었다. 1937년 ≪조광≫의 인터뷰에서 한성준은 다음과 같이 최승희의 역량을 칭찬하면서도 아쉬움을 드러냈다.

"일전에 참 최승희 씨 왔을 때에 타령춤 추는 것을 보았는데 역시 재주 있는 사람인 줄 알고 놀랬습니다. 연전에 내가 빅터, 컬럼비아, 포리돌, 녹음으로 9년째 수십 번 동경, 오사카에 다니는데 도쿄 갔을 때 최승희가 찾아와서 춤을 배워달라고 하여 14일 동안 시간을 정하고 다니면서 40여 가지 춤을 배워주었는데, 그때도 빠르게 잘 배웠는데, 이번에 보니까 용하게 하는 줄 알았습니다. 서양식으로 번역을 하는 것 같은데 좀 더 전문으로 연구하여 주었으면 하는 욕심이 났어요"(≪朝光≫, 1937.4).

같은 해 12월 28일, 경성의 한성준 자택에서 '조선음악무용연구회'가 닻을 올렸다. 1938년 1월 6일 자 ≪조선일보≫는 "춘풍추우 오십여 년 동안 악전고투 조선가무음악에 통진하여 지금 조선예술계에 혜성적 존재인 한성준"이 "순조선 고전적 가무음악을 향상 발전시키는 동시에 이 땅의 정취를 싫은 예술을 대중적 통속화시키기 위하여" 연구기관인 조선음악무용연구회를 설립했다고 전했다. 동 기사는 그동안 조선에서는 노래나 춤은 "가장 천대를 받은 기생 광대 등 특수계급 사람들"의 일로 여겨져, 조선 가무에 대한 지도·연구기관도 없었고, 자연히 예술적 가치를 발휘할 수가 없었다면서 새롭게 설립되는 조선음악무용연구회에 대한 기대를 내비쳤다.

한성준은 전통적인 예인으로서 어린 시절부터 춤을 배웠고 권번에서 춤을 가르치기도 했지만 본래 고수로서 명성을 떨쳤고, 라디오방송 출연, 레코드 녹음, 조선성악연구회 참가 등 활동의 중심은 음악에 있었다. 이는 1937년의 상기 인터뷰에서 "빅터, 컬럼비아, 포리돌, 녹음으로 9년째 수십 번 동경, 오사카에 다니는데"라고 한 데서도 잘 드러난다. 그런 그가 65세에 이르러서 조선무용 연구기관을 설립하여 전통춤들을 집대성하고 이를 보급·전승하기 위한 활동을 펼치기 시작한 이유는 무엇일까? 당시 최승희와 조택원은 한성준의 표현을 빌면 조선무용을 "서양식으로 번역"하여 일본에서 명성을 얻었을 뿐 아니라 서양에서도 인정받게 되었다. 최승희와 조택원이 추구한 무용예술은 "(조선무용을─필자) 좀 더 전문으로 연구하여 주었으면" 하는 한성준의 "욕심"에 부합하는 길은 아니었다. 이 시기에 만년의 한성준이 조선음악연구회를 창립한 것은 "서양어로 번역된" 조선무용(=신무용)이 명성을 얻고 예술로서 높은 평가를 받는 데 비해, 순수한 조선춤은 "특수계급"이 수행하는 영역으로 천시되고 "죽어가는" 현실을 타개하기 위한 적극적인 움직임이었다고 볼 수 있다.

조선음악무용연구회가 처음으로 대중 앞에 고전무용을 선보인 것은 1938년 5월 조선일보 지령 6천 호 발간과 '혁신 5주년'을 기념하여 조선일보사가 주최한 〈전 조선 향토연예대회〉에서다. 당시 공연은 큰 인기를 끌어 공연장은 초만원을 이루었고, 미처 입장하지 못한 사람들이 수백 명에 이를 정도였다. 조선음악무용연구회 측은 준비 부족으로 인해 첫 공연에 아쉬움이 남은데다가 입장을 못한 사람들이 있었던 점도 고려하여 한 달 후 6월 23일 부민관에서 다시 공연을 하게 되었다. 1938년 6월 19일 자 ≪조선일보≫는 다음과 같이 이 공연 소식을 전했다.

"어느덧, 녹음이 무르녹아 우주엔 생기가 차고 넘칫다. 이 조흘 때를 택하

그림 1-2 _ 조선음악무용연구회의 〈고전무용대회〉(조광회 주최, 1938.6.23 부민관에서)

자료: ≪조선일보≫(1938.6.19).

야 본사에서는 호화롭고 찬란하며 우아하고도 청신한 조선의 유일한 고
전예술인 고전무용(古典舞踊)의 밤을 가지기로 하엿다 … (중략) … 지
난번 애석하게 구경할 기회를 일흔 분과 미처 이러한 조흔 예술이 우리에
게 잇는 것을 아지 못햇든 이와 또는 고대조선예술을 사랑하고 연구하랴
는 분에게는 다시 두 번 볼 수 업는 절대의 조흔 기회라고 생각한다."

이날 공연에서 조선음악무용연구회는 〈바라무〉, 〈검무〉, 〈한량무〉, 〈단
가무〉, 〈신선무〉, 〈상좌무〉, 〈살풀이춤〉, 〈사자무〉, 학무〉, 〈태평무〉,
〈급제무〉, 〈농악〉, 〈소경춤〉, 〈군노사령무〉 등을 선보였다. '고전무용'이
라는 용어는 이때 처음으로 사용되었고, 이후 조선음악무용연구회의 춤을
'고전무용'이라는 용어로 부르기 시작했다(김영희, 2002: 10).

최승희와 조택원이 한성준에게서 조선무용을 배웠다는 것은 이들의 스승
인 이시이 바쿠도 밝힌 바 있고 당시에도 어느 정도 알려진 사실이었지만,
정작 최승희나 조택원 자신은 이를 드러내지 않았던 것으로 보인다. ≪춘추

（春秋）≫ 1941년 3월호에 실린 이동백(東伯)과 한성준의 대담에서 이동백은 "서양까지 가서 조선춤으로 환영받았다는 최승희, 조택원들도 한참봉한테 배웠다는 말이 있더군"이라고 했고, 그에 대해 한성준은 다음과 같이 응답했다.

> "물론 배웠습니다. 최승희는 서울서도 배웠으려니와, 동경까지 가서 밤, 낮으로 열나흘 동안을 가르쳤고, 조택원은 이십 일 동안 가르쳤지요. 그런데 조선 사람은 선생을 선생으로 알아주는 일이 퍽 적은 것 같습데다. 최 씨나 조 씨로 말하더라도 조선춤이라는 건 전부를 나한테서 해득했지만, 도무지 그런 기색은 안보이려고 애를 쓰는가 봐. 이런 걸 보면 서양 사람이나 내지 사람은 엉뚱히 다르거든 …"[2]

대담에서 한성준은 최승희와 조택원이 조선춤은 모두 자신에게 배웠으면서도 자신을 '스승'으로 인정하지 않고 오히려 감추려는 듯한 두 사람의 태도에 서운함을 드러냈다. 아마도 최승희와 조택원은 실제로 한성준을 스승으로 여기지 않았을 가능성이 높다. 이들에게는 한성준이 가르쳐준 조선춤은 그 자체로서는 '예술'이 아니고, 자신들이 현대적 수법으로 새로운 양식을 부여하고 사상 내지 철학을 담아냄으로써 비로소 '예술'로 재탄생될 수 있는 것이었다. 앞에서 소개한 이동백과의 대담에서 한성준은 "옛날부터 노래나 부르고 춤을 추는 사람을 천대"했는데, 지금은 "가무하는 사람들을 한 기술자로 대우"해 주니 전보다는 훨씬 낫다고 하였다. 이 발언에 비추어볼 때, 인텔리 계층인 최승희와 조택원의 입장에서 한성준은 조선춤을

---

2) 이흥구, 『한성준의 생애와 승무』(보고사, 2015), 18~19쪽 재인용. ≪春秋≫에 실린 대담을 추려서 박용구가 「풍류명인야화」 80(≪동아일보≫, 1959.8.19)에 실은 것. 대담은 1941년 1월 24일 천향원(天香園)에서 이루어졌다.

가르쳐준 사람이지만 '예술가'가 아니라, '기술자'이며, 그에게서 배운 '기술'을 '예술'로 승화시킨 자신들과는 격이 다르다고 생각했을 것이다.[3]

2. '조선고전무용'과 일본

일제강점기 일본에서의 조선무용이라면 대개 이시이 바쿠의 제자로서 조선무용을 새롭게 양식화한 최승희와 조택원, 그리고 신무용을 떠올리게 된다. 특히 세계적인 무희로 명성을 떨친 최승희는 당대뿐 아니라 오늘날까지도 민족적 자존심의 상징과도 같은 위상을 지니고 있으며, 재일동포 무용가들 중에는 어릴 때부터 최승희를 동경하여 조선무용가를 꿈꾸었다는 사람들도 적지 않다. 일제강점기 조선무용과 일본의 관계는 최승희, 조택원 등의 신무용을 중심으로 바라보는 경향이 있고, 한성준에 대해서는 신무용가들과 대비되어 조선의 춤 유산을 집대성하여 전통춤을 확립한 점이 주로 부각되었다. 그러다 보니 한성준과 그의 조선무용이 일본에 어떤 적극적인 의미가 되었는지에 대해서는 학문적 조명을 받은 일이 없는 것 같다. 문헌 자료들에서 볼 수 있는 한성준 또는 조선음악무용연구회가 일본에 관련된 부분은 대개 단편적인 기술들이다. 그러나 조선음악무용연구회가 출범한 이후 한성준 또는 그가 구축한 '조선고전무용'이 일본에 남긴 족적과 그 의미를 읽어낼 수 있는 자료가 없는 것은 아니다.

강선영에 따르면 1938년에 '니치게키(日劇) 소녀가무단' 안무자인 미하시 렌코(三橋蓮子)가 한성준을 찾아와 승무를 배웠고, 이듬해 니치게키 소녀가

---

3) 조택원의 부인인 원로 무용가 김문숙 선생이 조택원으로부터 들은 일화는 그가 한성준과의 신분 차이를 의식하고 있었음을 보여준다. 조택원은 한성준에게서 춤을 배울 때 한성준에게 존대를 하지 않고 '하게' 투로 말을 했다고 한다(2018년 5월 31일 인터뷰 기록에서).

무단 일행 50명을 인솔하여 경성 부민관에 와서 공연을 했는데, 그때 승무를 군무로 선보였다(이세기, 2003: 57). 그렇다면 조선음악무용연구회가 설립된 직후부터 경성에 와서 한성준에게 조선무용을 배우기 시작한 셈이다.[4]

'니치게키'는 '니혼게키죠(日本劇場)'의 약칭으로, 산하에 통칭 NTD라 했던 전속 무용단 '니치게키댄싱팀'을 두고 있었다. NTD 공연 연표를 보면 1937~1944년에 민족무용을 공연했는데, 그중 제68회(1939.12.13~28), 제85회(1941.2.18~25), 제87회(1941.4.16~30) 등 3차례에 걸쳐 조선무용 공연을 한 기록이 있다.[5] 1939년의 제68회 공연은 〈조선 레뷰(朝鮮レビュー) 7경(景)〉이라는 제목이다. 공연 내용이 기록되어 있지 않아 어떤 작품이 들어 있는지는 알 수 없으나, 주연은 김안라(金安羅), 주요 출연자는 시바타 사나에(柴田早苗)와 니치게키댄싱팀이며, 연출 미하시 렌코, 안무 미하시 렌코·마쓰다 다카시(益田隆)로 되어 있다. 니치게키 소녀가무단이 경성에서 군무로 승무를 피로한 것이 1939년이고 당시 인솔자가 미하시 렌코였다는 강선영의 회고에 비추어볼 때, 1939년 12월 중하순에 있었던 NDT의 공연 〈조선 레뷰(朝鮮レビュー) 7경(景)〉은 니치게키 소녀가무단의 경성공연과 연결되는 부분이 있을 것으로 추정된다. 미하시가 1938년부터 한성준에게 승무를 배운 것이 어느 정도는 이 공연에 녹아들어 있었을 가능성이 크다. 1941년의 제85회 공연 제목은 〈「춘뢰(春雷)」 3경〉인데, 내용에 '조선무용'이라고만 기재되어 있다. 주요 출연자는 도호무용대(東宝舞踊隊), 연출과 안무는 모두 미하시 렌코였다. 같은 해 제87회 공연은 〈「조선의 봄(朝鮮の春)」 3경〉이라는 제목으로, 이 공연의 주연은 제68회 공연과 같은 김안라, 주요

---

4) 한성준은 이동백과의 대담에서 도쿄에서 여배우 두 명이 찾아와 춤을 배워갔다고 했다(이홍구, 2015: 18~19). 그 두 사람이 미하시 렌코와 미우라 미츠코였을 가능성이 있다.

5) 〈昭和レビュー狂の時代〉, 第1部: 昭和14年~昭和19年(NDTの歴史-II). http://www.geocities.jp/yfcwn373/s14-19nen.html (2018년 12월 10일 검색)

54

출연자는 도호무용대·도호성악대, 안무는 미하시 렌코로 되어 있다. 그리고 공연 내용에 '승무'가 명시되어 있다. 제68회와 제87회 공연에서 주연으로 명시된 김안라는 본래 성악 전공자인 것 같다. 박용구가 1930년대 후반 일본 등 해외에서 많은 활동을 한 조선악극단에 대해 이야기하는 가운데서 김안라라는 이름이 나오는데, 그에 따르면 조선악극단의 4인조 여성 그룹 '저고리 씨스터즈'에 관여한 사람 중 김안라라는 소프라노가 있었다. 그는 일본에서 중앙음악학교를 나왔고, 신주쿠에 있는 물랑루즈라는 극장에서 노래를 불렀다(수유산방, 2011: 263).

미하시 렌코가 한성준에게 와서 배웠음을 확인할 수 있는 근거 자료로는 1943년 일본에서 출간된 『일본 민족무용의 연구(日本民族舞踊の硏究)』가 있다. 이 책은 일본 각 지방의 향토무용에 대해 기록한 책인데, 그 가운데 '반도(半島)' 즉 조선의 무용이 포함되어 있다. 조선무용이 제국 일본의 지방 향토무용으로 자리매김된 것이다.[6] 이 책 중 조선의 무용에 관한 내용은 「한성준 선생과 승무 등」, 「조선 향토무용 「봉산탈」」, 「춘향전」 3개 장에서 다루고 있는데, 그중 한성준과 봉산탈에 관한 두 개 장의 저자가 미하시 렌코이다. 『일본민족무용의 연구』는 니치게키 사장 하타 도요키치(秦豊吉)에 의해 1939~1941년에 기획·추진된 연구 프로젝트의 성과를 정리하여 단행본으로 출간한 것이다. 하타는 이 책의 서문에 해당하는 「일본민족무용의 연구에 대하여(「日本民族舞踊の硏究について」)」에서 이 연구 프로젝트를 기획, 추진한 배경과 의의를 밝히고 있다. 1938년 9월 하타는 유럽으로 건너가 그해 11월부터 이듬해 2월까지 독일, 이탈리아, 네덜란드의 26개 도시에서 다카라즈카(宝塚) 가극단의 무용과 발레를 상연했다. 그 과정에서

---

6) 이 책에서는 조선무용이 타이완, 류큐(琉球), 야에야마(八重山), 닛코(日向), 사츠마(薩摩)와 아마미오시마(奄美大島), 히다(飛驒), 도호쿠(東北) 등의 무용과 함께 일본의 향토무용으로 자리매김되었다.

하타는 외국 극장에서도 상연할 만한 "일본 발레의 완성"을 목표로 삼게 되었다. 유럽에서 귀국한 후 하타는 우선 도쿄의 니혼게키죠에 전속된 도호무용대 대원들을 일본의 향토무용 연구에 착수토록 하였다. 그는 "전통적으로도 화류계 정취와 분리할 수 없는 소위 일본무용의 대부분이 곧 오늘날의 우리 일본민족무용이라고 해석하고 싶지 않아, 일체의 편협한 인습을 떠나, 아주 풍요로운 향토무용에서 새롭게 일본민족의 신무용을 만들어내는 일이 하나의 방법"이라고 생각하게 되었다. 그래서 "도호무용대의 부원들에게 의뢰하여 타이완, 조선, 류큐, 야에야마, 닛코, 사츠마, 히다, 도호쿠 지방의 현지에서 춤사위, 음악, 의상에 대해 연구를 하고, 이것을 모아 도쿄의 다카라즈카 극장이나 일본극장 무대에서 상연하도록 하였다"(秦豊吉, 1943: 2~3). 이렇게 해서 1939~1941년 약 3년간에 걸쳐 향토무용에 대한 연구가 수행된 것이다. 앞에서 본 세 차례에 걸친 NTD의 조선무용 공연은 이 연구 프로젝트를 진행하면서 그 성과를 어느 정도 반영하여 만든 것일 가능성이 있다. 그렇다면 그것은 하타가 꿈꾸던 새로운 일본민족무용의 창조 과정의 일환으로 자리매김될 수 있다.

프로젝트팀이 이 연구를 위해 조선을 몇 차례 방문했는지는 알 수 없지만, 이 책에 기록된 바에 의하면 1940년 12월에는 진주, 경주, 평양, 사리원 등 여러 곳을 다니며 조선의 무용을 연구했다. 당시 춘향전의 조사를 담당했던 시마 기미야스(島公靖)는 "원래 조선에는 문헌에는 있으나 실물을 알 수 없는 것이 매우 많다. 예를 들어 무용을 보더라도, 『진찬의궤(進饌儀軌)』7)라는 연회에 대해 쓴 책 안에 약 18가지 무용의 이름은 기록되어 있는데, 그것이 과연 어떤 것인지, 물론 지금은 아무도 알지 못한다. 그런 춤을 조금

---

7) 진찬은 국가의 큰 경사를 맞이하여 거행되는 궁중잔치를 말하며 『진찬의궤』는 그 내용을 기록한 책이다.

씩 부활시키려 한 것이 미하시 렌코와 와카야마 고이치(若山浩一)가 춤을 배우러 다닌 한성준 선생"이라고 하였다(島公靖, 1943: 277~278). 시마가 '춘향전'에 대한 조사를 위해 당시 경성에서 조선민속품 수집가로 유명했던 유자후(柳子厚)[8]를 방문하는 동안 미하시와 와카미야는 한성준에게 가서 태평무를 배웠다고 한다. 그런데 미하시는 이때 프로젝트팀과 함께 온 것 말고도 개인적으로 한성준을 여러 차례 방문하여 조선무용을 배운 것으로 보인다. 미하시는 한성준에게서 우선 〈승무〉를 기본으로 배웠고, 그 뒤에 〈바라춤〉, 〈살풀이〉,[9] 〈태평무〉 등도 배웠다고 기술하고 있다(三橋蓮子, 1943: 276). 앞서 소개한 강선영의 회고에 의하면 미하시가 한성준에게 〈승무〉를 배운 것은 1938년이다. 한국 전통춤의 3대 작품으로 꼽을 수 있는 〈승무〉, 〈살풀이〉, 〈태평무〉를 포함하여 이만큼 조선무용을 배우려면 상당 기간 여러 차례에 걸쳐 지도를 받아야 하지 않았을까? 미하시가 마지막으로 한성준을 방문했을 때는 한성준이 병상에 있어 대신 한영숙에게서 춤을 배웠다고 한다.

미하시는 「한성준 선생과 승무 등」에서 한성준에게서 배운 조선무용의 느낌과 예인으로서의 한성준, 그리고 그의 인간적인 면모까지 기록하고 있다.

"한성준 선생님은 조선의 고전무용을 전문으로 추어오신 진지한 예술가로, 특히 그 유장한 리듬을 지닌 조선 악기 장고를 매우 잘 치셨습니다.

---

8) 柳子厚(1895~미상). 경사(經史)에 해박하며 신학문(新學文)에도 능통했던 한학자로 이준 열사의 사위. 1942년 『율곡이이선생의 임오사대선언(壬午四大宣言)』을 출간했고, 해방 이후 『조선화폐고』, 『율곡선생전』, 『해아밀사』 등을 저술했다. 한국전쟁 때 납북되어 타계한 시기는 미상.
9) 책에는 'カルプリ(칼풀이)'라고 되어 있는데 'サルプリ(살풀이)'의 오기로 추정된다.

… 선생님은 조선무용이 점차 쇠퇴해가는 때에 제가 일부러 도쿄로부터 춤을 배우러 왔다는 데 대해 매우 기뻐하시고, 이것저것 친절하게 가르쳐 주셨습니다. … 선생님께 우선 지도를 받은 것이 승무인데, 이 승무 안에는 조선무용의 기본이 되는 테크닉이 거의 다 들어 있으니 잘 배워두도록 하라고 하셨습니다. 곧 교습을 시작했는데, 무엇보다 그 특징인 어깨가 짓눌리는 듯한 쓸쓸함을 나타낼 수 없어서 고심했습니다. 맨 처음에는 발의 움직임부터 연습하고, 그 뒤에 어깨와 손의 움직임을 연습했는데, 조선무용뿐 아니라 어느 나라의 무용도 그것이 기조로 하는 선은 파악하기 어렵다는 것을 통감했습니다. 특히 조선무용은 테크닉도 적고, 춤도 내면적이어서, 몸 안으로부터 솟아나는 리듬이 없는 한 성공할 수 없습니다 … (중략) … 제가 처음 경성을 떠날 때는 선생님은 역까지 배웅하러 오셔서, 추운 플랫폼에서 한없이 서 계셨습니다. 당신은 나이가 들어 언제 다시 만날 수 있을지 모른다고, 살아 있는 동안에 할 수 있는 건 다 가르쳐 주고 싶으니 또 기회가 되면 꼭 오라고 하셨고, 그 후에도 갈 때마다 반드시 한밤중에라도 역까지 배웅해 주셨습니다. 교습 시간 외에는 자상하셔서, 내가 춤에 쓸 옷감이나 레코드를 찾으러 갈 때도 일부러 같이 가서 여러 가지로 골라 주셨고, 감기에 걸렸을 때도 당신 손으로 한약을 달여서 권해주셨습니다. 선생님의 친절은 지금도 몸에 스며 있습니다"(三橋蓮子, 1943: 273~274).

한성준은 앞서 언급한 1941년 이동백과의 대담에서 최승희와 조택원이 조선춤은 모두 자신에게 배웠지만 그런 기색을 안 보이려고 애를 쓰고 자신을 선생으로 대접하지 않는다고 서운함을 표하면서 그에 비해 "서양사람이나 내지 사람은 다르다"고 한 바 있다. 위 인용문으로 미루어 한성준이 말한 내지 사람은 미하시를 비롯한 니치게키 팀에 속한 일본인들(미우라 미츠코라는 NDT단원도 한성준에게 배웠음)로 짐작된다. 서양 사람은 이토 데이코 (伊藤貞子)라는 무용가이다. 한성준은 "서양 사람이나 내지 사람은 다르다" 면서 이토 데이코의 예를 들었다.

"이등정자(伊藤貞子)라고 서양사람인데 내지인과 결혼했답니다. 이 여자 는 세계 열여덟 나라를 돌아다니면서 무용을 하고 다닌 일도 있고, 그런 데 나한테 조선춤을 배워가기도 했지요. 배웠데야 여러 날 배운 것도 아 닌데, 요전 공연일로 내가 동경에 갔을 때 아 이등정자가 조선옷을 입고 동경역까지 마중을 나오잖았겠습니까. 그리고 매일 여관에 와서 놀기도 하고 … 선생도 선생이려니와 서로 말을 할 줄 모르는데 이렇게 하기란 장히 어려울 게요. 바로 얼마 전에도 동경에 있는 동경영화회사의 여배우 두 사람이 와서 춤을 배우고 갔습니다."

강선영에 따르면, 이토 데이코는 한성준에게 춤을 배우고 떠날 때 전화 가 귀하던 시절에 전화를 놔주고 연습실 바닥에 고급 장식재를 깔아주었 다. 바닥 장식재는 요즘의 비닐 장판 비슷한 고무제품으로 매끄럽고 깨끗 해서 맨 마루바닥에서 춤출 때보다 춤추기에 편했다. 그때만 해도 돈으로 거래되는 것을 지극히 꺼리던 시절인 만큼 수업료를 내야 한다거나 받아야 한다는 개념이 없을 때였다. 또한 이토는 한성준의 조선음악무용연구회의 첫 일본 공연 때 도쿄역까지 마중을 나왔을 뿐 아니라 도쿄 체류 기간 내내 찾아왔고, 한성준 일행과 함께할 때는 항상 조선옷을 입고 있었다(이세기, 2003: 57).

미하시 등 니치게키 소속 인사들이 조선무용을 배우고, 연구하던 시기에 한성준은 조선음악무용연구회를 이끌고 처음으로 일본 순회공연을 하게 되었다. 1940년 5월에 도쿄를 시작으로 요코하마, 나고야, 오사카, 교토,

그림 1-3 _ 조선음악무용연구회 〈도동(渡東) 기념 공연〉 기사

자료: 《조선일보》(1940.2.25).

고베 등 재일동포들이 많이 사는 일본의 주요 도시들을 순회하는 일정이었
다.[10] 1940년 2월 25일 자 《조선일보》는 2월 27일에 부민관에서 개최될
도동(渡東) 기념공연 소식을 다음과 같이 전했다.

> "시내 경운정(慶雲町)에 있는 조선음악무용연구회(朝鮮音樂舞踊硏究會)
> 에서는 오는 4월 말경에 현해탄을 건너가서 동경(東京)을 비롯하여 횡빈
> (橫濱), 명고옥(名古屋), 대판(大阪), 경도(京都), 신호(神戶) 등 주요 도시
> 에서 조선무용공연회를 갖게 되엇는 바 이에 도동 기념으로서 오는 이월
> 이십칠일 일곱시에 본사 사업부 후원으로 시내 부민관에서 기념공연을
> 갖게 되엇다.
> 특히 이번에는 일찍이 동경서 오랫동안 신무용을 연구하고 돌아와 그동
> 안 조선춤을 공부하던 권오봉(權五鳳) 양의 특별출연이 잇는만큼 이채가
> 잇슬것으로서 당일밤 『푸로그람』은 다음과 가트며 입장료는 일원균일로
> 서 본보 독자에게는 우대권을 가지고 오는 분에게 한하여 칠십전으로 할

10) 《조선일보》 1940년 7월 12일 자 기사에 따르면, 한성준 등 조선음악무용연구회 공연단 30
여 명이 도쿄 공연을 위해 7월 10일 밤 경성역을 출발했다고 하는데, 5월 공연 후 또 다른 일
본 공연이 있었던 것인지, 아니면 애초에 예정된 일정이 연기된 것인지는 확인할 수 없었다.

표 1-1 _ 〈도동기념공연〉 프로그램

제1부			제2부		
1	애국행진곡	전원	1	태평무	한영숙
2	동자무	김립분, 조남홍	2	속곡(俗曲)	강춘자, 한영숙, 김봉업, 심상건
3	검무	강춘자, 한영숙	3	사공무	전원 1
4	단가무	한영숙, 조금향	4	아리랑무/ 도라지타령무	김일선/강춘자
5	한량무	한영숙, 강춘자, 김일선, 조남홍	5	바라무	한영숙
6	고무(鼓舞)	박상옥, 정해시	6	학무	한성준, 김립분, 조남홍
7	살푸리춤	강춘자, 한영숙	7	신선무	권오봉, 한성준, 기타
8	가야금병창	심상건	8	급제무	전원
9			9	농악무	전원

* 기사에 의거해 필자가 작성.
** 위 명단의 강춘자는 강선영의 원래 이름.

인하게되엇다"(≪조선일보≫, 1940.2.25).

　도쿄 공연 내용은 프로그램 자료가 없고 강선영의 회고를 통해 일부 전해질 뿐인데, 〈표 1-1〉에 제시한 〈도동기념공연〉 프로그램은 도쿄 공연의 내용과 출연진을 추정하는 데 좋은 참고가 된다. 첫 순서가 〈애국행진곡〉인 것은 당시의 시대적 배경에서 불가피한 구성이었을 것이다. 〈애국행진곡〉은 1937년 총동원체제하에서 국민정신 진작을 목적으로 내각 정보부가 공모를 통해 선정된 가사에 곡을 붙여 만든 국민가요다.[11] 1940년에 조선음악무용연구회의 공연이 이루어진 경위(후원, 주최 등 포함)는 알 수 없으나,

---

11) 조선악극단도 1939년 12월에 두 번째 일본 공연 때 먼저 야스쿠니 신사를 참배했고, 공연의 마지막 순서로 〈애국행진곡〉 합창을 넣었다고 한다(김청강, 2015: 183).

'기원 2600년 기념'을 명분으로 도쿄 공연이 이루어졌을 가능성도 있다. 1940년은 초대 천황으로 전해지는 짐무(神武)천황이 즉위한 해를 기원으로 하여 2600년이 되는 해였다. 일본 정부가 편찬한 『기원2600년 축전 기록』에 따르면, 관청·각종단체·신문통신사 등으로부터 축전 사무국에 보고된 기념사업은 총 15,405건[12]이었다(浜田幸, 2015: 77~78). 조선음악무용연구회의 도쿄 공연은 히비야(日比谷)공회당에서 3일 동안 이어졌는데, 강선영은 공연 직전 막이 오를 때마다 "황국 2600년(기겡와 니센토류백구넹)"을 외쳤다고 회고했다(이세기, 2003). 강선영에 의하면 도쿄 히비야공회당 무대에 올린 조선무용 작품은 〈신선무〉, 〈승무〉, 〈살풀이춤〉, 〈검무〉, 〈한량무〉, 〈암사자춤〉, 〈훈령무〉, 〈농악〉 등이었는데, 김종서의 대금 독주, 오태석의 가야금 독주 등 음악 순서도 곁들였다. 당시엔 춤추는 사람이 창을 하고 창하는 사람이 각각 악기를 다루는 등 창과 춤과 악기연주는 기본이었다. 춤을 추고 창을 하면서 가야금이나 거문고, 해금이나 양금, 대금과 피리, 장고 반주 북반주를 쳤다.

이듬해 한성준은 '모던일본사'가 수여하는 제2회 '조선예술상'을 수상했다. '조선예술상'은 1940년에 일본 잡지 ≪모던 일본(モダン日本)≫ 조선판의 발간과 더불어 조선의 문화예술인을 대상으로 하여 신설된 것으로, 문학, 영화, 연극, 미술, 음악, 무용 등 각 분야에서 심사를 하여 전체에서 1명에게 수여했다. 1940년 제1회 수상자는 춘원 이광수였다. 한성준은 1941년 제2회 수상자로 선정되었는데, 이는 전년도인 1940년의 활동에 대한 평가였다. 전체 심사위원장은 기쿠치 칸(菊地寬), 그 외 분야별 심사위원들도 모두 일본인이었으며, 무용 분야 심사위원은 이시이 바쿠와 다카다 세이코였다.

---

12) 그중에는 외지(식민지)에서의 사업이 3,205건, 행사가 161건, 해외에서의 사업이 149건, 행사가 368건 포함되어 있다.

3. 재일동포와 대중예능 속의 조선무용

1930년대에는 오사카시를 필두로 일본의 대도시에는 조선의 중소도시와 비슷한 규모의 조선인이 살고 있었다. 이를 배경으로 조선의 도시와 같은 대중예능 시장이 일본에도 형성되었다. 도노무라 마사루에 의하면, 1920년대 후반 이후 일본 내지에서는 조선인의 연극이나 무용, 노래 등이 상연되어 조선 문화를 즐길 수 있게 되었다. 오락이 부족한 가운데 욕구에 부응하여 재일조선인 사회 내부로부터 생겨난 경우도 있고, 조선인 연예단체들이 일본에서 공연하는 경우도 있었다(도노무라, 2007: 112). 예를 들어 ≪오사카 아사히신문≫ 1933년 6월 6일 자 기사 「조선인 극단」은 조선인만의 조선어극단 '태양극장'이 오사카시 히가시나리구 이마자토극장에서 〈춘향전과 전설아리랑〉을 상연한다고 전했다. 또, 최석의라는 사람은 자신이 살던 조선인 집주지 오사카시 다이쇼구 고바야시초의 광장에도 때때로 예능인이 와서 육자배기나 판소리를 하고 장구를 크게 치면서 민족무용을 추기도 했다고 하였다(도노무라, 2007: 103).

배귀자 무용가극단이나 조선악극단 등 대규모 흥행사인 요시모토(吉本) 흥업이나 쇼치쿠(松竹) 등과 계약을 맺고 활동하는 악극단들도 나타났다. 예를 들어 배귀자 무용가극단은 1930년 초부터 조선과 일본을 오가며 순회공연을 가졌는데 요시모토 라인을 탔기 때문에 대성공을 거둔 것이라는 분석이 있다(수유산방, 2011). 1930년대 말에 가장 왕성하게 활동하며 인기를 끌었던 악극단은 '조선악극단'이다. 조선악극단은 1935년부터 도쿄, 오사카, 교토, 나고야 등지의 동포를 중심으로 일본 공연을 시작했다(김청강, 2015: 177).[13] 1939~1944년에는 일본과 중국 각지의 순회공연 등으로 폭넓

---

13) 원래 '조선오케그랜드쇼단'으로 설립되었는데, 1939년 3월에 요시모토 라인을 통해서 일본 진

은 활동을 펼쳤는데, 이들이 해외 공연에서 주로 선보였던 레퍼토리는 주로 신민요 계통의 음악이며, 치마저고리를 입은 여성들의 조선풍 무용이 곁들여졌다.[14]

이런 악극단과 달리 전통 민속가무악을 기반으로 활동하는 예능 단체도 있었다. 양영후는 전시에 활약의 장을 잃어버렸던 '남궁(南宮)국악단'과 '김홍주(金紅珠) 고전무용단'이 종전 후 부활하여 새롭게 결성된 '금수산(錦繡山)극단'과 함께 순회공연을 시작했다고 했는데(梁永厚, 1994: 56), 이는 국악, 고전무용을 전문으로 한 이들 단체들이 전전부터 활동하고 있었음을 의미한다. 김홍주 고전무용단의 '김홍주'는 재일동포 연극인 김만리(金滿里)[15]의 어머니이다. 김만리는 여러 글과 인터뷰 등을 통해 '고전예능의 대가'였던 어머니에 대해 이야기해 왔다. 그에 따르면, 김홍주는 1911년생으로, 예능단체에서 순업에 나선 아버지를 따라다니며 고전예능을 배웠고 어릴 때부터 무대에도 섰다. 언니가 속한 단체에서 활동을 시작했는데, 「조선창극사」에도 이름이 등장하는 판소리 명창 김록주(1896~1927)가 그의 언니이다.[16] 김홍주는 고성에서 일심회를 조직하여 독립운동을 했던 남편 황웅도(黃熊度)[17]를 따라 1934, 5년 무렵에 일본으로 건너갔고, 황웅도가 결성

출에 대해 상담하면서 '조선악극단'으로 개명했다(김청강, 2015: 177).

14) 1939년 도호영화사 제작 〈영특한 부인(思いつき夫人)〉이라는 영화에는 조선악극단의 공연 장면이 5분 이상 나오는데, 이 영상을 통해 당시 공연의 양상을 어느 정도 유추해 볼 수 있다. Yu Jun Choi, 〈식민지시대 조선악극단 공연모습〉(2014.3.2 게시). https://www.youtube.com/watch?v=2o9L3Y5RIes(검색일 2019.7.23).

15) 1953년생. 3세 때 소아마비. 7세부터 시설 생활. 10년 후 장애자운동과 조우한 것을 계기로 24시간 볼런티어가 돌보는 자립생활자가 됨. 21세 때 집을 나오기로 결심. 1983년 단원이 모두 신체장애자인 극단 타이헨(態変)을 창단.

16) 김록주는 1918년 송만갑협률사(宋萬甲協律社)의 단원으로 발탁된 바 있다(『한국민족문화대백과사전』).

17) 김만리에 의하면, 황웅도는 1919년 만세운동 때 고성에서 투옥됐다가 감형으로 석방된 후 일본으로 건너가 오사카 일일신문(大阪日日新聞) 기자가 되었다가 얼마 안 되어 그만두고, 김홍주를 일본으로 불러들여 극단을 꾸려 활동했다.

한 '황금좌'라는 조선 고전예능 전문 극단에서 간판 여배우로 활동했다. 황웅도는 '황금좌'의 단장이자 매니저로 전국을 다니며 공연을 했다. 일본에 강제 연행되어 탄광노동자로 일하는 조선인들이 많이 있던 군 감시하의 현장에 군 격려와 위문차 방문한 적도 있다. 그리고 도조 히데키(東条英機)의 감사장도 받았다고 김만리에게 보여준 일도 있다.[18]

　이상과 같이 1930~1940년대 전반기 일본에서는 최승희, 조택원으로 대표되는 신무용, 순조선 고전무용으로 일컬어진 한성준의 춤들 외에도 다양한 형태의 대중예능 속에서 조선무용이 연행되었다.

---

18)　金滿里, 「文学やアートにおける日本の文化史日韓戦中後, 古典前衛芸術物語」, 『ノーマライゼーション障害者の福祉』 32卷(2012, 通卷 376号); ≪日刊イオ≫, 「母・金紅珠に会いにいく―金満里さん, 20年ぶりに東京で「ウリ・オモニ」を上演へ」(2019-01-31 10: 00: 00 (英)のブログ) https://blog.goo.ne.jp/gekkan-io/e/93e19a898272c94e7713181c50c96308 ; ≪고성신문≫, 2020.7.17. 「김만리로 산다는 것 "꽃은 향기로워도"」.

제1부

냉전시대 문화지형의 구축

두 개의 조국, 하나의 춤

1. 해방 후 연예 행사들과 민족무용

종전 직후부터 재일동포 사회에서는 다양한 연예 행사들이 개최되었다. '경축', '위안', '친선' 등 다양한 명칭으로 이루어진 연예 행사들은 조련(朝聯=재일조선인연맹)[1]과 그 지방본부 또는 지부, 건청, 민단, 상인연합회 등 주로 재일동포 단체들의 기획, 주관하에 이루어졌다. 기존의 예능 관련 사업체들이 종전 직후 다시 활동을 재개한 것과 일본에 잔류한 재일동포 예술가 또는 예능인들의 존재도 이런 행사들을 치러낼 수 있는 기반이 되었다. 전시기에 통제 또는 중단되었던 대중오락 분야가 종전 후 새롭게 분출되는 대중들의 욕구에 부응하여 다시 움직이기 시작한 것이라고 하겠다. 이하에서는 종전 후 재일한인 사회에서 열린 다양한 문화행사들 중 무용이 무대에 오른 기록이 있는 공연들을 중심으로 살펴본다.

----

1) '재일조선인연맹'의 약칭. 해방 직후 각지에서 만들어진 재일한인 단체들을 통합하여 1945년 10월 15일에 결성된 전국적 단위의 민족단체로, 1949년 9월 8일 '단체 등 규정령'에 의거하여 GHQ에 의해 강제 해산되었다. 이후 '민전'(재일조선통일민주전선, 1951), '총련'(재일조선인총연합회, 1955)으로 계승됨.

1) 조련 주도 행사들

(1) 조선독립 경축대회

1945년 12월 21~23일, 도쿄의 간다교리츠(神田共立)강당에서 국제예술단 주최로 〈조선독립경축대회〉가 개최되었다.[2] 해방 후 재일동포 사회에서 조선독립을 경축하는 장으로서 마련한 첫 행사인 만큼 역사적 의미가 크다고 하겠다. 그런데, 〈조선독립경축대회〉에 대한 기록을 민단계 문헌에서는 찾아볼 수가 없었다. 학술적인 연구도 별로 없어, 필자가 찾아본 문헌들 중 〈조선독립경축대회〉에 대해 다룬 것은 재일조선인운동에서의 음악활동을 고찰한 김리화의 논문(金理花, 2016)이 유일하다. 이하 〈조선독립경축대회〉에 관한 내용은 주로 김리화의 논문을 토대로 기술한 것이다. 김리화는 조련 문화부 활동보고서를 토대로 〈조선독립경축대회〉의 내용을 소개하고 있는데, 음악에 중점을 두고 있어 무용 공연에 대해서는 구체적인 정보가 없다. 그러나 활동보고서에 "성악, 주악(奏樂), 무용 후에 '전문적 입장의 분석으로 호평을 받았다'"는 기술이 있는 것을 보면, 경축대회 무대에는 무용도 올라간 것으로 보인다.

김리화는 경축대회의 주된 출연자로서 김영길(나가타 겐지로 永田絃次郞), 김문보, 백성규 등 3인을 거명했다. 이 세 사람은 모두 1920~1930년대에 일본에 유학하여 이후 일본을 거점으로 활약하면서 일본의 문화예술계에서 명성을 얻은 재일 1세 예술인이다.

김리화는 이들을 '남성 가수'라 했는데, 그중 백성규는 무용가를 가수로 오해한 것이 아닌가 생각된다. 재일 1세 남성 가수들 중 '백성규'라는 이름

---

2)　김리화는 국제예술단이 다른 연주활동을 한 사례를 확인할 수 없고, 경축대회에 관한 사항 — 목적과 내용, 평가 등 — 이 조련 문화부의 활동 보고에 포함되어 있는 점에 비추어 이 행사의 실질적인 주최자를 조련으로 보고 있다(金理花, 2016: 4).

은 매우 생소하지만, 일본 발레계에서 인정받고 있던 남성 무용가 중 조선인 백성규가 있다. 백성규(1919~2013)는 연희전문학교 영문과를 졸업한 뒤 일본으로 건너가 일본대학 예술과에 편입했다. 원래는 연극을 하고 싶어서 '학생예술좌'에 들어갔는데, 당시 학생예술좌에는 연기를 하기 위해서는 무용을 해야 된다는 전통이 있어서, 형상좌의 남궁요열(일제시대에는 남궁영일이라는 이름 씀)이라는 친구 소개로 러시아 출신 발레리나 엘레나 파블로바 문하에서 발레를 배우게 되었다(수유산방, 2011: 225, 227). 1940년에 같은 엘레나 파블로바 문하생 핫도리 치에코(服部智恵子)와 함께 '핫도리·시마다 무용단 및 연구소'를 설립했다. 후일 두 사람은 결혼하여 부부 무용가로 활동했고 무용연구소는 1946년에 '핫도리·시마다 발레단'으로 개칭했다. 해방 전 일본에서 조선무용으로 이름을 떨쳤던 최승희와 조택원이 모두 귀국한 가운데, 재일한인으로서는 아마도 유일하게 일본 무용계에서 주류로 활동했다.[3]

성악가 김영길(1909~1985)은 평안남도 출신으로, 숭실전문학교 졸업 후 20세인 1929년에 도일하여 육군 도야마학교 군악대에서 트럼펫을 전공했는데, 1933~1935년 제2, 3회, 4회 음악콩쿠르 성악부에서 각각 차석, 2위, 2위를 기록하며 성악가의 길을 걷게 되었다. 1934년 일본 '폴리돌 레코드'와 '킹 레코드', 조선반도용 '폴리돌' 등에서 조선용은 본명인 김영길로, 일본용은 다테 기요시(伊達清, 伊達清史), 고스기 도시오(小杉俊夫) 등의 이름으로 음반을 취입했으며, 1935년 1월에 발매된 「일본행진곡」부터 나가타 겐지로(永田絃次郎)라는 이름으로 킹레코드사 전속가수로서 활동했다. 「아침」, 「애국행진곡」, 「애마진군가」, 「출정 병사를 보내는 노래」 등 히트를 기록한 군가들과 「기원 2600년」, 「대정익찬의 노래」, 「바다로 가는 일본」

---

3) 뒤에 일본발레협회 회장, 국립극장 무용부문 초대 예술감독을 역임했고, 무용(발레)·무용 진흥의 공적을 높이 평가받아 문화공로자로 선정되기도 했다.

등을 불렀고, 내선일체 홍보성 영화 〈너와 나〉(1941)에서 주요 배역을 맡아 출연했다.[4]

또 다른 주요 출연자 김문보(1900~?)는 한국 최초의 바리톤 성악가다. 그는 대구 출신으로, 1919년에 윤심덕, 한기주와 함께 조선총독부의 관비유학생으로 선발되어 우에노(上野)음악학교(현 도쿄음악학교)에 입학했다. 졸업 후 일본에 기반을 두고 활동하면서, 조선에서도 여러 차례 연주회를 가졌다. 김문보는 1940년경 이흥렬의 피아노 반주로 서울 조선일보사 강당에서 독창회를 가진 이후 행적을 알 수 없었는데 〈조선독립경축대회〉 무대에 등장한 것이다.[5]

김영길은 종전 후 후지와라(藤原)가극단 소속으로 활동하면서 조총련에 관여했고 1960년에 북한으로 이주했지만, 해방 전부터 경축대회 당시까지도 좌파에서 활동한 행적은 확인할 수 없고, 김문보와 백성규도 음악·무용 활동에서 정치 이념을 드러내는 경우는 발견하지 못했다. 말하자면 '순수예술' 지향에 가까웠다고 할 수 있을 것이다. 이들 외에 〈조선독립경축대회〉 출연진에는 러시아, 네덜란드, 독일, 일본 사람들도 포함되어 있었고 당시 도쿄음악학교의 촉탁 강사였던 윌리 프라이 같은 명연주가도 참가했다고 하니 공연 내용은 서양 클래식 음악 중심이었을 것으로 추측된다. ≪조련문화≫(조련 문화부 기관지)에 "너무 대중을 무시한 '고급예술'이었다"는 비판과 더불어 "동포의 관객 수준이 저열했기 때문에 음악회의 내용을 충분

---

4) 이같은 경력 때문에 2008년 민족문제연구소가 발표한 친일인명사전 수록 예정자 명단과 2009년 친일반민족행위 진상규명위원회가 발표한 친일반민족행위 705인 명단에 포함되었다 (위키백과, '김영길', ウィキペディア, '永田絃次郎' 항목 참조).
5) 『年鑑』의 음악회 평가에 "김문보 씨가 오랜 침묵을 깨고 히비야에 등장한 것도 인상 깊은 일이었다"고 기록되어 있다(金理花, 2016: 5). 그의 이복여동생에 의하면 김문보는 해방 이전에 북한으로 들어가 음악교사가 되었다고 하는데, 손태룡은 이를 신빙성이 낮다고 보았다(손태룡, 2000: 24)

히 이해할 수 없어 국제적 자리의 공기를 다소 산만하게 만들었다"는 지적도 있었다고 한다. 조련 문화부 활동 기록에 따르면, 이 대회의 목적은 ① 해방군인 연합군에 대한 감사와 위로, ② 도쿄 내 외국인 단체 및 일본의 민주주의 단체들과의 예술을 통한 국제적 친선 도모, ③ 동포 위안과 이 방면의 수준 향상에 기여 등이다(金理花, 2016: 4~5). '동포 위안'이 목적에 포함되긴 했어도, 입장자 수가 제한된 위에 초대권의 절반 이상이 연합군용 좌석으로 제공되었다는 점에 비추어, 이 경축대회는 국제적인 관객층을 상정하여 '예술성'에 중점을 둔 기획이었던 것으로 보인다. 음악이 서구 클래식 중심인 만큼 무용도 그에 걸맞게 클래식 발레가 선정된 것 같다. 국제적인 명성을 얻고 있던 최승희나 조택원이 귀국하지 않고 일본에 있었더라면 '조선(풍의)무용'이 포함되었을지도 모르겠다. 그러나 민족무용은 아직 '예술'의 반열에 끼지 못한 상태였다.

(2) 설맞이 동포 위안대회

1946년 2월 3일, 간다교리츠강당에서 조련 문화부 주최 〈동포 위안대회〉가 열렸다.[6] 〈동포 위안대회〉는 클래식 음악 위주였던 〈조선독립경축대회〉와는 달리 프로그램 내용이 대중적이고 다양한 층이 즐길 수 있도록 짜여졌으며, 출연자의 폭도 넓었다. 전날인 2월 2일은 종전 후 첫 설날이었으니, 〈동포 위안대회〉는 설맞이 행사로서 마련된 것이 아닐까 생각된다. 일본은 1873년에 태양력을 채택하여 설은 양력으로 치렀으며, 일제하의 조선에서도 공식적으로는 양력설을 '신정'이라 하여 공식 축일로 삼고, 음력설을 '구정'이라 하여 억제했다. 그러나 재일한인은 일본에서도 계속 음력설을 쇘고, 설날에는 동포 대중을 위한 문화·예능 행사들이 펼쳐졌다(李裕

---

6) 〈동포 위안대회〉의 내용에 대해서는 주로 金理花 논문(2016)에 의거하여 기술함.

淑, 2017; 도노무라, 2007).

　행사는 오전, 오후에 걸쳐 진행되었는데, 오전에는 묵상, 개회사, 조련 조국특파단[7]에 의한 본국 정세보고, 강연, 조련 뉴스 상영 등 정치성을 띤 홍보·계몽적인 내용으로 이루어졌다. 본국 정세보고는 조국특파단 대표 윤근과 이호영, 강창호 등이 맡았다. 본국 정세보고에 이어 「여성에게 고한다」라는 강연(강연자 구명숙)이 있었고, 이어서 〈조련 뉴스〉 1호, 2호가 상영되었다. 〈동포위안대회〉는 이렇게 재일동포 대중에게 본국의 정치 상황과 이에 대한 조련의 입장을 전달하는 중요한 장으로 활용되었다.

　오후에는 〈표 2-1〉과 같이 다채로운 공연이 펼쳐졌다. 오후 첫 프로그램은 성악가들이 출연하여, 해방가요나 민요, 계몽기 가요 등의 조선어 가요와 이탈리아 오페라 아리아, 미국 민요, 러시아 민요 등 다양한 장르의 노래를 불렀다. 첫 곡은 안익태의 「애국가」였고, 김순남의 「독립의 아침」, 「농민가」, 「해방의 노래」, 「우리들의 노래」 등 해방가요 4곡과 박태준 곡 「갓모를 잊고」와 양유정 곡 「낙화암」 등이 이어졌다. 독창 세 번째 순서로 나온 바리톤 성악가 장비는 해방 후 조련계 문화선전·공작활동에서 핵심적인 역할을 한 음악가로 꼽힌다. 그는 해방 후 손수레에 풍금을 싣고 홋카이도로부터 규슈에 이르기까지 동포들의 부락을 찾아다니면서 7년이 넘도록 우리 춤과 노래를 했고, 청년들과 일본학교에 다니는 학생들, 여성들과 노인들에게 「새아리랑」, 「닐리리야」, 「뽕따러 가세」와 같은 민요나 「애국가」, 「인민공화국 선포의 노래」 등을 가르치며 계몽활동을 했다(박정순, 2012: 75).

---

7)　조련은 결성 직후 1945년 11월에 중앙본부 위원장 윤근을 단장으로 하고 오사카본부 청년부장 장정수 등 8명의 단원으로 구성된 조국특파단을 본국에 파견했다. 조국특파단은 여운형 등 본국의 요인들에게 조련 결성 사실과 활동을 보고하고, 각계 대표들과 교류하는 등 소기의 임무를 수행하고 1946년 1월에 일본으로 귀환했다. 귀환 후 조국특파단의 활동 보고와 제의가 조련 내 좌·우파 대립을 촉발시켰다(梁永厚, 1994: 41).

표 2-1 _ 동포위안대회 프로그램(1946년 2월 3일)

1부	독창	김구환(테너)	애국가(안익태/해방가요), 독립의 아침, 농민가, 해방의 노래, 우리들의 노래(김순남/해방가요), 갓모를 잊고(박태준 곡), 낙화암(양유정 곡), 가극 토스카에서 별은 빛나건만(푸치니/아리아)
		김경애(소프라노)	봉선화(홍난파/계몽가요), 오라(현제명), 소야곡(세레나데) (상세 불명), 돌아오라 소렌토로(이탈리아 나폴리 민요)
		장비(바리톤)	올드블랙조(포스터/미국), 깊은 강(흑인영가), 딕시랜드(미국 민요), 스텐카라친·볼가의 급류·뱃노래(볼가의 뱃사공) (러시아 민요)
	이중창	김구환/김경애	가극 '춘희'에서 '잊지 못할 사랑'(푸치니)
	합창극	정박 외 2명	대동단결(1경)(정박 작시)
	음악희극	(마님)김구환/ (머슴)장비	마님과 머슴(1경)(윤복갱 시/박태준 곡)
2부	독창	김채옥 (메조소프라노)	어머님 전상서(손목인), 도라지타령·강물은 흘러(민요),
		김채옥(소프라노)	역마차(김해송), 사발가(경기민요)
	무용	김채옥	백두산을 찾아서(신민요)
	독창	석규(바리톤)	처녀총각, 뱃노래(민요)
	무용(쌍무)	김채옥/김채옥	관서천리(지방무용)
	독주 (섹소폰)	박금웅	양산도(민요), 드리고의 세레나데(소야곡) (리카르도 드리고 곡/ 발레음악)
3부	합창	도츠카가쿠인 아동합창대	파랑새, 할미꽃, 개나리꽃, 단야옥 할아버지, 노리개 상자 (동요)
	피아노독주	한광우	뻐꾸기(오스트리아 민요)
	유희	도츠카가쿠인 아동합창대	힘차게 나아가자, 모두 모여라, 책상 위의 옥동(상세 불명)
4부	조선시	최인성	3백 년 전 고요(古謠)
	단가	안갑선	남도단가
	만요, 민요	서태원	총각진정서(만요), 노들강변(민요)
	육자배기 (진양조)	안일성	육자배기(잡가/남도민요)

* 2부: 가와구치문화부 경음악단 연주/ 3부: 도츠카가쿠인(戶塚学院) 아동합창대 연주/ 4부: 명창회
** 2부의 여성 독창 메조소프라노·소프라노와 무용 독무·쌍무 등의 출연자 이름이 모두 '김채옥'으로 되어 있는데, 이는 잘못 기재된 것으로 보인다.
자료: 金理花(2016: 7)에 수록된 표. 일본어로 된 곡명은 필자가 번역.

2부에서는 가와구치 문화부 경음악단이 독창, 무용, 색소폰 독주 등을 피로했다. 노래는 대부분 해방 전 1930년대에 발표된 가요나 신민요들이었다. 무용 곡목은 〈백두산을 찾아서〉와 〈관서천리〉이고, 전자는 '신민요', 후자는 '지방무용'이라고 되어 있는데, 후자는 이은파 노래 「관서천리」에 안무를 한 것일 수도 있다. '명창회'라는 제목의 제4부는 남도단가, 남도민요, 시조, 신민요 등 민속음악으로만 짜여 있는 점이 흥미롭다. 이는 당시 재일한인 사회에 민속음악을 하는 사람들이 존재하고 있었음을 시사한다. ≪조련문화≫에는 "어떤 때는 '들어가라'고 관중들이 소리치고, 어떤 때는 '앙콜'이라며 박수를 쳤다"든가, "예술가라는 사람이 하는 것엔 흥미가 없고, 아마추어나 가두예인의 것을 좋아한다"든가 하는 반응이 소개되었는데, 이는 대중적인 프로그램에 대한 관중들의 호응이 높았음을 보여준다. 반면, "문화부는 앞으로 가두예인 같은 매소부(賣笑婦)적인 것을 그만두고 좀 더 예술적인 것을 하라"는 비판적인 의견도 있었다(金理花, 2016: 8).

종전 후 첫 설날인 1946년 2월 2일 즈음하여, 도쿄 외에도 여러 지역에서 동포 위안을 목적으로 한 문화행사들이 열렸다. 재일한인 최대 거주지인 오사카에서도 전후 첫 설날을 맞아 각 지역에서 동포위안 문화제가 개최되었다. 위에서 상세히 본 조련 주최 동포 위안대회 프로그램을 보면, 종전 이전부터 활동했던 예술인이나 대중예능인들이 전후에 다시 이 같은 연예 행사들을 통해 무대에 서게 되었고, 당시 재일한인을 주 대상으로 한 대중 예능에는 민족음악·무용이 상당 부분 포함되어 있었던 것으로 생각된다.

(3) 순회 음악대

종전 후 첫 설을 맞아 개최한 동포 위안대회를 계기로 조련은 순회음악대를 조직해서 지방에 파견했다. 순회음악대는 제1반(간사이 반)/제2반(도호쿠 반)으로 나뉘었다. 제1반은 1946년 2월 12일 가나가와의 쓰루미(鶴見) 공연을 시작으로 3월 26일까지 약 1달 반에 걸쳐 도쿄, 나가노, 야마구치, 히로시마, 오카야마, 효고, 오사카, 나라, 교토, 시가, 도치기, 아이치 등 34곳을 돌았고, 제2반은 3월 12일 오사카 공연을 필두로 6월 9일까지 3개월 가까이 나라, 교토, 군마, 도치기, 사이타마, 이바라키, 도쿄, 치바, 이와테 등 총 35곳에서 공연을 했다. 3월 12~17일의 오사카, 교토, 나라 등 간사이 지역에서는 제1, 제2반의 일정이 겹치게 되는데, 각자 공연을 했는지 아니면 합류했는지는 알 수 없다.

〈표 2-2〉는 순회음악대 제1반과 제2반의 공연 내용을 정리한 것이다. 제1반은 총 14개 중 노래로 보이는 것이 7개(총 12곡), 기악이 2개(피아노 독주, 하와이안기타), 밴드 1개(조런 밴드), 무용 1개, 만담 1개, 장르 불분명한 것이 2개('도라지 풍경', '수일과 순애')이다. 제2반은 총 12개 중 연주 3개, 노래 4개, 무용이 4개로, 제1반에 비해 무용과 악단 연주가 많다.

2월 3일 도쿄에서 있었던 동포위안대회와 비교할 때, 순회음악대에서는 두 그룹 모두 연주곡 목록에서 안익태의 〈애국가〉가 빠져 있다. 제1반에서는 해방가요와 더불어 상당수의 유행가들이 연주되었고, 유행가에는 일본 노래들도 포함되어 있는 데 비해, 제2반의 노래들은 주로 해방가요와 조선의 민요로 짜여 있다.

한편, 제1반의 프로그램에는 무용이 1개만 있는데 대해, 제2반은 12개 순서 중 4개가 무용이어서 무용의 비중이 상대적으로 높은 편이다. 다만, 제2반의 11번 순서로 편성된 무용 〈처녀총각〉 외에는 모두 무용의 제목이나 장르가 적혀 있지 않아 어떤 춤들인지 알 수가 없다. 2월 3일 동포위안대회의 무용 제목 〈백두산을 찾아서〉와 〈관서천리〉가 모두 신민요였고, 순회음악대 제2반의 무용 〈처녀총각〉도 신민요였다는 점에 비추어 다른 무용들도 대개 신민요에 안무를 한 것이 아닐까 추측해 본다. 제2반의 마지막 순서인 〈빛나는 조선〉은 제목만 적혀 있어 장르를 알 수 없으나, 1948

표 2-2 _ 순회음악대 제1, 제2반 공연 프로그램

	제1반(간사이반)	제2반(도호쿠반)
1	조선독립의 노래, 우리들의 노래	개막 연주
2	사과의 노래(リンゴの歌), 누가 고향을 잊으리(誰が故郷を思わざる)	독창: 해방의 아침, 독립의 노래
3	처녀총각, 목포의 눈물	악단 연주
4	번지 없는 주막, 청사초롱	독창: 노들강변, 밀양아리랑, 도라지타령
5	도라지 풍경	무용
6	피아노 독주	무용
7	수일과 순애	악단 연주
8	나가사키 이야기(長崎物語), 이나노 간타로(伊那の韓太郎)	독창: 건국행진곡, 조선의 봄, 조선팔경
9	하와이안 기타	무용
10	만담	전창(全唱): 청춘이다
11	조련밴드: 아리랑, 양산도	무용: 처녀총각
12	무용	빛나는 조선
13	연락선은 떠난다, 결혼시켜 주세요(結婚で送り出して)	
14	농민가/ 해방의 노래	

* 곡명은 필자가 한국어로 번역. 일본어를 병기해 둔 것 중 〈사과의 노래〉, 〈나가사키 이야기〉, 〈이나노 긴타로〉는 일본 노래다. 단, 〈누가 고향을 잊으리〉와 〈결혼시켜 주세요〉는 일본 노래인지 조선의 노래인지 불분명함.
자료: 金理花(2016: 11). 논문에 의거하여 필자가 작성.

년에 조련 주최로 열린 〈조선민주주의인민공화국 수립 경축대회〉 프로그램에 '무용단편 〈빛나는 조선〉'이라는 기술이 있는 것으로 보아 무용으로 추정된다(박정순, 2012: 32).

조련밴드 외에는 출연자 정보가 없어서 각 순회음악대가 기존의 악단을 중심으로 해서 꾸려진 것인지 조련이 독자적으로 연주자들을 모아 조직한 것인지는 알 수 없다. 제1반과 제2반의 프로그램 구성이 상당히 다르고, 비교적 장기간에 걸친 순회공연이라는 점을 고려하면, 전자일 가능성이 높다. 조련은 아직 산하에 자체적인 악단을 둘 만한 단계에 있지 않았다. 그렇다면 이 순회음악대의 연주자들은 대개 해방 전부터 예능계에서 프로로 활동하던 사람들이라고 볼 수 있으며, 공연 내용도 이전부터 대중을 대상으로 한 무대에 올렸던 것을 중심으로 하고, 해방가요 등 새로운 시대 상황에 맞고 조련이 원하는 것을 일부 포함시켰을 수 있다. 그런 점에서 순회음악대의 무대에 올려진 무용들도, 전전의 최승희·조택원 류의 '예술성'을 표방하는 무용이나 한성준류의 전통적인 조선고전무용과는 다른, 대중적인 악단 또는 악극단의 성격에 맞게 신민요 계열의 음악을 토대로 안무된 춤들이 아니었을까?

조련이 순회악단을 조직하여 파견한 목적은 "지금까지 우리에게는 없었던 오락기관을 통해 동포들에게 위안을 준다"는 것 외에도 "본국 정세 국제 정세를 알려, 일반인의 계몽에 이 기회를 이용"하는 동시에 "지방유세대원을 동행시켜, 대중적 집합을 이용해서 조련 조직을 확대 강화"한다는 데 있었으며, 특히 후자에 중점이 두어졌다(金理花, 2016: 9). 그러나 그 성과에 대해서는 "적당한 인원의 부족으로 인해 계몽운동에는 전혀 도움이 되지 않았고, 단지 위안에서 어느 정도 효과가 있었을 뿐"이라 하고, "악사와 가수의 의식수준이 천박하여 전체적으로 보아 오히려 동포대중으로부터 비판을 받았다"고 총괄했다. 지방에 따라서는 효과를 보기도 했지만, 단원들의 무자각적 행동, 지방 재정에 대한 과중한 부담, 내용의 진부함 등 여러 비판이 제기되었다. 이러한 평가를 토대로 "순회음악대를 중총에서는 정식으로 해산시키고 장래 계몽활동도 할 수 있는 우수한 예술가들로 음악대를 재조직"하는 방안도 제시되었다(金理花, 2016: 13).

2) 다양한 주체들에 의한 대중예능 행사

해방 직후 재일동포 사회에서는 조련 조직 외에도 다양한 주체들에 의해 여러 지역에서 마련되었다. 해방 후 첫 설을 맞아 각지에서 개최된 동포위안 문화제를 계기로 오사카에서는 민족음악·무용 서클이 일상화되었으며, 전시에 활약의 장을 잃어버렸던 '남궁국악단', '김홍주 고전무용단'이 부활하여 새롭게 결성된 '금수산극단'과 함께 순회공연도 시작되었다(梁永厚, 1994: 56). 이동극단, 악극단 등에 의한 동포 위안행사들은 전전부터 존재하고 있었으니, 전시 중 활동이 억제되었던 상업적, 비상업적 대중예능 공연 주체들이 활동을 재개하기 시작한 가운데, 재일한인을 주된 대상으로 하는 활동들도 그런 흐름을 타고 있었다고 할 수 있다.

1945년 12월 6일에 고베 신카이치(新開地)에서는 〈전재부흥 자금 양집(釀集)공연〉이라는 타이틀을 내건 '경음악과 영화' 모임이 열린 바 있다. 전후 전재자 지원을 위한 자선사업의 차원에서 이러한 연예 행사들이 여러 지역에서 기획, 추진되지 않았을까 추측된다. 이 행사의 주최자가 누구인지는 알 수 없으나, 공연에는 당시 일본에서 오하타 미노루(小畑実)라는 이름으로 명성이 높았던 재일조선인 가수 강영철이 출연했으며, 후일 무대 〈방랑기(放浪記)〉로 이름을 떨치게 되는 모리 미츠코(森光子)가 함께 출연했다. 오하타는 「유지마의 백매화(湯島の白梅)」라는 노래로 큰 인기를 끌었고, 해방 직후는 중립파 재일한인이 세운 백두레코드에서 김순남 작곡 「독립의 아침」 등이 수록된 해방가요를 녹음하는 등 아마가사키(尼崎)의 조선인 밀집 지역에 거주하면서 간사이 지방을 거점으로 활동했다. 모리는 전시 중에는 일본군 위문단의 일원으로 중국 전선을 순회했고, 종전 후는 재즈 가수로서 활약했는데, 이 시기에 오하타 등과 함께 각지에서 공연활동을 했다(高祐二, 2014: 48~49).

이듬해 5월 고베에서는 '조선인 자유상인연합회(조상연)'[8] 주최로 〈선일 (鮮日) 제휴 연예대회〉라는 이름의 행사가 열렸다. 고베역 앞의 야치요좌 (八千代座)에서 열린 이 연예대회는 전재자 원호자금 모집을 목적으로 한 자선 행사로, 조선인 일류 예인과 요시모토흥업의 만담, 여흥, 연극과 음악 연주 등 많은 내용으로 많은 관객을 모았다(高祐二, 2014: 123). 조상연은 1945년 12월 고베의 조선인 상인 200여 명이 모여 결성한 단체로, 1946년 6월에는 중국인, 일본인의 자유상인조합과 공동으로 국철선(國鐵線)[9] 가교 밑에서의 상업 활동을 원활히 하는 데 합의했다. 5월에 열린 〈선일제휴 연 예대회〉는 일본인 상인들과의 정식 합의를 앞두고 친선을 도모하는 의미 에서 기획된 것일 수도 있다.

종전 1주년을 맞는 1946년 8월 15일 무렵에는 각지에서 기념행사들이 열렸다. 오사카에서는 8월 17~19일 나카노시마(中之島) 공회당에서 〈평화 회복 1주년 기념, 조·일 희망음악회〉가 개최되었다. 이 음악회에는 당시 후지와라가극단 테너가수 김영길, 쓰키오카 유메지(月丘夢路), 강영철, 하야 시 히사오(林伊佐緒) 등 일본과 조선 양편의 가수들이 함께 출연했다. 이 음 악회의 수익금은 전쟁고아 구제 자금으로 오사카 시립 고사이인(弘済院)에 보냈다(梁永厚, 1994: 56).[10]

효고 건청(建青)[11]은 1946년 8월 15일 광고 기사에 〈8·15해방기념일 1

---

8) '조선인 자유상인연합회'는 1947년 1월 18일 제1회 정기총회에서 '조선인 상업경제회'로 명칭 을 변경하고 전후의 암시장을 중심으로 하는 자유상업의 조합에서 건전하고 폭넓은 상공인을 망라하는 조직으로 변신했다. '조선인 상업경제회'와 '재신(在神) 조선인음식점조합'(1946년 3 월에 결성)을 모체로 '효고현 조선인상공회'가 결성되었다(高祐二, 2014: 124).

9) 일본 국유철도선. 현재는 JR선.

10) 1911년에 설립된 민간의 '재단법인 홍제회'의 사회복지 사업을 1944년에 오사카시가 이어받 아 운영하게 되면서 '오사카 시립 홍제원'이 되었다. 양영후의 글에서는 음악회의 수익금을 전 쟁고아 구제 자금으로 이곳에 보냈다고 되어 있는데, 현재 고령자 복지시설 및 병원을 포괄하 는 시설이다.

주년 경축대회〉라는 제목으로 다음과 같은 내용을 고지했다. "8월 15일 오전 9시부터 축하식, 강연회, 조선영화 〈집없는 천사〉 상영, 연주회 …… 오하타 미노루 외 레코드 가수 출연, 장소 신가이치 쇼치쿠자(松竹座)" 1941년 경성고려영화협회에 의해 제작된 〈집없는 천사〉는 경성에서 살아가는 고아들의 모습을 다룬 영화로, 태평양전쟁에 돌입한 당시로서는 내선일체나 조선인의 전쟁 협력을 최우선으로 하지 않았다는 점에서 이색적인 내용이었다. 또한, 조선총독부의 검열이 있는 가운데서도 조선어 회화와 치마저고리가 등장하는 등 전시하에서는 생각하기 어려운 민족색을 드러내고 있었고, '조선의 명화(名花)'라 불린 문예봉이 출연했다. 그래서 일본의 국책에 의해 제작된 것이지만 해방 후에도 재일한인 관객의 지지를 받았다(高祐二, 2014: 48).

경축대회 1주일 후, 조선국제신문사 주최, 빅터레코드 후원으로 야치요 극장에서 〈해방 1주년 기념 경축 연예대회〉가 개최되었다. 조선국제신문사는 건청 중앙부위원장과 선전부 반장을 역임한 허운룡(許雲龍)이 회장, 문동건이 총지국장을 맡고 있었다. 경축행사에서는 두 사람이 '조선 해방 1주년을 맞아'라는 제목으로 강연을 했고, 이어서 빅터레코드의 전속 가수와 재즈 가수 가사오키 시즈코(笠置シズ子)가 특별 출연을 했다. 가사오키는 이 듬해 '도쿄 부기우기'가 대히트를 기록해 부동의 스타가 된다. 그 외에도 도호(東宝) 전속의 아크로바트 예인, 뉴코리아 오케스트라 밴드 등의 호화로운 무대가 펼쳐졌다(高祐二, 2014: 50).

고우이는 일개 지방 단체에 불과한 효고 건청이 이렇게 대형 예능프로덕션에 버금가는 큰 행사를 개최할 수 있었던 것은 당시 GHQ로부터 우선적

11) '건청'은 1945년 11월에 결성된 민족단체 '조선건국촉진청년동맹'의 약칭. 1946년 1월에는 '신조선건설동맹'('건동')이 결성되었다. 1946년 10월 조련에서 탈퇴한 우파 인사들은 건청, 건동과 함께 '재일조선인거류민단'('민단')을 결성했다.

으로 제공받은 물자를 암시장에서 거래하는 이권을 갖고 있어 자금력이 있었기 때문이라고 보았다. 당시에는 조련이 재일한인들의 압도적인 지지를 받고 있었던 반면, 건청에 대해서는 암시장의 이권을 독점하고 폭력도 불사하는 단체라는 부정적인 이미지도 존재하고 있어, 유명 예능인을 동원한 연예대회를 개최함으로써 이런 상황을 돌파하고 조직을 확대 강화하려는 의도가 있었으리라는 것이다(高祐二, 2014: 51).

1946~1948년은 조련, 건청·민단 등의 조직 확대기로 지방본부와 지부들이 결성되고 있었다. 유명 연예인들이 출연하는 공연이나 영화 상영회 등은 일단 많은 사람들을 모으기 위한 수단으로서 효과가 있었다. 그리고 앞에서 본 것과 같이, 이런 문화행사에 앞서 강연 등 조직 홍보를 하는 경우가 많았다. 1946년 11월에는 건청의 아마가사키지부 결성식에서 여흥으로 오하타(강영철)가 공연을 했는데, 오하타를 보기 위해 300인 이상의 조선인이 모여들어 식장을 가득 메웠다(高祐二, 2014: 49). 1947년 12월 15일에는 신가이치에 있는 간사이 극장에서 건청 결성 2주년 기념 및 조선통일정부 수립 촉진대회가 개최되었다. 이날 대회에서는 내외 축사, 우량 맹원 표창, 공로자에 대한 감사, 시국강연, 결의문 채택 등으로 구성된 행사가 끝난 뒤에 조선영화(〈민족의 절규〉) 상영과 민족음악(향토음악) 연주 순서가 마련되었다(高祐二, 2014: 57~58).

이상의 사례들은 종전 후 피폐해진 생활 속에서도 다양한 재일한인 단체들이 다양한 목적으로 대중을 대상으로 한 오락적인 연예행사들을 마련했음을 보여준다. 제한적인 사례이기는 하나, 이 시기에는 특별히 민족적인 것에 집중하기보다는, 당대의 인기 예능인들을 등장시키고 다채로운 내용으로 구성한 경우가 많음을 알 수 있다. 그리고 예상 외로 민족무용이 등장한 사례를 찾아보기가 어려웠다.

2. 조국 분단과 민족무용

1) 대한민국/조선민주주의인민공화국 수립 경축대회

1948년 8월 15일에 대한민국이, 이어서 9월 9일에 조선민주주의인민공화국이 공식 출범하자 민단과 조련은 각각 한반도 남과 북의 정권에 대한 지지 입장을 표명했다. 그해 10월 4~5일에 민단은 전체 대회를 열어 강령에 "대한민국 국시 존수(尊守)"를 추가하고 단체 명칭을 '재일본 조선 거류민단'에서 '재일본 대한민국 거류민단'으로 변경했으며, 민단이 한국 정부의 공인 단체가 되었음을 공식적으로 밝혔다. 반면 조련은 조선민주주의인민공화국을 민족사상 최초의 인민정권이라 하고, 경축 준비위원회를 결성하여 조직적으로 경축행사를 준비했다.

박정순에 따르면, 조련 주최로 도쿄에서 열린 공화국 창건 중앙경축대회에서는 5000여 명의 군중들이 모인 가운데 각 학교와 지역 여성들의 춤이 다채롭게 벌어졌다. 〈밀양아리랑〉, 무용극 〈흥부와 놀부〉, 무용단편 〈빛나는 조선〉, 〈농악무〉 등이 펼쳐져, 공연을 보던 칠팔십 세 백발 할머니들까지 흥이 나서 무대에 올라 둥실둥실 춤을 추었다. 반면, 당시 민단에서는 외국무용인 하와이의 훌라댄스로 행사를 진행하고 있었다(박정순, 2012: 32). 이 같은 박정순의 기술은 조련이 민족문화를 중시하고 이를 계승한 데 반해 민단은 그 부분이 결여되었음을 경축행사의 예시를 통해 부각시킨 것이라 하겠다. 단, 박정순은 당시 민단의 경축행사 내용에 대한 근거 자료를 제시하지 않았다. 필자도 관련 자료를 찾지 못해 사실 여부를 확인할 수는 없으나, 조련이 일찍부터 문화예술 분야를 운동 차원에서 조직적으로 키워온 데 반해 민단은 상대적으로 조직력이 미약했던 것은 분명하다.

다만, 앞에서 소개한 종전 후 오사카에서 남궁국악단과 김홍주 고전무용

그림 2-1 _ 한국 궁중무용의 한 장면

「한국 궁중무용의 한 장면」이라는 제목이 붙은 이 사진은 관련 기사가 없이 단독으로 게재된 사진이며, 같은 지면(3면)의 기사들은 한국의 정치경제 현실과 관련 논평 등이다.

자료: ≪韓國學生新聞≫, 檀紀4286(1953).1.5.

단 등이 부활하여 활동을 재개했다는 양영후의 기술에 비추어볼 때, 민단 오사카의 경축행사는 도쿄와 좀 다른 양상을 보였을 수도 있다. 오사카에서는 1948년 8월 '대한민국 독립(정부 수립)'을 기념하는 경축대회가 열려 후세(布施)소학교 학생들이 '고려무용'을 했고 '고려악단'이 향토민요 등을 연주했다고 한다.[12] 고베에서도 1948년 8월 15일 산노미야(三宮)의 이쿠다(生田)극장에서 민단 주최로 〈대한민국 독립 축하대회〉가 열렸다. 민단 외에도 건청은 "동포여!! 오라!! 이 제전에 참가하라. 우리의 정부 수립을 축복하고, 통일독립을 쟁취하자!!"라는 슬로건을 내걸고 〈대한민국 정부수립 축하 해방기념 통일독립 촉성대회〉라는 별도의 집회를 개최했다(高祐二,

---

12) 이 부분은 필자가 2017년 6월 23일 도쿄의 재일한인역사자료관에서 복사한 신문기사 내용에 의거한 것이나, 현재 복사한 자료에서 신문명이나 일자를 확인할 수 없는 상태임. 참조한 원문은 "… 독립만세 3창으로 오후 2시에 식전은 엄숙히 폐막되고, 여흥에 들어가 후세소학교의 고려무용, 작은 소녀들의 향토색채 그리고 눈부시게 춤추는 모습에 관중들은 깊은 감명을 받았다. 이어서 고려악단의 향토민요, 동요와 유행가 등을 …"이다.

제2장 두 개의 조국, 하나의 춤 85

2014: 66). 10월에는 조련 측의 경축행사도 열렸는데, 경축행사에서는 조선 민주주의인민공화국 국기를 게양하고 헌법, 국기, 국장 등을 소개한 팸플 릿, 국기 배지 등을 배포했다(梁永厚, 1994: 91).

이와 같이 조련과 민단은 각각 본국과의 관계를 구축해 가면서 재일한인 사회에서 조직의 확대 강화를 도모했고, 그 과정에서 가무, 연극 등의 예능 은 선전 및 대중동원의 중요한 수단으로 활용되었다.

2) 지방순회악단에서 문화공작대로

조련이 파견한 지방순회음악대는 1946년에 해단되고, 이후 문화공작대 (문공대)와 문화선전대(문선대)로 발전하게 된다. 순회음악대의 일정표에 의 하면 6월 19일까지 공연을 계속한 것으로 되어 있는데,[13] 김리화에 의하면 조련 문화부는 공연 종료까지 기다리지 않고 4월 30일에 순회음악대를 해 산시켰다(金理花, 2016: 11~12). 지방순회위안대의 종료 시점이 언제였는지 는 명확하지 않지만, 문공대, 문선대라는 새로운 문화(예술, 예능)운동체로 재편된 것은 분명하다.

조련은 1947년에 문화활동의 조직 방법을 관상(觀想)형 공연에서 대중 참가형 음악(예능)활동으로 변경했다. 대중 참가형 예능활동을 장려하여 문 화의 대중화를 도모했는데, 문화의 대중화 정책이 각 지역에 뿌리내리는 데는 문공대가 핵심적인 역할을 했다(金理花, 2016: 20~21). 1947년 2월 20 일, 조련 측 문화인들 주도로 35개 문화단체 대표 66명이 참가한 '재일본 조선문화단체 연합회'(문단련)가 결성되었고, 그 후에 민청 및 여성단체들과

---

13) 오사카에서 시작한 제2반은 4월 9~19일 도쿄도 관내, 5월 4~5일 치바현 후나바시(船橋)에서 공연을 가졌고, 5월 22일~6월 19일에는 도호쿠 지방에서 15차례 공연을 했는데, 모든 공연은 이와테에서만 이루어진 것으로 되어 있다.

협력하여 위안대나 문공대를 조직했다. 문공대는 동포들이 생활하는 지역을 순회하면서 조선민요와 악기 연주, 조선무용, 조선어 연극 등의 공연을 한 이동 악대 같은 조직이다. 조련은 1948년 7월에 '조련문화상'을 신설하고, 12월에는 문학, 미술, 무용, 연예 부문의 지도자 양성을 위한 '조련중앙고등학원' 12기를 예술학원으로 하여 문공대 지도자 육성을 추진했다(박정순, 2012: 75). 이름에 잘 나타나 있듯 이들의 순회공연은 동포들에 대한 계몽과 선전을 목적으로 한 활동이었다. '조련 중앙고등학원' 12기를 예술학원으로 했다는 박정순의 기술은 그 의미가 불명확하지만, 1948년 12월에 어떤 형태로든 주요 연예 분야의 문공대 지도자 육성을 위한 조직을 만든 것은 분명한 것 같다. 다만, 당시 무용 분야에서는 누가 어떻게 교육을 했는지에 대해서는 박정순의 글에서도 전혀 단서가 없다. 문공대는 문선대라고도 하였다.

중앙문선대는 도카이 지방을 중심으로 활동한 제1문선대와 간토지방에서 활동한 제2문선대로 조직되었다. 문선대는 낮에는 대중공작을 하고 밤에는 공연활동을 했다고 하는데, 주간 활동인 대중공작의 내용이 무엇인지는 알 수 없다. 중앙 문선대는 노래와 춤과 만담, 기타 풍부한 민족예술 레퍼토리를 갖고 있었는데, 예를 들어 1954년 2월 공연 프로그램에는 〈어랑타령〉, 〈양산도〉, 〈밀양아리랑〉 등의 민요와 〈농악〉, 〈승무〉, 무용극 〈흥부와 놀부〉, 무용단편 〈빛나는 조선〉 등의 민족무용이 포함되었다(박정순, 2012: 75). 문선대는 오사카, 아키타(秋田), 와카야마(和歌山), 후쿠시마(福島), 도야마(富山) 등의 지방에서도 활동했다.

문공대 활동은 당시 일본 공산당의 문화운동에서도 볼 수 있었던 것으로, 조련과 일본공산당의 관계에 비추어 문공대 활동도 서로 접점이 있었을 것이다. 1948년 7월 일본공산당 당원 예술가회의에서 당원 예술가가 대중의 일상의 요구와 당의 정치 과제에 답할 수 있는 예술활동을 하도록 요청받

은 것을 계기로 그해 8월 '우미츠바메(海つばめ)'라는 이동음악대가 결성되었다. 하라 타로(原太郎)에 의해 결성된 우미츠바메는 소규모 편성으로 가두를 돌며 음악이나 풍자극을 하는 식으로 활동했는데, 민요민무(民謠民舞)를 주로 했다. 우미츠바메라는 이름은 러시아 민요나 민화를 재평가한 고리키의 작품「바다제비의 노래」에서 따온 것이다. 1950년대 공산당의 문화운동에서 민요나 민족무용을 수행하는 문화공작대는 우메츠바메가 거의 유일했다. 신분제도하에서 하층민이 만든 민요는 비굴한 피지배자 의식을 반영하는 경향이 있으므로, 민요를 채집하여 "인민의 자유와 민주주의를 추구하는 투쟁"을 위해 현재의 삶에서 재창조될 필요가 있다는 입장에서, 하라는 1951년에 아메미야 스미에(雨宮すみえ)와 둘이 아코디온을 메고 노동현장의 모임터를 도는 것으로 새로운 음악 활동을 시작했다(西嶋一泰, 2010: 302). 1년 동안 도쿄도 내의 주요 막노동 현장을 거의 다 돌고, 미에, 미야자키, 군마, 치바 등 벽촌의 현장도 돌았는데, 당시 막노동 현장에 많았던 조선인들과의 교류도 활발했다. 그 사이에 두 명으로 시작한 대원은 열 명으로 늘었다. 우미츠바메의 활동에 관한 니시지마(西嶋)의 글에는 현장 분위기, 특히 조선인 노동자들의 반응을 보여주는 다음과 같은 기술들이 있다.

"이 사람들이 일하고 있는 현장에 아코디언을 메고 들어가, 점심시간이나 일당 지급 전의 쉬는 시간에 일본과 조선의 민요민무를 보여주거나 들려주고, 부르게 한다. … 우리는 밥을 먹고, 막걸리를 마시고, 밤 10시경부터 시작해서 한밤중 2시경까지 하며, 우리만 노래와 춤을 보여주는 것이 아니라, 농민들이 점점 노래도 부르고 춤도 추고 한다. 우리의 레퍼토리는 그런 가운데서 조금씩 늘어난다"(西嶋一泰, 2010: 303).

"조선 민요를 부르면, '좋다!'라는 추임새가 나오고 즉석에서 춤이 나온다. 때로는 이들이 조선민요를 가르쳐주고, 무대의상으로 쓰라고 조선옷을 주기도 한다 …"(西嶋一泰, 2010: 304).

총련 사람의 안내로 오카치마치(御徒町) 부근의 조선인 거주 지역에 가서 연주했을 때의 경험을 기술한 것도 있다.

"사방으로 뻗은 4개의 통로가 사람들로 가득하고 2층에서는 사람들이 상반신을 창 밖으로 내어 내다보고 있었는데, 노래를 부르면 늘 그렇듯 안에서 '좋-다' 소리가 울렸다. 요코야마(横山)와 아메미야(雨宮)가 〈영춘화(迎春花)〉를 추니 환성이 최고조에 달하고, 끝나기도 전에 지폐들이 휘날리며 떨어졌다. 하라는 이런 "조선 사람들의, 민족 전통에 대한 열의"에 큰 감동을 받는다"(西嶋一泰, 2010: 304).

이 같은 기술을 통해 당시 재일동포들의 생활 속에서 조선의 민요와 춤을 즐기는 모습과 흥을 볼 수 있다.

조련은 1949년 9월 8일 일본 정부에 의해 해산 조치되었으나, 조련 측 문화인들에 의해 조직된 문공대는 그 후에도 활동을 계속했다. 1950년대에는 산타마(三多摩), 시마네(島根), 효고, 히로시마, 가나가와, 나라, 이바라기(茨城), 아이치, 오사카, 시즈오카 등 여러 지역에서 문공대(소년단 문공대, 조선중학교 문공대, 민애청 문공대, 여동문공대)들이 조직되었다. 각 지역의 문공대는 민청이나 여맹과 협력해서 8·15해방과 9·9조선민주주의인민공화국 창건, 5·1메이데이 등 기념일에 문화제를 열거나 민족교육 관련 사업, 생활을 지키는 투쟁 등에 참가했다. 또한, 북일 문화교류를 목적으로 수많은 문화축전, 순회공연 활동을 하였다(박정순, 2012: 31). 조련 해산 후 1951년 1월 9일에 이를 계승하는 '재일조선통일민주전선'(민전)이 결성되어 활동했으나 운동 노선에 대한 내부 비판과 투쟁에 의해 해산되었고, 그와 동시에 1955년 5월 25일 '재일본조선인총연합회'(총련)가 출범했다. 민전이 일본공산당 지도하에 놓여 있던 것과 달리 총련은 조선공산당의 직접 지도를 받도록 되어 있었고, 강령에서 조선민주주의인민공화국의 해외공민임을 천명하는 등 북한에의 귀속을 공식화했다. 총련 결성 직후 1955년 6월 6일 재일본조선중앙예술단(금강산가극단의 전신, 이하 중앙예술단)이 총련 산하 사업단으로서 설립되었다. 중앙예술단은 재일동포 사회 최초의 전문 종합예술단으로, 창단 당시 단원은 20여 명이었다(在日朝鮮人歷史硏究所, 2005: 71). 총련 체제하에서 문화예술 분야의 조직화도 더욱 진전되어, 1959년 6월 7일에는 재일본문학예술가동맹(이하 약칭 문예동)이 결성되었다.[14]

3. 1950년대 민족무용 지도자들

박정순에 따르면 조련은 1948년 12월에 중앙고등학원 제12기를 예술학원으로 해서 무용을 포함한 각 분야의 문공대 지도자를 육성했다. 그런데 이때 지도자 육성을 위한 교육은 누가, 어떻게 했는지에 대해서는 알려진 바가 별로 없다. 이 시기에 무용 분야에서도 지도자가 있었을 터인데, 그에 대해 구체적으로 밝혀진 내용은 거의 없는 것 같다. 드러나지 않은 지도자들 모두가 전문적인 무용가였는지 여부도 알 수 없다. 이 절에서는 무용가로서의 정체성을 갖고 있었고, 후일 재일 민족무용가가 배출되는 데 일조한 것으로 필자가 확인할 수 있었던 사람들을 중심으로 종전부터 1950년대에 재일

---

14) 총련 조직은 중앙본부-지방본부-지부-분회로 이루어져 있으며, 산하단체와 사업체를 두고 있다. 금강산가극단은 총련의 공식적인 조직·기구 체계에서 사업체에 속한다. 문예동은 1955년에 조직된 재일본조선인문화단체협의회가 재편된 것으로 총련의 산하단체에 속한다.

동포 사회에서 민족무용을 가르친 초기 무용 지도자들에 대해 알아본다.

1) 재일 1세 고전무용가 김홍주

오늘날 재일 민족무용가 1세대로 일컬어지는 인물들도 거의 다 재일 2세
들이다. 이번 연구를 통해 필자가 파악할 수 있었던 범위 내에서는 제1장에
서 언급한 김홍주가 유일한 재일 1세 무용가이다. 김홍주에 대한 이야기는
거의 모두 그의 딸인 극단 타이헨 김만리 대표의 글이나 구술 자료들을 통
해 접한 것이다. 김만리에 따르면, 황금좌를 설립한 아버지 황웅도는 종전
직후 사망하여 극단도 해산할 수밖에 없었다. 그 후 어머니는 김홍주 고전
예술연구소를 열어 집에서 가르쳤는데, 일본에서는 고전예능을 하는 사람
이 적었기 때문에 오사카의 이마자토(今里)에 있는 조선학교에서도 가르쳤
고, 도쿄까지도 가르치러 다녔기 때문에 제자가 많았다.[15] 양영후는 『전
후·오사카의 조선인운동 1945~1965』에서 종전 직후 부활한 예능단체로서
'김홍주 고전무용단'을 언급하고 있다(梁永厚, 1994: 56). 김홍주 고전무용단
은 황금좌 해산 후 김홍주가 고전예술연구소를 토대로 새롭게 구성한 것이
라 볼 수 있지만, 김홍주 자신의 활동은 전전과 전후가 연속성을 갖기 때문
에 양영후가 '부활'이라고 썼을 것이다.

김홍주는 1998년, 87세로 일생을 마감했다. 김홍주 고전예술연구원, 김
홍주 고전무용단 등이 언제까지 존재했는지, 또는 김홍주가 언제까지 조선
고전무용가로서 활동했는지 등은 딸 김만리의 글이나 구술에서도 제시되
고 있지 않다. 그러나 민단 오사카 조토(城東)지부의 '동포위안대회'로 추정

---

15) ≪日刊イオ≫, 「母·金紅珠に会いにいく ―金満里さん, 20年ぶりに東京で「ウリ·オモニ」
を上演へ」(2019-01-31 | (瑛)のブログ)

되는 무대에서 승무를 추는 사진16)과 김홍주가 이마자토에 있는 조선학교에서도 민족무용을 가르쳤다는 김만리의 증언에 비추어볼 때, 적어도 1950년대 전반기에는 활동을 하고 있었던 것이 분명하다. 민단 오사카 조토지부의 결성 시기는 1949년 4월이고, 이마자토에 조선학교가 개교한 것은 1950년(오사카시립 혼조중학교 니시이마자토 분교)과 혹은 1951년(오사카시립 니시이마자토 중학교)이기 때문이다. 김홍주는 1911년생으로 종전 당시 34세였으니, 이후 상당 기간 조선고전무용으로 활동할 만한 연령이었다고 하겠다.

그런데, 민단계와 총련계를 불문하고 필자가 만난 재일동포 민족무용가들로부터는 '김홍주'라는 이름을 듣지 못했고, '김홍주 고전무용단'이나 '김홍주 고전예술연구소'가 언급되는 경우도 없었다. 전통 가무악을 아우르는 예인으로서 전전부터 활발히 활동해 온 재일 1세 민족무용가에 대한 기억이 이렇게 재일동포 무용가들 사이에 공유되지 않고 있는 것은 어떤 이유에서인지 이해하기가 어렵다.

2) 밀항 무용가들: 정무연, 김장안, 정민

1965년에 재일한인 무용가 최초로 '조선민주주의인민공화국 공훈배우', 1974년에는 동 '인민배우' 칭호를 받은 바 있는 원로 무용가 임추자(1936~2019)는 자신이 조선무용을 배운 스승으로 김장안, 정무연, 조택원 세 사람을 꼽았다. 〈임추자조선무용창작발표회〉(1994) 팸플릿에 실린 임추자의 약력에는 다음과 같이 이들에게 지도를 받은 시기도 기재되어 있다. "1949년 이시이 바쿠 무용연구소 입단, 정무연 선생에게 조선무용 지도를 받음, 1950년 김장안 선생에게 사사, 1955년 도쿄조선중고급학교 무용 강사로

---

16) 앞의 (英)のブログ(2019.1.31) 글에 실려 있는 사진이다.

일하다, 핫도리·시마다 발레단 입단, 조택원 선생에게 사사."

한편, 조선대학교 교수 박정순은 해방 직후부터 1960년대 초까지 재일조선인들의 무용활동에서 중심이 되어 보급과 공연 활동을 한 무용가들로 김장안, 조봉희, 부수현, 정민을 들었다(박정순, 2013: 73). 박정순이 든 인물들중 부수현에 관해서는 박정순의 글에서도 정보가 없었고, 그 외의 자료들도 발견하지 못했다. 조봉희는 고베에서 무용을 가르치다가 1949년 무렵도쿄의 사카키바라 무용학원에서 조선무용을 가르쳤다는 정도만 알 수 있었다. 정민은 일본에서 태어나 해방 후 한국에서 활동하며 무용을 배웠고 1950년대 초에 다시 일본으로 건너가 오사카를 중심으로 활동했다. 민단계에 속하나, 민단계와 총련계를 가리지 않고 무용을 가르친 것으로 알려졌다. 그의 이력에 대해서는 뒤에서 좀 더 자세히 알아보겠지만, 일본에서 1950년대에는 발레단에서 활동하는 등 발레를 주로 했고, 1960년대 들어서부터 민족무용 중심으로 활동을 했다.

따라서 필자는 종전 후 1950년대까지의 민족무용 지도자로서 김장안, 정무연, 조택원, 정민 등 4명의 무용가들에 대해 살펴보고자 한다. 이들 중 김장안, 정무연, 정민은 해방 후 한국에서 밀항으로 일본에 건너간 경우이며, 조택원은 일본의 비자를 받아 정식으로 입국한 경우이다. 조택원은 임추자에게 가장 큰 영향을 끼친 지도자이기도 했기 때문에 절을 달리해서 고찰한다.

1936년에 나고야에서 태어난 임추자는 소학교 2학년 때 가와사키의 미조노구치(溝の口)로 이사하여, 민족학교인 남부 초급학교에 다녔고, 도쿄제8초급학교에도 1년간 다녔다. 임추자는 최승희를 동경하여 중학교 때부터 무용을 시작했다. 임추자가 김장안과 정무연을 만난 것은 도쿄조선중고급학교 학생 때였다. 정무연은 배재학당 재학 중에 춤꾼 정인방을 친구로 둔 인연으로 춤을 배우고 공연까지 따라다니게 되었다. 배재학당 졸업 후

조흥은행에서 일하게 되었으나, 몰래 장추화 무용연구소에 다니며 현대춤을 배우고 조선 정악원에 전통춤을 배우러 다녔다. 집안의 극심한 반대 때문에 더 이상 한국에서는 제대로 춤을 출 수 없다고 생각한 정무연은 1947년에 일본 밀항을 감행했다. 임추자에 의하면 당시 정무연은 밀항자였기 때문에 발각되지 않도록 조선인 커뮤니티의 도움으로 그 학교 기숙사에 기거하고 있었다고 한다. 방과 후에는 무용을 가르쳐주기도 했고, 일본의 일극이나 다카라즈카 등에 출연하기도 했는데, 주로 여자 역할을 맡았다고 한다. 그러나 1954년에 밀입국자로 신고되어 자진 귀국했다.

임추자는 자신의 환갑 기념공연 때 정무연이 공연을 보러 와서 40년 만에 만났노라고 했다. 정민과 친구 사이였던 정무연은 당시 정민의 연락을 받고 왔다면서 임추자에게 무용 소도구 몇 가지를 선물로 주었다. 임추자와의 인터뷰 후 필자는 정무연과 연락이 닿아 부산에 있는 정무연 무용연구소를 방문했다.[17] 그런데, 정무연은 임추자와의 인연이나 도쿄조선중고급학교 기숙사에 머물렀던 일에 대해서는 필자의 질문에 답을 하지 않았다. 밀항 과정 및 일본 도쿄에서의 활동에 관해서는 몇 가지 이야기를 들려주었다. 일본에서 좀 더 자유롭게 무용을 하고 싶어서 밀항을 결행했고, 누군가의 조언에 따라 무용 도구들을 가지고 배를 탔다고 했다. 정무연은 이송과의 인터뷰에서 밀항 후 후쿠오카와 오사카의 민단의 도움으로 순회공연에 참가했으며, 오사카에서 6개월 머문 후 도쿄에서 어렵게 자리를 잡아 무용연구회를 개설해 한국춤을 가르치기 시작했다고 하였다(이송, 2007). 정무연이 도쿄로 간 것이 언제인지는 분명치 않지만, 임추자가 그에게 조선무용을 사사한 시점이 1949년임에 비추어, 그 이전 시기에 얼마간은 순회

---

17) 임추자에게서 정무연이 한국에서 무용연구소를 운영하고 있다고 들었다는 이야기를 듣고 인터넷 검색을 통해 부산에서 활동하고 있다는 것을 알게 되었다.

공연 무대에 섰을 가능성도 있다. 전시기에 활동이 통제되거나 중단되었던 예능 단체나 흥행사 활동을 재개했고, 재일한인 사회에서는 경축, 동포위안, 조일 친선 등 다양한 명목의 공연 무대들이 펼쳐졌다. 일제시기, 특히 전시기에 많은 악극단 또는 이동극단 내지 악단들이 만들어져 위문 공연을 다니곤 했는데, 전후 이들 중 해단된 곳도 있겠지만, 일본 국내로 활동 범위가 국한된 가운데 새롭게 활동을 하게 된 단체들도 적지 않았을 것으로 생각된다. 이와 같이 다양한 주체들에 의한 공연들이 이루어지면서 출연 가능한 인적 자원에 대한 수요가 있었을 것이다.

정무연은 도쿄에서는 아사쿠사 국제극장에 출연하는 등의 활동을 하는 한편, 가와카미 고로(河上五郎) 무용연구소에서 캐릭터 댄스를 배웠다. 정무연은 어릴 때 우리 춤을 많이 배웠지만, 자신은 한국무용 전문이 아니라 캐릭터 댄스 전문이라고 했다. 실제로 그는 귀국 후 한국에서 라틴댄스를 가르쳤고, 공연에도 라틴댄스로 참가했다. 그러나 도쿄에 머무는 동안 캐릭터 댄스를 배우는 한편 조선무용을 가르치기도 했다. 최승희의 공연을 보고 조선무용을 동경하던 오자와 준코가 조선무용을 배우고 싶어 하여, 오자와의 댄스 스튜디오를 빌려서 '조선무용연구회'를 열어 가르쳤다고 한다. 임추자가 정무연에게 조선무용을 배운 것은 아마도 이 시기일 것이다. 정무연이 일본 체류 기간 중의 재일조선인 커뮤니티나 임추자와의 인연에 대해 말을 아낀 것은 드러내고 싶지 않았기 때문일 것이다.

임추자는 1949년에 정무연에게서, 그리고 1950년에는 김장안에게서 조선무용을 배웠다. 김장안은 에다가와(枝川) 제2조선초급학교 부근에서 동포들의 보호를 받으며 살고 있었고, 에다가와 조선초급학교에서 무용을 가르쳤다. 임추자가 도쿄조선중급학교에 다니던 1949년 8월 15일 히비야공회당에서 '조국해방기념일' 경축대회가 열려 각지의 조선학교 학생들이 모였는데, 그 무대에서 김장안이 독무를 했다. 그는 몸을 반 정도 노출한 봉

화 같은 느낌의 빨간 의상을 입고, 정열적으로 춤을 추었다. 임추자는 그
춤에 너무 감동해서 그 분을 강사로 보내달라고 요청했다. 그래서 이후 몇
년간 김장안의 지도를 받게 되었다.

김장안은 조련에서 총련으로 이어지는 좌파 문화활동에서 무용 지도의
중심인물이었던 것으로 보인다. 그는 조련 중앙고등학원, 조선대학교의 전
신인 중앙조선사범학교, 조선대 부설 예술학원 등에서 무용 강사를 했다.
김덕룡은 『조선학교의 전후사』(2004)에서 중앙조선사범학교의 「강사·전임
담당과목 일람표」(1954년 11월 현재)를 제시하고 있는데, 여기에 '무용 김장
안'이라는 기록이 있다(金德龍, 2004: 146). 이것은 필자가 입수한 자료 중 교
육자로서 무용가의 이름이 나타난 최초의 사례다. 김장안은 1960년대에 북
한으로 이주하여 안무가, 창작가로 활동했고, 사리원에 있는 강원도 예술
극장에서 일하기도 했으며, 1980년대 초에 사망한 것으로 추정된다.

필자는 한국의 무용 관련 자료들에서 김장안에 대한 기록을 찾으려고 했
지만, 필자가 조사한 범위 내에서는 어떤 기록도 발견되지 않았다. 일본에
서는 임추자, 강휘선 등 김장안에게 직접 배웠던 원로 조선무용가들에게서
들은 이야기와 매우 적은 문헌 자료를 통해 약간의 단편적인 정보들을 얻
을 수 있었다. 임추자에 따르면 김장안 선생은 에구치 미야(江口宮) 무용연
구소에서 배운 현대무용의 기초에 조선다운 것을 추가해 춤을 만들어주었
고, 졸업공연 때는 임추자에게 독무를 창작해 주었다(장혜순, 2019). 이런 증
언을 통해 김장안이 일본에서 현대무용을 공부했다는 것을 알 수 있으나,
그 이전의 행적 등 무용가로서의 개인적인 배경을 알 수 있는 자료는 입수
하지 못했다.

정민은 임추자를 비롯하여 필자가 인터뷰한 무용가들 모두가 오사카를
중심으로 활동한 가장 대표적인 민족무용가 1세대로 꼽았다. 1928년 일본
에서 태어난 그는 해방 후 한국에서 지평선가무단에 스카우트되어 활동하

다가 가무단에 안무를 하러 왔던 김해랑을 만나 마산의 김해랑 자택에 기거하면서 춤을 배우고 공연에도 참가했다.[18] 김해랑은 신무용을 했는데, 정민은 김해랑이 집을 비우면 한양관 권번에서 기생들에게 춤을 가르치던 김애정을 몰래 찾아가 승무와 북을 배웠다. 정민은 임방울을 사사했고, 정금옥에게서는 김초향류의 평양입춤을 배웠다. 전사섭에게서는 설장구를, 최정숙에게서는 교방무(教坊舞)를 사사받으며 기방에서 전해져 내려오는 우리 춤을 두루 배웠다.

정민이 일본으로 건너간 것이 언제인지는 분명치 않으나, 그가 일본에 있을 때 정무연도 일본에서 활동하고 있었다는 점, 그리고 1955년에 오사카 토모이(友井) 발레단에 입단했다는 점 등에 비추어 1953년 이전일 가능성이 높다. 해방 후 한국은 경제상황이 좋지 않아 무용으로 먹고살기는 매우 어려웠다. 무용가 임성남, 조광, 정무연 등도 일본으로 건너가 활동을 하고 있었고, 다른 전통 예인들도 일본을 거점으로 활발히 활동하고 있던 상황이어서, 정민 또한 자연스럽게 일본에 정착하게 되었다고 한다. 일본에서는 당초 발레를 중심으로 활동했으나, 30대 이후 체력 저하로 발레리노로서의 생명이 짧아 다시 한국춤을 선택하게 되었다고 한다.

1950년대에는 발레를 중심으로 활동했지만 민족무용을 가르치기도 했다. 1950년생인 전 금강산가극단 단원 이민선에 의하면, 조선초급학교 다닐 때 학교에는 무용을 지도할 사람이 없었고, 오사카에서는 정민이 제일 유명했다.[19] 조선초급학교 4학년 때 학예회에 뽑혀서 〈목동과 처녀〉를 추었는데, 당시 학교에는 무용부가 없었고, 목동 역을 한 친구는 정민에게서,

---

18) 여기서 정민에 관한 기본적인 정보는 주로 이송(2004)을 참조하여 정리했다.
19) 1969년에 오사카가무단에 입단했고, 1974년 재일조선중앙예술단의 일원으로 북한에 다녀온 후 금강산가극단에서 무용 배우로 활동한 이민선 씨 인터뷰에서. 2013년 6월 26일 인터뷰기록에 의거함.

처녀 역을 맡은 이민선은 '부 선생님'한테서 조선무용을 배웠다. 당시 오사카 이쿠노에서는 정민과 '부 선생님'이 가르치고 있었는데, 정민은 한국에서 와서 발레와 조선무용을 다 가르쳤고, '부 선생님'은 정민이 일본에 와서 가르친 첫 제자라고 나중에 들었다. 이민선은 '부 선생님'으로만 기억하고 있었기 때문에 이름은 알 수 없지만, 박정순이 해방 후 1960년대 초까지 재일조선인들의 무용활동에서 중심이 되었던 무용가들로 꼽은 4명 중 '부수현'이라는 인물과 동일인이 아닐까 조심스럽게 추측해 본다.

정무연, 김장안, 정민은 모두 해방 후 한국에서 밀항으로 일본에 들어갔다. 1940년대 말~1950년대 초에 밀항으로 일본에 건너간 무용가들이 적지 않았다. 1949년에 밀항하여 1960(?)년까지 일본에서 활동했던 박용구에 의하면, 그때만 해도 부산에서 일본으로 데려다준다며 돈을 미리 받고는 밤새껏 배 태우고 돌아다니다 마산에 내려놓고 '우마야마(馬山)'현이라고 속였다는 얘기가 나올 정도로 밀항이 많았다(수유산방, 2011: 359, 361). 무용계 인사들 중에는 앞서 언급한 정무연, 임성남, 조광 외에, 원로 한국무용가 김문숙도 당시 이시이 바쿠 문하에서 공부하고 싶어서 두 번이나 밀항을 한 경험이 있다.[20] 임추자는 정무연, 김장안, 정민이 친구 사이라고 했는데, 적어도 임추자가 정무연과 김장안에게 무용을 배웠던 시기에 일본에서 서로 교류가 있었던 것으로 보인다. 밀항으로 들어간 일본에서 정무연은 가와카미 고로 문하, 김장안은 에구치 미야 무용연구소, 정민은 도모이 발레단과 에구치 미야 무용연구소에서 무용을 배우면서 공연 활동도 했다. 이들은 일본에서 현대무용이나 발레 등 서양 무용을 공부하면서, 필요에 따라 민족무용을 가르쳤다. 한편, 박용구는 고마키(小牧) 발레단에서 자리를 얻어 활동했다. 박용구는 무용가가 아니라 발레 대본 집필과 홍보 등을 담당했

---

20) 김문숙 2018년 8월 11일 인터뷰에 의거함.

다(수유산방, 2011). 김장안은 조련계 조직들에서 무용 강사로서 활동했다. 이런 사례들은 당시 밀항한 무용가들이 일본에서 활동할 수 있는 장이 있었음을 보여준다.

3) 조택원과 임추자: 이념 진영을 넘어선 배움

조택원은 잘 알려진 대로 일제시기 최승희와 함께 이시이 바쿠 문하에서 모던 발레를 배웠고, 유럽 공연 등 국제적인 활동을 했으며, 조선무용을 자신의 무용 스타일로 재구성하여 명성을 얻었다. 이시이 바쿠는 최승희와 조택원을 자신의 제자들 중 가장 높이 평가했으며, 조선무용과 관련해서는 최승희보다 조택원을 더 높이 평가하기도 했다. 해방 후 조택원과 최승희 모두 귀국했는데, 친일 행적을 이유로 해방 후 새롭게 결성된 '조선무용건설본부'(명칭) 등 무용계의 새로운 조직에서 배제되었다(김영희, 1994: 26~27). 이 같은 무용계의 상황 속에서 결국 두 사람 모두 한국을 떠나게 되었다. 최승희는 1946년 여름에 남편 안막을 따라 월북하여 조선로동당과 김일성의 절대적인 지원 아래 월북 직후 평양에 최승희무용연구소를 개소하는 등 북한에서 새롭게 활동을 전개했다(성기숙, 2002:103-109). 조택원은 한국에서 미군 측의 요청으로 공연을 하는 등 활동을 계속하다가 미군 장성의 주선으로 비자를 받아 1947년 10월에 미국으로 순회공연을 떠났다(조택원, 2015: 145~157).

1952년 9월 23일 자 ≪조선일보≫는 "무용가 조택원 씨와 그 일행은 미국에서 한국으로 귀국하는 도중 10월 4일 도쿄 히비야공회당에서 공연하고, 장단무, 승무, 신노심불로, 춘향전 등 16곡의 한국민족무용을 소개하리라 한다. 조 씨는 5년 전에 도미하여 미국 내를 여행하며 200회에 달하는 공연을 하였다 한다"라고 보도했다. 그러나 사실은 당시 조택원은 한국으로 돌아올 수가 없어서 일본으로 갔던 것이고, 1960년까지 약 8년간 일본에 체류하게 되었다. 미국에서 이승만 대통령에 대해 비판적인 발언을 했기 때문에 귀국하지 못하고 망명과 다름없는 일본 생활을 한 것으로 알려졌다.

조택원은 미국에서 귀국이 어렵게 되자 일본 비자를 신청하여 1주일짜리 비자를 받아 일본으로 갔다. 1952년 5월에 일본으로 들어간 그는 경성제국대학 교수였던 후나타 교지(船田享二)의 도움으로 입국 사흘 만에 6개월 체류 비자를 받아 자리를 잡을 수 있게 되었다. 후나타는 경성에서 일불(日佛)협회 회원으로서 조택원과 인연을 맺었는데, 해방 후 일본으로 귀환하기 전의 힘든 시기에 조택원의 도움을 받았다. 후나타 집안은 정치 명문가로, 당시 후나타 교지는 공직 추방을 당한 형 나카(中)의 선거구를 물려받아 국회의원을 하고 있었으며, 도치기현 부지사를 역임한 동생 센스케는 초선 국회의원이었다. 공직 추방된 나카는 일본경제인연합회 사무총장을 맡고 있다가 뒤에 정계에 복귀했고, 교지는 다시 학계로 돌아갔다(조택원, 2015: 190).

후나타는 조택원의 일본 체재뿐 아니라 무용 활동도 지원해 주었다. 일본 입국 후 한 달쯤 된 1952년 6월, 후나타 형제는 당시의 초호화 사교장인 닛카츠 고쿠사이가이칸(日活国際会館)에서 조택원 방일 환영회를 열어주었다. 환영회에는 100여 명이나 참석했는데, 그중에는 이시이 바쿠 부처를 비롯해 수십 명의 무용계 인사들이 포함되어 있었다. 환영회로부터 넉 달 후인 1952년 10월 초에 조택원은 도쿄에서 공연을 하게 되었다. 이 공연은 유엔 도쿄지부가 주최하는 세계적인 예술가 초청 공연으로, 10월 3일 피아노의 코르토, 4일 조택원, 5일 세르주 리파르 등이 초청되었다. 앞에서 소개한 《조선일보》 기사는 바로 이 도쿄 공연에 관한 기사였다. 후나타 교지는 선거구인 닛코의 주젠지 호숫가에 연습장을 마련해 주었고, 조택원의 의뢰로 일본무용가협회가 파트너 후보를 추천해 주는 등 지원을 받을 수 있었다. 무용가협회가 추천해 준 4명의 후보들은 김송월, 김호월, 오자와 준코, 김양자 등 4명이었다.[21] 한 달간의 연습을 통해 그중 오자와 준코를 파트너로 정하고 9월부터는 도쿄 기타자와(北沢)에 있는 오자와 준코의 스튜디오에서 연습을 했다.[22]

1952년 10월 4일 도쿄 공연의 레퍼토리는 〈춘향전 조곡〉 6곡 전곡, 〈만종〉, 〈가사호접〉, 〈신노심불로〉, 〈탈춤〉, 그리고 어린이들의 〈전원 풍경〉(나물 캐러 가는 처녀들, 물 길러 가는 처녀들, 희롱 등등) 등이었다. 10월 7일 자 ≪조선일보≫는 "… 이날 공연에서 일본여자 오자까가 조역으로 조씨를 도왔는데, 주야공연에서 4천 명 이상의 관중들은 열광적인 박수갈채를 보냈다"고 전했다. 이 공연을 계기로 조택원은 초청을 받아 1953년 4월부터 2년간 유럽 순회공연을 하게 되었다. 오자와 준코는 조택원의 조선무용 파트너로 유럽 순회공연에 동행했다.

조택원은 유럽으로 떠나기 전, 1953년 1월 9일에 민단 건립기금 마련 공연을 했다. 민단계 신문인 ≪협동전선≫ 1952년 12월 15일 자 제1면에는 다음과 같이 〈조택원 무용단 공연〉 예고가 실려 있다.

"1953년 1월 9일 밤 6시부터 치요다구(千代田区) 간다교리츠강당(神田共立講堂)에서 세계적으로 명성이 높은 우리 무용계의 제1인자인 조택원 씨가 명년 봄 4월부터 3개월간 불란서 파리에서 공연을 하기 위하여 명년 1월 하순에 도불하게 되었는데 특히 동본(東本) 속사(屬舍) 수리비 모금

---

21) 조택원은 이들이 모두 자신의 옛 제자들이었다고 한다. 언제, 어디서 가르쳤는지는 알 수 없다. 4명 모두 일본무용가협회가 추천했다는 것은 이들이 협회에 등록되어 있었을 가능성을 시사한다.

22) 정무연도 오자와 준코 스튜디오에서 조선무용연구회를 만들어 가르친 일이 있고 1952년이면 아직 도쿄에 머물던 시기이므로, 정무연과 조택원이 오자와를 통해 서로 연결되었을 법도 한데, 조택원의 자서전에도, 정무연의 구술에도 서로에 대한 언급은 없다.

목적을 위하여 찬조공연을 하게 되
었습니다. 단원 여러분의 후하신 원
조 관람을 바랍니다"(≪協同戰線≫,
1952.12.15 원문 한자는 필자가 한글
로 바꿨음).

위 예고문에서 "동본(東本) 속사(屬
舍)"란 민단 도쿄본부 사옥을 말하는
것으로 보인다.

애초 3개월 예정으로 떠났던 조택
원은 유럽에서 2년간 400회에 이르는

그림 2-2 _ 조택원 무용단 공연 예고

자료: ≪協同戰線≫(1952.12.15).

공연을 하고 1955년 4월에 일본으로 돌아왔다. 1955년 4월에 일본으로 돌
아온 조택원은 도쿄 세타가야(世田谷)에 있는 오자와의 스튜디오에서 한국
무용을 가르치며 공연을 하는 등 무용 활동을 계속했다. 오자와 준코는
1952년부터 60년까지 200여 회에 걸쳐 조택원의 파트너로 무대에 섰다(≪韓
國新聞≫, 1975.1.25). 오자와는 원래 현대무용을 했으나, 조택원과의 만남을
통해 조선무용을 습득하고 이후 도쿄에서 조선무용으로 많은 제자들을 길
러냈다.

임추자가 조택원에게 조선무용을 배우기 시작한 것은 그가 유럽 공연을
마치고 일본으로 돌아온 1955년부터다.[23] 임추자는 그해에 조선중고급학
교를 졸업하고 도쿄조선중고급학교 무용 강사를 맡는 한편, 핫도리·시마다
발레단에 들어갔다. 임추자는 그 전부터 이시이 바쿠 무용연구소에 다니고

---

23) 이하 임추자와 조택원의 만남과 배움, 결별에 관한 내용은 대부분 임추자의 2009년 3월 16일
인터뷰에 의거함.

있었는데, 무용에 대한 열정이 강해서 핫도리·시마다 발레단에서 클래식 발레도 배우게 된 것이다. 발레단 단장인 시마다 히로시(백성규)는 조택원과는 서로 잘 아는 사이였는데, 임추자는 여기서 한국무용가 조택원이 일본에 왔다는 소식을 들었다. 조택원은 일본에서도 명성이 높은 무용가였다. 일본 무용가들도 나이든 사람들은 '사이쇼키', '조타쿠겐'(최승희, 조택원의 일본식 발음)이라면 대개 다 알고 있었다. 두 사람은 이시이의 제자들 중에서도 뛰어나게 활동을 하며 일본인 무용가들과 교류가 많았다. 임추자는 당시 총련에는 그만큼 명성을 지닌 선생님이 없었기 때문에, 그런 선생님에게서 전문적인 조선무용을 배우고 싶은 마음이 간절하여 개인적으로 조택원을 찾아갔고, 오자와 준코와 함께 조선무용을 배우게 되었다.

그 즈음 총련에서 재일조선중앙예술단 설립을 준비하면서 입단을 권유했다. 중앙예술단은 곧바로 무대에서 춤출 수 있는 사람이 필요한데, 무용을 전문적으로 한 사람은 거의 없는 상황이었다. 임추자는 총련의 권유에도 불구하고 예술단 입단을 몇 년간 보류했다. 예술단은 지방 순회공연이 많아 1년 내내 지방 순회공연을 하다 보면 자신의 공부는 못할 것 같았기 때문이다. 당시 그는 이시이 바쿠 무용연구소와 핫도리·시마다 발레단에서 창작무용, 클래식 발레, 모던 발레 등을 배우는 데 더해 조택원에게서 민족무용까지 배우게 되어 장르를 불문하고 욕심껏 무용을 배우고 있었다. 그런 배움의 기회를 놓치고 싶지 않았다.

임추자는 〈임추자조선무용창작발표회〉(1994.12.15) 팸플릿에서 다음과 같이 당시를 회고했다.

"나는 무용이라는 마물에라도 홀린 듯이 이를 악물고 공부했다. 최승희가 다녔다는 무용연구소에 다녔고, 해방 전에 일본에 건너온 저명한 무용가에게 조선무용 지도를 받았다. 춤에 관한 모든 것을 습득하기 위해 창작

무용, 클래식 발레, 모던 발레, 민족무용 등 장르를 불문하고 탐욕스럽게 배웠다. 춤 실력은 눈에 띄게 늘어, 사람들 앞에서 춤출 기회도 늘었다. 조선무용뿐 아니라 클래식 발레의 명작을 추거나 이탈리아 오페라 내일 공연 등에도 참가했다."

1955~1956년은 임추자가 총련의 문선대 활동을 하면서 동시에 조택원에게 민족무용을 배우고, 함께 공연도 한 시기다. 조택원은 분명하게 민단계에 속해 있었으며, 일본의 정재계 인사와도 교류가 깊었고, 자민당 거물 정치인인 후나타 형제들의 강력한 후원을 받고 있었다. 즉, 임추자와 조택원은 당시의 정치적, 이념적 지형에서 서로 대립적인 세계에 속해 있었다. 그런데 어떻게 임추자가 조택원에게 조선무용을 배울 수 있었을까? 임추자에 따르면, 당시에는 사상을 초월해서 배우러 다녔다. 전문적인 것을 하려면 그럴 수밖에 없었다. 특히 민족무용은 제대로 가르칠 사람이 없었기 때문에 남, 북을 따질 형편이 아니었다. 임추자는 만약 자신이 가극단(당시 중앙예술단)에 들어가지 않았으면 한국무용을 배우러 갔을지도 모른다고 할 정도로, 당시 조선무용의 호흡 하나라도 어떻게 하는지 보고 싶었고, 조선 맛을 느끼고 싶었다. 조직 차원에서 부탁하여 배우는 것은 허락되지 않았지만, 개인이 배우는 것은 문제 삼지 않았다. 임추자에 의하면 조택원도 임추자가 총련계인 것을 알았지만 모르는 척했다. 서로 모르는 척하고 넘어갔다고 한다. 임추자는 조택원에게서 〈칼춤〉, 〈초립동〉, 〈한삼춤〉, 〈가사 호접〉, 〈전원풍경〉[24] 등 많은 것을 배웠으며, 그때 배운 것이 오늘날 임추자 춤의 토대가 되었다고 단언했다. 1960년대 초 〈귀국선〉을 통해 최승희

----

24) 임추자는 〈전원풍경〉에 대해 물동이 가지고 하는 창작춤으로 조택원 선생의 대표작이라고 설명했다.

의 〈조선무용 기본〉이 처음으로 재일동포에게 전해졌을 때, 자신이 조택원에게 배운 것과 크게 다르지 않아 받아들이기가 용이했다고 하였다. 이 시기 조선학교와 조선무대예술학원 강사로서 무용 지도를 하고 조선무용연구회를 이끌어가며 문선대를 조직하여 활동하는 등 총련에 연계된 활동에서도 조택원으로부터 배운 조선무용의 레퍼토리들은 적잖은 도움이 되었을 것이다. 조택원에게서 조선무용을 배우는 동안 공연도 여러 차례 함께 했다. 〈그림 2-3〉은 임추자가 조택원과 함께 찍은 사진들이다. 임추자의 공연 팸플릿에 실린 이 사진들은 촬영 일시가 적혀 있지 않으나, 임추자가 조택원에게 배운 1955~1956년의 공연 후에 찍은 것으로 보인다.

일본에 체류하는 동안 조택원은 여러 차례 공연을 했는데, 임추자가 배운 시기의 공연으로서는 1956년 4월 1일 일한친화회(日韓親和会)[25] 주최로 일본청년관에서 열린 〈조택원·오자와 준코 민족무용공연 초대회〉, 같은 해 9월 도쿄 오테마에회관(大手前會館) 공연 등이 알려져 있다. 〈조택원·오자와 준코 민족무용 공연〉은 조택원이 일한친화회 측에 먼저 제안하여 이루어졌다. 공연 작품은 〈춘향전〉, 〈광한정연(廣寒情緣)〉, 〈고독〉, 〈나물캐기(草摘み)〉, 〈물긷기(水汲み)〉, 〈유희(戱れ)〉, 〈검무〉, 〈승무〉, 〈장구 치는 여자(チャングを打つ女)〉, 〈덩더쿵〉, 〈농악〉 등이었다(下村, 1956: 23, 日韓親和会, 1956a: 28~29). 오테마에회관(大手前會館) 공연에 대해서는 기록만 있었는데 국가기록원에 의해 공연 장면을 담은 15분 분량의 영상기록물이 발견되어 한국에도 잘 알려지게 되었다. 이 영상에는 조택원의 대표작인 〈탈춤(각시춤)〉, 〈검무〉, 〈춘향조곡〉, 〈신노심불로(身老心不老)〉, 〈소고춤〉 등이

25) '일한친화회'는 한·일 양국의 '친화'와 '우정'을 위한 문화 교류를 목적으로 1952년 도쿄에서 창립된 친목단체이다. '일한친화회'와 그 기관지 ≪친화≫에 대한 논문으로는 曹恩愛 「1950 年代における日韓会談の展開と「(旧)在朝日本人」/「在日朝鮮人」をめぐる記憶·表象の政治学－日韓親和会機関誌『親和』を中心に－」(2016)가 있음.

그림 2-3 _ 조택원과 제자들: 임추자가 함께 참가한 공연 후

趙沢元舞踊研究所にて

조택원 무용연구소에서. 뒷줄 왼쪽에서 두번째
가 조택원, 그 옆이 오자와 준코, 앞줄 맨 왼쪽
이 임추자이다.

자료:≪임추자조선무용창작발표회≫(1994.12.15) 팸
플릿. 임추자 선생 제공.

朝鮮舞踊の名手である師匠・趙沢元と
(最右が趙沢元、左が任秋子)

조선무용의 명수인 스승 조택원과. 맨 오른쪽
이 조택원, 그 옆이 임추자, 임추자의 왼편이
오자와 준코이다.

자료:≪舞踊半生七十年・傘寿記念　任秋子民族舞踊
団特別公演 춤한길≫(2017.7.6) 팸플릿. 임추자 선
생 제공.

수록되어 있다. 임추자가 이 시기 어떤 공연에 조택원과 함께 출연했는지
는 알 수 없으나, 당시에 대학 축제 또는 문화제에 초청되어 공연하기도 했
으며 〈그림 2-3〉의 우측 사진은 그런 장에서 공연했을 때의 사진인 듯도
하다고 했다. 다만, 기억이 분명치는 않았다.

그러나 결국 임추자와 조택원은 1957년에 결별하게 된다. 조택원은 임추
자의 춤을 높이 평가해 주었고, 어느 날 프랑스로 같이 가서 공연하고 공부
도 할 것을 권했다. 그런데 그 시기에는 '조선'(국)적자는 외국에 갈 수가 없
었다. 한국적으로 바꾸면 갈 수 있었기에 조택원이 집까지 찾아와서 부탁
했는데, 아버지가 국적을 바꾸면서까지 하려면 무용을 그만두라고 불호령
을 내렸다. 이후 조택원은 자신이 가르칠 것은 다 가르쳤고, 사상 문제 때

문에 더 이상 같이할 수는 없으니 독립해서 활동하라고 권했다. 그래서 1957년에 요요기에 '임추자무용연구소'를 열어 독립하게 되었다. 〈그림 2-4〉는 〈임추자무용연구소 제1회 무용발표회〉 포스터인데, 프로그램은 확인하지 못했으나 조택원에게서 배운 조선무용이 적잖이 반영되었을 것으로 추정된다. 조택원은 무용연구소 개소 축하행사에 직접 참석하지 않았으나, 오자와 준코를 보내 축하 인사를 대독하도록 했다. 임추자무용연구소 제1회 발표회가 열린

것은 1957년 7월 6일(가와사키노동회관)과 7일(치요다공회당)로, 조택원이 은퇴공연을 하고 프랑스로 떠난 시기와 겹친다. 조택원은 1957년 7월 초에 도쿄의 히비야공회당과 오사카의 마이니치회관에서 은퇴공연을 한 뒤, 닷새 만인 7월 8일에 프랑스로 떠났다.

1955년 4월 유럽 순회공연을 마치고 일본으로 돌아온 뒤 다시 프랑스로 떠난 1957년 7월 사이에 조택원은 오자와 준코 스튜디오에서 조선무용을 가르치는 한편 여러 차례 공연을 했다. 당시 조선무용을 배운 제자들 가운데는 재일동포 자제들이 많았고, 임추자도 그중 한 명이었다. 이 시기는 총련이 조선인민민주주의공화국에의 귀속을 강령에 명기하고, 중앙예술단 창단 및 문화공작대를 통해 재일동포 대중의 조직화를 위한 선전활동을 강화하던 때이다. 그런데 임추자가 개인 차원에서 조택원에게 무용을 배우는 것은 허용된 점을 보면, 정치적·사상적 대립 구도하에서도 예술·예능 계통의 활동이 완전히 분단된 상태는 아니었다고 할 수 있다. 그러나 예술·예능

활동도 조국 분단과 연계된 이념적 대립에 종속되어 가는 것을 피할 수는 없었다. 조택원과 임추자의 관계는 민족무용에서 이 같은 시대의 아픔을 잘 보여주는 사례라 하겠다.

일한친화회 기관지 ≪친화≫ 37호(1956년)의 좌담회 「조선의 예술가들」에서 조택원은 좌우 이념 대립이 예술에 미치는 부정적인 영향에 대해 안타까운 심경을 내비쳤다. 일례로 성악가 김영길[일본명 나가타 겐지로(永田弦二郞)]에 대해 "좌익에 가서 노래하면 우익이 뭐라 하고, 우익에 가서 하면 좌익에 당합니다. 그의 신념이 확고하지 않기 때문이긴 하지만, 그는 선량한 시민이어서 늘 일을 하거든요. 그래서 딱합니다. 그 사람이 나쁜 게 아니에요. 예술가니까. 나라를 사랑하는 건 남들에게 뒤지지 않는데"라고, 좌우 대립의 와중에서 생활로서의 예술 활동이 비난을 받게 되는 현실을 안타까워하면서, 남·북 대립 구도의 극복을 바라는 마음을 표현했다.

> "지금 북이니 남이니 나누어서 생각하는 것에 대해 나는 불복합니다. 예를 들어 백제라든가 고려 등이 있었지만, 이것 역시 조선이었어요. 그래서 일한친화회라든가 일조협회는 불복입니다. 실제로는 조선에는 두 개의 이름이 있지만, 일본의 여러분은 조선을 두 개로 생각하지 않아 줬으면 합니다. 이것은 전적으로 임시적인 것입니다. 정치 관계에서 어쩔 수 없이 이렇게 됐지만, 역시 본질적으로도 그렇고 하나로 생각해 주면 좋겠다는 것이 나의 염원"입니다(日韓親和会, 1956b: 10).

그는 분단에 의한 대립과 경쟁심으로 인해 최승희와 자신이 비교되는 데 대해서도 "'최승희가 저만큼이나 인민배우라든가 하여 북한에서 최고가 되어 있다. 당신은 한국에서 같은 지위에 있는 사람'이라고 말하는 건 그렇다 쳐도, 그러니까 조택원의 춤은 최승희보다 예술로서 훌륭하다고 그와 연관지어 말하는 나쁜 인간들이 있다"라고 불편한 심정을 토로했다. 그리고 "예술가로서의 그녀는 아마도 조선인 전부의 대표"라 할 만하며, 자신은 최를 존경하는 사람의 하나라고도 했다(日韓親和会, 1956b: 4).

4. 재일 예술인의 좌우 통합 모색: 4·19 기념 합동문화제

1960년 4·19혁명과 뒤이은 1961년 5·16군사정변은 재일한인사회에도 중대한 영향을 끼쳤다. 4·19학생혁명은 재일한인사회에 통일에 대한 기대감을 고양시켰고, 이를 표현하는 구체적인 움직임들이 나타났다. 1961년 4월 18일 도쿄 도라노몬(虎ノ門)의 사회사업관 구보(久保)강당에서 4·19혁명 1주년을 기념하는 〈조국평화통일, 남북문화교류촉진 문화제〉가 개최되었다. ≪친화≫ 90호의 기사 「일본에서의 통일운동―4월 18일 문화제에서 보는」은 이 행사에 대해 두 페이지에 걸쳐 상세하게 기술하고 있다. 다음 문장은 간결하지만 이 문화제의 성격을 잘 보여준다.

> "오후 1시부터 약 천오백 명의 청중이 입추의 여지가 없을 만큼 회장을 메운 가운데, 좌우 예술가들은 정치적 견해의 상이를 넘어서 노래에 춤에 연극에 화려한 민족예술의 제전을 펼쳤다. 그리고 내외동포에게 보내는 어필과 국련 사무총장, 미소 양 수상에게 보내는 메시지를 채택했다"(日韓親和会, 1961: 28).

'조국평화통일·남북문화교류 촉진 문화제 실행위원회' 주최로 열린 이 행사는 약칭 〈합동문화제〉라고 일컬어졌다. 재일 문학가 김달수는 ≪신일본문학≫ 1962년 3월호에 발표한 「고독한 그들(孤独な彼ら)」이라는 소설에

서 이 문화제에 대해 언급하고 있다.26)

> "'우리'들은 작년 봄 무렵부터 조선총련 측과 민단 측 쌍방이 교섭하여 통일운동의 일환으로 '합동문화제'라는 것을 하고 있다. 정태우는 '나'와 같이 총련 측에 속해 있는 배우의 한 사람으로, 합동문화제에서 상연된 〈검은 발자국(취?)〉이라는 무대에서 주인공을 고문하는 형사 중 한 명이라는 단역으로 출연하고 있었다. 제1회 합동문화제가 끝나고 뒤이어 만들어진 '조국통일·남북문화교류회의'의 친목회 자리에서 그는 돌연 '나'에게 자신의 연기에 대한 감상을 물었다"(廣瀬陽一, 「金達洙事典: 孤独な彼ら(小説)」(http://srhyyhrs.web.fc2.com/k2-ko4.html에서 재인용).

〈합동문화제〉의 개막 행사로서 좌·우 각 진영의 문화인을 대표하여 백엽동인회 최선 주간과 문예동 김민 사무국장이 악수를 교환하고 내외 동포에게 보내는 어필을 낭독했다. 이어서 허남기의 시 「우리는 한자리에 모였다」로 막을 올린 〈합동 문화제〉는 제1부 무용, 제2부 음악, 제3부 연극 등으로 구성되었고, 행사장 복도에서는 미술 및 사진의 합동 전람회가 열렸다. 무용과 음악 공연에 대해 ≪친화≫ 기사는 "향수를 불러일으키는 것"이었다고만 기술하고 있어 구체적인 내용은 알 수 없지만, 무용은 민족무용이었을 가능성이 높다. 연극은 창작극 〈검은 발자국(黒い足跡)〉(安道雲 작·주연)이었고 민단계와 총련계의 배우 약 30명이 출연했다. 동 기사는 이번

---

26) 여기서 김달수의 소설에 관한 내용은 일본 근대문학 및 재일조선인문학 연구자 히로세 요이치(廣瀬陽一)의 「金達洙事典: 孤独な彼ら(小説)」(http://srhyyhrs.web.fc2.com/k2-ko4.html 2019년 12월 15일 검색)를 참조한 것임. 廣瀬陽一는 일본학술진흥회 특별연구원으로 사회주의사상(전향), 근대 한일관계 등도 연구 분야에 속함(홈페이지의 프로필에 의함. 2019년 4월 1일 검색).

합동문화제의 의의를 다음과 같이 평가했다.

"해방 후 16년간 타 민족과는 서로 이야기를 나누어도 사상과 소속단체
가 다른 동포는 인사는 고사하고 원수처럼 반목을 계속해 왔으나, 이날
총련의 시인이 시를 짓고, 민단의 작곡가가 곡을 붙였으며, 민단의 극작
가가 각본을 쓰고 총련의 연출가가 연기를 지도하여 민단의 배우와 총련
의 배우가 함께 출연하기도 한다. 처음으로 좌우 공동 무대를 만든 것이
다"(日韓親和会, 1961: 28).

5월 1~5일에는 도쿄의 무라마츠(村松)화랑에서 재일한국백엽동인회 미
술부(대표 洪久城), 재일코리아 미술가협회(대표 郭仁植), 재일본조선문학예
술가동맹 미술부(대표 韓宇英) 공동 주최로 〈연립전〉이 개최되었다(白凜,
2018: 20). 〈연립전〉은 "지금까지 관계자들 사이에서는 그런 획기적인 시도
가 있었다고 전해질 뿐이던, 말하자면 전설적인 미술전"(白凜, 2018: 14)이
다. 4·19혁명에 충격을 받은 민단계와 총련계 미술가들은 그해 망년회와
이듬해 신년회 자리를 함께하여 공동 전람회를 하기로 결정했고, 이것이
연립전 개최로 이어졌다(白凜, 2018: 17~18). 즉 4·19혁명을 계기로 재일한
인 예술가들이 좌우 이념을 넘어서는 공동 활동을 만들어내려는 노력을 시
작했고, 그러한 노력이 합동문화제와 연립전으로 결실을 맺은 것이다.
　민단계와 총련계 미술가들이 1960년 말~1961년 초에 자리를 함께하여
공동 전람회에 관한 논의를 했다면, 다른 분야에서도 이와 비슷한 움직임
이 있었을 가능성이 크다. 총련의 시인이 지은 시에 민단의 작곡가가 곡을
붙인 노래가 무대에 오르고, 민단의 극작가가 각본을 쓰고 총련의 연출가
가 연기를 지도하여 민단의 배우와 총련의 배우가 함께 출연하려면, 공연
에 이르기까지 상당 기간의 준비가 필요했을 것이기 때문이다. 1961년 4월

19일 자 ≪경향신문≫ 기사는 "조국의 평화적 통일을 위한 움직임이 재일교포 각계에 점차로 고조되어가고 있다. 지난 3월 말 재일한국인 기자단과 조선인 언론협회가 공동성명을 발표하고난 이후로는 남한 또는 북한을 지지하던 각종 단체 간에 상호 접촉이 빈번해지고 있다"라고 여러 재일 문화예술단체의 움직임에 대해 전했다.

앞서 든 ≪친화≫ 기사는 "재일 문화인을 시작으로 그 후 언론인, 경제인, 스포츠계 등이 잇달아 마찬가지 회합을 갖고 있다"고 문화제 후의 움직임에 대해서도 언급하였다. 이런 움직임이 김달수가 소설에서 언급한 '조국통일·남북문화교류회의'의 결성과 관계가 있는지는 알 수 없으나, 1960년의 4·19혁명 이후 재일한인 문화예술계의 각 분야 인사들이 남북교류와 통일에 대한 기대를 갖고 일본에서 일익을 담당하기 위해 노력했음을 알 수 있다.

당시 〈합동문화제〉와 〈연립전〉에 대해서는 ≪친화≫ 외에 ≪조선신보≫, ≪로동신문≫, ≪경향신문≫ 등 재일한인사회와 남·북한의 주요 언론매체들에 보도되었다(白凜, 2018: 20~23). 이는 당시 재일문화예술인들의 새로운 시도가 재일한인사회와 남·북한에서 긍정적으로 받아들여졌음을 시사한다. 그런데, 『민단○○년사』와 같은 민단의 역사를 기록한 책이나 연표에서는 1961년의 합동문화제나 연립전에 관한 기록을 찾아볼 수 없다(오히려 총련 측의 협력 제안을 거절했다는 기록이 있음). 즉 민단의 공식 역사에 기록이 남아 있지 않은 것이다. 『총련50년사』나 『재일코리언 사전』 같은 책에서도 이들은 항목에 포함되어 있지 않다. 당시의 열기와 이들 행사에 부여했던 의미에 비하면 이 정도로 조명을 받지 못했다는 것은 의아한 일이다. 한편, 〈연립전〉에 대해서는 최근 백름의 연구 논문이 발표되었으나, 합동문화제에 대한 학문적 조명은 아직 이루어지지 못한 것 같다.

문헌자료들에 비추어볼 때 합동문화제에 무용이 포함된 것은 분명하나,

아쉽게도 무용과 관련된 부분은 그 이상의 어떤 정보도 발견하지 못했다. 그럼에도 불구하고 필자가 〈합동문화제〉와 〈연립전〉에 대해서 비교적 상세히 기술한 것은 재일한인 사회에서 문화예술이 정치적 이념에 의한 분단을 극복하려는 시도가 앞서 조택원과 임추자의 관계에서 보았던 시대의 아픔과 일맥상통하기 때문이다. 좌우 대립 구도 속에서도 진영을 넘어 민족무용을 배울 여지를 남겼던 1950년대 중반을 지나 1950년대 말에는 결국 결별할 수밖에 없었던 상황에서 1960년 4·19혁명은 새로운 전환에 대한 희망을 갖게 했을지 모른다. 그러나 〈합동문화제〉와 〈연립전〉으로부터 불과 한 달도 지나지 않아 일어난 5·16군사정변은 그러한 흐름이 급전되는 변곡점이 되었다.

한국무용의 유입
친선·동포 위문·시장의 복합

1. 한일 문화교류 추진과 민단계 예술인의 조직화

1) 해방 후 한국 예술단체의 첫 일본 공연: 국극 〈춘향전〉

1958년 9월 25~29일에 도쿄의 신주쿠 쇼치쿠좌(松竹座)에서 '한국예술
단'의 국극 〈춘향전〉(전편 6막)이 상연되었다.[1] 이것은 해방 후 한국의 예술
단체로서는 최초의 일본 공연이었다(金坡禹, 1958: 6). 해방 후 일본에서 처
음으로 이루어진 한국 예술단체의 공연이 전통적인 가무악을 연극적인 양
식으로 표현하는 국극[2]이었다는 것은 매우 큰 의미를 지닌다고 하겠다.

---

[1] 자서전에서 조택원은 한국민속예술단의 공연이 1958년 봄이었다고 썼는데, 실제 공연은 9월
    이었다.
[2] 국극은 창극이라고도 하며, 판소리를 기조로 하면서도 소리와 무용, 악기 연주 등 가무악이
    어우러지고 연기, 의상, 소품 등 연극적인 요소들이 결합된 종합적인 공연물이다. 1900년대
    초의 형성 당시에는 새로움이 강조되면서 신연극(新演劇)이라 불렸고, 신파극이 인기를 끈
    1910년대에는 신파극과의 상대적 차이를 드러내기 위해 구연극(舊演劇) 혹은 구파극(舊派
    劇)이라 불렸으며, 외래 음악 혹은 음악극들이 활발하게 소개된 1920년대에는 가극(歌劇)이
    라 불렸다. 전통 연희의 중요성과 우수성, 개별성에 대한 자각이 생긴 1930년대에는 창극이라

〈춘향전〉은 일제시기부터 다양한 형태로 공연물이 만들어져 대중의 큰 사랑을 받았을 뿐 아니라, 일본의 문화예술계에서도 잘 알려져 있고 일본인에 의해 무대에 올려지기도 한 한국의 대표적인 고전이다. 또한, 1950년대 한국의 극장 무대에서는 여성국극이 큰 인기를 누리고 있었고, 〈춘향전〉은 국극에서도 다양한 형태로 작품화된 고전이었다. 따라서 한국의 문화유산인 동시에 당대에도 대중적 인기를 모으고 있는 한국의 대표적인 공연물로서, 재일동포에게는 향수를 불러일으키고, 일본인의 호응도 얻을 수 있으며, 오락적인 재미도 안겨줄 수 있다는 점에서 일본의 무대에 올리기에 매우 적합한 작품이었다고 하겠다. 한국예술단은 최상덕을 단장으로 하고 판소리 명창 임방울, 거문고 명인 신쾌동, 임춘앵(본명 임종례) 등 40명으로 구성되었다. 임방울과 임춘앵은 당대 최고의 명성을 지닌 소리꾼이었는데, 특히 1950년대를 풍미한 여성국극에서 최고의 인기스타였던 임춘앵은 〈검무〉, 〈승무〉, 〈살풀이〉, 〈오고무〉, 〈삼고무〉 등 무용에도 뛰어난 예인이었다. 무용가로는 조용자, 정인방 등도 참가했다.[3]

그런데 이 공연은 내용에 대한 홍보가 불충분했던 것 같고, 노래와 대사를 전부 원어 그대로 한 데다가 무대에서의 해설도 별로 잘 안 되었던 모양이다. 김파우는 그해 ≪친화≫에 창극의 역사와 특징을 설명하는 글을 기고했는데, 춘향전은 한국 고전문학 중 심청전, 홍보전과 어깨를 나란히 하는 대표적인 작품의 하나인데 공연의 미비점들 때문에 한 번만 본 사람은 이해하기가 매우 어려운 부분이 있어 보완하고자 한다고 기고 이유를 설명했

불렀는데, 1950~1960년대에는 국극(國劇)이라 불리다가 다시 창극으로 일반화되었다(『한국민족문화대백과사전』).

3) 강이문은 1958년 조용자, 정인방 등의 무용가가 한국예술단에 참가하여 일본 공연을 했고, 이 공연을 출발점으로 하여, 1960년대 들어 한국 예술단의 일본 공연이 본격화되었다고 하였다. 조용자는 1940년 이시이 바쿠 문하에 들어가 현대무용을 배웠고, 정인방은 한성준에게서 조선무용을 배운 뒤 일본에 유학하여 현대무용을 배웠다(민족미학연구소, 2001: 249).

다(金坡禹, 1958: 6). 이 글에서 김파우는 창극에서 북이나 장구로 장단을 맞추는 것의 중요성을 설명하고, 장단 맞추기의 명인이자 무용의 명수인 한성준에 대해 "최승희나 그 외 새로운 무용을 하는 사람도 이분께 훈도를 받은 사람은 셀 수 없습니다"라고 언급했다.

이 공연을 기획하고 추진한 것은 연극계 인사들이었던 것 같은데, 일본 공연이 성사되는 데는 조택원의 역할이 매우 컸다. 1930년대부터 신극운동을 했고 창극에도 참여한 일이 있는 이서구와 최창덕이 도쿄로 조택원을 찾아가 의논을 했고, 조택원은 이에 적극적으로 협조했다고 후일 자서전에서 밝히고 있다. 40명으로 이루어진 한국예술단의 방일 공연은 비용도 만만치 않을 뿐 아니라 공연 일정과 장소 등 흥행과 관련해서 풀어야 할 과제가 많았다. 이런 문제들을 해결하는 데 조택원의 역할이 매우 컸던 것으로 보인다. 조택원에 의하면, 예술단의 방일 공연 비용은 재일동포 사업가 오병수가 700만 원을 희사하여 해결되었고, 공연의 흥행은 일본에서 30년 동안 조택원의 후원 기획사였던 '도호(東宝)예능'[4] 측이 흔쾌히 맡아주었다(조택원, 2015: 242~243). 1960년 한국의 쌀 한 가마니(80kg) 가격 1,368원[5]을 기준으로 볼 때 당시 700만 원이면 쌀 약 5100 가마니가 넘는 액수로 오늘날의 약 1억 원에 해당하는 큰돈이다. 제2장에서 보았듯이 조택원의 일본인 지인들과 재일동포 기업인들이 조택원을 위해 자금을 모아 마련해 준무용 스튜디오의 개소식이 열린 것도 1958년 9월이다. 한국예술단의 일본 공연을 시작으로 이후 한국의 국악과 민속무용의 일본 진출에 재일동포 사회가 기여한 바는 매우 컸다. 1960~1970년대 한일문화교류의 중요한 한 축은 한국과 재일동포의 교류였으며, 이러한 교류는 민간이 주도했다.

───────────────

4) 조택원의 자서전에는 '히가시보우 게이노우'라고 되어 있는데, 이것은 '도호(東宝)'를 잘못 읽은 것으로 보인다.

5) 한국은행 경제통계국, 「숫자로 보는 광복 60년」(2005년 8월), 42쪽 '주요 상품 가격' 참조.

2) 주일한국공보관, 한국예술단체총연합회 도쿄 특별지부 설치

1962년 4월 27일, 도쿄에서 주일 한국공보관 개관식이 열렸다. 아시아 지역에서는 최초로 도쿄에 설치된 한국공보관은 정치, 경제, 문화 등 전반에 걸쳐 한국을 홍보하는 것을 목적으로 하였다.[6] 한국공보관 개관에 즈음하여 ≪친화≫에는 한일 양국의 문화교류에 대한 좌담회가 실렸다. 좌담회에서 김을한 전 서울신문 특파원은 "주일대표부에는 한국에 대한 문헌도 없고 재료도 없다. 출판사가 북괴의 자료는 입수할 수 있기 때문에, 책을 내면 북에 대해서는 자세히 나오고 남에 대한 부분은 빈약"하다고 일본에서 한국의 홍보 활동이 북한에 비해 매우 뒤떨어져 있는 현실을 지적하고, 주일 한국공보관 설치의 의의로 북한의 역선전에 대한 대항과 일본과의 문화교류를 위한 기반 형성을 들었다(日韓親和会, 1962: 22~24). 이는 일본에서 한국과 북한의 체제 경쟁이 지식, 문화 차원에서 전개되어 가는 상황을 잘 보여준다.

1963년 7월 14일, 공보관에서 '한국예술문화단체총연합회'(이하 한예총) 도쿄 특별지부 결성대회가 열렸다. 한예총은 1962년 1월에 서울에서 창립된 예술문화단체들의 연합 조직이다. 1961년 5·16군사정부의 포고령 6호에 의해 기존의 모든 사회문화예술단체는 해산되었고, 그해 12월 5일 공보부와 문교부가 예술단체들에 대해 성격이나 예술적 장르가 유사한 분야별로 재조직할 것을 종용했다.[7] 그에 따라 1961년 말~1962년 초에 여러 문화예술단체들이 창립 또는 재편되었고,[8] 이 단체들이 모여 연합체로서 설

---

6) 영상역사관, 「도쿄 한국 공보관 개관」(대한뉴스 363호, 1962.5.5). www.ehistory.go.kr
7) 『한국민족문화대백과사전』, '한국연예협회' 항목.
8) 1961년 12월 16일에 한국무용협회, 17일 한국사진작가협회, 18일 한국미술협회와 한국연예협회 등이 잇달아 창립되었다. 이보다 조금 앞서 10월 9일에는 한국음악협회, 11월 24일에는

립한 기구가 바로 한예총이다. 1962년 4월 주일한국공보관 설치는 민단계 재일문화인들을 재조직화하는 중대한 계기였을 것이다.

도쿄 특별지부 결성대회에는 재일동포 문화예술인 약 80명과 주일대사, 주일공보관장, 민단 중총국장 등과 더불어 조택원 한예총 본부 부회장이 내빈으로 참석했다. 일본에 머물다가 4·19혁명 직후 귀국한 조택원은 1961년에 한국무용협회 고문으로 추대되었고, 이듬해 동 협회 이사장으로 선임된 바 있다. 한예총에는 무용협회 대표로서 참가하여 부회장을 맡았던 것으로 보인다. 일본에 많은 지인을 둔 조택원은 한국의 문화예술계에서 주요 직책을 맡아 1960년대 한일 문화교류에서 가교 역할을 하게 된다.

결성대회에서는 미술협회 이사장 곽인식이 한예총 도쿄 특별지부 초대 이사장으로 선출되었다. 초대 이사장 취임 인사말에서 곽인식은 "적어도 앞으로는 조총련의 '붉은 예술가'들의 결집체인 '문예동'을 넘어서서 실질적인 의미에서 내용 있는 활동을 해나가고자 현재 산하 각 협회에서는 안을 짜고 있습니다"라고 총련계 조직인 문예동을 의식하고 있음을 드러냈다. 또한 "사실 조총련계가 수는 많지만, 우리는 기본적으로 양보다 질을 내세우고 있으며, 여러분이 알고 있는 무용의 백성규 씨(島田広)라든가 성악의 조대훈 씨(牧博), 작곡의 우종갑 씨(夏田鐘甲), 마찬가지 이현웅, 후지와라(藤原) 가극단의 남실(南実) 씨 등과 같은, 일본 예술계에서도 제1급으로 활동하고 계신 분들이 대부분을 차지하고 있는 점은 뭐니 뭐니 해도 우리 조직의 강점이자 자랑이기도 합니다"라고, 문화예술계의 인적 자원이 총련계에 비해 양적으로 열세인 현실을 인정하면서도 일본 예술계의 주류에서 활약하는 예술인들 중에는 민단계가 많다는 것을 강조했다(≪韓国新聞≫, 1963.7.16).[9]

한국국악협회가 창립총회를 가졌다. 1962년 1월 3일 한국영화인협회, 한국문인협회 등이 발족했고, 한국연극협회는 1963년 1월 26일에 창립되었다. 1957년에 창립된 한국건축작가협회는 1959년에 한국건축가협회로 개칭하고 1962년에 사단법인이 되었다.

곽인식은 〈합동문화제〉의 준비위원이었고, 〈연립전〉 공동 주최 단체 중 하나인 '재일코리아 미술가협회'의 대표였다.[10] 이는 1961년 4~5월의 〈합동문화제〉와 〈연립전〉으로 표현된 재일문화예술계의 흐름이 5·16 군사정변 이후 완전히 역전되었음을 단적으로 보여준다. 특히 앞에서 인용한 한예총 도쿄지부 초대 이사장 곽인식의 인사말은 시국의 전환을 단적으로 보여준다.

한예총 도쿄지부는 결성대회에서 각 협회의 정비 확충을 우선적인 과제로 제시했다. 또한, 연극협회, 영화협회, 미술협회, 건축협회 등 산하 각 협회들의 개별적인 활동을 일본 내 주요 도시에서도 전개하는 동시에 본국과의 교류도 도모하며, 나아가 한예총 도쿄 특별지부 차원에서 연 1회의 본격적인 발표회를 개최한다는 계획을 밝혔다. 그리고 이런 예술문화운동에 대한 재일한인사회 각계의 협력을 촉구하였다. 한예총 도쿄지부의 활동방침과 활동계획, 문화제 프로그램 등에 나타나는 큰 방향성은 재일한인사회 내부의 협력과 더불어 '본국과의 교류', '일본과의 교류'였다.

2. 어린이·청소년 단체의 일본 공연

1960년대 들어 어린이·청소년 단체들의 방일 공연도 이어졌다. 문화예술 분야, 그중에서도 전통예술이나 어린이·청소년 교류는 민간 차원에서 정치색을 배제하고 추진하기가 상대적으로 용이한 분야였다. 어린이·청소년 단체의 공연은 '한국과 일본' 또는 '본국과 재일동포'의 친선, 교류, 재일

---

9) ≪중앙일보≫, 1972.4.24. 「일본서 활약하는 교포 음악인들」은 일본 주류에서 활동하고 있는 재일동포 음악인들을 소개하고 있어 참고가 됨.

10) 〈합동문화제〉와 〈연립전〉에 관해서는 제2장을 참조.

동포 위문을 주된 목적으로 하는 비영리적인 활동이며, 차세대 교류라는 특별한 의미도 지니고 있었다. 무용을 중심으로 어린이·청소년 단체의 공연 사례들을 살펴보면, 1960년대에도 다양한 형태가 존재했음을 알 수 있다. 필자가 신문기사 등 1차 자료를 통해 찾을 수 있었던 사례들은 단일 학교의 무용부와 여러 학교에서 선발하여 조직한 예술단으로 나눌 수 있는데, 후자에는 한시적으로 조직한 예술단과 상설 예술단이 있다. 아래에서는 각각의 사례들을 소절로 나누어 소개한다.

1) 학교 무용부

1961년 12월 도쿄의 학교법인 니카이도가쿠엔(二階堂学園)에서 한국 진명여고 무용단의 발표회가 열렸다. 니카이도가쿠엔의 학장이던 니카이도 세이쥬(二階堂清寿)는 1962년 ≪친화≫ 99호에 실린 회고문 「진명여고 무용단을 맞이하여」(二階堂清寿, 1962: 28~29)에서 그 경위를 소개하고 있다. 당시 진명여고 무용부 지도교사 김정욱은 니카이도 학장과 사제 지간이었다. 김정욱은 1942~1944년에 가네우미 사치코(金海幸子)라는 이름으로 니카이도가쿠엔의 전신인 니혼(日本)여자체육전문학교에서 발레를 전공했다. 니혼여자체육전문학교는 1922년에 '니카이도 체조숙'으로 창립되어 1926년에 전문학교로 승격했으며, 니혼여자체육단기대학(1950)을 거쳐, 1965년에 니혼여자체육대학이 되었다. 전후에 신설된 부설 고등학교와 유치원을 합해 1950년에 학교법인 니카이도가쿠엔이 탄생했다.[11] 니카이도에 따르면, 1961년 여름에 진명여고 교장이 니카이도를 방문하여 동교 무용부 지

---

11) 니카이도가쿠엔의 학장 니카이도 세이쥬는 창립자 니카이도 도요쿠(二階堂卜ㅋ夕)의 동생이며, 니카이도 고등학교는 1989년부터 '니혼(日本)여자체육대학 부속 고등학교'로 개칭했다.

도쿄사가 니카이도 출신인데 모교에서 발표회를 열고 싶어한다며 개최 가능성을 타진했다. 니카이도 측에서 이를 받아들여 발표회 일정도 잡았으나, 우여곡절이 있어 당초 일정에 맞추지 못했는데, 얼마 지나지 않아 김정욱이 합동통신 주일특파원 이상권과 함께 학장실을 깜짝 방문하여 발표회는 무사히 12월에 개최되었다.

니카이도학원 체육관에서 열린 진명여고 무용단의 발표회에는 5·16군사정변 이후 주일대사로 부임하여 제6차 한일회담 수석대표를 겸하고 있던 배의환 주일대표부 대사 부부와 주일대표부 특명전권공사 이동환 부부를 비롯한 주요 인사들이 참석하여 축사 등을 했다. 개별 고등학교 간의 교류 행사에 대사급 인사가 참석하여 축사를 했다는 것은 이 발표회가 그만큼 중요한 의미를 지니고 있었음을 시사한다. 진명여고 무용단은 "한국복의 진홍색의 화사하고 부드러운 민족적 정서를 담아서" 무용을 선보였다. 시간이 부족하여 준비한 프로그램 중 못하게 된 것도 두세 가지 있었다고 한다. 니카이도는 이들의 공연이 한일 친선에 매우 큰 공헌을 했다고 평가했다. 발표회 후 진명여고 무용단은 후지미오카, 우츠노미야, 시즈오카, 교토, 오사카 등을 돌며 공연하고, 12월 14일 오전에 귀국했다. 당시 참가했던 무용단 학생들 중 2명이 나중에 니혼여자체육대학에 지원했다.

진명여고 무용단은 민단 중앙과 부인회 초청으로 1967년 11월에 다시 일본에서 순회공연을 가졌다. 방일 목적은 일본 고등학교 및 재일한국학교와의 친선·교류였고, 이번에도 도쿄의 니카이도가쿠엔에서 첫 공연을 가진 후, 후지미가쿠엔(富士見学園), 도쿄한국학원(11월 24, 25일), 시즈오카의 시즈오카여학교(11.29), 나고야의 가나시로가쿠인(金城学院)(11.30), 민족학교인 교토한국학원(12.1)과 오사카의 금강학원(12.2) 등 간토, 간사이 지방 주요 도시의 학교들을 돌고, 12월 4일 민단 효고현 지방본부 주최 공연으로 마무리했다(≪韓國新聞≫, 1967.11.25). 진명여고 무용단이 처음으로 일본에

서 공연을 한 1961년에 무용부 지도교사였던 김정욱은 1963년부터 수도여
자사범대학(현 세종대학교) 체육과 전임강사로 재직하다가 1967~1969년에
니혼여자체육대학에서 수학했다.[12] 진명여고 무용단이 다시 일본을 찾은
것은 김정욱이 일본 유학 중인 시기였다.

 숭의여고 무용단도 1967년 3·1절에 처음으로 일본을 방문하여 재일동포
위문공연을 했다. 숭의여고 무용단이 당시 어떤 경위로 일본을 방문하게
되었는지는 알 수 없다. 다만, 1968년의 방일 공연에 대해 보도한 ≪한국신
문(韓國新聞)≫ 기사에 따르면, 이번 공연은 1967년 위문공연 때 받은 대환
영에 대한 보답의 의미를 지닌 것이라고 되어 있어, 숭의여고 무용단이 2년
연속으로 일본에서 공연했음을 알 수 있다. 1968년에는 9월 19일부터 오카
야마를 필두로 교토, 오사카, 가와사키 등 각지에서 재일동포 위문공연을
펼쳤다. 9월 29일에는 도쿄한국학원의 운동회에 참가하여 한국무용을 피
로했으며, 9월 30일에는 민단 시가현 본부 초청으로 오쓰(大津)에 있는 현
립 시가회관에서 동포 위안공연을 했다. 이날의 공연 작품은 "모두 한국 전
통의 민속이나 아름다운 산하가 이루는 민족의 풍속으로부터 소재를 도입
한 것"이었다. 숭의여고 무용단의 일본 공연은 재일동포들에게 모국의 전
통 민속을 전하고, 나아가 재일동포 가정 홈스테이를 통해 동포 2세들과 교
류하는 등 '모국과 재일동포'의 교류를 했다는 데 큰 의미가 있었다. 오쓰 공
연 당일에도 민단 간부들 가정에서 묵고, 다음날은 민단 시가본부 간부들의
안내로 현내 유명 관광지들을 견학했다(≪韓國新聞≫, 1968.10.15).

---

12) 김정욱은 1926년생으로 니카이도 졸업 후 1944년 4월~9월에 일본의 '목흑(메구로目黑로 추
   정됨)여자고등학교' 교사로 재직했다. 1967~1969년의 니혼여자체육대학 유학 후에 수도여자
   사범대학(현 세종대학)에 교수로 재직했다. 한국예술디지털아카이브 DA-Arts, https://www.
   daarts.or.kr/handle/11080/6361(2019.3.15. 검색).

2) 어린이, 청소년 예술단

단일 학교 무용부를 넘어서서 여러 학교에서 선발하여 조직한 예술단들의 방일 공연이 이루어지기도 했다. 1960년대에 일본에서 한국무용 공연을 한 어린이 예술단으로서 필자가 민단 기관지였던 ≪한국신문≫과 ≪조선일보≫를 통해 확인할 수 있었던 단체는 '한국소녀문화사절단'(1962), '한국소녀민속무용단'(1963), '한국민요무용예술단'(1968), '리틀엔젤스'(1969) 등인데, 이들 중 리틀엔젤스 외의 단체들은 일본 공연을 위해 한시적으로 조직된 것으로 보인다. 수많은 해외 공연을 통해 상당한 명성을 얻은 리틀엔젤스는 다른 어린이 예술단들과 차별화되는 부분이 있어 다음 절에서 별도로 다룬다.

1962년 10월 8일 김용성(43, 한국사회사업연맹 이사장)을 단장으로 한 한국소녀문화사절단 15명이 재건국민운동본부 주관으로 일본을 방문하여 약 한 달 반에 걸쳐 무용·음악 공연을 했다. 재건국민운동본부는 5·16 군사정변 후 1961년 6월~1964년 8월에 관 주도로 전개된 재건국민운동의 거점 조직으로서 전국 각지에 조직되었으며, 일본에도 민단에 지부가 설치되었다. 이런 점에 비추어 한국소녀문화사절단의 일본 공연은 사실상 민단이 주관한 것으로 보아도 무방할 것이다. 한국소녀문화사절단의 방일 목적은 한일친선과 재일교포 위문이었다. 동 사절단은 교토, 오사카, 나고야 등에서 29회에 걸쳐 공연했는데, 공연 프로그램은 피아노와 바이올린 독주, 그리고 〈아리랑〉, 〈노들강변〉, 〈화랑무〉, 〈농악무〉 등의 한국무용으로 구성되었다. ≪조선일보≫는 "재일교포 학생들은 물론 일본여학생들도 우아한 한국예술에 감격한 나머지 숙소로 특산물을 한 아름 안고 찾아와 국경을 넘은 우정을 나누며 한때를 보냈다"고 친선·교류의 모습을 전했다(≪조선일보≫, 1962.11.24).

1963년에는 국민학교 어린이들만으로 구성된 '한국소녀민속무용단'이 도쿄에 있는 한일벗회와 선린선교회의 초청으로 도쿄를 비롯한 6개 도시에서 11월 말부터 약 한 달간 공연을 하였다. 공연의 취지는 한일 두 나라 어린이들의 친선을 꾀하며, 재일교포들에게 위문공연을 하여 우리 어린이들이 훌륭하게 자라고 있는 모습을 보여주는 데 있었다(≪조선일보≫, 1963. 11.24). 이 무용단의 일본 공연에 대해서는 더 상세한 정보를 입수할 수가 없었는데, 초청 단체 명칭으로 미루어볼 때 기독교 계통의 교류가 아니었을까 추측된다.

한국의 아동극단이 전통적인 소재의 극과 민족무용으로 구성된 프로그램을 갖고 재일동포 위문 공연에 나서기도 했다. 아동극 발전을 위해 1961년에 창립된 '한국아동극연구회'(회장 조풍연)는 이듬해 '한국아동극협회'로 재편되면서 아동극작가 주평(朱萍)이 회장을 맡아 본격적인 활동을 하게 되는데, 그중 하나가 아동극단 '새들'을 창립한 것이다. 아동극단 새들은 창립 이듬해인 1963년 8월부터 1967년까지 4차례나 재일동포 위문공연을 했다. 재일동포 위문공연 중 1965년 2월의 두 번째 공연에 대해서는 ≪한국신문(韓國新聞)≫ 1965년 2월 18일 자 기사를 통해 내용을 확인할 수 있었다.[13] 이번 공연은 일본의 한국학원 학생들을 위문 격려하고 민족교육을 지원할 목적으로 민단 중앙본부가 초청하여 이루어진 것이다. 아동극단 새들은 민단 중앙본부 초청으로 일본을 방문하여 오이타(大分), 야마구치, 사가(佐賀), 후쿠오카 등 지방에서 각 민단 지방본부 주최 위문공연을 가진 후 6일 도쿄로 와서 도쿄 제2한국학원에 합숙하면서 공연을 했다. 도쿄에서의 공연은

---

13) 통영시 홈페이지에 있는 통영을 빛낸 인물 주평의 경력에는 1963~1967년에 총 4회 일본공연을 한 것으로 기록되어 있다. 한편 ≪韓國新聞≫ 기사에는 아동극단의 이름이 新園으로 되어 있는데, 이는 새들을 '새로운 들판'이라는 의미로 해석한 것으로 보인다. 이와 달리 통영시 홈페이지 일본어판에는 '鳥だち', 즉 날아다니는 새들의 의미로 번역되어 있다.

민단 중앙본부가 주최하고, 주일한국공보관이 후원하였다. 이들은 다마가와가쿠엔(玉川学園)과 가와사키에서 공연한 뒤, 13일 오후 1시부터 도요지마(豊島)공회당에서 고별공연을 가졌다. 공연은 제1부 아동무용, 제2부 동화극 〈토끼전〉으로 이루어졌으며, 제1부에서는 〈처녀총각〉, 〈춘향전〉, 〈장고춤〉, 〈궁중무〉 등의 민족무용을 선보였다.

한일 국교 정상화 이후 1968년 11월에는 전국 초·중·고등학교와 대학에서 선발된 9살부터 24살까지의 여학생들로 구성된 '한국민요무용예술단'이 민단 중앙본부 초청으로 일본 순회공연을 했다. ≪한국신문≫에 따르면, 민단 중앙본부가 동 예술단을 초청한 것은 "우리나라의 전통 있는 민속예술문화를 재일동포, 특히 2세 자녀들에게 널리 소개하여 민족문화에 대한 긍지를 갖도록 할 목적"에서였다(≪韓国新聞≫, 1968.11.15). 한국민요무용예술단 일행 24명(단장 김재승)은 1968년 11월 7일에 대한항공 편으로 일본에 입국하여 각지에서 민속예술 공연을 펼쳤다.

이상의 예에서 보듯, 어린이·청소년 예술단의 공연은 재일 2세들의 민족교육, 본국과 재일동포 차세대 간 교류, 재일동포 위문 등의 목적으로 민단이 초청한 경우가 많았다. 그런데 이 같은 공연에는 또 다른 측면도 존재하고 있었다. 즉 정치적인 함의를 갖게 되는 경우다.

일례로 1962년 10월부터 일본 순회공연을 한 한국소녀문화사절단이 민단 주최 〈한일회담 촉진대회〉에서 공연한 경우를 들 수 있다. 1962년 11월 7일 자 ≪한국신문≫은 다음과 같이 그 소식을 전했다.

"한일회담의 조기 타결을 호소하는 민중대회가 전국적으로 개최되고 있는데, 오카야마에서도 10월 20일, 민단 오카야마현 본부 주최로 '한일회담 촉진 민중대회'가 현 내 한일 양 국민 1천백 명이 모여 성대하게 열렸다. 오전 11시부터 오카야마 시내의 텐마야오카야마회관(天満屋岡山会

館)에서 열린 동 대회는 현 내 각지에서
모여든 사람들로 회장은 초만원, 오카
야마현 본부로부터 한일회담의 경위 보
고가 있은 후, 한일회담 조기 타결의 필
요성을 호소하는 많은 인사말들이 있었
다. … 이렇게 한일 양국민의 한일회담
조기타결에 대한 강력한 요구를 결의한
뒤 한국영화 〈사랑방손님과 어머니〉가
상영되었고, 이어서 한국소녀문화사절
단이 민족무용을 피로하여, 한국에서만
맛볼 수 있는 정서와 분위기로 회장의
전 관객을 매료시켰다"(≪韓國新聞≫,
1962.11.7).

즉, 한국소녀문화사절단은 오카야마
민단 주최 '한일회담 촉진 민중대회'에
서 식후 행사로 공연을 한 것이다.[14] ≪
조선일보≫ 기사에는 동 사절단의 방문
지로 교토, 오사카, 나고야만이 적시되
고 오카야마 공연에 대한 언급은 없다.

자료: ≪韓國新聞≫(1962.11.7).

1968년에 방일한 한국민요무용예술단도 민단 주최 〈시국강연회〉에서
공연을 했다. ≪한국신문≫에 따르면 한국민요무용예술단은 11월 10일 아

---

14) 동 기사에 따르면 '한국소녀문화사절단' 일행은 공연 다음날 오카야마현 본부의 요망에 응해
현내에 있는 한센씨병원 광명원(光明園)을 방문하여 나병환자 300여 명을 위로하기도 했다.

그림 3-2 _ 〈시국강연회〉와 한국민요무용예술단 공연

자료: ≪韓国新聞≫(1968.11.15).

라카와 공민관에서 개최된 민단 아라카와지부 주최 '시국강연회'와 11월 12
일 오미야(大宮)시 상공회관에서 열린 민단 사이타마현 본부 주최 '시국강
연회'에 특별 출연했다(≪韓国新聞≫1968.11.15).

　같은 시기 총련은 중앙예술단과 가무단(1965년까지는 문선대, 문공대) 등 전
문예술단체들을 통해 북한의 체제를 찬양하고 정치적 이념을 선명하게 담
은 북한의 민족무용을 대중에게 보급하고 있었고, 이를 위한 전승체계를
구축하고 있었다(제4장 참조). 한국의 민족무용은 춤 자체가 정치색을 담고
있지는 않은, 그런 점에서 '순수'예술이라 하는 무용이지만, 공연이 이루어
지는 장이 정치적인 장이었던 만큼, 정치적인 함의를 갖게 되었다. 민중대
회가 동포들이 많이 모이는 장이기 때문에 그런 장에서 공연을 한 것인지,
아니면 동포들을 동원하기 위한 방법의 하나로 공연이 이용된 것인지는 분
명치 않다. 비상업적인 공연이었기 때문에 오히려 이런 장을 활용한 것일
수도 있다. 다만, 공연이 어떤 장에서 이루어졌든 이들의 민족무용 자체는
재일동포들에게 정치적인 메시지가 아니라 위안과 감동, 즐거움을 선사했

다. 일본 각지에서 이루어진 이들의 공연과 활동은 '친선·교류'와 '동포 위문'과 한일회담 촉진을 위한 선전활동 등 여러 가지 복합적인 성격을 지니게 되었다.

3) 리틀엔젤스

'리틀엔젤스'는 세계기독교통일신령협회[15]의 주요 인물이었던 박보희가 협회 회장인 문선명에게 제안하여 창단한 어린이 민속예술단이다. 신순심을 초대 단장으로 하여 1962년 5월 5일 어린이날에 20명의 단원으로 창설되었다. 리틀엔젤스는 1965년 9월 미국 20개주 48개 도시 순연을 시작으로 수많은 해외 공연을 하였다. 그 활약상에 대해 ≪동아일보≫는 "박보희 씨를 단장으로 하고 신순심 양 인솔 아래 7살에서 14살 사이의 어린이 26명(남자 1명)으로 구성된 이 '어린 천사'들은 한국문화자유재단의 주선으로 9월 7일 도미 … 아이젠하워 대통령을 예방하여 민간외교사절로서도 큰 역할을 담당 … "했다고 보도했다(유진주, 2016: 36에서 재인용). 이후 1970년대 말까지 리틀엔젤스는 수많은 해외 공연을 소화했는데, 1969년부터 1970년대 중반까지는 거의 해마다 일본에서 공연을 했다.

1969년 일본에서의 첫 공연은, 1968년 멕시코시티올림픽 세계민속예술제에 한국 대표로 참가한 뒤 귀국 길에 열게 된 것이다. 공연은 1969년 1월 4일부터 2월 4일까지 한 달 동안 이루어졌다. ≪한국신문≫은 "멕시코올림픽에서도 한국 대표로서 민족예술제전에 참가하여, 천진한 천사일 뿐 아니라 잘 훈련된 완벽한 테크닉으로 만장의 박수를 받았으며, 또한 유일한 앙콜

---

15) 문선명이 1954년 5월 1일 창립한 기독교 교단으로 일반적으로 '통일교'라 일컫는다. 1997년에 명칭을 '세계평화통일가정연합회'로 개칭.

상에 빛나는 찬사를 받은" 소녀민족무용단이라고 소개했다(≪韓国新聞≫, 1969.1.1). 당시 일본 공연은 '더 리틀엔젤스 후원회'가 주최하고, 주일 한국 대사관, 주일 한국공보관, 민단 등이 후원하였다. 당시 리틀엔젤스는 매스컴의 주목을 받아 NHK, 마이니치, 요미우리, 간사이 등의 텔레비전에 출연하기도 했다.

1970년 12월 25일~1971년 1월 25일에는 두 번째 일본공연을 했다.[16] ≪한국신문≫은 리틀엔젤스의 국제적인 명성과 활약상을 다음과 같이 소개했다.

"과거 4회에 걸친 구미 공연에서 다이나믹한 연기와 높은 예술성을 보여, 세계의 아동 예술계에 그 존재를 널리 알린 한국의 아동민족무용단 'THE LITTLE ANGLES'=작은 천사=는 … 각국의 일류 신문의 톱을 장식한 기사에서는 '몸은 작지만 무대에서는 킹사이즈다', '수백 명의 대사보다도 큰 외교 효과를 거두었다' 등의 평을 받았고, 까다로운 미국 기자 클럽에서도 5분간 아낌없는 기립 박수를 받은 일도 있다고 할 정도로 베테랑이 모였다. 작년의 일본 공연에서도 각지에서 감동의 바람을 불러일으켜, 모든 회장이 초만원이었던 터여서 다시 내일공연을 갖게 되었고, 무용가 고마키 마사히데(小牧正英)로 하여금 '나는 세계 각국의 민족무용을 연구하고 배웠는데, 이웃인 한국의 민족무용과 민족음악을 새롭게 인식하고, 자신의 잘못됨을 부끄럽게 느꼈습니다. 그리고 이 우수한 민족이 왜 오늘날까지

---

16) 유진주에 따르면 1965년 이후 리틀엔젤스의 해외 공연이 16차에 걸쳐 이루어졌으며, 그중 일본은 4차, 5차, 8차, 13차 공연에 포함된 것으로 나와 있다. 제4차는 1968.9.17~1969.2.4에 멕시코, 미국, 일본을 돌며 100회에 걸친 공연을 한 것이고, 제5차1970.9.25~1971.1.25는 미국, 일본 전역, 캐나다에서 120회의 공연을 한 것이다. 4차, 5차 모두 일본은 해외 공연의 마지막 순서로 들어가 있다(유진주, 2016: 38).

세계의 화려한 무대에서 떨어져
있었던가 이상하게 생각되었을
정도입니다'라고 하게 만들었다"
(≪韓国新聞≫, 1970.12.29).

특히 1970년 12월 25일~1971
년 1월 20일에 있었던 세 번째 일
본 공연 때는 사토 에이사쿠(佐藤
榮作) 수상 방문, 황태자 부처와
기시 전 수상의 공연 관람 등으로
큰 화제가 되었다. ≪한국신문≫
은 "사토 수상 크게 감격", "도쿄
교리츠강당에 황태자 부처도"라
는 제목으로 리틀엔젤스의 행보
와 1월 2일~8일의 도쿄 공연 소
식을 사진과 함께 크게 보도했는

그림 3-3 _ 1971년 1월 리틀엔젤스의 사토 수상
방문과 도쿄 교리츠강당 공연 기사

자료: ≪韓國新聞≫(1971.1.16).

데, '「리틀엔젤스」 큰 외교'를 부제목으로 달았다(〈그림 3-3〉). 기사에 의하
면, 리틀엔젤스는 신년을 맞이하여 나가타쵸(永田町)의 수상 관저를 방문하
여 인형을 선물하고 민요를 불렀다. 또한, 공연 마지막 날에는 공연을 관람
한 황태자 아키히토 부처 및 기시 전 수상과 화기애애한 교류 모습을 보여
"국민외교 제1급"이라는 칭송을 받았다(≪韓國新聞≫, 1971.1.16). 당시 공연
내용은 〈북춤〉, 〈봄의 어린이들〉, 〈부채춤〉, 〈시집가는 날〉, 〈선녀춤〉,
〈무사놀이〉, 〈가야금합주〉, 〈승무〉, 〈깃발춤〉, 〈꼭두각시〉, 〈문·페스티
벌〉, 〈탈춤〉, 〈가야금병창〉, 〈밤길〉, 〈농악〉 등이었다(≪韓國新聞≫, 1970.
12.29).

1960년대에 리틀엔젤스의 주요 춤 레퍼토리를 안무하고 구성한 것은 국악과 무용의 명인으로 알려진 박성옥이다. 박성옥은 1930년대 후반 한성준의 조선음악무용연구회에 참가해서 국악과 무용을 익히고 활동했으며, 최승희가 일본에서 한성준을 초청하여 전통춤을 배울 때 악사로서 함께 간 것을 계기로 1940년대 최승희가 안무한 작품들에서 무용음악을 담당했다 (성기숙, 2011: 13). 해방 후 1950년대에는 부산에서 음악무용연구소를 개설하여 활동했고 1960년에 파리에서 열린 국제민속예술제에 정부 예술단의 일원으로 참가하기도 했다. 그 후 리틀엔젤스와 인연을 맺게 된 것인데, 성기숙에 의하면 박성옥은 최승희와의 오랜 작업에서 비롯된 예술적 영감을 바탕으로 리틀엔젤스의 레퍼토리를 직접 구성하여 세계무대로 진출하는데 견인차 역할을 하였다. 무용의 안무뿐 아니라 연출, 음악, 소품 제작에 이르기까지 전 분야를 망라하여 깊이 관여했던 것으로 알려진다. 리틀엔젤스에서 박성옥이 안무한 작품은 〈꼭두각시〉, 〈부채춤〉, 〈장고춤〉, 〈북춤〉, 〈농악〉, 〈강강수월래〉, 〈초립동(훗날 〈시집가는 날〉)〉, 〈화랑무〉, 〈꽃의 향연〉 등이다(성기숙, 2011: 16~18). 또한 리틀엔젤스는 해외 공연 때 무용 반주를 할 악사들을 데리고 다녔는데, 국악을 전문적으로 하는 사람들을 썼다. 국립국악원 단원이던 최충웅은 1966년 미국 공연에 가야금 주자로 참여했는데, 그의 구술에 의하면 당시 리틀엔젤스는 실기 시험을 쳐서 악사를 뽑았고, 국립국악원 단원인 그도 시험을 쳤다(국립국악원, 2013: 116).

유진주의 자료에 따르면, 리틀엔젤스의 해외 공연 중 제8차(1972.11.9~1973.3.4)와 제13차(1974.10.12~1975.2.14)는 일본 공연으로만 이루어졌다. 그리고 각각 4개월 정도의 기간 동안 공연 횟수는 200회와 184회로, 한 달 평균 40~50회에 이를 만큼 많았다(유진주, 2016: 38). 이 시기에 일본 공연이 집중된 이유나 일본에서의 활동 상황에 대해서는 파악하지 못했으나, 1960년대 말~1970년대 초 리틀엔젤스의 공연은 재일동포 사회에 '리틀엔젤스'

그림 3-4 _ 리틀엔젤스 일본공연(1972.11.9~1973.3.4) 기사
일본에서의 공연 및 일상의 이모저모를 담은 사진들에 「리틀엔젤스 일본의 어느날」이라는 제목이
붙어 있다.

자료: ≪韓國新聞≫(1973.1.27).

붐이라 할 만큼 선풍을 일으켰다. 필자가 직접 인터뷰를 한 재일동포 한국
무용가들 중에는 어린 시절 리틀엔젤스 공연을 보고 한국무용을 동경하게
되었거나, 부모님이 그 공연을 보고 딸에게 한국무용을 시켜야겠다고 결심
하게 된 경우도 있었다.

3. 한국 전통 가무악의 일본 유입

1) 전문 국악인·무용가의 일본 진출

(1) '한국민속가무예술단'과 '한국무악원': 박귀희·국제프로덕션 네트워크

1959년 9월, 박귀희가 이끄는 '한국민속예술 가무단'이 민단 중앙본부 초청으로 일본 전국 순회공연을 했다. 도쿄, 오사카, 나고야, 나가사키, 고베, 규슈, 홋카이도 등을 돌며 공연했는데, 매우 성공적이었다. 박귀희는 당시 어느 연회장에서 국제프로덕션을 운영하는 재일동포 사업가 윤길병[일본명 히라누마(平沼)]을 만나게 되었고, 이후 도쿄에서 함께 살면서 1961년 11월부터 후술하는 '한국무악원'을 운영했다. 박귀희와 윤길병의 만남에 의해 1960년대~1970년대 초 한국 국악인들의 일본 진출에 핵심적인 가교 역할을 한 네트워크가 형성되었다.[17]

1960년 1월에는 김문숙과 최경애도 처음으로 일본 공연을 했다. 도쿄와 고베에서 열린 이들의 공연은 고베의 재일동포 사업가 황공환[일본명 히라야마(平山)]의 초청에 의한 것으로, 그가 한국을 방문했을 때 코리아하우스에서 한국무용 공연을 보고 초청한 것이라고 한다. 코리아하우스는 1957년에 개관하여 외국인 관광객을 위한 전통무용, 음악 등의 공연을 제공했다. 코리아하우스는 당초 주한 미군 장교들을 위한 사교클럽으로 설립되었으나, 대상 범위가 확대되었고, 한국무용은 인기가 있었다. 이승만 정권하의 1950년대에는 한국 정부가 재일동포에게 여권을 발급하지 않아 일반인들

---

17) 박귀희와 윤길병의 만남, 국악예술학교와 도쿄의 한국무악원 설립 등에 관한 내용은 주로 '향사 박귀희 기념사업회' 홈페이지에 실린 「향사 자서전」(http://www.hyangsa.or.kr/ swboard/ list.php?bcode=3) 중 「9. 역사의 격변기를 헤치고」, 「10. 해외에 우리민족 얼을」 을 참조했다.

의 본국 왕래는 밀항이 아니면 거의 불가능했다. 그런 가운데 예외적으로 재일동포 기업인들은 1950년대에도 산업시찰 등의 형태로 수차례 한국을 방문했는데, 그때 코리아하우스에서 한국무용 공연을 보았을 가능성이 있다.

1961년 9월에 박귀희는 교토 민단 초청으로 일본 공연을 갖게 되어, 민속예술단 7명을 이끌고 약 20일간 교토, 오사카, 고베, 나고야 등을 순회하며 창과 가야금, 고전무용 등을 선보였다. 김덕수에 따르면 박귀희는 1961년 파리 국제민속예술제에 참가하기 위해 개인적으로 '한국민속가무예술단'을 창단했다(김덕수, 2007: 95). 동 예술제에 참가할 한국민속예술단은 박귀희, 송범, 김문숙, 권려성 등을 포함한 20명의 단원으로 구성되었다. 참가 작품은 춤과 노래가 어우러진 가무악 형식의 〈아름다운 전설의 나라 한국〉으로, 안무 구성을 송범, 연출을 이진순이 맡았다(성기숙, 2016: 206). 그러나 수개월에 걸친 참가 준비가 완료되고 공연 일정도 잡힌 상태에서, 출발을 목전에 두고 일어난 5·16군사정변의 영향으로 결국 출국하지 못한 것으로 판단된다.[18] 필자가 이름을 확인할 수 있었던 참가자 중 송범, 김문숙, 권려성 등은 신무용 계열의 한국무용가로 국악계와는 다른 토대를 갖고 있었다. 이에 비추어 그해 9월 박귀희 일본 공연에 참가한 민속예술단 7명은 국제민속예술제 참가를 위해 결성된 민속예술단 중 국악인 중심으로 구성된 것으로 보인다.

1961년 9월 공연차 일본을 방문한 박귀희는 민단 단장 박수정(朴水正)[19]

---

18) 성기숙은 1961년의 파리 국제민속예술제 참가 준비 상황과 공연 프로그램 등에 대해 ≪경향신문≫ 기사를 인용하여 비교적 상세히 기술하고, 박귀희가 1961, 1962년 두 해 연속 동 예술제에 참가했다고 하였다(성기숙, 2016: 206). 그러나 박귀희 자신이 자서전에서 1960년 시카고 만국박람회 참가 후 2년 만인 1962년에 처음으로 파리의 국제민속예술제에 참가했다고 밝히고 있고, 1961년에 박귀희와 더불어 참가 예정이었던 김문숙도 1960년의 첫 참가 이후 1962년에 참가한 것에 대해서만 언급을 하고 있어, 이 두 핵심 인물 모두의 기록에서 1961년 파리 공연은 존재하지 않는다. 따라서 필자는 1961년 참가는 준비를 완료한 상태에서 결국 좌절된 것으로 판단했다.

으로부터 일본에서 민속예술학교 설립을 맡아달라는 제안을 받았다. 고향을 그리워하며 살고 있는 재일교포들에게는 우리의 민족 얼을 심고, 일본 사람들에게는 우리 민족문화를 소개하자는 취지의 제안이었다. 박귀희는 한국에서 1955년에 한국민속예술학원, 1960년에는 국악예술학교(현 국립전통예술중고등학교)의 설립을 주도하고 운영한 실적이 있었다. 한국민속예술학원은 한국전쟁 후 공연이 줄어든 국악인들의 생계에 보탬도 되고, 우리의 민속예술을 전승하고자 하는 뜻에서 설립한 것으로, 국립국악원의 국악사 양성소가 정악을 위주로 하는 데 대해 민속악 중심이었으며, 판소리, 단가, 시조, 무용, 장고, 북 등 실기를 가르치는 한편 시문학을 비롯한 이론 교육도 하였다. 1958년에 이 학원을 매각하여 종잣돈을 마련하고 그 위에 기부금을 모아 1960년 정규 학교로서 국악예술학교를 설립하게 된 것이다.[20] 학교 설립을 위한 기부자들 가운데는 재일동포 기업인도 있었다.[21]

박귀희가 일본에 민속예술학교를 설립해 달라는 요청을 받은 것은 국악예술학교가 개교한 이듬해이다. 한국무악원 설립에는 교포 기업인들이 큰 도움을 주었다. 도쿄에서 사업을 하고 있던 하석암, 정인학, 오병수, 박수정, 니가다 등 민단계 실업인들과 언론인 한홍렬 사장, 또 일본에서 연극인으로 활약하던 김파우 등이 주축이 되어 사무실과 경비를 마련하고, 국악인들을 초청해 주었다. 이렇게 해서 1961년 11월 10일 도쿄 아오야마(青山)에 위치한 국제프로덕션 윤길병 대표와 박귀희의 자택 2층에 한국무악원이

---

19) 박귀희는 자서전에서 박수정을 민단 단장이라고 기술하고 있는데, 민단 중앙본부의 역대 단장 명단에는 박수정은 존재하지 않는다. 대신 교토의 상공인 중에 박수정이라는 이름이 있다.
20) 국악예술학교는 1960년 3월 문교부로부터 설립인가를 받아 5월 13일에 개교했다. 중학교는 정규 과정으로, 고등학교 과정은 교통부가 위촉한 '관광요원 양성소'로 인가를 받아 출범했다.
21) 삼성그룹의 고 이병철 회장을 비롯하여 삼양사 김연수, 전남방직 김용주 회장, 경성방직 김용완 사장, 조선일보 방일영 회장, 황청하, 전영준, 윤병호 서울은행장, 손대순 은행집회소장, 이중재 재무장관, 코오롱 그룹의 이원만(李源萬) 회장과 이동찬 등 각계각층에서 기부를 받았는데, 재일동포로서는 오사카의 김양조(金良祚)가 500만 원을 기부했다(김승국, 2012: 311).

문을 열었다. 한국무악원에서는 한국의 민속음악과 무용을 가르쳤다.

당시 한국무악원에서 강사를 맡았던 사람들은 민요의 안복식(예명 안비취), 가야금의 문경옥, 장구춤의 강문자, 민속무용의 이춘자 등이며, 박귀희는 판소리를 가르치기로 하였다(박귀희, 2013). 이들 외에도 저명한 국악인들이 이곳에서 강사로서 지도했는데, 주로 공연차 일본에 왔을 때 공연 외의 시간에 강습을 하는 방식이었던 것 같다. 당시는 일본 비자를 받기가 어려운 때여서 일단 비자를 받아 일본에 들어오면 오랜 기간 순회공연을 하면서 공식적인 일정 외의 공연이나 강습 등을 하는 경우가 많았다. 국악인들로서는 일본에서 전통 민속 가무악을 전승하는 동시에 수입도 올릴 수 있는 일이기도 했다. 한국무악원에 배우러 오는 사람들은 클럽에서 일하는 여성들로부터 그냥 우리 음악과 춤을 사랑하는 사람들에 이르기까지 그 층이 다양했다.[22] 1968년 4월 2일에는 원생들의 〈모국방문 국악발표회〉를 한국국악협회 주최, 한국 민속가무예술단 주관으로 국립극장에서 열었다(≪조선일보≫, 1968.3.28).

박귀희는 도쿄에서 한국무악원을 운영하면서 국악협회에서도 주축으로 활동하고 있었는데, 한국무악원이 사실상 한국국악협회 도쿄지부의 역할을 했던 것으로 추정된다. 한국국악협회 홈페이지(http://www.kukakhyuphoe.or.kr/)에서 연혁을 보면 1963년 12월 3일에 일본도쿄지부를 신설한 것으로 되어 있다. 그러나 누가 동 협회의 대표였는지, 어디에 사무실이 있었는지, 어떤 사람들이 참가했는지 등 기본적인 정보는 없다.

1960~1970년대 일본에서 한국민속예술 공연의 가장 큰 프로모터였던 국제프로덕션은 박귀희의 한국민속가무예술단을 중심으로 한 국악계열의 민속예술단 그리고 한국국악협회 쪽과 긴밀한 관계가 있었다. 박귀희가 창

---

22) 이 부분은 필자가 2009년 6월 13일 서울에서 수행한 지성자 선생의 인터뷰 내용에 의거함.

단한 민속가무예술단은 국악인을 중심으로 구성된 핵심 단체이며, 일본에서 공연할 때는 여기에 일종의 객원 내지 초빙격의 저명 국악인과 대중가요 가수들 및 경음악단과 사회자, 그리고 한국무악원 원생들을 결합시켜 한국민속가무예술단이라는 이름으로 공연을 했다. 박귀희가 한국의 국악예술학교와 국악협회 인맥을 중심으로 국악 부분을 담당했다면, 이러한 공연의 총체적인 기획은 국제프로덕션이 하고, 국악 이외의 부분, 즉 가수, 경음악단, 사회자 등은 프로덕션 쪽에서 섭외했던 것이 아닌가 생각된다. 이렇게 해서 '국제급', '명인급', '전통문화예술' 등의 개념에 부합되는 측면과 일반 재일동포들의 감성을 사로잡을 수 있는 대중성을 공히 확보하면서 '공공성'이라는 명분과 '정치성', '상업성'의 실리를 동시에 추구할 수 있었다고 하겠다.

(2) 한국고전예술학원: 정민

도쿄에 한국무악원이 개설된 1961년, 오사카에서는 정민이 한국고전예술학원을 설립했다. 정민은 일본에서 태어났으나 해방 후 한국에서 활동하다가 1950년대 초에 일본으로 건너가 이후 오사카를 중심으로 활동했다. 해방 후 1960년대 초반 무렵까지의 정민의 활동에 대해서는 제2장에서도 간략하게 살펴보았으므로, 여기서는 한국고전예술학원 관련 부분을 중심으로 기술한다. '한국고전예술학원'은 정민의 이력에 기재된 이름인데, 정민이 운영한 무용학원의 이름이 '한국예술학원', '고전전통예술학원' 등으로 기재된 경우도 있어서 정식 명칭이 무엇이었는지는 자료의 한계로 인해 확인할 수 없었다. 1994년에 정민이 찬조 출연한 〈임추자조선무용창작발표회〉 팸플릿에는 정민의 프로필이 "예술전문학교 강사/한국예술학원장"으로 기재되어 있고, 같은 팸플릿에 실린 정민의 축하 메시지에는 직함이 "고전전통예술학원 학원장"으로 되어 있다. 1961년 설립 당시에는 한국고전예술학원이었다가 뒤에 개칭했을 수도 있으나, 정민의 이력에는 한국고전예술학원 이외의 명칭은 기재되어 있지 않다.

1961년에 정민은 무용학원뿐 아니라 무용단도 설립한 것으로 추정된다. 국립국악원장 성경린 명의로 1964년 12월 31일에 작성된 「재일교포의 국악 수강 허가」(공보실, 1964)라는 문서에 따르면, 국립국악원은 신○○(申玉連)이라는 재일동포 여성에게 1964년 12월부터 1965년 5월까지 6개월간 소정의 국악 수강 및 연구 활동을 할 수 있도록 국악연구원 신분을 부여했다. 해당 여성이 쓴 재교육 신청서와 이력서가 문서에 첨부되어 있는데, 1961년 3월에 오사카 '테이민(ティミン)민족무용단'에 입소했다고 기록되어 있다. 지역도 오사카이고, '테이민(ティミン)'은 '鄭珉'의 일본 발음이니, '테이민(ティミン)민족무용단'이란 '정민 민족무용단'이 아닌가 생각된다. 1961년은 정민이 한국고전예술학원을 설립한 해이기도 하다. 정민은 1962년에 간사이 다카라즈카 대극장에서 한국전통무용 특별공연을 했는데, '정민 민족무용단'의 이름으로 공연했을 가능성도 있다. 무용학원(무용교실)과 무용단이 상호 연계되어 있으면서 각각 교습의 장과 공연 단체로서 구분하여 운영되는 일은 드물지 않다.

도쿄의 한국무악원에 관해서는 한국의 많은 국악인들이 강사로 활동하는 등 관여한 것이 알려져 있는 데 비해, 오사카의 한국고전예술학원의 경우 한국 국악인 또는 전통예술인들과의 교류에 관해 드러나 있는 것이 별로 없다. 필자가 인터뷰 등을 통해 파악한 바로는, 한국의 국악인 또는 예능인들이 일본 특히 오사카를 중심으로 한 지역에서 활동하는 데 있어 가교 내지 거점으로서 정민의 역할은 컸던 것으로 보인다. 재일동포 사회에서 민족무용의 보급에 중요한 역할을 한 인물로 인정을 받고, 한국무용계와의 교류도 꾸준히 유지해 온 점을 고려할 때, 그의 일본에서의 활동이 한국에서 제대로 학문적인 조명을 받지 못했다는 생각이 든다.

정민은 1994년에 〈임추자조선무용창작발표회〉에 찬조로 출연했는데, 당시 팸플릿에 실은 축하 메시지에서 임추자와의 인연에 대해 "임추자 씨와 처음 만난 것은 지금부터 36년 전, 남북의 예술가들이 조국의 통일을 바라며 한자리에 모였던 통일예술제"라고 밝혔다(〈임추자조선무용창작발표회〉 팸플릿, 1994.12.15). 임추자에 따르면, 그 후에도 한두 번 더 정민과 함께 통일무대에 섰으며, 총련은 임추자, 민단은 정민이 대표격이었다. 36년 전이라면 1958년인데, 그해에 열린 '통일예술제'라는 행사에 대해서는 정보를 입수할 수가 없었다. 필자가 이번 연구를 통해 파악할 수 있었던 민단계·총련계 예술가들이 함께한 예술제로서 가장 빠른 것은 1961년 4월 19일의 '합동문화제'이다. 재일 한국무용가로서 정민의 활동이 학문적인 조명을 받지 못한 데는 복합적인 이유가 있다고 생각되는데, 그의 일본에서의 행적과 무용활동은 향후 연구가 필요하다는 생각이 든다. 정민과 임추자가 이 무대에도 함께 섰는지는 알 수 없으나, 각각 민단계와 총련계를 대표하는 민족무용가로서 1950년대 말~1960년대 초에 교류가 있었던 것은 분명한 것 같다.

(3) 프로덕션과 한국민속예능 공연

1963년 벽두 거의 같은 시기에 두 개의 공연이 열렸다. '한국예능사절단'과 '한국민요농악단'의 공연이다. ≪한국신문≫은 아래와 같이 1963년 1월 10일 자 기사로 '한국민요농악단' 공연 소식을, 1월 26일 자 기사로 '한국예능사절단'의 공연 소식을 보도했다.

"한국민요농악단 일행이 내일하여 오는 2월 8일의 도쿄 특별공연을 시작으로 3월 26일까지 전국 주요 도시에서 공연을 한다. 일행에는 한국농악의 심볼 전사종 씨, 민요계의 넘버원 안복식 씨(안비취―필자), 만담계의

그림 3-5 _ 1963년 봄 '한국예능사절단'과 '한국민요농악단' 일본 공연 광고

한국민요농악단 일본특별공연(한국민요농악단 광고)
자료: ≪韓國新聞≫(1963.1.19).

한국예능사절단 광고
자료: ≪韓國新聞≫(1963.2.3).

왕자 장소팔 씨, 농악 상무의 천재 어린이 당년 10세의 전금자 양 등 다채로운 면면. 이 민요농악단의 내일은 일찍부터 교포 사이에 인기를 불러일으키며 오랜만에 진정한 민속예술을 맛볼 수 있을 것이 기대된다"(≪韓國新聞≫, 1963.1.10).

"최근, 양국의 친선 무드가 높아져서 민간 교류가 빈번해지고 있는데, 이번에 국제프로덕션에서는 한국 고전음악과 민요계로부터 박귀희, 장세정, 김정구, 김연수, 이은관 등 십수 명의 대표적 멤버들로 이루어진 한국예능사절단을 일본으로 초청하여 한국의 뛰어난 예술을 인식시키는 동시에 양 국민의 친선과 교포의 위문을 한다고 한다"(≪韓國新聞≫,

1963.1.26).

'한국예능사절단'과 '한국민요농악단' ― 1963년 신춘에 일본 각지를 순회한 이 두 공연단의 구성과 내용에서 1960년대 한국민속예술의 일본 공연의 전형적인 양태로 보이는 특징을 엿볼 수 있다. 국악을 주축으로 하면서도 거기에 유행가나 만담 같은 대중적인 장르를 묶어서 공연을 하는 것이다. 이들의 공연 레퍼토리는 재일동포들, 특히 1세들의 향수를 달래고 위안을 주는 내용으로 짜였을 것이다.

한국예능사절단은 1월 22일 일본에 입국하여 26일 야마구치현의 우베 공연을 시작으로 약 3주 동안 규슈로부터 홋카이도에 이르기까지 일본 전국 주요 도시 15곳을 순회하며 공연했다. 1963년 1월 26일은 음력 1월 2일인 점에 비추어 이 공연은 아마도 설날 또는 신춘맞이 행사로서 기획되었을 것이다. 이 공연은 국제프로덕션이 제공하고 민단 중앙본부가 후원하였으며, 입장권의 단체권은 각 민단 지부와 국제프로덕션에서 구입할 수 있었다. 2월 8일부터는 한국민요농악단의 일본 공연이 시작되었다. 3월 26일까지 이어진 이 공연은 파이스트 프로덕션 제공, 한국공보관과 한국신문사 후원으로 개최되었다. 국제프로덕션은 앞에서도 언급했듯이 재일동포 윤길병이 운영하는 기획사이고, 파이스트프로덕션도 재일동포가 운영하는 업체일 가능성이 있다. ≪한국신문≫에 실린 '한국민요농악단' 공연 광고에는 '제작 파이스트프로덕션 대표 오미야마 시즈오(大見山静夫), 기획 정영근(鄭永根)'이라고 제작자와 기획자가 명기되어 있다. 대표는 일본명이지만 국제프로덕션의 윤길병도 히라누마라는 일본명을 사용하듯, 이 경우도 재일동포의 일본명일 수 있다.23) 또한, 한국예능사절단 공연의 후원은 민단

─────────

23) 김천흥 타계 2주기 추모 사진집에는 1963년 2월 7일과 2월 28일에 일본에서 찍은 사진 두 장

중앙본부였고, 한국민요농악단 공연의 후원은 한국공보관과 한국신문사였는데, ≪한국신문≫은 민단의 기관지였던 만큼 두 공연 모두 실질적으로 민단이 후원한 것으로 볼 수도 있다.

한국예능사절단의 경우, 기사에서 소개된 박귀희, 장세정, 김정구, 김연수, 이은관 등은 동포 사회에도 널리 알려진 인물들이었다. 장세정과 김정구는 해방 전부터 큰 인기를 끈 유행가 가수이며, 박귀희는 판소리와 가야금병창의 명인, 김연수는 조선성악연구회와 조선창극단에서 활동했고 1962년에 국립국극단(1973년에 국립창극단으로 개칭) 단장을 역임한 판소리 명창, 이은관은 서도소리와 배뱅이굿으로 유명한 명창이다. 그 외 기사에는 거명되지 않았지만, 광고에 명기된 출연진 17명의 명단에는 한국무악원에서 각각 장구춤과 민속춤을 가르치는 강문자와 이춘자가 포함되어 있다.

한편, 한국민요농악단의 공연은 민요, 만담, 농악, 장구, 탈춤 등으로 구성되어 있으며, 출연진은 민요에 안비취, 이은주, 김옥심, 묵계월, 심명화, 유선녀, 원선녀, 농악에 박초선, 박정숙, 문명화, 이은미, 전금자, 김천흥, 허호수, 정재희, 전사종, 만담에 장소팔과 백금녀, 기악에 이충선, 서공철, 김은산 등이다. 김천흥은 한국민요농악단의 일본 공연에 참가하게 된 배경에 대해 1960년 초 경기 서도소리 명창들이 모여 발족한 '한국민요연구회'가 1963년에 재일교포 위문공연을 하게 되어 협연차 동행했다고 하였다(김정환·하루미, 2009: 132). 김천흥의 설명에 비추어볼 때, 일본 공연을 위해 한국민요연구회가 중심이 되고 여기에 농악팀과 만담팀을 더해서 '한국민요

과 간략한 설명이 들어 있다(김정완·하루미, 2009: 132~133). 2월 7일에 찍은 사진은 '한국민요연구회와 재일교포 위문공연 후 일왕궁 앞에서'라는 설명이 붙어 있다. 이 사진에는 안비취의 지인인 재일교포 '정 씨(일본명 雲井)'와 이름을 알 수 없는 재일교포 2명도 들어 있다. 김천흥 추모 사진집에는 안비취의 지인인 재일교포를 '정 씨'라는 성으로만 지칭하고 이름은 들어 있지 않은데, ≪한국신문≫ 광고에 이 공연의 기획자로 명기된 '정영근'과 동일 인물이 아닐까 추측해 본다.

농악단'이라는 이름의 예술단을 조직한 것으로 보인다. 이런 구성은 제작사인 파이스트프로덕션의 아이디어였을 가능성이 있다.

한국민요농악단은 2월 28일 사단법인 선린후생회 주최로 자선공연도 했다. 이 공연에는 대한민국 주일대표부, 법무성 도쿄보호관찰소, 대한민국 거류민단중앙본부, 대한민국거류민단 도쿄본부, 한국신문사 등 5개 기관이 후원에 이름을 올렸다. 공연은 큰 성과를 거두어 한국민요농악단은 선린후생회로부터 감사장을 받았다(김정환·하루미, 2009: 133). 사단법인 선린후생회는 1948년에 설립된 사단법인 재일대한인후생회의 후신으로, 교정보호시설에서 가석방된 수형자들을 인도 받아 취업 등 사회로의 복귀와 갱생을 돕는 일을 하는 단체이며, 지금도 일본법무성 보호국 소관의 후생보호법인으로 활동 중이다. 한국민요농악단을 초청한 선린후생회의 이사장 하석암은 1958년 조택원의 무용 스튜디오 건립을 위한 모금에도 기부했고, 1962년 박귀희의 한국무악원 설립 등에도 경비 지원을 했으며, 또, 한일국교 수립 이전 1963년 1월~1964년 8월에 19만 3000달러 이상을 본국에 투자한 바 있다(재일동포모국공적조사위원회, 2008: 83).

2) 한국 국립국악원의 일본 공연

국립국악원은 1964년 3월 요미우리 신문사 초청으로 첫 일본 공연을 했다. 그것은 국립국악원 최초의 해외 공연이기도 했다. 해방 후 국립예술단으로서는 최초의 일본 공연이었던 만큼 공연단의 구성에도 신경을 쓴 것 같다. 공연에 참가했던 거문고 주자 구윤국에 의하면, 이 공연은 "일본인들을 위한 연주가 아니고 우리나라 반만 년 역사를 가진 문화민족임을 다시 일깨워 주고 다른 나라에도 없는 1500년 전의 이런 음악이 있었다는 것을 보일 수 있는 좋은 기회"였다. 구윤국은 "성경린·김기수·장사훈·이혜구 이런 분들 전부해서 고문, 자문위원 모시고 하는데, 간 인원이 딱 33명이야. 그것이 1919년 3·1운동 독립선언의 33인에 그걸 해서 하지 않았나"라고 공연단 인원 구성에도 의미를 부여했다(국립국악원, 2013a: 95, 97). 공연 외에 이혜구, 성경린, 장사훈 등이 후지테레비에 출연해서 우리 음악에 대한 해설을 하기도 했다. 국립 예술단으로서 고급의 전통 문화를 일본인에게 제대로 알린다는 자부심도 강했던 것 같다. 구윤국은 국립국악원의 일본 공연에 대해 당시 일본에 유입되고 있던 민속가무악과 분명한 선을 그었다.

> 한국에서 일본서 일본 공연가고 민간인들이 가는 게 있는데, 그것은 좀
> 표현이 좋지 않을지 모르지만은 유흥음악, 놀이음악 그거죠. 춤이고 뭐
> 고. 그런데 궁중무용 이게 조선 오백 년 가지고 있다는 음악이라는 것이
> 그들이 대단하게 생각한 거죠(국립국악원, 2013a: 97~98).

국립국악원의 첫 일본 공연에서는 〈검무〉, 〈포구락〉, 〈춘앵무〉, 〈무고〉, 〈처용무〉 등 궁중무용을 선보였다.[24] 당시 국립국악원에는 무용을 전문으로 하는 사람이 없었고, 1961년부터 KBS에서 선발하여 양성하던 사람들이 국립국악원에 와서 무용·병창·거문고·가야금·대금·해금 등을 배웠다. 일본 공연에서 무용을 한 여성들은 국립국악원 소속이 아니라 KBS의 양성 과정에 들어온 사람들이었다. 당시 국립국악원에서 정재(궁중무용)는 김보남이 가르쳤다. 한국의 전통 무용 중 민속이 아닌 정재가 일본에서 공연된 것은 이때가 처음이라고 할 수 있다.

국립국악원의 첫 일본 공연은 재일동포들의 따뜻한 환영과 반대를 동시

---

24) 하유미에 의하면, 1964년 3월의 국립국악원 제1차 도일공연에서 〈장생보연지무〉를 선보였다고 한다(하유미, 2013: 205).

에 받았다. 당시 방일 공연단은 서울역에서 기차로 부산까지 가서 한수환(漢水丸)이라는 배를 타고 일본 시모노세키(下関)로 들어가, 거기서 다시 배로 고베까지 가서 신칸센 열차를 타고 도쿄로 이동하는 긴 여정을 거쳤다. 도쿄에 도착한 일행은 민단 측 재일동포들의 눈물 어린 환영을 받았다.

> "신칸센을 타고 동경에 딱 내린 거야. 딱 내리니까 그때 민단에서 대한민국 교류민단이지. 민단 그 … 동포들이, {네.} 너무 증말 참 눈물을 흘리면서 환영을 하는 거 있죠? {아, 네.} 근데 인제 물론 각 자기 태어난 도, 사람들만 또 모아서 또 꽃다발도 주고 이래요"(국립국악원, 2013b: 112).

그러나 공연 당일 공연장소인 히비야공회당에서 총련계의 반대 시위에 부딪히게 되었다. 최충웅은 당시 상황을 다음과 같이 회고했다.

> "공연을 시작할려고 그러는데 밖에서 아우성 소리가 나. 그 뻘건 기들 들고. 어. "국립국악원 물러가라, 물러가라." 조총련이 이제 데모하는 거야." "어떤 사람이 가져오는지 어떻게 관계되는 사람들 같은데, 들어왔다 나가면은 분장실에. 허. 빨갱이 문서들이 들어와 있구, 뭐 찌라시들이"(국립국악원, 2013b: 112).

도쿄에서 경험한 이런 일은 이후 오사카와 교토 공연에서는 일어나지 않았다. 오사카에서는 객석이 민단계 한국 사람들로 가득 찼다. 사회도 한국어로 했을 만큼 관객 대부분이 한국인들이었다. 교토에서도 상황은 거의 같았다.

국립국악원은 1966년 9월 26일~10월 19일에 민단 초청으로 두 번째 일본 공연을 하게 되었다. 이번 공연은 전년도에 이루어진 한·일 국교 정상화를 기념하기 위해 마련한 것으로, 민단은 실시요강까지 만들어서 공연을 지원했다. 실시요강에서는 이번 공연의 목적을 "한국 민족 고유 예술의 대외적 선전 소개와 국위선양", "재일교포의 조국애 고취와 문화예술에 의한 북괴의 문화선전 공세의 기선 제압"이라 하고, 민단 단원들에게 다음 사항들에 대한 협조를 요청했다: ① 공연장소와 사용료, ② 예술단원 숙소 알선 및 비용 부담(교통비, 운반비는 예술단이 부담), ③ 공연 준비에 필요한 제반 협력, ④ 사전 선전에 관한 제반 부담. 공연 일정은 9월 30일 도쿄, 10월 4일 삿포로, 6일 센다이 7일 요코하마, 9일 나고야, 10일 교토, 11일 오사카 12일 고베, 13일 후쿠오카, 15일 시모노세키 등 규슈에서 홋카이도까지 폭넓은 지역의 주요 도시들을 순회하는 것으로, 2년 전의 첫 일본 공연에 비해 훨씬 많은 도시를 방문하게 되었다. 1964년 공연에서 무용이 궁중무용에 국한되었던 것에 비해 이번 공연은 〈춘향전〉, 〈탈춤〉, 〈무네트〉, 〈포구락〉, 〈신랑신부〉, 〈무당춤〉, 〈살풀이〉 등 민속무용을 포함하여 좀 더 다채롭게 구성되었다(≪韓國新聞≫, 1966.9.25). 정악만을 하던 국립국악원이 민속악도 도입하게 된 현실, 그리고 1964년에 무형문화재 제도가 도입된 이후 민속도 국가의 중요무형문화재로 지정됨에 따라 정악과 민속악, 정재와 민속무용을 포함하는 한국음악, 한국무용이라는 개념이 형성된 점 등이 일본 공연 내용에도 반영된 것이라 생각된다.

3) '무형문화재'로서의 전통예술

한국 정부는 1960년대 들어서부터 전통문화의 계승 발전 정책을 구체적으로 추진하기 시작하여 1962년 1월에 '문화재보호법'을 제정하면서 무형문화재와 민속자료를 새롭게 국가 지정 문화재에 포함시켰다. 무형문화재는 "연극, 음악, 무용, 공예기술 기타의 무형의 문화적 소산으로서 우리나라의 역사상 또는 예술상 가치가 큰 것"(오명석, 1998: 125)을 말한다. 문교부 장관 자문기관으로 '문화재위원회'가 설치되어 동 위원회가 문화재 선정 작업도 하게 되었다. 1963년 2월 3일 자 ≪한국신문≫은 한국 문교부 산하 '문화재위원회'가 "연극·음악 등 총 4부문, 42종목의 전통적인 연기·기술·의식(儀式)을 비롯하여, 명인들의 연기 및 기술 등을 포함하여 '무형문화재'로서 지정하기로 했다"고 보도했다. "연기 및 기술이 '무형문화재'에 지정된 명인들은 사실상 '인간문화재'로서 지정되는 것"이며, "이렇게 건국 이래 처음으로 특정인의 연기 및 기술을 문화재로 지정하는 이유는 점차 쇠퇴해 가는 고유의 민족문화를 보존하기 위한 조치"라는 설명도 덧붙였다(≪韓國新聞≫, 1963.2.3). 이 기사를 통해 민족문화 보존을 위한 무형문화재 지정에 대한 재일동포 사회의 관심을 엿볼 수 있다.

1964년 12월 7일에 종묘제례악(제1호), 양주별산대놀이(2호), 남사당놀이(3호)가 중요무형문화재로 지정된 데 이어 12월 24일에 갓일(제4호), 판소리 다섯마당(제5호), 통영오광대놀이(제6호), 고성오광대놀이(제7호)가 지정받았다. 강강술래와 농악도 1966년에 각각 제8호, 제11호로 지정되었고, 국악에서 1967년에 거문고산조(제16호), 1968년에 가야금산조 및 병창(제23)이 무형문화재로 지정되었다. 무용으로서는 1967년에 진주검무(제12호), 1968년 승전무(제21호), 1969년에 승무(제27호)가 지정되었다. 무형문화재로 지정된 종목들에는 1958년 이후 한국의 민속예술단들에 의해 일본에서 공연되어 재일동포들의 향수를 달래준 민속 가무악들이 포함되어 있었고, 예술단의 일원으로 일본 순회공연에 참가했던 유명 국악인들 중 여러 명이 무형문화재의 보유자 즉 인간문화재로 인정되었다.[25] 국가의 공인을 받는

---

25) 1964년 판소리 지정과 동시에 예능 보유자로는 춘향가에 김여란, 김연수, 김소희(본명 김순옥), 심청가에 정권진, 홍보가에 박녹주, 강도근, 수궁가에 정광수(본명 정용훈), 박초월, 적벽가에 박동진, 박봉술, 한승호(본명 한갑주: 韓甲珠)가 인정되었다. 1968년에 지정된 가야금산

다는 것은 그동안 한국의 국악예술학교와 도쿄의 한국무악원 등의 설립을 지원하고 민속예술단을 초청하여 일본공연을 지원하는 등 다방면으로 민속예술을 지원해 온 재일동포 사회로서는 매우 의미 있고, 자긍심을 가질 만한 일이었으며, 동시에 일본에서 한국 민속예술에 대한 평가와 상품성을 높일 수 있는 계기이기도 했다. 마침 1965년 6월의 국교 정상화에 힘입어 한일 문화교류도 탄력을 받게 됨에 따라, 한국의 전통 가무악은 '문화재', '예술'로서 일본에 들어오게 되었다.

1960년대 후반 ≪한국신문≫에 실린 한국민속예술 공연에 관한 몇몇 기사나 광고들을 통해 무형문화재 지정이 재일동포 사회에 어떻게 받아들여졌는지 엿볼 수 있다. 1967년 3월의 '한국고전창극단' 일본 공연 소식을 전한 ≪한국신문≫은 기사에서 "세계의 문화재로까지 평가되고 있는 창극 '심청전'과 '홍부전'", "한국의 무형문화재인 국창 박초월 씨, 마찬가지로 국창 김연수 씨" 등의 문구로 공연을 홍보했다(≪한국신문≫, 1967.3.23). 그 외에도 '한국민족가무예술단', '한국예술가무단' 등 다양한 명칭의 민속예술단들의 공연을 홍보하는 신문광고나 기사에서 출연자에 대해 '한국 인간무형문화재 지정', '한국무형문화재' 등을 특필한 사례들을 볼 수 있다(≪한국신문≫, 1969.5.25; 1969.6.28).

이렇게 무형문화재로 국가의 공인을 받은 것을 계기로, 일본에 진출한 국악은 '전통 문화예술', '고전예술'로서 가치와 위상이 높아진 측면이 있다. 그러나 재일동포를 주된 고객으로 하는 일본에서의 공연은 재일동포 대중의 호응을 끌어낼 수 있는 내용으로 구성하게 되니, '국창', '인간문화재' 등의 이름을 갖게 된 국악인들의 공연도 이른바 '하이칼라'의 '예술 무대'적인

조와 가야금병창의 예능보유자로는 각각 성금연과 박귀희가 인정받았다. 이들 중 많은 국악인들이 일본 공연에 참가했다.

공연과, 유행가나 경음악 연주 등과 함께하는 '대중예능'적인 공연 등 상이한 기획을 포괄하게 되었다. 이렇게 가무를 겸한 국악인들과 가수들, 그리고 경음악단으로 구성된 버라이어티쇼 같은 공연 형태는 1960~1970년대, 특히 한국과의 왕래가 어려웠던 1960년대에 주로 재일동포 1세들의 향수를 달래고 감성을 자극하는 데 적합한 것이 아니었을까 한다. 1969년에 국제프로덕션이 제공한 상기 두 공연에서는 마에다 미노루(前田実)라는 일본명의 사회자가 있었고, 악단으로 골든오케스트라, 다카라즈카 오케스트라가 참여했다.

프로덕션의 사업적인 성격이 내포된 공연들도 대부분 민단 중앙, 또는 지방본부가 후원기관으로 이름을 올렸고, 후원의 중요한 내용 중 하나는 티켓 구입, 특히 단체권의 구입이었을 것으로 생각된다. 티켓의 구입, 특히 단체권은 관객 동원과 직결된다. 민단이 직접 단체권을 구입하거나 아니면 단체권 판매 루트가 되었던 것으로 보인다.

4. 국제무대에서 활약하는 한국민속예술단의 일본 공연

1960~1970년대에는 한국 정부가 전통문화 계승 발전을 정책적으로 추진했고, 남북한 체제 경쟁이 해외에서 문화의 헤게모니 경쟁으로도 이어져, 한국무용의 해외 공연이 점차 증대했다. 1960년대 후반부터 정부는 민속예술의 해외 공연을 적극 지원하여 대규모 예술단을 파견하기도 하였다. 문화외교, 문화의 국제교류라고 할 수 있는 이런 예술단의 해외 공연은 크게 두 가지 차원에서 이루어졌다. 하나는 올림픽이라는 국제적 스포츠 행사를 기해 해외 공연에 나서는 것이며, 다른 하나는 정부의 수출 확대 정책에 따라 해외 각지를 다니며 공연을 하는 것이다. 일본은 이런 예술단의 주요 공

연지였다. 본래 목적지는 일본이 아니더라도 해외 공연에서 귀국하는 길에 들러서 공연을 하는 경우가 많았다. 지리적으로 가깝다는 점도 있지만 그만큼 수요가 있었기 때문이라고 하겠다.

1) 올림픽과 한국민속예술단

1964년 10월 10일에 개막된 도쿄올림픽은 문화외교의 중요한 장이 되었다. 올림픽에 참가하는 한국 선수단은 2백수십 명, 한국으로부터의 참관객은 5000명 가까울 것으로 예상되었다. 민단은 올림픽후원회를 조직하고 대대적인 지원에 나섰다.

1964년 9월 18일 자 ≪한국신문≫에는 본국선수단 응원을 위한 인력 동원 계획 기사가 있는데, 제1차 본국선수단 환영행사로부터 제17차 폐회식까지 세부적인 행사 일정과 동원 계획이 상세히 기재되어 있다. 한편 같은 9월 15일 자로, 한국예술문화대책위원회가 〈오림픽의 노래〉(김경식 작사·이경주 작곡)를 발표했다는 기사와 그 악보도 게재되었다(≪韓國新聞≫, 1964. 9.18).

민단은 환영 행사의 일환으로 한국문화예술단 초청 공연을 마련했고, 한예총 도쿄지부는 민단과 별도로 재일 예술인들이 출연하는 본국 선수단 환영 공연을 준비했는데, 이 두 행사는 모두 국제프로덕손이 주관했다. 민단 초청으로 내일한 한국문화예술단은 유치진을 단장으로 하고 "백년설, 명국환, 김백봉 등 올드팬에게도 그리운 스타들"도 포함된 구성이었다. 한국문화예술단은 올림픽 개막 전날 구단(九段)회관에서 한국전쟁 참전 16개국 선수단과 각계 외교사절단을 위한 특별공연을 했고, 개막일인 10일과 11일에는 일반 관객을 대상으로 한 공연을 가졌다. 한편, 한예총 일본지부 주최로 10월 8일 히비야공회당에서 열린 본국선수단 환영 중앙대회에는 재일동포

그림 3-6 _ 민단의 도쿄올림픽 본국선수단 응원 관련 기사

「도쿄올림픽대회 동원계획」
"민단 창단 이래의 대규모"인 "17차에 걸쳐 35
만 명 이상"의 동원 계획을 수립했다고 보도됨.
자료: ≪韓國新聞≫(1964.9.18).

〈오림픽의 노래〉 악보.
관련 기사에 따르면, 〈오림픽의 노래〉는 도쿄올림
픽 전야제로 열리는 본국선수단 환영대회에서 발
표될 예정이며 부인회 합창단이 부른다.
자료: ≪韓國新聞≫(1964.9.18).

예술인들이 총출연하였다.

올림픽 개막 행사 후 한국문화예술단은 11월 초순까지 거의 한 달간 일
본 전국 주요 도시를 순회하며 공연을 하였다. 그런데 당시 도쿄올림픽 공
연에 참가했던 김덕수는 올림픽 이후의 일본 공연 기간이 그보다 훨씬 긴 6
개월이었던 것으로 기억하고 있다.26) 그해 남사당을 떠나 국악예술학교에
들어간 김덕수에게 그것은 생애 첫 해외 공연이었다. 그는 '한국민속가무예
술단'의 일원으로 도쿄올림픽에서 공연을 하고, 이어서 일본 순회공연에 참

---

26) 김덕수는 자서전에서 당시 한국민속가무예술단의 공연은 6개월에 걸친 장기 순회공연이었는
데 단 한 명의 낙오자도 없이 성공리에 마칠 수 있었고, 그 이듬해부터 6년간 해마다 일본 공
연이 계속되었다고 술회했다(김덕수, 2007: 90).

가했다. 국제적인 메가 이벤트에서 민속예술 공연을 하는 것은 공공성을 띤, 국가를 대표한다는 사명감과 자부심을 갖게 되는 일이라 한다면, 그 임무를 마친 뒤 한 달에서 수개월에 걸친 순회공연은 상업적인 성격을 띠는 것이었으며, 이런 흥행은 프로덕션이 기획, 추진하였다. 이러한 공연의 주된 수요층은 이들의 춤과 노래에서 향수를 달래고 위안을 얻는 재일동포들이었다.

도쿄올림픽에는 북한도 선수단을 파견하여 사상 처음으로 올림픽에서의 남북 대결이 주목되는 상황이었다. 민단과 총련은 경쟁적으로 본국 선수단 환영 및 응원을 위한 준비를 했고, 문화예술단의 공연 행사도 중요한 경쟁의 영역이었다. 총련과 그 산하의 재일조선중앙예술단이 도쿄올림픽을 기해 어떤 움직임을 보였는지는 제4장에서 살펴보겠지만, 재일한인사회에서 민족무용이 민단계와 총련계 사이에 매우 상이한 양식으로 전개되어, 한국무용과 조선무용이 분리되는 것은 1960년대이며 도쿄올림픽은 그것이 명확히 표출되는 상징적인 계기였다고 할 수 있다.

1968년 멕시코시티올림픽은 문화외교 차원에서 정부가 민속예술단의 해외 공연을 적극 추진하여 큰 성공을 거둔 첫 사례라고 할 수 있을 것이다. 정부는 멕시코시티올림픽의 문화행사로서 마련된 세계민속예술제에 한국민속예술단과 리틀엔젤스를 파견했다. 리틀엔젤스와 달리 한국민속예술단은 상설 단체가 아니라 올림픽 파견을 위해 조직된 한시적인 예술단이었다. 당시 정부는 민속예술단의 파견 방침을 결정했으나, 1962년에 창단된 국립무용단은 발레, 한국무용, 현대무용 등 다양한 장르로 구성되어 한국 전통예술을 국제무대에 소개하기에는 약했고, 올림픽이 임박할 때까지도 준비가 잘 되지 못했다. 이에 정부는 문공부 심의를 거쳐 조택원을 단장으로 한 한국민속예술단을 만들어서 보내게 되었다. 한국민속예술단의 안무와 지도는 송범, 전황, 김백봉, 김문숙 등이 맡았다. 화려한 구도를 보여주는 〈부채춤〉이 바로 이 문화행사를 위해 새롭게 군무 형식으로 재안무되어 현재까지 한국무용의 대표적인 이미지의 한 부분을 차지하고 있으며, 〈화관무〉와 〈장고춤〉, 〈오고무〉 역시 오늘날까지 이어져 오는 신무용의 중요한 레퍼토리들이다(유진주, 2016: 48~50). 한국민속예술단은 올림픽 종료 후 중남미 순회공연을 하고 귀국 길에 일본에 들러 도쿄와 오사카에서 공연했다.

1972년 뮌헨올림픽 때도 한국민속예술단이 민속예술제에 참가했고 이후 4개월간 유럽 10개국과 중동 및 아프리카 5개국, 아시아 9개국 등 24개국에서 순회공연을 했다. 아시아 국가들에 일본이 포함되어 있음은 물론이다. 같은 해 겨울에는 삿포로동계올림픽이 열려 한국민속예술단은 또다시 이 국제적 메가 이벤트에 참가했다. 참고로 뮌헨올림픽의 민속예술제 프로그램은 다음과 같다. 〈화관무〉 ― 정양자 외 24명, 〈가야금병창(새타령)〉 ― 박귀희 외 2명, 〈부채춤〉 ― 이원주 외 16명, 〈판소리(심청가 중)〉 ― 김소희, 〈강강수월래〉 ― 이길주 외 24명, 〈탈춤〉 ― 송범, 전황, 김영희, 〈무당춤〉 ― 강선영, 〈살풀이〉 ― 한영숙 외 13명, 〈농악〉 ― 전황 외 30명(유진주, 2016: 56).

일본은 가장 주요한 해외 공연지였는데, 애초부터 일본 공연으로 기획되는 경우도 있지만, 유럽이나 미국, 동남아 등 다른 지역에서의 순회공연을 목적으로 한 경우에도 귀국길에 일본에서 공연을 갖는 일이 적지 않았다. 일본은 지리적으로 가깝고, 재일동포를 중심으로 한 비교적 확실한 한국 전통문화예술의 수요층이 있으며, 공연을 지원할 수 있는 민족단체들이 있었기 때문에 여러모로 좋은 해외 공연지였다고 하겠다. 해외 공연의 국가적 개입과 지원은 문화외교 차원에서 북한과의 경쟁을 의식한 측면이 있었고, 특히 일본에서는 재일한인사회에서 총련의 주도하에 북한 문화예술의 보급이 조직적으로 이루어지는 데 대한 대결이라는 점에서 의미가 컸다.

국제적으로 한국 민속예술 공연을 통해 한국 문화의 우수성을 홍보하고 국가 이미지를 높이기 위한 문화외교 차원에서, 1960~1970년대의 무형문화재로서 보호해야 할 '전통'을 계승하는 국악(전통가무악)과 최승희, 조택원 등 조선무용의 예술적 재창조를 추구한 신무용 계열이 결합된 한국민속예술단의 활동은 한국무용 또는 민속예술의 새로운 면모를 만들어냈고, 재일동포 사회 그리고 일본에 크게 어필했다.

2) 오사카 만국박람회와 민속예술 공연

이후 1970년의 오사카 만국박람회(이하 Expo'70)에도 한국민속예술단이 파견되었다. Expo'70은 멕시코시티올림픽 이후 첫 국제적인 메가 이벤트였고, 민단과 민단계 상공인들을 중심으로 한 재일동포 사회는 1964년 도쿄올림픽에 이어 일본에서 열리는 이 메가 이벤트의 본국 참가를 대대적으로 지원했다.[27] 1970년 3월 15일부터 9월 13일까지 6개월 동안 개최된 Expo'70은 장기간에 걸쳐 한국관의 전시를 통해 한국의 발전상을 선전하고 이미지 제고에 활용할 수 있는 좋은 기회였다. Expo'70 개최 기간은 협정영주권 신청기간 5년(1966.1.17~1971.1.16) 중 마지막 해로 한국 정부와 민단의 영주권 신청운동이 가장 긴박하고 치열하게 펼쳐진 시기였고, 그에 대해 총련을 중심으로 '조선' 국적 인정을 요구하는 운동이 전개되는 등 남·북한 체제 경쟁과 연동된 민단과 총련의 헤게모니 경쟁이 치열한 상황이었다.[28] 이런 맥락에서도 한국의 발전상과 문화적 우위성을 홍보함으로써 이

---

27) 재일동포 상공인들이 한국의 Expo'70 참가를 후원한 활동에 대해서는 정호석(2020)을 참조할 것.
28) 1965년에 한일 기본조약과 더불어 체결된 약칭 「법적지위 협정」에 의거해 한국적 재일한인 중 일정 조건을 충족한 사람에게 부여한 영주 자격을 출입국관리법에 의거한 일반 영주와 구분하여 '협정영주'라 칭한다. 협정영주권 취득을 위해서는 정해진 기간 내에 신청해야 했는데, 국적 요건 때문에 많은 조선적 한인들이 한국적으로 변경하여 영주권을 신청하게 되었다. 영주권 신청을 독려하는 한국 정부와 민단 측에 대해 총련은 영주권 신청 저지 운동을 펼쳤고, 역으로 한국적을 조선적으로 변경하는 운동을 펼쳤다. 1965년의 한일협정 체결 및 국교 정상화 문제의 연장선상에서 영주권과 국적 문제를 둘러싸고 재일한인사회는 분열과 극한 대립에

미지를 제고하는 것은 매우 중대한 일이었다. 한국민속예술단과 리틀엔젤스가 올림픽에서 한국민속예술을 세계 각국에 알리고 잇달아 일본에서 공연을 함으로써 1968년 후반~1970년 초 한국무용이 재일동포 사회와 일본에 반향을 불러일으켰는데, Expo'70은 그동안 고양된 한국무용에 대한 관심과 평가를 한층 더 끌어올리는 계기가 될 수 있었다.

Expo'70에서는 참가국들의 민속무용 공연이 명물로 큰 인기를 끌었다. 대부분의 참가국은 내셔널 데이에 민속무용을 소개했다. 그에 비해 한국은 박람회 기간 내내 한국관에서 상설공연을 했으며 동시에 내셔널 데이인 '한국의 날'에는 상설공연 외에 특별공연도 했다. 그만큼 민속무용 공연에 힘을 쏟았다. 한국관에서의 상설공연과 '한국의 날' 특별공연은 공연단이 별개로 꾸려졌다.

주관 기구인 대한무역진흥공사가 간행한 『EXPO'70 일본만국박람회 한국참가종합보고서』(1971년)29)는 한국관 '고전무용단'30) 파견 목적과 무용단 선발 과정, 무용단 구성, 공연 계약서(추가 계약 포함), 공연 프로그램, 의상 및 소도구 악기 목록 등 제반 사항에 대해 상세하게 기술하고 있다(대한무역진흥공사, 1971: 88~109). 한국관에서는 Expo'70 기간인 6개월 동안 하루 평균 25회의 공연(1회 공연시간 8~10분)이 이루어졌다. 고전무용단은 한영숙이 단장을 맡았고, 윤경희, 박정옥, 이옥자, 이충자, 김군자, 이호욱, 오명희, 송현숙, 이향재, 김응화 등 10명의 단원으로 구성되었다. 여기에 전금자, 김재연, 전사종이 후보로 이름을 올렸다.

빠지게 되었다. 이에 관한 상세한 내용은 한영혜(2020a)를 참조할 것.

29) 이 보고서는 서울대학교 재일동포연구단의 일원으로 공동연구에 참여한 정호석 교수가 본 총서 3권에 수록된 오사카만박에 관한 연구 과정에서 찾아낸 자료를 필자에게 제공해 준 것이다. 귀중한 자료를 흔쾌히 제공해 준 정 교수께 감사드린다.

30) 보고서에 '고전무용단'이라고 기술되어 있어 그대로 사용함.

처음에는 소요 경비도 절약하고 모국사업에 재일교포의 참여의식을 앙양시킨다는 취지로 일본 현지에서 한국고전무용단을 구성하는 방안도 고려했으나, 교포 학생 약간 명이 무용학원에서 교습을 해도 국가를 대표해서 나가기에는 역부족이라는 판단에 따라 결국 한국에서 무용단원을 선발하기로 했다. 한국무용가협회, 문화공보부 공연과, 국악예술학교, 고전무용 권위자(동아방송 논설위원 조동화, 중앙방송 논설위원 김경옥) 등의 협의를 통해 무용단원을 선발하고, 공연 작품은 〈화관무〉, 〈부채춤〉, 〈승무〉, 〈산조〉, 〈검무〉로 결정했다. 또한, 문화공보부의 해외 공연 규준법에 따라 드라마센터, 국립극장, 국악예술학교에서 3회에 걸쳐 각각 시연회를 가졌다. 의상, 소도구 등은 모두 본국에서 제작, 송부했다. 상당히 엄격한 절차를 거쳐서 고전무용단과 공연 프로그램을 구성한 것이다. 무용단의 선발에서부터 도일, 현지 체류 및 활동에 관한 제반 사항은 국제프로덕션이 대한무역진흥공사와 계약을 체결하여 총괄했다. 앞에서 보았듯이 도쿄의 한국무악원과 오사카의 한국고전예술학원이 설립된 지 10년 가까이 된 시점이었지만, 일본에서 열리는 국제적 행사에서 한국무용을 피로할 만한 재일동포 차세대가 길러지지 못했음을 보여준다. 이 무대가 국가적으로 매우 중요한 장인 만큼, 최고 수준의 무용을 보여줘야 한다는 생각이 컸기 때문일 수도 있다.

한국 외에 박람회 기간 중 계속해서 민속무용 공연을 제공한 나라로는 인도네시아와 하와이가 있는데, 이들의 공연이 하루에 3회 정도의 공연이었던 데 비해 한국관은 다양한 레퍼토리로 하루 평균 25회라는 기록적인 횟수를 소화했다. 이러한 열성적인 공연은 매스컴의 주목을 받았고 한국관의 홍보에 크게 기여했다. 유일한 Expo'70 일간지인 *Sunday Expo*는 특히 한국관 고전무용단 활약에 찬사와 격려를 아끼지 않았으며, 오사카시의 한 로터리 회원이 한국무용을 관람하기 위하여 28회나 입장, 사진을 촬영하여 단원들에게 배부해 주며 격려하여 준 사실을 보도하기도 했다. 보고서는 "교포 노인들은 눈물을 흘리며 기뻐하였으며 무용단원들을 어루만지며 격려하여 주는 광경을 언제나 볼 수 있었다"라고, 한국무용의 상설 공연이 재일동포들에게 불러일으킨 반향에 대해서도 기술했다(대한무역진흥공사, 1971: 88). 개회 후 얼마 지나지 않은 5월에는 무용단 단원 6명을 증원하여 파견했고, 공연 레퍼토리에 농악을 추가했다.[31]

이상과 같은 한국관에서의 한국무용과는 별도로 '한국의 날'(5월 18일) 행사에 '한국민속예술단'이 파견되어 특별공연을 했다. 한국민속예술단은 총인원 111명의 대규모 무용단이었다. 한국의 날을 전후한 5월 17~19일에 3회에 걸쳐 개최된 공연의 레퍼토리는 다음과 같이 비교적 스케일이 큰 군무로 구성되었다.

> 1. 수연(壽宴) 김백봉 외 24명, 2. 좌도(坐圖) 최현 외 22명, 3. 무혼(武魂) 전황 외 24명, 4. 연연(戀戀) 김문숙 외 23명, 5. 향고(香鼓) 전황 외 20명, 6. 녹음방초 김백봉 외 23명, 7. 선(線) 김백봉 외 21명, 8. 기원(祈願) 김문숙 외 26명, 9. 화선(花扇) 김백봉 외 20명, 10. 가야금 김백봉 외 20명, 11. 농악 전황 외 69명, 12. 강강수월래 전원

보고서는 "야간 공연시는 그 규모, 색채, 음향 등 완전히 박람회장 전체를 제압하였고 강강수월래 공연시는 관중들이 무용장으로 뛰어나와 서로서로 손을 잡고 춤을 추는 감격적인 장면"도 있었다고 이날 공연의 분위기를 전했다(대한무역진흥공사, 1971: 109).

---

31) 무용단 단원 추가에 대해서는 국제프로덕션과의 사이에 추가 계약이 이루어졌고, 추가 계약 금액은 399만 원, 계약 기간은 1970.5.1~9.13이었다(대한무역진흥공사, 1971: 92).

그런데, 필자가 입수한 Expo'70에서의 한국무용 공연 관련 자료들 사이에서 같은 사항에 대해 상이하게 기술된 점들이 발견되었다. 어느 쪽이 맞는 정보인지 사실 관계를 판단하기는 어렵다. 김덕수는 ≪시사저널≫과의 인터뷰에서, 1970년 오사카 엑스포 때는 우리나라 무역이 본격 시작될 때라 정부에서 민속가무예술단을 파견했으며, 민속가무예술단은 박귀희, 김소희, 김정구, 장세정, 고복수 등 국악인과 가수들로 이루어져, 공연도 국악 프로그램과 가요 프로그램을 각각 1시간씩 했다고 하였다(≪시사저널≫, 2007.3.12). 한편, 조택원은 자서전에서 1970년 5월에는 50명으로 구성된 한국민속무용단을 데리고 오사카엑스포에 가서 장기 공연을 가졌고, 11월에는 동남아순회공연을 했다고 썼다(조택원, 2015). 그런데, 위에서 소개한 대한무역진흥공사의 보고서 내용은 김덕수, 조택원의 이야기와 차이가 난다. 보고서에 기록된 Expo'70에서의 장기공연은 한영숙을 단장으로 한 10명(후에 6명 추가)의 고전무용단에 의한 한국관 상설공연뿐이며, 고전무용단은 한국에서 선발되어 3월 15일부터 공연을 시작한 것으로 되어 있다. 한국의 날 특별공연은 3회라는 단기 공연이었고, 공연 단체는 50명보다 훨씬 많은 111명에 명칭도 한국민속무용단이 아닌 한국민속예술단이었다.[32]

1970년 2월 28일 자 ≪중앙일보≫의 기사에서는 "오는 5월 18일 '엑스포'70'의 '한국의 날'을 전후하여 17일부터 19일까지 박람회장의 '페스티벌·플라저'에서 우리나라의 고유한 민속무용을 선보일 '한국민속무용단'이 발

---

[32] 특별공연에 출연한 김백봉, 김문숙, 전황 등은 한국민속무용단의 창단 멤버였다(문원택, 2009: 171). 유진주는 정부의 적극적인 관심과 조택원의 노력으로 1970년 1월에 사단법인 한국민속예술단이 창설되어, 국립무용단과 경합을 벌인 끝에 Expo'70 파견 단체로 선정되었다고 하였다(유진주, 2016: 54). 김문숙 사진집 『김문숙―남겨진 한 계단을 디디며』(문원택, 2009), 156쪽에 동 무용단의 창단 파티 사진이 실려 있는데, 파티장에 걸린 플래카드에는 '한국민속무용단'이라는 이름이 적혀 있다. 창립 시 정식 명칭은 '한국민속무용단'이고 경우에 따라 '한국민속예술단'이라는 이름을 사용하기도 했던 것으로 보인다.

단, 지난 19일부터 하루 6시간씩 연습에 열중하고 있다. '한국민속무용단'(단장 조택원)은 68년 '멕시코올림픽' 예술제에 참가, 우리의 민속예술을 세계에 과시했던 20명의 '멤버'를 중심으로 69년 일본 순회공연에 참가했던 '멤버'를 보강, 지난 3일 발단했다"라고 '한국민속무용단'의 발족 소식을 전했다. 기사에 따르면 "이번 '엑스포'70'에 참가할 단원은 김문숙, 김백봉, 최현, 전황 등 '스타·플레이어' 30명의 무용수와 조택원 단장 등 4명의 '스탭'으로 구성돼 있다"고 한다. Expo'70 한국의 날 행사에서 공연한 한국민속예술단은 그 주축 팀에 관련 기관들에서 일정 인원을 차출하여 구성한 것으로 보인다. 관련 기관들이라면 예컨대 대학 무용과 등으로, 실제로 『이화여자대학교 무용과 50년 발자취』(제1편)에는 1970년에 Expo'70에 참가했다는 기록이 있다(이화여자대학교 무용과, 2013).

김덕수와 조택원의 기술이 대한무역진흥공사의 보고서 내용과 엇갈리는 것은 Expo'70 기간 중에 박귀희가 이끄는 한국민속가무예술단과 조택원이 이끄는 한국민속무용단이 각각 독자적으로 활동하면서 일정 부분 합류하는 지점이 있었기 때문이 아닐까 추정된다. 즉 각각 자신의 단체 중심으로 기억을 하는 위에, 공식 일정으로 함께했던 부분과 독자적으로 활동했던 부분이 혼합된 기억으로 남아 있어, 회고담에서 엇갈린 이야기들이 나왔을 가능성이 있다. Expo'70 이후 조택원의 한국민속무용단은 11월에 동남아 순회공연을 떠났고, 박귀희의 한국민속가무예술단은 1973년까지 50여 개국에서 공연을 했는데, 이 두 단체의 해외 순회공연은 당시 정부 정책에 부응하는 측면이 있었다고 생각된다. 박귀희가 1961년에 파리 국제민속예술제에 참가하기 위해 한국민속가무예술단을 결성했다는 것은 앞에서 김덕수의 글에 의거해 언급한 바와 같다. 한편, 조택원은 정재계 인사들의 지원에 힘입어 1969년에 한국민속무용단을 창단했다.[33] 박귀희의 한국민속가무예술단은 가무악을 아우르는 전통국악계열, 조택원의 한국민속무용단은 신무용 계열에 속하는 민간 예술단체였지만, 이 두 예술단은 정부 정책에 부응하여 한국을 대표하는 한국민속예술의 양대 축으로서 많은 해외 공연을 소화했다.

유진주에 따르면, '68멕시코시티올림픽에서 한국민속예술단의 공연이 성공을 거두자, 정부는 한국민속예술단을 문공부 산하 상설기관으로 설치할 방침을 세우기도 했으나 실현되지 못했다. 그러나 동 예술단을 올림픽 이듬해 재일교포 위문 및 한·일 간 문화교류 증진을 위한 공연에 파견했다(유진주, 2016: 52).[34] 민단 기관지 ≪한국신문≫도 1969년 10월 15일 자 기사를 통해 "정부는 재일한국인을 위문하기 위해 위문 민속무용단을 파견하기로 했다"고 전하고, "이 일행은 멕시코올림픽 개최 당시 한국을 대표해서 '세계 민족예술 페스티벌'에 참가하여 절찬을 받은 예술단으로 귀국길에 일본에 들러 도쿄와 오사카에서 공연하여 대환영을 받은 일도 있다. 일행은 모두 30명"이라고 동 무용단을 소개했다. 그리고 무용단의 정식 명칭은 '재일동포 위문 한국민속무용단'으로, 전국 10개 도시를 순회하는 일정인데 홍천주일한국공보관 관장이 단장으로서 일행과 행동을 함께한다고 하였다.[35]

이런 점들에 비추어볼 때, '68멕시코시티올림픽부터 Expo'70에 이르는

---

33) 김문숙에 따르면, 조원택은 "예술가의 생활이 궁핍해서는 진정한 작품이 나올 수 없다"는 지론을 갖고 있어, 일본에서 귀국한 뒤 정치인들에게 적극적인 도움을 요청했고, 김문숙이 중간자 역할을 하기도 했다. 천신만고 끝에 김종필, 김형욱, 박종규 등 여러 정치인과 김성곤, 장기영, 김상만, 김연수 등의 경제인들을 통해 비공식적 지원을 받을 수 있었고, 덕분에 '한국민속무용단'을 결성할 수도 있었다. 조택원이 주축이 되어 창립된 이 예술단은 단원들에게 꼬박꼬박 월급을 지급하며 운영된 최초의 무용단체였다(문원택, 2009: 171).
34) 한국민속예술단의 단원들은 대부분 국립무용단의 주요 단원이기도 하여, 이들의 멕시코시티올림픽 참가로 인해 1969년 국립무용단의 정기공연 규모가 축소될 정도였다.
35) 조택원이 아니라 주일한국공보관 관장을 단장으로 한 것은 정부 파견이라는 성격을 분명히 하는 동시에 당시 한국 정부와 민단이 힘을 쏟고 있던 '영주권 신청 운동'을 지원하는 의미에서가 아니었을까 한다. 협정영주권 및 그 신청을 둘러싼 재일동포 사회 내부의 갈등과 대립, 신청을 촉진하기 위한 한국정부와 민단의 전략적 노력 등에 대해서는, 한영혜(2020a)와 정호석(2020)을 참고할 것.

일런의 과정에서, 정부 산하의 상설 민속예술단 대신 조택원의 한국민속무용단이 창단되어 일정 부분 그에 준하는 역할을 수행했던 것 같다. 1960년에 귀국한 조택원이 1969년에 이르러 한국민속무용단을 창단하고 1970년 1월에 이를 사단법인화한 것은, '68멕시코시티올림픽, Expo'70이라는 국제적 메가 이벤트와 재일동포 사회에서 협정영주권 신청을 둘러싼 민단·한국정부와 총련의 경쟁·대립이 격화된 가운데 추진된 재일한국인 위문공연 등 일런의 정치적·경제적 요인들과 밀접하게 연관되어 있다고 생각된다. '재일동포 위문 한국민속무용단'이 파견되어 일본 전국 순회공연에 나선 1969년 10월 하순은 재일한국인의 협정영주권 신청 기간(1966.1.17~1971.1.16) 종료를 1년 남짓 앞둔 시점이었고, Expo'70이 개최된 것은 그 마지막 해였다. 이 시기에는 민단의 영주권 신청운동에 총력을 기울이면서 그에 반대하는 총련과 민단의 대립이 격화되었다.

한국민속가무예술단의 일원으로 중학생 때부터 해외 공연에 나섰던 김덕수는 1970년대 초 군에 입대한 뒤에도 많은 해외 공연에 참가하게 되어, 유례없이 군 생활 26개월을 해외에서 보내는 기록을 세웠다. 김덕수는 "박정희 대통령의 해외 파견근무 특명을 정식 통보받았"으며 "공연을 마치고 군에 복귀해도 다음 파견이 기다리고 있어 나는 다시 짐을 꾸려 출국해야 했다"고 술회했다. 그는 2년 넘게 외국으로 공연을 다니다 보니 군 생활을 제대로 해야겠다는 생각이 들어서 육군본부에 탄원을 내 육군본부 군악대에 배치를 받았지만 채 2개월을 못 버티고 다시 밖으로 불려 나갔다고 하였다(김덕수, 2007: 145).

Expo'70 이후 한국민속가무예술단은 1973년까지 50여 개국에서 공연을 했다고 하는데, 1971년 3월부터 두 달간 일본에서 공연을 했다는 것은 어떻게 설명될 수 있을까? 위 기사에서 소개한 출연진에는 박귀희나 김덕수의 이름이 없다. 종래의 국제프로덕션 주최 민속가무예술단 공연에서 항상 간판 역할을 한 것은 박귀희였다. 한국민속가무예술단은 1961년 박귀희에 의해 결성된 단체인 동시에 국제프로덕션이 공연을 위해 기획, 구성한 공연단이기도 했다고 할 수 있다. 1960년대에는 박귀희의 민속가무예술단이 국제프로덕션 공연단의 주축이었는데, Expo'70 이후에는 그 관계에 변화가 일어난 것으로 보인다. 국제프로덕션이 언제까지 한국민속가무예술단의 이름으로 공연을 주최했는지는 확인할 수 없었다.

5. 한국무용 시장과 향수(鄕愁): 빛과 그림자

공연 무대 외에 재일동포들이 한국 전통 가무악을 즐기고 '소비'한 또 다른 장이 있다. 그것은 요정이나 클럽 같은 요식·유흥업소였다. 1960년대 후반~1970년대 초 ≪한국신문≫과 오사카 청년회의소 발행 ≪오사카청년회의소 인정증서 전달식 기념잡지≫에서 '한국요정'이나 '한국 나이트클럽'의 공연 광고를 찾아볼 수 있었다.

1971년 1월 8일 ≪한국신문≫에 실린 '비원'(한국요정) 광고에는 당의 비슷한 복장에 긴 한삼을 끼고 춤추는 모습과 더불어 "이왕조의 영화를 그대로 재현 … 궁정풍의 요리 … 기생이 타는 가야금의 감미로운 선율과 우아한 민족무용 … 낮에는 결혼식, 피로연 회장으로도 이용 가능"이라는 문구가 적혀 있다. 또 다른 한국요정 '신라회관' 광고(1971년) 역시 한국무용 사진과 함께 "일본 최고의 설비를 자랑하는 한국 영빈관" "2천여 년의 역사를 자랑하는 유일한 고전음악을 연일 공연하고, 한국 최고의 우아한 기생의 서비스로 여러분의 기대에 부응하기 위해 노력하고 있다"고 적고 있다. 이두 한국 요정에 공통적인 것은 한국의 전통예술과 '기생'의 서비스를 연계시키고 있다는 점이다. '비원'의 경우, 결혼식, 피로연 회장으로도 이용 가

그림 3-7 _ 한국 요정·클럽 등의 광고 사례

한국요정 '비원' 광고(≪韓国新聞≫, 1971.1.8).

한국요정 '신라회관' 광고
(≪韓國新聞≫, 1971.일자
불명).

클럽 '은월' 광고(≪共同新聞≫,
1968.1.3).

클럽 '삼천리' 광고(大阪青
年会議所, 1971).

능하다고 되어 있는 것은, 그 행사들에 민족무용과 음악 등이 제공될 여지
도 생각할 수 있다.

한편, '은월(銀月)'이라는 업소의 신장개업 광고에는 "화려하게 꿈이 펼쳐
진다. … 밤모임의 전당", "호화 쇼 매일 밤 상연, 전속악단 연주" 등의 문구
와 함께 장구춤 군무 사진이 실려 있다. 오사카의 이마자토(今里)에 있는 한
국 나이트클럽의 광고다. 이 광고에는 "국제 사교여성 대모집"이라는 종업
원 모집 공고도 실려 있는데, '만 18세 이상, 의상 걱정 불요. 기본급 2000~
4000엔, 다액의 제 수당 보장(개근상, 노력상), 업계 최고의 고급료 보장'이라
는 조건이 제시되어 있다(≪共同新聞≫, 1968.1.3). "오사카 북쪽에 빛나는 한
국 나이트클럽"이라는 문구를 내세운 '삼천리' 광고는 장구춤과 무당춤 사

진을 싣고 있다. "서울로부터 일류 노래·무용단 來日특별출연", "아리랑 스타일의 코리아 미인들이 본고장의 서비스"라는 선전 문구와 공연 스케줄도 볼 수 있는데 '7시부터 1시간은 밴드 연주, 8시 삼천리 전속 쇼, 9시 게스트 특별 쇼, 9시 45분 삼천리 전속 쇼, 10시 30분 게스트 특별 쇼'로 되어 있다 (大阪青年会議所, 1971).

이상 네 가지 광고의 공통점은 모두 한국무용 사진을 싣고 있다는 점이다. 이것은 기생의 이미지와 결부되어 재일한인사회에서 한국무용에 대한 이미지를 형성하는 데 중요한 역할을 하였다. 그것은 무대예술로서의 한국무용, 민족의 소중한 문화유산으로서의 한국무용 외에 "이마자토(今里)에 가면 볼 수 있는 춤" 즉 요정이나 나이트클럽 같은 요식·유흥업소에서 볼 수 있는 춤(화류계 춤)이라는 이미지다. 이마자토는 오사카에서 재일한인들이 밀집해 살고 있는 츠루하시에 인접한 지역이다. 1970년대에 이곳에 한국 요정, 술집들이 들어서기 시작했다(신재경, 2010.9.1).

앞의 두 한국요정 광고가 '전통'과 '기생의 서비스'를 내세운 데 비해 은월과 삼천리는 '호화 쇼', '전속/게스트 특별 쇼', '국제 사교여성 대모집', '코리아 미인들의 본고장 서비스'를 내세우고 있는 점도 흥미롭다. 후자는 요식·유흥업소에서 직업으로서 춤을 추는 한국 여성들, 즉 한국무용이 직업인 여성 노동자의 존재를 시사한다. 달리 말하면, 일본의 요식·유흥 산업 노동시장에 한국무용으로 진출하는 여성들이 있었다는 것이다. 한일국교 정상화에 따라 한일 교류가 증대한 한편, 일본의 고도 경제성장기였던 이 시기에는 재일한인들의 생활도 전보다 나아졌다. 이와 더불어 무용단이나 예술단, 가무단 등의 형태로 일본에 들어와 위와 같은 업소에서 일하는 한국 여성들이 나타났다.

한국문화예술진흥원이 1975년에 발행한 ≪무용(舞踊)≫ 제2집에는 「르뽀 서울시내 무용학원의 실태」라는 글이 실려 있다. 이 글에서는 당시 무용인들의 해외 취업, 특히 일본 취업 실태에 대해 언급하고 있는데, 그 내용을 요약하면 다음과 같다.

해외 공연은 무용인들의 좁은 국내시장에 대한 돌파구가 되고 있다. 개인 이름으로 행해지고 있는 해외 공연의 주요 무대는 일본으로, 일본에만도 63여 개 단체가 있다고 한다. 해외 공연에 대한 추천은 무용협회와 국악협회가 하는데, 무용협회의 경우는 다른 나라에 대한 해외 공연은 추천을 하지 않고 있다. 일본을 제외한 동남아 각국에서는 한국무용이 잘 먹혀들어가지 않기 때문이다. 일본에서의 공연 시 체재 기간은 3개월이다(비자가 허용되는 기간). 무대 공연 외에 대부분 낮에는 양로원이나 고아원, 또는 교포들을 찾아 위문공연을 하거나 강습을 하기도 하며, 밤에는 관광호텔이나 나이트클럽 같은데서 공연하고 돈을 받는다. 숙식 제공, 왕복 여비 제공에 월 400달러, 우리나라 돈으로 약 20만 원[36]의 수입을 올릴 수 있으니 한정된 국내시장보다는 훨씬 나은 자리라고 아니할 수 없다. 해외 공연을 하려면 무용협회나 국악협회의 추천을 받도록 되어 있지만, 그중 한쪽의 추천을 받을 수 없으면 다른 쪽에 가서 받으면 되니 마음먹으면 나갈 수가 있다. 추천 사무가 일원화되지 못하고 있으므로 자연히 해외 공연 자격을 엄격하게 규제할 수가 없게 되고 무용가라는 자격으로 그렇지 못한 사람도 빠져나가게 된다. 무용협회가 1년에 30여 명, 국악협회가 300여 명씩 추천하는 것으로 알려졌다(波鳥, 1975: 48~57).

1975년에 발표된 이 르포는 당시 일본에 한국무용 시장이 형성되어 있음을 잘 보여준다. 이 글은 앞에서 본 일본의 한국요정이나 나이트클럽 광고를 통해 짐작되는 노동으로서의 무용과 무용인의 존재를 뒷받침한다. 일본

---

36) 1975년의 20만 원은 2020년 현재 화폐가치로는(소비자물가 기준) 약 206만 원에 해당한다. (통계청 자료 http://kostat.go.kr/incomeNcpi/cpi/cpi_ep/2/index.action?bmode=pay)

은 '무용인들의 좁은 국내시장에 대한 돌파구'로서, 당시 이미 일본에서 활동하고 있던 단체는 르포의 필자가 파악한 것만 해도 63개에 이른다. 그중에는 기존의 무용단이나 예술단이 해외 공연을 하는 경우도 있겠지만, 일본에서의 활동을 목적으로 조직하여 해외 공연을 신청한 경우도 있었을 것이다. 그리고 그런 단체들 중에는 일본 공연을 내걸고 단원을 모집하는 경우도 적지 않았을 것으로 추정되며, 국내에서 활동의 장을 잡지 못한, 또는 일본으로 진출하고 싶은 무용인들이 그 주된 대상이었던 것으로 보인다. 그런데, 한국무용이 일본 취업의 방법이 되자, 다음 기사 내용과 같은 악용 사례도 등장했다.

> "서울시경 외사과는 9일 하오 외국에 취직시켜 준다고 돈을 뜯어온 정영자 씨(49, 여, 서울 종로구 와룡동 224)를 사기 및 직업안정법 위반혐의로 구속하고 김원술 씨(50, 여, 서울 동대문구 창신동 50)를 같은 혐의로 수배했다. 이들은 69년 12월부터 서울 중구 을지로7가 금성'센터' '빌딩' 3층에 '예림사 무용연구소'라는 무허가무용연구소를 차려놓고 안모 양(23) 등 15명으로부터 일본을 보내 기생으로 취직시켜 준다고 속여 도일수속비, 여권발급경비 등의 명목으로 한 사람 앞에 9만 원~10만 원씩 모두 1백20여만 원을 받아쓴 혐의를 받고 있다.
>
> 이들은 일본 취업을 희망하는 여인들을 무용연구소로 불러 고전무용과 '쇼' 등을 한두 차례씩 가르치는 척하면서 취업희망자들을 안심시키는 수법을 써왔으며 김 씨는 "일본에도 우리가 경영하는 무용연구소가 있어 연구생을 모집 중이다"라고 속어 왔다는 것이다.
>
> 이들은 또한 피해자들에게 "일본 요정에 취직하면 6개월만 지나면 4백만 원~5백만 원씩을 벌 수 있다"고 거짓 선전, 취업희망자들을 유혹해 돈을 뜯어왔다는 것이다"(≪중앙일보≫, 1972.3.10).

르포에서 주목할 만한 또 다른 점은, 일본에서 활동할 때 무대, 업소, 위문 등 한국무용이 전개되는 여러 장들이 연계되어 있다는 점이다. 즉, 일본에서 공연한 예술단 혹은 무용가들의 활동이 이른바 '격조 있는' 전통예술 무대 공연과 요정이나 나이트클럽 같은 유흥업소의 밤무대 공연으로 활동 영역이 명확히 구분되어 있지 않았다는 것이다. 일본에서의 공연 시 체재 기간은 비자 허용 기간인 3개월이었다. 르포에서 밝히고 있듯이 일본을 방문한 예술단(무용단)원들은 무대 공연 외에 대부분 낮에는 양로원이나 고아원, 또는 교포들을 찾아 위문공연을 하거나 강습을 하기도 하며, 밤에는 관광호텔이나 나이트클럽 같은 데서 공연하고 돈을 받았다. 다시 말해 무대 공연을 위해 일본에 간 경우라도, 공연 이외의 시간에 위문을 가거나, 강습을 하거나 업소 출연으로 돈을 벌 수도 있었고, 실제로 그런 경우가 적지 않았던 것으로 보인다. 해외 공연의 추천 권한이 한국무용협회와 한국국악협회에 있었다는 것은 해외 공연을 추천할 만한 명분이 어느 정도는 성립되었어야 함을 의미한다. 그리고 협회가 추천할 때는 협회에 가입된 회원 단체 내지 개인을 대상으로 했을 가능성이 높다.

르포에 따르면, 당시 두 협회가의 추천을 받아 나간 해외 공연지가 거의 모두 일본이었던 것은 다른 나라에서는 잘 먹혀들지 않고 일본에서만 수요가 있었기 때문이다. 사실 이 시기는 한국민속예술단이나 리틀엔젤스 등이 세계 각지에서 공연하여 해외에도 한국의 민속예술을 알리고 높은 평가를 얻기도 한 터였다. 그러나 이들의 경우는 공공성을 띤 문화외교적인 성격이 강했다고 할 수 있다. 그에 비해 앞 르포에서 언급되고 있는 해외 공연은 무용협회, 국악협회라는 비영리단체가 매개하면서도 시장과 연결된 것이었고, 일본은 소위 '고급'의 '문화예술 시장'으로부터 저변의 유흥업소까지를 포괄하며, 여기에 '위문'이라는 공공적인 부분도 결합되고, '강습'을 하는 경우 전통문화의 보급이라는 명분과 보수를 받는 실리도 함께 얻을 수 있는, 독특한 시장이 형성된 곳이었다. 그리고 그 시장의 주된 수요층과 매개자는 재일동포 사회였다.

가야금 명인 지성자는 1968년에 한국민속예술단의 일원으로 재일동포 위문공연을 갔다가 그곳에서 결혼하여 이후 도쿄에 거주하며 가야금과 한국무용을 가르치는 등 활동을 계속했는데, 다음과 같이 술회했다.

> "그 시절에는 위문공연을 하고 나면 바로 귀국하는 것이 아니고 각 지방
> 에 있는 한국식 클럽의 밤무대에서 공연을 다 하게 했어. 그 이유는 박귀
> 희 선생님 남편 되시는 분이 프로덕션 기획사를 했는데 많은 국악인들을
> 일본으로 초청하여 여러 차례 공식 공연을 마치면 돈을 벌어가기 위해 밤
> 무대에서 비자 기간이 끝날 때까지 일들을 하게 했어. 선생님들은 물론이
> 고 국악예술학교 졸업생이나 학생들이 많이 했어. 조금 안 좋은 소리 기
> 생학교라고도 들었지"(전라북도립국악원, 2015: 36~37).

지성자가 일본에서 활동한 시기는 그의 어머니 성금연과 스승 박귀희를 비롯하여 여러 국악인들이 무형문화재의 보유자로 인정받은 뒤였다. 이러한 한국의 '인간문화재'급 국악인들도 공연으로 일본에 갔을 때, 한국식 클럽 또는 요정의 밤무대에서 공연을 하였다. 당시 위문 공연을 가면, 3개월이나 6개월짜리 비자를 내서 가는데, 어렵게 가는 것인 만큼, 밤무대 공연을 통해 수입을 올릴 수가 있었다. 위문공연이라는 형식은 민단을 통해서 하지만 사실상 프로덕션이 모든 것을 지원했다.

> "일주일을 나가면 근 한 달을 먹고 살 수 있었어. 공연비가 많아서가 아니
> 고 손님들이 주신 팁이 많아. 정말 손쉽게 돈을 벌 수 있었던 이유는 그때
> 만 해도 일본에서 살고 있는 교포들은 한국을 자주 왕래할 수 없고 고향

에 대한 향수가 그립고 하니까 그 밤무대를 통해 느끼고 싶었던 거야. 그
래서 민요소리만 들어도 우리 춤만 봐도 저절로 팁을 줄 수밖에 없었던
시절이었어. 그리고 한국에서 온 사람들과 우리말로 대화를 나눌 수 있었
던 유일한 장소이기도 했고"(전라북도립국악원, 2015: 37~38).

1970년대 초 한국에서는 관광산업과 연계되어 국악과 한국무용 공연의
장으로서 '관광요정'이라는 업태가 존재했다. 이승만 정권 때는 재일동포의
한국 입국을 원칙적으로 금지하고 특별한 경우 예외적으로 입국을 허용했
다. 박정희 정권 때 비로소 재일동포에게 여권을 발급했고, 한일국교정상
화 이후 재일동포들과 일본인들이 관광 목적으로 한국에 들어오기 시작했
다. 일본으로부터 관광객이 들어오게 되면서부터 이른바 관광요정이 등장
하여, 대하, 오진암, 선운각, 청운각, 옥류장, 진담, 별장, 풍림, 대연각 등이
관광요정으로 지정을 받았다. 관광요정에서는 일종의 관광상품으로서 '기
생파티'가 제공되었다. 기생파티는 외국인들이 즐겁게 달러를 뿌리도록 하
기 위해, 외국인 고객을 상대로 한국의 전통적인 음악과 무용 공연을 포함
했다. 그런 점에서 관광요정은 '한국형 요정'이라는 성격을 띠고 있었다. 이
같은 관광요정은 국악인들에게는 무대이자 생활의 터전이 되기도 했다.
그런데 국악인들이 요정을 활동의 장으로 삼게 된 것은 관광요정이 나오
기 이전, 1960년대 초부터였다. 5·16군사정변 후 저녁 7시가 통금시간이
되면서 해방 후 명맥을 유지하고 있던 국극단들도 공연의 장을 잃었고, 국
극단에서 나온 단원들이 요정으로 들어가게 되었다.

"요즘 우리가 얘기하는 삼악장. 밤업소로 풀렸어요. … 최초로 우리 한국
에 요정에서 유급으로 쓴 단체가 거기 초남이 최초입니다. … 여성국극
뭐 이런 거 하던 사람들은 어디로 풀렸냐면 약장사로 풀렸어요. 약장사

로. 그리고 남자들은 글로 간 사람들도 있고 서울에 근거지 있는 사람들은 요정으로 풀렸습니다. 그리고 처음에 거기 그때만 해도 개인이 하는 요정이라 그때는 뭐 관광객을 상대 안 했으니까. 뭐 지금 방일영 회장님이나 이런 분들은 국악을 굉장히 좋아하셨어요. … 그런 분들이 거기 오시면 꼭 국악을 찾고. 이래서 거기 존재가. (질문자: 애호가들이셨던 거군요) 그럼요. 그러다가 몇 군데가 더 생겼죠 …"(국립국악원, 2014: 25~28).

그러다가 한일국교정상화 이후 일본에서 관광객들이 들어오게 되자, 소위 '기생관광'이라는 것이 등장했고, 국악을 필수 요건으로 하는 관광요정이라는 업태가 생겨났다.

"쪼금 있으니까 관광객을 맞아들이게 됐어요, 일본에. 그때까지만 해도 일본에 사람들이 못 들어왔습니다 한국에. 근데 박정희 대통령이 등극하시면서 그걸 풀었어요. 풀어서 관광객들이. 말하자면 한때 얘기하던 기생관광이에요 기생파티. 오면 으레 기생파티 했어요. 그래서 그 허가 조건이 … 거기에 국악을 두는 조건이에요. 국악 한 팀을 5인조, 7인조. 이 한 팀을 둬야 허가가 나와요"(국립국악원, 2014: 25~28).

관광요정의 기생파티는 '관광기생'의 서비스와 국악(가무)이 제공되는 것을 요체로 하였다. 한국적인 유흥을 제공함으로써 관광 수입을 올린 것이다. 당시 한국을 방문한 재일동포들도 이런 기생파티의 주요 고객이었다.

"그때는 그 관광 수입이 엄청 났어요. 그래서 인제 기생파티, 일명. 그래서 일본에서 부인들이 데모도 하고 막 그런 사건들이 있지 않습니까. 근데 그것은 밑천 안 들이고 참 어마어마한 돈을 그때 모았죠. 항상 그 과도

기에는 그런 게 있데요. 일본도 뭐 그랬다는데. 그럴 때는 이 교포들이 나오기 시작합니다. 하면은, 국악을 했다 그러면 그 한이, 한이 많잖아요. 그 〈아리랑〉만 불러도 울고. 그때는 뭐 서로 왕래가 안 될 때니까. 나오면 그냥 엔화를 막 뿌리는 거예요. 막 그냥 뭐 만 엔이면 엄청난 돈이었어요. 그때는 7 대 1 그랬습니다. 그걸로 하면서 우리 국악하는 사람들이 아주 호황을 누렸어요 ….

그래서 우리 민속계에 있는 분들은 요정을 과세할 순 없다. 그걸로 자녀들 공부. 또 요즘 대학 다닌 사람들. 그 요정에서 돈 벌어서 등록금 다 내고. 그런 사람들이 요즘 대학 교수된 사람들 다입니다. … 그 뭐 우리 그 3악장이라고 그러죠. 그걸 보고 3악장을 거쳐 간 사람들이 교수들 다 됐죠. … 등급으로 따지면 3등급이라는 거지. A가 무대, B가 클럽, 세 번째가 요정이예요. 근데 요정이 돈은 젤 많이 벌었어요"(국립국악원, 2014: 104).

정화영의 구술을 통해 나타나는 관광요정의 모습은 앞서 1960~1970년대 광고에서 본 일본의 한국요정, 코리아클럽의 모습과 일맥상통하는 부분이 있다. 이런 업소에서 활동한 국악인이나 무용수들의 양상에서도 유사한 점을 찾아볼 수 있다. 일반 무대 공연에 비해 훨씬 높은 수입을 올릴 수 있어 국악인들로서는 생활의 터전이 되었지만, 국악계에서 알 만한 사람들로서는 감추고 싶은 어두운 부분이기도 했다. 요정에서 국악인들이 올리는 수입의 상당 부분은 공연비가 아니라 국악으로 향수를 달래는 재일동포 고객들로부터 받은 팁이었다. 국악인들의 일본에서의 활동은 무대, 업소, 위문, 강습 등을 명확히 구분하여 재단할 수 없는 다면적 혹은 복합적인 성격을 띠고 있었다. 같은 한국무용도 어떤 장에서 어떤 형식으로 공연이 되는가에 따라 '등급'이 달라졌고, '예술'과 '유흥'으로 상이하게 자리매김되었다.

제4장

북한무용의 전수

'사회주의 조국'의 조선무용

1. '귀국선'을 통한 북한무용의 유입

1) '귀국선': '조국'의 도래와 호명된 주체

"거대한 소련 배가 멀리 나타나는 모습을 보면서 찬바람 속에서 얇은 치마저고리를 입은 우리들은 환영의 무용을 시작했다. 눈이 쌓여 발은 흠뻑 젖었고, 팔다리는 차갑고, 온몸이 얼어붙는 것 같았다. 우리들은 너무 추워서 감각을 잃어버렸으나, '조국'을 가까이에서 보는 기쁨과 흥분으로 가득했다"(任秋子, 2004: 200).

조선무용계의 대모 임추자가 회고한 1959년 12월 11일 일본 니가타(新潟)항의 풍경이다.

이날 니가타항에 들어온 소련 선박은 두 척 – '크리리온'호와 '토보루스크'호 – 으로, 총련이 주도한 '귀국사업'[1]에 의해 북한으로 이주하는 재일한인들을 태워 갈 배였다. 입항 3일 후인 12월 14일, 두 선박은 재일동포 975명을 싣고 북한의 청진항을 향해 출항했다(金德龍, 2004: 175). 이후 1984년까지 25년 동안 187차에 걸쳐 약 10만 명의 재일동포가 바닷길을 통해 북한으로 이주했다. 일본 니가타항과 북한 청진항을 오가며 북한 이주자들을 수송한 배를 북한·총련 측에서는 '귀국선', 한국·민단 측에서는 '북송선'이라 부른다.

북일 간 왕래가 불가능했던 시기, 총련계 재일한인들에게 '조국'은 관념적으로 존재할 뿐이었다. 재일동포의 90% 이상은 한반도 남쪽, 특히 경상도, 전라도, 제주도 출신자였고, 북한에는 아무런 연고도 없는 경우가 대부분이었다. 그런 가운데 등장한 '귀국선'은 '조국'을 구체적으로 느끼게 해주었고, 민족성을 추구하는 심정과 운동을 끌어올리고 확산시켰다. 그것은 대체로 세 가지 방식을 통해 이루어졌다. 하나는 북한으로부터 '조국'의 물품을 선물로서 전달하는 것, 둘째는 북한의 인사들이 승선하여 '조국'의 직접 지도를 제공하는 것, 셋째는 재일동포들의 선내 견학 등을 통해 '조국'과 접하는 경험을 제공하는 것이다.

'귀국선' 도래 이전에도 북한을 '은혜를 베푸는 조국'으로 느끼게 한 계기가 있었다. 북한 정부가 교육원조비를 보낸 일이다. 1957년 4월, 조선적십자회 중앙위원회는 재일동포 자녀를 위한 교육비와 장학금으로 약 1억 2000만여 엔을 재일조선인중앙교육위원회에 보내왔다. 이후 오늘날까지 교육원조비 지원은 계속되었는데, 1957년 4월부터 제1차 '귀국선'이 도래한 1959년 말 이전까지 약 2년 반 동안 여섯 차례에 걸쳐 총 약 7억 1285만 6천 엔의 교육지원금을 송금했다.[2] 이 교육지원금은 조선학교의 기반을

---

1) '귀국사업'은 1958년 8월 북한적십자사와 일본적십자사가 맺은 캘커타협정에 의거하여 이루어진 재일한인의 북한 집단이주 사업으로, 1959년 12월 14일에 시작되어 1984년 종료될 때까지 9만 3339명의 재일동포(일본인 가족 포함)가 북한으로 이주했다.

2) ≪조선민보≫ 1957년 4월 25일 자는 「祖国から巨額の教育費と奨学金!」이라는 기사를 통해

닦는 데 크게 기여했고, '조국'의 존재를 구체적으로 느끼게 해준 첫 계기였다. 이듬해 '귀국운동'이 본격적으로 전개되어 1959년에는 '귀국사업'이 실현되기에 이르게 되었다. 그 일련의 과정을 통해 총련을 중심으로 한 재일동포 사회에서는 '조국'에의 귀속감이 형성되어 갔으며, '귀국선'의 도래는 그런 감정을 더욱 고양시켰다.

'귀국선'은 총련계 재일동포들이 좀 더 구체적으로 가시화된 '조국'의 존재를 느낄 수 있는 기회를 제공했다. 이 배를 통해 북한의 물품과 영화나 음악 같은 것들이 재일동포에게 전해졌다. 조선학교 학생들에게는 밤, 사과, 과자 같은 선물이 전달되었는데, 1인당 개별 포장으로 되어 골고루 돌아가도록 하였다. 조선학교에 민족악기와 동식물 표본 등도 전해졌다. '귀국선'이 전해준 물건은 '조국=수령님이 보내주신 선물'이었다. 이 선물을 통해 어린이들은 '조국'을 실감했고, '조국'과 '위대한 수령님'은 자신에게 은혜를 베푸는 존재라고 느꼈다(韓東鉉, 2006: 89).

"그때는 우리들 자기 눈앞에서 봤잖아요? 조국에서 뭔가 보내줘서. 저도 그 사과를 먹었습니다. 과자도요. 그 과자를 보면 아주 흥분해요. 이것이 우리의 원수님의 애정이라고. 그렇게 생각하면 정말 기뻐서"(韓東鉉, 2006: 177).

북한 정부가 교육비와 장학금을 보냈다고 보도했다. 기사에 따르면 최근 조선적십자회 중앙위원회는 조선해외원호위원회의 위임에 의해 재일조선인 자녀를 위한 교육비와 장학금으로서 2회에 걸쳐 12만 파운드(영국 화폐)를 재일조선인중앙교육위원회에 보냈다. 이는 당시 조선 화폐로 5000만 원, 일본 엔화로 약 1억 2000여만 엔에 해당하는 거액이었다(朝鮮学校を記録する会, 2017). 『朝鮮総連』(在日朝鮮人歷史研究所, 2005)에는 1957년 4월~2005년 4월까지 북한에서 보낸 교육원조비와 장학금 일람표가 실려 있는데, 그에 따르면 동 기간 중 총 151차에 걸쳐 총 455억 3372만 3000엔이 전해졌다(55쪽 표에 의거).

배가 니가타항에 입항할 때마다 환영 행사가 열렸고, 출항할 때면 환송 행사가 열렸다. 환영행사에서는 〈김일성장군의 노래〉, 〈옹헤야〉, 〈일터의 휴식〉, 〈아리랑〉 등의 취주악 연주를 하고, 그 음악에 맞추어 농악무를 추곤 했다(박정순, 2012: 46). 대부분의 조선학교가 수학여행으로 니가타항의 귀국선 환송·환영 사업에 참가했다. 수학여행 외에도 무용이나 악기 같은 예술서클 학생들이 환송·환영 사업에 동원되었다(韓東鉉, 2006: 88).

이들은 단지 부두에서 손을 흔드는 데 그친 것이 아니라, '조국'의 배에 타서, '조국'의 사람을 만나고, '조국'의 식사를 하는 등 '조국'을 신체로 느끼는 기회를 갖기도 했다. 배는 들어온 당일에 출항하는 것이 아니라 몇 일간 정박해 있었기 때문에 그동안 적지 않은 사람들이 배에 탈 기회를 가질 수 있었다. 운항된 모든 배의 정박 일수를 볼 수 있는 통계는 없으나, 대체로 2박 3일 이상은 머문 것으로 추정된다. 참고로 1971년 5월 12일부터 10월 19일까지 총 6차례의 입출항 관련 통계를 보면, 1차부터 5차까지는 모두 2박 3일이며, 제6차만 3박 4일이다. 그리고 제6차선에 싣지 못하고 남긴 물건들을 싣고 가기 위해 10월 28일에 만경봉호가 입항하여 1박한 후 이튿날 출항한 것으로 되어 있다. 이 기간은 1968~1970년 3년 동안 중단되었던 '귀국사업'이 재개된 직후로 '잠정조치' 기간이었다. 인터뷰를 통해 얻은 구술 자료를 통해서도 '귀국선'은 한번 정박하면 대개 수일 동안 머물러 있었음을 알 수 있다.

정박해 있는 동안 '귀국선'은 북한이 총련을 직접 지도하는 장이 된 동시에 총련의 '대중 교양'의 장으로서 이용되기도 하였다. 귀국선에는 매번 북한 적십자사의 대표 3, 4명 외에 보통 60, 70명의 영접원이 승선하고 있었다. 영접원이란 귀환자를 받아들일 준비와 도움을 위해 승선한 북한 작업원을 말하는데, 그 가운데는 항상 북한의 요인이 섞여 있었다. 이들은 귀국선을 방문하는 총련 간부와 면담하여 북한의 방침을 지시하고 직접 지도를

표 4-1 _ 1971년 '귀국선' 입출항 현황과 승선 영접원 수

차수	입·출항 날짜	선박 이름	승원 수	영접원 수
1	5.12/ 14	도보르스크	69 (소련)	50
2	6.16/ 18	〃	73 (〃)	48
3	7.14/ 18	〃	73 (〃)	52
4	8.18/ 20	〃 / 만경봉	72(〃) / 58(북한)	52
5	9.15/ 17	만경봉	58	52
6	10.19/ 22	〃	57	57

자료: 金英達·高柳(1995: 213)의 표 〈統計2〉를 바탕으로 필자가 작성.

했다. 김영달·다카 야나기(金英達·高柳, 1995)에는 '귀국선'의 입출항 날짜, 선명, 선장, 승원 수, 영접원 수, 북한 적십자 대표명 등이 적시된 통계표가 제시되어 있다. 그에 따르면, 1971년 5월부터 10월까지 매월 총 6차에 걸쳐 배가 들어왔는데, 승선한 영접원의 수는 대체로 매번 50여 명 내외였다 (〈표 4-1〉 참조).

총련은 중앙 차원의 여러 회의들을 '귀국선' 입항에 맞추어 개최하고, 회의 후에 출석자들을 니가타에 보내 선상 지도를 받도록 했다. 또, 총련 및 산하단체의 활동 보고를 비롯하여 다양한 분야의 보고서나 문헌도 이 배를 통해 북한으로 보냈다. 북한에서도 당 또는 정부의 훈장, 기장, 표창장을 비롯하여 축기(祝旗), 선전 필름, 기관지, 그 외 인쇄물 등을 다량으로 수송하여 총련 측에 교부했다. '귀국사업'이 시작되기 전에는 북한의 총련에 대한 지도, 연락은 평양방송, 기관지, 그 외 문서에 의하거나 밀출입국자에 의한 방법뿐이었으나, '귀국사업'이 개시되자 '귀국선'은 북한 기관이 총련을 정기적으로 직접 지도하는 장으로서 중요한 역할을 하게 된 것이다(金英達·高柳, 1995: 196).[3]

한편, 총련 관계자와 조선대학교·조선고급학교 학생 등 연 1천 수백 명

표 4-2 _ 1971년도 '귀국선' 방문객 수(연인원)

제1차	제2차	제3차	제4차	제5차	제6차	총계
3,284	3,896	4,180	1,726/ 5,125	7,798	9,619	35,628

자료: 金英達·高柳(1995: 213)의 표 〈統計3〉에 의거함.

이 '귀국선' 방문을 통해 영접원과 접촉함으로써 북한과의 연대의식을 강화할 기회를 가졌다. 단, 원하는 사람은 누구나 자유롭게 '귀국선'에 승선할 수 있는 것이 아니라, 총련의 지도하에 조직적으로 승선이 이루어졌다. 참고로 1971년에 '귀국선'을 방문한 재일동포들의 수는 연인원으로 총 3만 5628명이었다(金英達·高柳, 1995: 213).

이것은 1971년 통계인 만큼 1960년대와는 차이가 있겠지만, '귀국선'에 승선하는 북한 측 인사들의 구성 자체는 크게 다르지 않으리라 생각된다. 재일동포들은 배 안에서 강의를 듣기도 하고, 환영·환송 공연을 펼치기도 했다. 환영·환송사업에서 작은 공연을 했을 때 조국 사람에게 인정을 받아서 '귀국'하여 가극 〈꽃파는 처녀〉의 주역까지 한 학생도 있었다(韓東鉉, 2006: 175).

'귀국선'은 조선학교 여학생 교복이 세라복에서 치마저고리로 바뀌는 결정적인 계기가 되기도 했다. 한동현에 의하면, 1960년 전후에는 일상복으로 치마저고리를 입는 일이 거의 사라진 상태였다. 특히 2세들부터는 치마저고리를 거의 입지 않았고, 어른들에게도 치마저고리는 특별한 날 입는 옷이 되어 있었다. 그런데, 1960년을 전후한 시기 총련 기관지 ≪조선신보≫ 가정난에는 치마저고리 착용을 장려하는 듯한 기사가 종종 게재되었고,

---

3) 金英達·高柳(1995)의 원문에는 '귀환선', '귀환사업'이라고 되어 있다. 이 글에서는 혼란을 피하기 위해 '귀국선', '귀국사업'이라는 용어로 통일한다.

1963년 조선신보사는 가정에서 치마저고리를 만들기 위한 『조선옷 옷본』 (정가 200엔)을 발행했다. 1963년 9월 23일 가정난에 게재된 「조선복을 입는 기쁨」이라는 에세이는 다음과 같이 여성들의 치마저고리 착용에 의미를 부여했다.

> "오늘은 조국과의 자유왕래운동4)에, 내일은 성인학교, 서클활동에, 바쁜 가운데서도 아름답고 멋지게 조선옷을 입고 행동하는 여성들의 모습을 보며 생각하는 것은, 부패하고 타락한 자본주의 문화가 범람하는 이 땅에 살면서도 이렇게 당당히 살 수 있는 것은 경애하는 수령 김일성 원수와 영광된 조국이 있기 때문이며, 그런 조국을 갖고 있는 여성들이기 때문입니다"(韓東鉉, 2006: 91).

모든 조선학교에서 여학생들의 교복이 치마저고리로 바뀐 것도 1963년 무렵이다. 한동현의 연구에 따르면, 그것은 총련 또는 '조국'으로부터 강제된 것이 아니라, 조선학교 여학생들 사이에서 자발적으로 일어난 변화였다. 그런데, 학생들은 '조국'의 치마저고리를 직접 본 적도 없었기 때문에, 의논하여 학생다운 색과 형태의 치마저고리를 만들게 되었다. 1960년, 치마저고리(치마는 주름치마)를 입고 통근을 시작했다는 전 조선학교 교원은, "조국의 정보가 없어서, '조국'에서 어떤 저고리를 입고 있는지 잘 몰랐기 때문에 디자인은 "슈트(양복정장)의 이미지"로 주문을 했다고 하였다(韓東鉉,

---

4) 총련계 재일한인 사회에서 1958년에 시작된 '귀국운동'은 '귀국사업'을 실현시켜, 1960~1962년 3년간 북한 이주자가 약 7만 명에 이르렀다. 그러나 이후 이주자 수는 급감했고 이들은 다시 일본을 방문할 수가 없었다. 또한, 일본에 남은 가족들도 북한으로 이주한 가족을 만나러 갈 수가 없었다. 이에 '귀국사업'은 진행되면서 1963년 무렵부터 운동의 방향은 북한과의 자유 왕래를 요구하는 것으로 전환되었다.

2006: 179). 이렇게 해서 검정색에 주름치마의 오늘날과 같은 치마저고리가 탄생한 것이다. 그러나 그런 교복은 북한에는 실제로 존재하지 않았고, 조선학교 학생들의 이미지가 투영된 것이었다. 한동현은 그것은 전통의 계승이라기보다는 당시의 문맥에서 재해석을 수반한 '에스닉 리바이벌' 현상이라고 분석했다(韓東鉉, 2006: 96).

한동현의 책에는 당시 조선학교 여학생들 가운데서 치마저고리가 어떤 마음으로 받아들여졌는지 엿볼 수 있게 해주는 구술이 몇 가지 실려 있는데, '귀국선'에서 '조국'의 사람을 만난 것이 매우 큰 영향을 주었음을 알 수 있다. 중1 때 처음 자발적으로 치마저고리를 입었다는 E는 중2 무렵 수학여행으로 니가타항에 정박한 '귀국선'에 올라가 축하 인사를 읽었다. 그때 배에 타고 있던 "조국의 높은 사람들"이 치마저고리 차림이 정말 좋다고 칭찬했다는 말을 나중에 들었다. 그는 아마도 그 때문에 우리 학교는 치마저고리로 하는 것이 좋지 않겠는가 하는 이야기가 나왔을 거라고 하였다. 조선대학교 4학년 때 치마저고리 차림으로 환송 행사에 갔던 N도 조국에서 온 사람들이 조선대 학생들의 치마저고리 입은 모습을 보고 놀라며 정말 좋다고 칭찬해 준 기억이 있다. 전 교사 P는, '귀국선'이 올 때마다 당시 지도하던 무용부 학생들을 데리고 환영, 환송사업에 나갔다. 그런데 조국의 높은 사람이 학생들의 옷이 검정색인 것에 부정적인 태도를 보이자, 그 후에는 곤색으로 바뀌었다. 그런데 곤색으로 바꾸고 보니 옷에 따라 색감이 제각각 달라져서, 논의 끝에 검정으로 되돌아갔다(韓東鉉, 2006: 179).

이와 같이 '귀국선' 방문에 치마저고리를 입고 참가했던 여학생들은 '조국'의 높은 사람들을 비롯해 주변 모든 사람들에게 치마저고리가 너무 좋다는 칭찬을 받았고, 치마저고리를 자랑스럽게 느꼈다. 특히 무용부 학생들은 더욱더 치마저고리를 입고 싶어 했다.

"초급부 4학년 때부터 무용부여서 치마저고리를 입고 싶었습니다. … 입고 싶어서, 입고 싶어서, 그것이 자랑스러워서. 나는 이런 사람이다. 조선인이다라고. 당당했고, 그런 마음이 아주 많았습니다. 입고 다니게 되어 기뻤어요. … 나도 중3 때 귀국하려고 했습니다. 본고장에 가서 무용가가 되어 최승희 선생에게 지도받고 싶다며 부모를 힘들게 했어요"(韓東鉉, 2006: 177).

이렇게 1960년대 초 '귀국선'의 도래는 '사회주의 조국'='민족'의 표상으로서 치마저고리 교복이 확산, 정착되는 계기가 되었다. 1964년 총련 제7차 대회의에서는 '귀국선' 도래에 의해 동포 사회에 일어난 변화가 다음과 같이 보고되었다.

"사회주의 애국적 계몽을 적극적으로 행한 결과, 오늘날, 재일동포의 정신세계에서 큰 변화가 일어나고 있습니다. … 동포들 사이에서 아메리카식 생활스타일을 배격하고, 일상생활에서 민족적 주체를 세우려는 기풍이 확립되었습니다"(韓東鉉, 2006: 94).

이 무렵부터 무용을 포함한 문화예술 전반에서 민족주체성이 더욱 강조되었다. 여기서 '민족주체성' 또는 '민족성'이란 반드시 '전통'에 기반한 것만은 아니다. 그것은 '사회주의적'이고 '혁명적'인 내용을 담은 '민족성'이었다. '귀국선'은 단순한 수송 수단을 넘어서 총련계 재일한인사회가 '사회주의 조국'에 귀속되어 가는 매개체 역할을 하였다.

2) '귀국선' 선상(船上) 지도를 통한 북한무용의 전수

　'귀국선'을 통한 '조국'과의 교류는 무용 분야에서도 이루어졌다. 그 이전에도 북한무용계의 소식은 총련 기관지 ≪해방신문≫을 통해 간간이 전해졌던 것으로 보인다. 예를 들면 ≪해방신문≫ 1955년 11월 19일 자에서는 해방 후 10년간의 민족무대예술의 성과를 기록한 북한 영화 〈아름다운 노래〉(전9권. 무용 〈부채춤〉, 〈장고춤〉 등 국립최승희 무용연구소와 국립예술극장의 무용 〈장미〉 등이 수록됨) 제작 소식을, 1956년 9월 22일 자에서는 국립최승희 무용연구소 공연 〈사도성의 이야기〉를 첫 천연색 영화로 제작한다는 소식을 전했다(박정순, 2013: 76). '귀국선'은 이러한 소식들을 넘어서서 북한무용계의 성과와 내용들이 구체적인 형태로 재일동포 사회에 전해지는 계기가 되었다. 우선 1960년 3월에 최승희의 『조선민족무용 기본』5)이 재일동포에게 전해졌다. 『조선민족무용 기본』의 출판 소식은 이미 1958년 6월 26일 자 ≪조선민보(朝鮮民報)≫(≪조선신보≫의 전신)를 통해 전해졌으나, 출판된 교본 자체는 '귀국선'이 다니기 시작한 후에야 일본에 유입되었다. 〈조선민족무용 기본〉은 걷기 등 준비동작을 망라한 입춤기본을 비롯하여, 부채, 한삼, 북, 탈, 검, 상모, 장구, 바라, 소고, 수건 등 다양한 조선 특유의 소도구를 이용한 기본동작으로 구성된 조선민족무용의 기본 체계로서 1957년에 완성되었고, 이듬해 교본인 『조선민족무용 기본』6)으로 출판되

---

5)　백향주에 따르면, 최승희는 월북 후 '최승희 무용연구소'를 통해 무용기본체계를 연구·정리하고 만들어서 1946년 10월 이후에 발표했고, '조선민족무용기본 연구위원회'의 도움을 받아 1957년에 무용기본체계인 〈조선민족무용 기본〉(〈기본〉)을 완성했다. 1957년 〈기본〉은 1946년에 발표된 '입춤기본'과 '소도구춤기본'을 개작하고, 새로 만든 '소도구춤기본'을 넣어 완성되었다. 저서 『조선민족무용 기본(1)』은 1958년 3월에 발행되었고, 그에 대한 해제가 그해 10월 ≪조선예술≫에 게재되었으며, 그 이후에 『조선민족무용 기본(2)』가 발행되었다(백향주, 2006: 64).
6)　『조선민족무용 기본』의 구성은 다음과 같고, 각 권에는 반주곡 악보가 첨부되어 있다. 1권:

었다(백향주, 2006: 64). 『조선민족무용 기본』은 재일동포가 접한 최초의 민
족무용 교본이며, 재일 조선무용가들에게는 '조국'에서 개화 발전하는 조선
무용의 기법을 배우는 귀중한 교과서가 되었다(박정순, 2012: 44).

1962년에는 〈조선민족무용 기본〉이 조선과학영화촬영소에 의해 영화필
름으로 탄생했다. 최승희가 만든 〈조선민족무용 기본〉의 동작들을 최영
애·박용학 등 17명의 무용가들이 시범 보인 것으로, 현정숙이 무용 지도를
맡았다(성기숙, 2002: 125). 이 영화필름도 재일동포에게 전해졌다. 춤을 파
악하기 위해서는 교본은 설명을 보면서 해독해야 했지만, 필름은 춤추는
모습을 직접 볼 수 있어서 매우 유용했다. 최승희는 〈조선민족무용 기본〉
에 이어 1963년에 무용기본체계인 〈조선아동무용 기본〉을 완성하고 이듬
해 2월 『조선아동무용 기본』을 발행했다. 이 교본도 재일동포에게 전해졌
다. '귀국선'을 통해 무용 교본과 더불어 의상, 무용 소도구, 무대 공예품 등
이 전해졌고, 음악(레코드)과 악보, 민족악기 등도 들어왔다.

한편, 정박 중인 배 안에서는 북한에서 파견된 무용가에 의한 강습도 이
루어졌다. 임추자에 의하면 재일동포 무용가들이 배에 들어가 북한에서 온
전문 무용가로부터 직접 북한의 민족무용을 전수 받게 된 것은 1962년부터
다. '귀국선'이 다니기 시작한 지 3년 만에 선상 지도를 받게 된 경위는 알
수 없으나, 총련의 전체대회에서 이와 관련된 방침이 정해져, 북한 당국에
지도자 파견을 요청했을 가능성도 있다.[7] 박정순은 총련 제6차 전체대회

예비동작(하반신 10동작, 상반신 8동작), 입춤 기본동작(여자15, 남자 18, 공통 11), 부채춤 4
동작, 탈춤 12동작, 수건춤 5동자, 소고춤 8동작, 칼춤 10동작/ 2권: 한삼춤 10동작, 북춤 7동
작, 바라춤 9동작, 상모춤 6동작, 장검무 10동작, 장고춤 8동작(이철주, 2017.8.10).

7) 총련 전체대회는 총련의 최고 의결 기관으로, 중앙위원회, 중앙상임위원회, 중앙감사위원회
와 더불어 조선총련 중앙기관을 구성하며, 중앙위원회가 소집하여 개최된다. 1955년 5월 총
련 결성대회를 제1회로 하여 1959년 제5회 전체 대회까지는 매년 열리다가 제6회는 2년 후인
1961년에 열렸으며, 이후 3년마다 1회씩 정기적으로 열리고 있다. 임무는 중앙위원회와 중앙
감사위원회의 사업보고에 대한 심의·결정, 기본방침의 수립, 중요사업의 의결, 회계보고 및

가 무용예술의 발전에서 전환적 계기가 되었다고 했는데, 그 이유는 적시하지 않았다(박정순, 2012: 37). 뒤에서 상세히 살펴보겠지만, 임추자는 1957년에 조선무용연구소를 개설하여 운영하다가 1961년에 총련의 지도에 따라 무용연구소를 해산하고 중앙예술단에 입단했으며, 북한 '조선무용가동맹'의 정회원이 되었다. 문예동에 무용가동맹이 결성된 것도 1961년이다. 이런 일련의 일들은 그해 열린 총련 제6차 전체대회와 무관하지 않을 것으로 생각된다.

북일 간 외교관계가 없어 북한 사람이 일본에 상륙할 수는 없었기 때문에 재일동포 무용가들이 배를 관람한다는 명목으로 배에 들어가서 하루 종일 지도를 받았다. '귀국선' 내에서 무용을 지도한 북한무용가들은 앞에서 언급한 영접원이라는 신분으로 승선했던 것으로 추정된다. '귀국선' 상에서 '조국'의 전문 무용가로부터 직접 '조국'의 무용을 전수 받을 수 있었던 것은 중앙예술단 단원들뿐이었다. 총련의 권유에도 불구하고 그동안 중앙예술단 입단을 보류해 왔던 임추자는 1961년에 자신의 조선무용연구소를 해산하고 이듬해 중앙예술단에 입단했다. 임추자가 중앙예술단에 입단한 그해에 선상 지도를 통한 북한무용의 전수가 시작되었다. 무용가들은 도쿄에서 니가타까지 야간열차로 오가며 북한무용의 고전에 속하는 작품들을 배웠다. 작품마다 집중적으로 지도하는 스승이 있었다. 임추자는 "세계청년예술제에서 금상을 획득한 꿈에 그리던 작품들을 잇달아 배웠을 때의 그 기쁨"은 이루 말할 수 없었다고 술회했다. "근대무용의 기초 위에 꽃핀 조선무용은 세계 무대예술 가운데서도 가장 세련된 것"이니 "하루 빨리 습득해서 동포들에게 민족의 향기를 전하고 싶다"는 절실한 바람을 갖게 되었다.

예산안의 심의·결정, 강령 및 규약의 심의·채택, 임원 선출 등이다(在日朝鮮人歷史研究所, 2005: 28).

'조국'의 무용을 '조국'의 무용가에게 직접 배우는 것은 "오랫동안 찾아 헤맸던 진짜"를 드디어 습득하게 된다는 큰 의미가 있었다(任秋子, 2004: 201). 최승희는 1956년 가을부터 45명으로 구성된 무용단을 인솔하고 소련을 비롯한 불가리아, 알바니아, 루마니아, 체코슬로바키아 등 동구권 순회공연을 하여 갈채를 받았고, 1957년 제6차 세계청년학생축전(모스크바)에 75명의 무용단(예술단 215명 중)이 참가하여 안성희가 〈집시의 춤〉으로 금상을 수상한 것을 비롯해서 20여 개의 상을 획득했다.[8] 1950년대에 사상의 벽을 넘어서 조택원에게 무용을 배웠을 만큼 예술성 높은 조선무용을 배우고자 하는 열망이 컸던 임추자로서는 이렇게 세계적으로 인정받는 '조국'의 조선무용을 배울 수 있다는 것은 무용가로서 가장 의미 있는 일이었을 것이다.

한편, 필자와의 인터뷰에서 임추자는 1962년에 배움에의 열망을 접고 예술단에 합류한 이유에 대해 아래와 같이 대답했다(2009년 3월 16일 제2차 인터뷰).

> "이런 일을 개인으로서도 할 수 있겠지만, 가극단은 많은 사람들을 모아 놓고 무대에서 하는 거니까, 조선예술의 아름다움을 알려주는 것이 나의 할 일임을 깨달았죠. 개인 연구소는 아이들을 가르치기는 하지만 무대를 갖기가 쉽지 않습니다. 무대예술은 무대가 있어야 본령을 다 할 수 있는데, 일본에서 민족무용이 무대 공연을 하기는 힘들어요. … 우리는 무대가 보장되고 있었어요. 가극단은 말하자면 국립인 셈. 그것이 큰 힘이

---

8) 안성희의 〈집시춤〉, 〈진주의 무희〉, 〈무녀의 춤〉이 각각 1등상, 안성희 안무의 〈칼춤〉 1등상, 김봉운의 독무 〈탈춤〉 2등, 김순복의 쌍무 〈목동과 처녀〉 2등상, 리석예의 독무 〈장미〉 2등상, 안경률의 군무 〈행복한 젊은이〉 2등상, 유영애의 군무 〈칼춤〉 2등상, 전종철 쌍무 〈장고와 조개〉 2등상, 한선숙의 군무 〈행복한 젊은이〉 2등상, 현정숙 〈장고와 조개〉 2등상, 홍덕택 군무 〈부채춤〉 2등상 등. ≪조선예술≫ 1957년 10월호 좌담회에 의거하여 성기숙(2002: 120)에서 소개.

었습니다."

"예술은 봐주는 사람이 있어야 합니다. 자기 욕망만 가지고는 안 돼요.
조택원 선생과 헤어질 때 시련을 겪고 보니, 어린 마음에도 무용은 기술
만 고도로 닦는다고 해서 되는 것이 아니라 넋이 있는 예술을 해야 한다
는 생각을 하게 되었습니다. 이념이 통하는 사람들 앞에서 춤추고 싶다는
생각. 마음과 마음이 통해야 하면 할수록 보람을 느끼게 되는 것입니다."

　중앙예술단의 무용가들이 '귀국선' 선상에서 전수 받은 작품들은 1964년
10월 도쿄올림픽 때 처음으로 일본에서 선을 보였다. 1962년부터 선상 지
도가 시작되었으니, 일본에서 무대에 올리기까지는 길어야 2년 반 정도의
시간이 걸린 셈이다. 그 기간 동안 이렇게 많은 작품을 배울 수 있었던 것
은 배가 여러 차례 왔기 때문에 가능했다. 임추자는 북한의 무용가가 '귀국
선' 내에서 가르친 사실은 비밀이었기 때문에, 외부에 대해서는 '필름으로
배웠다', '통신을 통해 배웠다'고 말하지만, 춤이란 건 그렇게 해서 온전히
배울 수 있는 것이 아니라고 하였다.
　이렇게 해서 준비된 무대는 아사쿠사 국제극장에서 열린 북한 선수단 환
영 공연이었다. 이 무대에 오른 무용 작품들은 북한무용의 '명작'이라 일컬
어지는 〈부채춤〉, 〈물동이춤〉, 〈환희〉, 〈지상락원〉, 〈쇳물은 흐른다〉,
〈사당춤〉, 〈무녀춤〉, 〈금강산의 선녀〉, 〈쟁강춤〉, 〈사당춤〉 등 '귀국선'상
에서 북한무용가들의 직접 지도를 통해 습득한 작품들이다. 임추자는 이
공연의 모든 작품에 출연했고, 특히 〈환희〉와 3인무 〈사당춤〉이 큰 인기
를 끌어 무용에서는 드문 앙코르가 나와 다시 한번 추게 되었다. 이후 3인
무 〈사당춤〉은 임추자의 18번이 되었다. 〈지상낙원〉, 〈물동이춤〉과 〈환
희〉에서는 임추자와 김영애가 더블캐스팅으로 출연했다(任秋子, 2008.9.26).

도쿄올림픽을 기해 북한 예술단을 초청하려는 움직임도 있었지만 실현되지 못하여 중앙예술단의 공연이 유일하게 북한무용을 볼 수 있는 장이 되었다. 일본의 진보적 인사들과 총련은 북일 국교 수립을 목표로 민간 문화교류를 추진해 왔다. 1950년대에는 최승희 초청 운동9)을 전개하기도 했으나 결국 실현하지 못했는데, 도쿄올림픽을 기해 이번에는 최승희의 딸 안성희를 비롯한 북한예술단을 초청하고자 시도했다. 1963년 12월 17일에 열린 일본 국회 중의원 법무위원회 회의에서 아카마츠 이사무(赤松勇) 사회당 의원은 법무대신에게 다음과 같은 질의를 하였다.

"가야(賀屋興宣) 대신도 친교가 있었다고 생각하는데, 최승희의 따님이 아주 훌륭한 예술가로 성장해서, 요전에도 춤을 보았는데, 대단히 훌륭한 무용가로 성장했습니다. 일본에는 재일공민이 60만 명 있으니, 이런 사람들은 미국의 나체춤을 보는 것보다는 역시 조선문화를 접하고 싶다는 절절한 민족감정이 있다고 생각합니다. 그렇다면 중국 등은 무도단이 일본에 들어와 있으니, 소련도 그렇구요, 조선의 경우도 이것을 흔쾌히 받아들여 그런 재일조선공민 60만이 고국의 문화에 접할 기회를 만듭니다. … (중략) … 최근 신문에 사토 국무대신이 올림픽에 선수뿐 아니라 매우 폭넓게 응원단도 입국을 인정할 생각이라고 발표했습니다. 물론 당연한 일입니다. 스포츠란 사상, 이데올로기를 넘어서서 하는 것이기 때문에 당연합니다. 그래서 대신께 묻고 싶은데요. … (중략) … 조선무도단에 대해서도 60만 재일조선인이 요망할 경우에는 이를 인정할 생각은 없습니까?"(国会衆議院, 1963.12.17: 14)

---

9) 1957년 가을 일본에서는 가와바타 야스나리를 비롯한 문화인·지식인들이 '최승희 무용단 초청위원회'를 결성하여 최승희를 일본으로 초청하기 위한 전국적인 서명활동을 전개했다. 그러나 최승희의 방일 공연은 실현되지 못했다(小林, 2008:64).

하지만, 이번에도 북한 예술단의 일본 입국은 허용되지 않았다.

북한선수단은 1964년 10월 5일 제1진이 만경봉호로 일본에 입국했고 뒤이어 다른 선수단원들도 입국을 완료하여, 중앙예술단의 공연 등 대대적인 환영 행사까지 열렸으나, 올림픽 개막을 이틀 앞둔 10월 8일 돌연 올림픽 보이콧 성명을 발표하고 전원 철수했다.[10]

2. 전승체계 구축

조련 시절부터 민족무용을 문화운동의 일환으로 추진해 온 총련은 결성 초기부터 산하에 재일조선중앙예술단을 설립하고 소조(서클) 지도자 양성 사업과 조선학교나 여맹, 조청 등의 소조 활동 등을 통해 민족무용의 보급에 힘을 썼다. 1960년대 들어 무용 등 문화예술 분야에서 '조국'과 직접적인 연계가 형성되면서. 총련은 무용의 전문화, 예술화와 동시에 대중화를 중요한 과제로서 추구했다. 무용의 전문화, 예술화는 전문 무용가·단체의 육성을, 대중화는 무용을 보급하기 위한 교육자 또는 지도자의 양성을 필요로 한다. 1964년 5월 25~27일에 열린 총련 제7차 전체대회에서는 무용 창작과 보급 사업을 문예사업의 중심적인 과제의 하나로 설정했다. 그에

----

10) 올림픽에서 '조선민주주의공화국((Democratic People's Republic of Korea)'이 아닌 '북한 (North Korea)'이라는 명칭을 사용하기로 한 데 대한 항의로 보이콧 선언을 했다. 그런데, 당시 북한이 올림픽 보이콧이라는 강수를 둔 것은 1963년 11월 GANEFO(신생국경기대회) 출전선 수들의 1년간 올림픽 참가 자격 정지 조치에 항의라는 측면도 있었다고 한다. 인도네시아는 1962년 제4회 아시아대회에 이스라엘과 중화민국(타이완)을 초청하지 않아 IOC(국제올림픽 위원회)와 대립이 심화되자 IOC를 탈퇴하고 GANEFO를 개최했다. 이에 대응하여 국제육상 경기연맹과 국제수영연맹은 GANEFO 출전 선수에 대한 올림픽 참가 자격 1년간 정지를 권고 했다. 북한 선수 6명이 그에 해당되었는데, 그중에는 GANEFO 3관왕이자 당시 400m와 800m 의 세계 최고 기록 보유자이던 육상 선수 신금단이 들어 있었다(스포티비뉴스, 2018.3.31).

따라 전문예술단체로서 총련 지역본부들에 거점을 두고 활동하는 지방가무단이 여러 개 결성되었고, 문예동 지부 조직들이 꾸려졌으며, 조선대학교에 예술학원이 개설되었다. 이로써 민족무용 전승 및 보급을 위한 조직적 기반이 정비되었다. 이러한 조직적 기반과 더불어 지도교원, 지도원 강습이나 학생과 일반 무용 애호가를 대상으로 하는 경연대회 등 다양한 활동을 조직하여 민족무용의 전문무용가와 무용 지도자 양성과 대중 보급의 체계가 구축되었다.

1) 전문예술단체

1960년대 중반 총련은 산하에 전문예술단체로서 재일조선중앙예술단과 지방가무단이라는 두 축을 확립했다. 1955년에 결성된 중앙예술단은 도쿄올림픽 이후 민족적 성격을 강화하고 본격적인 활동을 전개했으며, 1965년에는 또 다른 총련 산하 예술단으로서 지방 가무단이 결성되었다. 전문예술단체들은 총련 조직의 통일적인 지도 아래 민족무용 보급의 견인차 역할을 하였다.

(1) 재일조선중앙예술단에서 금강산가극단으로

도쿄올림픽이 열린 1964년 10월에 중앙예술단은 도쿄 산케이홀에서 공연 횟수 1500회 돌파 기념공연을 개최했다. 설립된 지 9년여 동안 1500회라는 건 연평균 150회를 넘는 공연을 소화한 셈이다. 중앙예술단은 1962년부터 '귀국선' 선상 지도를 통해 북한무용을 전수받았고, 공연을 위한 무용의상과 소도구, 소품, 음악 등도 북에서 가지고 온 것을 받았다. 민족무용을 하는 데 있어 그 원천이 되는 '조국'은 민족정체성의 기반일 뿐 아니라 무용가로서도 가장 중요한 자원이라 할 수 있다. 그런 점에서 '조국'과의 직접적인 연계를 확보할 수 있었던 중앙예술단(금강산가극단에 이르기까지) 단원은 무용가로서 특별한 혜택을 받은 것이라고 할 수 있다.

올림픽 이듬해인 1965년은 총련과 중앙예술단의 창립 10주년이 되는 해였다. 중앙예술단 창립기념일(6월 6일)을 앞두고 5월에 재일조선중앙예술단 회관이 준공되었고, 같은 해 10월에는 단원 일부에게 처음으로 조선민주주의인민공화국 '공훈예술가', '공훈배우'의 칭호가 수여되었다. 이때 재일조선인 무용가로서는 최초로 임추자가 '공훈배우' 칭호를 받았다. 중앙예술단은 북한무용을 재일동포 사회에 전수하는 동시에 민족성을 보다 뚜렷이 살려나가는 방향으로 무용 작품들을 창작하여 전국적인 공연을 통해 이들을 보급하는 역할을 하였다.

이상과 같이 북한과의 연계를 토대로 1960년대 중반 민족예술단체로서 새로운 면모를 확립한 중앙예술단은 1974년에 또 다른 전환점을 맞게 된다. 최초의 북한 방문 및 평양에서의 공연을 실현한 것이다. 앞에서도 언급했듯이 1970년대 초까지 북한과 일본 사이에는 원칙적으로 왕래가 불가능했다. 일본정부는 국교가 없는 북한의 여권을 인정하지 않았고 '조선'적 재일한인에게는 인도적 사유에 한해 예외적으로 재입국 허가를 내주었다. 그런데 1972년부터 인도적 사유 외에 경제, 스포츠, 문화, 예술, 학술 교류 목적의 방문에 대해서도 재입국을 허용하는 것으로 방침을 변경함에 따라 제한적이기는 하지만 북한 방문의 길이 열리게 되었다(정인섭, 1995: 187~188).

1974년 총련은 김일성의 생일인 태양절 경축 공연을 위해 '재일조선인예술단'을 북한에 파견했다. 재일조선인예술단은 중앙예술단을 모체로 하고 여기에 각 지방 가무단에서 선발된 인원을 더해서 구성되었다. 예술단은 〈수령님의 만년장수 축원합니다〉를 창작하여 태양절 하루 전인 1974년 4월 14일에 김일성 앞에서 공연했다. 공연을 관람한 김일성은 예술단을 높이 치하하면서, 조국에서 혁명가극 〈금강산의 노래〉를 배워 조국의 선물로 일본에 있는 동료들에게 가져가라고 하였다. 이에 예술단은 만수대예술단, 피바다가극단 등의 예술인들로부터 〈금강산의 노래〉를 전습하여 6월 27일 공연을 통해 그 성과를 피로했다(박정순, 2012: 63~64).[11] 김일성은 예술단의 성과를 높이 평가하고, 단원들을 '혁명적 예술인'이라고 치하했다.

> "동무들이 조국에 와서 속도전을 벌려 불과 한 달 동안에 혁명가극 〈금강산의 노래〉를 그처럼 훌륭하게 배운 것은 참으로 장한 일입니다. 이것은 동무들이 우리 당의 혁명사상, 주체사상으로 튼튼히 무장하였다는 것을 말하여주는 것입니다. 동무들은 주체사상이 꽉 들어찬 혁명적 예술인들이며 슬기로운 조선민족의 피줄을 이어받은 재능있는 예술인들입니다(박정순, 2012: 64에서 재인용).

〈금강산의 노래〉는 영화 〈금강산처녀〉를 가극으로 각색한 작품으로, 1973년에 김일성의 생일을 기념하여 제작되었다. 북한의 5대 혁명가극 중 마지막으로 창작된 이 작품에는 북한에서 4대 혁명무용의 하나로 꼽히는 〈사과풍년〉과, 주제곡 〈금강산의 노래〉, 〈경치도 좋지만 살기도 좋네〉, 〈달빛 밝은 이 밤에〉, 〈금강산에 선녀들이 내린다 하지만〉, 〈목란꽃의 노래〉 등이 들어 있다. 재일조선인예술단은 〈금강산의 노래〉 공연을 계기로 김일성으로부터 '금강산가극단'이라는 이름을 받았다.

1974년 재일조선인예술단의 일원으로 처음 '조국' 땅을 밟은 임추자는 감격에 겨워 배에서 내리자마자 엎드려서 흙을 한 줌 집어 들었다. "민족무용은 흙냄새가 나야 진짜"라고 생각해 왔기 때문이다(任秋子, 2004: 203~204).

---

11) 박정순에 의하면, 재일조선인예술단은 이때 북한의 작품들인 무용 〈새봄〉과 독무 〈풍년씨앗 뿌려가세〉, 〈근거지처녀〉 등을 전습 받아 예술적 기량을 한층 높였다고 하는데, 이 무용들이 혁명가극 〈금강산의 노래〉 일부인지, 그와는 별도로 배운 작품들인지는 분명치 않다.

임추자는 그 흙을 가지고 돌아와 자신의 방에 고이 간직했다. 임추자는 가극단 입단 후 오랫동안 무용부장을 맡았는데 고독한 투쟁이 많았다. 무용가로서 더 성장하려면 어떻게 해야 하는지 답답했다. 선배도 없고, 가르쳐줄 사람이 없었다. 무용은 죽을 때까지 계속 새로운 것을 흡수하고, 공부를 해야 하는데, 작품도 창작을 어떻게 하는지 가르쳐주는 사람이 있는 것도 아니어서 힘들었다. 그래서 1974년에 '조국'으로의 길이 열렸을 때는 희망에 부풀었다. 머리 안에만 있던 세계가 실제가 되었다. 그동안은 암중모색이었는데, 국가적인 차원에서 이루어진 세련된 무용을 직접 보고 안무가들과 교류를 하고 협조를 받으니 얼마나 큰 공부가 되었는지 모른다. 배우는 것이 있다는 것 자체가 너무도 행복했다. 임추자는 북한에 갔을 때 북에서 최승희 무용학교를 나온 제1기, 제2기 제자들로부터 직접 최승희와 안성희의 작품들을 배웠다. 이렇게 재일조선인예술단의 첫 북한 방문은 무용가 개인으로서도 매우 중대한 의미를 지니고 있었다. 조선무용의 '본가'라고 할 수 있는 '조국'에서 '진정한' 조선무용을 배움으로써 조선무용가로서의 정체성을 확고히 가질 수 있었기 때문이다.

1974년 8월 29일 '금강산가극단'이 공식적으로 출범하여, 조선민주주의인민공화국 창립기념일인 9월 9일 도쿄 아사쿠사 국제극장에서 〈금강산의 노래〉를 선보였다. 이듬해 금강산가극단(전 중앙예술단) 창립 20주년을 맞이하여 〈금강산의 노래〉를 다시 상연했다. 이 시기에 많은 재일조선예술인들이 북한으로부터 공화국인민배우, 공훈배우, 공훈예술가 칭호와 국가 훈장을 받았다. 이후 금강산가극단은 북한의 유일한 국립 해외가극단으로서 주체예술론에 입각한 민족무용을 재일동포 사회에 널리 선전하고 보급했다. 그 후 1977년과 1980년에 다시 북한을 방문했고, 1982년부터 해마다 북한에 가서 예술축전에 참가하고 강습도 받는 등 북한과의 직접적인 교류가 심화되었다.

중앙예술단은 1960년대부터 북한의 무용을 재일동포 사회에 소개하고 전승하는 한편, 많은 무용 작품들을 창작했다. 북한무용이 유입되기 이전, 1950년대에는 총련계의 조선무용도 재일동포 사회 내부에서 창작할 수밖에 없었다. 1960년대에는 북한에서 〈조선민족무용 기본〉도 들어오고, 선상 지도를 통해 북한무용을 직접 배우기도 하면서, 창작도 북한의 무용 양식을 따라가게 되었을 것이며, 자연히 1950년대 작품들과는 다른 면들이 나타나게 되었을 것이라고 생각된다. 1964년 5월에 민족예술단으로의 재편을 완료한 중앙예술단은 민족가무 형식으로 30여 편의 작품을 창작했다. 이 시기에 창작된 무용작품들은 재일동포들의 '귀국'과 사회주의 조국의 현실, 동포들의 생활, 조국에 대한 그리움과 애국심, 조국통일 등을 다루었다. 무용조곡 〈귀국선〉은 당시 창작된 대표적인 작품의 하나로, 총 3경(제1경 '이국의 사람들', 제2경 '영웅적 모습', 제3경 '귀국선을 타고 기쁨에 넘친 동포들')으로 구성되었다. 그 밖에도, 〈아름다운 조선〉(전 3장, 제1장 무용극 '횃불', 제2장 민요집 '노래하자 나의 조국', 제3장 무용조곡 '동트는 아침'), 무용 〈공화국 할머니들 늙을 줄 모른다네〉, 〈혁명전통〉, 〈협동마을〉, 〈모란봉〉, 〈일터의 휴식〉, 〈조선은 하나다〉, 〈천리마여 앞으로〉, 〈해방탑〉, 〈조국〉 등이 있다(박정순, 2012: 37~39).

(2) 지방가무단

1965년 6월에 개최된 〈조선총련의 문화사업을 더욱 발전시키기 위한 교토부 조선문화인 대회〉를 전후해서 각 지방에 "춤과 노래, 화술 등으로 조선총련의 활동과 동포들의 요구를 전달하는 예술기동선전대"로서 지방가무단이 결성되었다(在日朝鮮人歷史研究所, 2005: 73). 가무단은 청년동맹을 중심으로 총련 각 현본부들에서 활동하던 문선대를 토대로 지방 단위에서 결성되었는데, 처음에는 '가무단'이 아닌 '문선대'라는 명칭이 그대로 사용되기도 했다. 일례로 도쿄가무단도 1965년에는 '도쿄문선대'라는 이름으로 출범하여 〈부채춤〉, 〈너도나도 치마저고리〉 등을 공연했다(박정순, 2012: 48). 도쿄가무단을 필두로 가나가와, 기타간토(도치기, 사이타마, 야마나시 등 포괄), 고베, 교토, 아이치, 히로시마, 규슈, 홋카이도 등 재일한인들이 많이 거주하는 지역에서 가무단이 조직되었다.

문선대는 구성원들이 각자 본업을 갖고 있으면서 그와 병행하여 활동을 한 데 비해, 가무단은 총련의 사업체인 전문예술단으로서 단원들은 총련에서 급료를 받는 직업적인 전문예술인이다. 가무단 단원은 조선학교에서 민족문화를 배우고 훈련을 받은 우수한 인재들과 조선무용이나 민족음악의 전수를 받은 재일동포 2세, 3세들 가운데서 뽑았다. 1966년 이후 매년 개최되는 〈전국 학생예술경연대회〉에서 독주, 독무 부문 1, 2등을 한 학생들이 나중에 가극단이나 가무단 단원으로 뽑히게 된다. 예술경연대회에 참가하는 것은 대개 무용, 악기 등 예술소조에서 활동하는 학생들이며, 가극단이나 가무단에 들어가는 경우 고등학교 졸업 후 곧바로 입단하는 것이 일반적이었다. 예술경연대회에서 수상한 학생들 중에는 대학에 진학하여 다른 길을 걷는 학생들도 있지만, 과거에는 재일동포들, 그중에서도 여학생들이 대학에 진학하는 일은 극히 드물었다. 가극단이나 가무단은 총련계 재일동포 사회에서는 일종의 국공립에 해당하는 공적 예술단인 만큼 '전문예술가'이자 '총련일군'으로 대우받을 수 있는 훌륭한 직장이기도 했다.

문선대는 노들강변, 양산도 등 민요에 맞춰서 무용을 했고, 단원들이 직접 안무를 했다. 그에 비해 가무단은 결성 초기에는 잠시 단원들이 안무를 했지만 나중에는 금강산가극단에서 강습을 받게 되었다. 가극단에서 강습이 시작된 시기는 알 수 없지만, 중앙예술단 시절부터 가무단의 신입 단원들은 3개월간 중앙예술단에 가서 집중 훈련을 받았다. 금강산가극단으로 재편된 후에도 강습회는 계속되다가, 1984년부터 신입 단원들이 평양음악무용대학에 가서 강습을 받게 됨에 따라 금강산가극단에서의 강습은 종료되었다. 가무단원들의 역량 강화를 위해 가무단 경연대회도 개최되었다. 당시 가무단뿐 아니라 가극단도 이 같은 경연대회를 열었다고 한다. 가무단 경연대회의 경연 부문은 지정 과제와 자유 과제로 나뉘어졌으며, 지정 과제는 주로 북한의 전문 무용가가 만든 작품들, 자유 과제는 가무단 단원들이 창작한 작품들이었다. 당시 지정 과제에 들어있던 무용작품으로는 예를 들어 〈북춤〉, 〈장구춤〉, 〈도라지춤〉 등의 민속무용이 있었다. 한편, 자유 과제는 생활 속에서 소재를 찾아도 되고 민속무용을 할 수도 있었는데, 전자의 경우, 예를 들어 재일동포가 신문배달을 하는 모습이라든가, 아니면 북한의 노동자들의 생활을 상상해서(예컨대 비단실 뽑는 노동이라든가) 안무를 했다. 가무단 경연대회는 1990년경까지 개최되다가 없어졌다.[12]

지방가무단은 '예술기동선전대'라는 취지에 맞게 작은 규모로 조직되어 동포들의 요구에 부응하여 다양한 장에서 노래와 춤, 만담, 재담 등으로 공연을 한다. 예를 들어 결혼식, 운동회 같은 동포들 모임에서 공연하여 흥을 돋우는 역할을 하고, '대외사업', 즉 대외적인 사업으로 손님들을 접대하는 장에서 공연을 하기도 하며, 한센병 시설에서 위문공연도 한다. 또한 조선학교에서 공연하기도 한다. 금강산가극단이 전국적으로 대규모 공연을 주로 하는 데 비해 가무단은 상대적으로 대중의 일상생활에 가까운 곳에서 활동해 왔다. 그래서 "가극단은 무대에서 보는 예술. 가무단은 보통 동포들에게 가까이 다가가는 예술"로 비교되기도 한다. 동포들의 일상생활에 가까운 곳에서 활동하는 가무단은 결혼식이나 운동회, 대외사업 등의 장에서 공연을 하다 보면 술자리도 적지 않다. 그러나 이런 자리에서 공연을 하더

---

12) 전 오사카 가무단·금강산가극단 단원 이민선 선생 인터뷰에 의거함(2013년 6월 26일 오사카 츠루하시에서).

라도 가무단원들은 결코 '기생'으로 간주되는 일은 없고 전문예술가로서 대우받는다. 가무단에 들어가면 예술인이야말로 사상이 없으면 못한다고 가르치고, 술자리가 있는 경우의 예능 공연도 '유흥'이 아닌 총련 커뮤니티의 '사업'으로서 공적인 의미가 부여되며, 급료는 총련에서 보장하기 때문에 총련 조직의 구성원인 전문예술가라는 정체성을 명확히 갖게 되는 것이라 생각된다. 단원들의 급료가 총련에서 나온다 해서 가무단이 무료 공연을 하는 것은 아니다. 총련이나 산하 단체 또는 일반 동포들의 요청에 의해 공연을 나가게 되면 주최 측으로부터 공연비를 받는다. 단, 이 공연비는 총련에 납부하고, 총련으로부터 공연 실비를 지급 받는 방식을 취해왔다. 한편, 가무단원들은 공연 외에 총련계 동포들의 예능서클인 소조들을 지도하는 역할도 해왔다.13)

2) 조선학교

조선학교는 1956년에 조선대학교가 설립됨으로써 초·중·고급학교와 대학교에 이르는 완결된 민족교육 체계를 이루게 되었다.14) 총련계의 민족무용 전승체계에서 가장 기반이 되는 부분은 조선학교라고 할 수 있다. 조선학교의 민족무용교육은 차세대 무용전문가 육성을 위한 정규적인 무용예술교육 체계나 학교교육의 정식 과목을 통해서가 아니라, 주로 과외의 조

---

13) 1984년에 도쿄가무단에 입단한 고정순에 따르면, 가무단은 공연이 많고 더욱이 지방공연도 있는데, 조선학교 무용소조를 지도하면 학교 콩쿠르 준비 등으로 시간이 부족하여, 1980년대 초에 조선학교 소조 지도는 하지 않기로 했다. 고정순이 입단했을 때는 도쿄가무단이 조선학교 소조 지도는 하지 않기로 한 지 2, 3년 정도된 시기라고 하였다. 고정순는 가무단 시절 다섯 개 정도의 소조를 지도하고 있었다.
14) 조선대학교는 1968년 17일에, 나머지 조선학교들은 1975년 1월까지 모두 학교법인 인가를 받았다.

청, 소년단 활동인 무용소조 활동을 중심으로 해서 이루어져 왔다(박정순, 2000: 32). 유일하게 조선대학교 교육학부의 교육학과와 보육과에 무용 수업이 있으나 여기서 이루어지는 교육은 매우 제한적이다.[15] 조선학교의 소조활동은 각급 조선학교에 설치된 소년단(초중고)과 조청(대학)의 과외활동으로 자리매김되어, 학생들이 소년단이나 조청에 입단하여 소조활동을 하는 구조로 되어 있다. 예를 들어 초급학교 4학년 때 처음으로 소년단에 입단하기 때문에 소조활동도 4학년부터 하게 되는 것이다. 조선학교의 소년단과 조청은 동포 학생·총소년들을 조직적으로 단련시키고 정치사상적으로 교양하는 것을 목적으로 하는 사상교양단체이다(박정순, 2000: 90). 이렇게 정규 교과과정이 아니라 소년단·조청 활동의 일환인 무용소조를 통해 수행된다는 점이 조선학교 민족무용교육의 특징이다. 이는 총련의 민족교육에서 음악교육은 초급부로부터 중급부, 고급부에 이르기까지 중요한 교과목으로 수행되고 있는 것과도 다른 점이다.

(1) 조선대학교

조선대학교의 전신은 1953년 10월 22일에 교원 양성을 주된 목적으로 설립된 중앙조선사범학교다. 총련이 결성된 지 약 1년 후 1956년 4월 10일에 중앙조선사범학교는 조선대학교로 승격 재편되었다. 처음에는 2년제 단기 7학과로 출범했으나, 점차 4년제 종합대학으로 발전했다. 조선대학교에 정식 과정으로 예술과가 설치된 것은 개교한 지 9년 만인 1965년이다.[16] 그에 앞서 1963년 5월에 조선대학교에 통신학부로 예술학원이 개설

---

15) 2000년 현재, 초급부 교원 양성을 위한 교육학과(3년제)에서는 예술교육 선택으로 무용교육이 있고 수업의 형태로 주당 2강의(1강의 80분)를 3년간 듣는다. 유치원 교원을 양성하는 보육학과(2년제)에서는 주당 1강의를 2년간 듣는데, 여기서는 주로 '유아무용'으로서 노래와 유희, 일과 율동을 배워준다(박정순, 2000: 32).

되었고, 1964년 1월 사범교육학부가 신설되면서 예술학원은 동 학부 부설로 편제되었다(박정순, 2012: 44). 조선대 부설 예술학원은 정규 과정이 아니라 문선대, 문공대의 인적 자원을 양성하기 위한 6개월짜리 강습 프로그램이었다.

조선무용계의 원로였던 고(故) 강휘선(1944~2015)은 이 강습 프로그램을 초창기에 수료하고 조선학교 강사로서 조선무용의 길로 들어서게 되었다.[17] 오사카에서 태어난 강휘선은 어릴 때부터 무용을 좋아해서 보면 곧잘 따라 했고 잘한다고 칭찬도 받았지만, 가난해서 정식으로 배우러 다니지는 못했다. 조청에서 일할 때 춤 배울 기회가 있으면 빠지지 않고 배웠는데, 1963년 어느 날 조직에서 조선대에 예술과를 만들기 위해 시험적으로 6개월간 부속 예술학원을 운영한다니 가서 배우라고 하여 강습 프로그램에 참가하게 되었다. 조선대 부설 예술학원에서는 당시 오사카에 와 있던 김장안에게서 무용을 배웠다. 김장안은 본래 도쿄에서 가르쳤는데, 사정이 있어서 오사카로 와 있었다. 김장안은 강휘선의 어깨가 올라가 있어서 조선춤에는 맞지 않는다고, 어깨가 내려오도록 양손에 무거운 것을 들고 다니는 연습을 하라고 했다. 강휘선은 자신이 170센티의 장신에 체격이 남자 같았는데, 그때부터 열심히 노력을 했더니 어깨가 내려오고 자연히 목도 쑥 나오고 등도 펴졌다고 했다. 예술학원 수료 후 1964년에 문예동 오사카 지부 무용부장을 맡게 된 동시에 오사카조선고급학교 무용강사로 배치되

---

16) 중앙사범학교 중앙기성위원회에서는 동 사범학교 제3기부터의 교육에 대해 몇 가지 개선책을 제시했는데, 그 안에는 '예술과' 설치안도 들어 있었다. 그 내용은 학제는 문과, 이과, 예술과의 3개 학과를 두고, 각 학과의 수업 연한은 모두 1년으로 하며 수업 인원은 문과·이과 각 50명, 예술과는 40명, 예과 60명으로 한다는 것이었다(金德龍, 2004: 148). 이 제안에 비추어 볼 때 일찍부터 예술교육에 의미를 두고 있었던 것으로 보이나, 조선대학교 개교 당시에는 예술과가 설치되지 않았다.

17) 이 부분은 2013년 6월 20일 강휘선 조선무용연구소에서 있었던 제2차 인터뷰 구술 자료에 의거함.

었다. 오사카조선고급학교에서는 1975년까지 11년간 학생들을 가르쳤고, 지역에서 여맹 맹원인 주부들을 비롯하여 여러 서클들의 무용 지도를 하기도 했다.

1965년에는 예술과가 조선대학교의 정식 과정으로 개설되었으며, 여기에는 무용도 포함되어 있었다. 그러나 전문적으로 가르칠 만한 교원이 늘 있었던 것은 아니다. 조선대 부설 예술학원에서 무용을 가르쳤던 김장안은 이 무렵 '귀국사업'을 통해 북한으로 이주했다. 조선대학교 교육학부 박정순 교수는 1975년에 전임강사로 취임한 이래 지금까지 40여 년간 조선대학교에서 무용교육을 담당해 왔는데, 본래 전공은 무용이 아니라 조선문학이었다. 그런데 졸업하던 해에 무용 교원이 부족하다 해서 무용을 하게 되었다. 박정순은 중급학교 때부터 무용소조 활동을 시작하여 조선대학교에 들어가서도 무용소조 활동을 계속했는데, 2학년 때까지는 무용 선생님이 없었고, 3학년 때 고베에서 온 선생님이 4학년 때까지 지도했다. 이런 상황에서, 조선어 교육은 다른 사람도 할 수 있지만, 무용은 달리 할 만한 사람이 없었기 때문에 박정순이 무용을 하게 되었다. 그래서 독학으로 공부하기도 했고, 클래식 발레를 배우기도 했다. 금강산가극단에 가서 정보를 수집하여 연구를 하기도 했다. 졸업 후에 곧바로 조교로 들어온 이래 지금까지 조선대학교에서 무용을 지도하고 있다.[18]

이상과 같은 박정순의 사례는 적어도 1970년대 중반 무렵까지는 조선대학교에서 안정적인 무용교육을 제공하지 못했고, 정규 무용 교원이 부재했음을 보여준다. 1965년에 개설된 예술과에 1기부터 무용 전공이 있었지만, 이 전공에서 배출된 사람은 없다고 보아야 할 것이다. 박정순에 따르면 무용 전공 희망자는 거의 없고 예술과는 사실상 음악 중심으로 운영되는 실

---

18) 박정순 2018년 6월 12일 인터뷰에 의거함. 조선대학교 박정순 교수 연구실.

정이라고 한다. 무용 수업은 예술과가 아닌 사범교육학부에 개설되어 있다. 교육학부에는 사범과와 교양원과가 있어서 사범과를 졸업하면 기본적으로 조선 초급학교 교원이 된다. 중·고급학교 교사는 4년제 외국어학부나 이학부 등 전문학부 졸업자들이 배치된다. 교육학부에는 무용 과목을 1부터 5까지 정식 과목으로 설정하고 있어 소학교 교원이 될 사범과 학생들은 무용 수업을 듣는다. 이것은 필자가 박정순 교수를 인터뷰한 2017년 현재의 실태이지만, 적어도 그가 조선대학교에 부임한 1975년 무렵부터는 이와 같은 체제가 유지되어 온 것으로 보인다.

박정순이 조선학교 초·중·고급부에 다닌 것은 1960년대인데, 요코하마 조선초급학교 시절에는 학교에 무용교사가 없었다. 대조적으로 일본학교를 졸업한 전공자가 교원으로 있었던 성악부 활동은 활발했다. 가나가와 중·고급학교에는 무용 서클이 있었고, 전문적이지는 않지만 선배들이 가르치기도 했다. 조선대학교 졸업생 중 가무단이나 가극단에 들어가는 경우도 없지 않지만, 대개는 조선학교 교원이 되어 무용소조를 지도한다. 전국 조선학교(초·중·고급)에서 무용을 지도하는 교원의 93%는 조선대학교 출신이다. 이들은 대부분 무용 전공자가 아니라, 조선대학교에서 무용소조 활동을 했던 사람들이다. 박정순 교수와의 인터뷰를 진행한 2017년 당시 조선대학교 무용소조는 주 4회 연습을 하고 있으며, 매년 정기 발표회도 갖고 있다. 그만큼 무용교육에서 소조활동이 차지하는 비중이 정규 수업보다도 큰 것이라고 할 수도 있다.

(2) 조선초·중·고급학교

앞에서 언급했듯이 조선학교의 민족무용 교육은 정규 교과과정이 아닌 과외 소조활동을 통해 이루어진다. 무용 수업은 없고, 대신 정규 교과목인 음악 수업에서 장단과 율동을 결합시켜 민족무용의 초보적인 동작들을 체계적으로 가르친다. 음악 수업에서는 총 10개의 조선 기본장단과 함께 매 장단에 따르는 노래와 춤 율동을 가르치고 있다. 예를 들면 초급부에서는 저학년에서 안땅장단과 반굿거리장단, 고학년에서는 반살푸리장단과 덩덕 꿍장단의 네 가지 장단을 습득시키면서 노래 〈옛이야기〉, 〈동식물풀이〉, 〈가야금아 울려라〉, 〈어머니를 모시고 행복하게 살리〉를 가르치는데, 이 때 교원은 장단에 맞는 동작을 만들어 춤추어보자고 하는 식으로 조선무용 의 가장 기초적이고 단순한 움직임과 율동을 가르쳐준다. 민족장단에 노래 와 춤 율동을 배합하는 이러한 음악교육은 초급부 단계로부터 고급부 단계 에 이르기까지 순차적으로 진행되는데 이 과정에 학생들은 조선무용의 기 본동작들인 보통걷기, 곱디더걷기, 머물러걷기, 팔메기와 감기, 어깨춤 동 작까지 배울 수 있다(박정순, 2012: 68). 따라서, 조선학교 출신이면 따로 무 용을 배우거나 하지 않았더라도 기본적인 민족장단과 춤동작을 어느 정도 익혔다고 할 수 있으며, 이것이 민족무용의 대중화에 중요한 기반이 된다 고 하겠다.

학교 무용소조는 무용을 좋아하는 학생들을 모아 그들의 예술적 기량과 재능을 키워주는 기능을 한다. 재능 있는 학생들을 차세대 무용전문가로 키워내기 위해서는 그들의 예술적 기량을 집중적으로 높이고 발휘할 수 있 는 조건과 계기를 마련해 주어야 하는데, 매년 10~11월에 개최되는 〈재일 조선학생중앙예술경연대회〉는 이를 위한 가장 핵심적인 장이다. 조선학교 학생들을 대상으로 한 이 예술경연대회는 북한이 조선학교에 민족악기를 보내온 것을 계기로 1968년에 시작되었다. 1966년에 북한은 도쿄조선제1· 중급학교에 관현악단 편성을 할 수 있는 만큼의 민족악기를 보내왔다. 이 때 전달된 악기는 13현 가야금, 소아쟁, 중아쟁, 대아쟁, 피리, 대피리, 저 비파, 양금, 저금(칠현금 비슷함), 해금, 대금, 장고, 꽹과리, 북을 포함 22종 97점에 이른다.[19] 1966년, 300여 명의 동포와 학생들이 모인 가운데 악기 전달식이 거행되었다. 많은 총련계 재일동포 학생들은 이를 계기로 처음으로 민족의 악기와 음악을 접하게 되었다. 그 동안에는 예술단이나 일부의 동포들 사이에서만 민족음악 연주가 가능했는데, 이를 계기로 민족음악을 연주할 수 있는 층이 확대되었다(박순아, 2011: 57).

전국학생예술경연대회는 성악, 양악, 민족기악, 무용, 병창 등 여러 분야로 구성되어 있고, 초·중·고 각급별 독무, 중무, 군무(음악은 솔로, 중주, 합주) 등 다양한 종목으로 경연이 이루어지며, 각 지방예선을 통과한 학생들이 본선에 해당하는 중앙대회에 참가한다. 조선학교 무용소조 학생들은 매년 열리는 이 대회를 목표로 열심히 연습을 하는데, 대회 출전을 위해 교원이 가극단이나 가무단원을 초빙해서 좀 더 전문적인 지도를 받도록 하거나, 학생이 개인적으로 별도의 지도를 받기도 한다. 이 경연대회에서, 특히 독무 부문에서 수상하면, 졸업 후 가극단이나 가무단 단원으로 뽑혀갈 가능성이 높기 때문에 전문적인 무용가가 되고 싶은 학생들은 이 대회에 전력투구할 수밖에 없다.

이렇게 전국학생예술경연대회는 소조활동의 성과를 평가하고 경쟁을 통해 차세대 무용가를 발굴·육성함으로써 총련계 민족무용 전승체계에서 매우 중요한 부분을 이룬다. 그러나 이 경연대회는 우수 인재 육성을 위한 경쟁 시스템이라는 측면과 더불어 총련계 동포 사회의 커뮤니티적 성격을 재생산하는 측면도 내포하고 있다. 즉, 지방 예선과 중앙대회를 거치는 동안 전국의 조선학교 예술소조 학생들과 학교들이 서로 교류를 하게 되는 것이다. 경연대회 외에도 조선학교 무용소조 학생들이 교류할 기회가 다양하게

---

19) 박순아에 따르면, 이때 전해진 악기들은 아직 개량이 안 된 전통악기들이었다고 한다. 해금은 현재 한국에서 쓰이는 것과 같은 것이며, 지금 보기 힘든 저비파, 저금이라는 악기도 있었다. 1972년에는 북한에서 새로운 개량악기를 보내왔다. 19현 가야금, 키가 달린 죽관악기, 목관악기, 소해금, 중해금, 저해금, 양금 등(박순아, 2011: 57, 59).

존재한다. 예를 들어 8·15나 김일성 생일 같은 때는 경축행사를 위해서 전국학교들이 모여 연습하고 공연을 한다. 조선학교에서 무용소조를 지도하는 교원들은 거의 다 조선대학교 무용소조 출신이다. 전공은 서로 다르더라도 무용소조 선후배 관계에 있는 교원들이 각 학교에서 무용소조를 지도하게 되니 단위 학교를 넘어서 함께 연습하고 공연하는 일도 있고, 무용소조들이 전국 단위의 행사에서 만나도 자연스럽게 교류가 이루어질 수 있다. 소조를 지도하는 교원 자신도 대부분 조선학교 출신이고 무용소조 활동을 했던 사람들이어서 교원과 학생들도 선후배 관계이다. 이렇게 서로 연결된 관계인데다가 행사들을 함께 치르면서 생겨나는 유대감도 있다 보니, 조선학교 무용소조 출신들 사이에는 하나의 커뮤니티와도 같은 유대관계가 형성된다.

총련의 주요 기념행사들의 일환으로 이루어지는 대규모 공연은 여러 조선학교 학생들이 함께 참가하는 경우가 많다. 수천 명이 참가하는 대규모 공연은 도쿄올림픽 이듬해인 1965년 무렵부터 등장하기 시작했다. 1965년에는 총련 결성 10주년을 경축하는 대집단체조 〈조국에 드리는 노래〉와 조선민주주의인민공화국 창건 17주년을 기념하는 집단체조 〈영광스러운 우리 조국〉 등의 공연이 있었다. 대집단체조는 간토지방 조선초·중·고급학교 및 조선대학교 학생 8000여 명이 출연한 대규모 행사였다. 1966년부터는 매년 잇달아 대음악무용서사시가 창작되었다. 1966년에는 중등교육 실시 20주년, 조선대학교 창립 10주년 경축 대음악무용서사시 〈조국의 해빛아래〉, 1967년 〈조국과 수령께 드리는 노래〉, 1968년 조선민주주의인민공화국 창건 60주년을 경축하는 〈위대한 수령님께 영광을 드립니다〉, 〈영광스런 조국 – 조선민주주의인민공화국〉 등의 공연이 이루어졌고, 1970년 4월에는 〈조국의 해빛아래〉가 다시 상연되었다(박정순, 2012: 49). 1966년에 처음으로 선보인 대음악무용서사시 〈조국의 해빛아래〉는 출연자 3000명,

스태프 2000명이 참가한 대형 프로젝트로 1966, 1967년 두 차례에 걸쳐 공연되었다. 1967년에 초연된 대음악무용서사시 〈조국과 수령께 드리는 노래〉에도 전문예술단체인 중앙예술단·지방가무단과 조선대학교 및 조선학교 초·중·고급부 학생들 총 3000명이 참가했고, 1972년에는 김일성 탄생 60주년 경축 대음악무용서사시 〈조국의 해빛아래〉에도 중앙예술단과 조선대학교 및 간토지방의 각급 조선학교 학생들이 참가했다(박정순, 2012: 53, 58). 다른 작품들의 출연진과 참가 인원에 대해서는 정보가 없어 단언할 수는 없지만, 이 두 작품과 대동소이하지 않을까 생각된다.

1960년대 후반에 이런 대규모 공연 프로젝트들이 진행될 수 있었던 것은 1960년대 중반까지 총련 산하 전문예술단과 조선학교라는 두 축을 중심으로 한 민족무용(음악무용) 전승체계가 어느 정도 정비되었기 때문이라고 할 수 있다. 동시에 북한에서 민족악기와 무용교본, 음악, 소도구, 의상 등이 유입되고, '귀국선' 선상 지도를 통해 북한의 무용이 재일동포 사회에 전수된 것도 이 같은 공연에 뒷받침이 되었다. 한편, 대규모 공연이 결과적으로 조선학교 학생들의 민족무용교육에 매우 중요한 수단으로 작용한 측면도 있다. 이와 같은 대규모 공연이 가능하려면, 우선 그만큼 많은 출연진이 확보되어야 하고 그들이 무용 작품을 습득해야 한다. 대규모 공연 출연진의 다수는 무용배우도 예술전문가도 아닌 조선학교 학생들이었다. 1960년대의 중앙예술단과 가무단 단원을 다 합해도 그 수는 100명도 안 되었을 것이므로, 예컨대 3000명이 출연하는 경우, 여기에 동원된 조선학교 학생들의 비중이 어느 정도였을지는 충분히 짐작할 수 있다. 이 시기 학생들의 대다수가 민족무용의 춤가락을 거의 모르는 상태였기 때문에 민족무용의 기초 동작을 배우는 것부터 시작해서 하나의 작품으로 완성시켜야 했다(박정순, 2012: 54).

1966년에 초연된 〈조국의 해빛아래〉는 제1장 '번영하는 조국', 제2장 '조국의 해발 아래', 제3장 '조국의 평화적 통일'로 이루어졌으며, 조선의 식민지 시대, 해방, 사회주의 건설, 인민생활 향상, 해외동포 생활 등의 역사를 합창, 중창, 민족기악 합주, 무용, 농악으로 구성했다. 〈내 나라〉, 〈세상에 부럼없어라〉의 합창으로 시작하는 이 대음악무용서사시에는 〈긴아리랑〉, 〈고난의 행군〉, 〈만풍년〉, 〈우리는 조선의 아들딸이다〉, 〈농악〉, 〈노호하라 남해바다여〉 등의 무용 작품이 들어갔다(任秋子, 2008.9.26; 박정순, 2012: 53). 대군무 〈유랑의 길〉, 〈고난의 행군〉, 〈아아, 우리들의 태양〉, 〈복구건설〉, 〈쇠물은 흐른다〉, 〈바다의 노래-어부의 춤, 진주와 산호〉, 〈풍년만작-북춤〉, 〈노도의 남해〉, 이러한 무용 작품들을 북한의 일류 무용가들이 중앙예술단 무용수들에게 전수했고, 중앙예술단 무용수들은 이를 가무단과 조선대·조선고교 학생들에게 가르쳤다. 이렇게 해서 북한에서 전수된 이 작품들은 일본에서 총련계 무용인들이 만든 대음악무용서사시의 일부로[20] 녹아 들어가 무대에 올려졌다. 박정순은 이 같은 대음악무용서사시들은 "조국의 지원과 도움" 덕분에 "빠른 기간에 사상예술적으로 훌륭히 완성"될 수 있었고, "출연한 재일조선 무용가들과 학생들의 사상예술적 자질은 더 높아지고 작품을 관람한 우리 동포들 속에서는 자기 수령, 자기 조국을 더 잘 알고 순결한 애국심을 바쳐나갈 결심을 더 굳게 하였다"고 평가했다(박정순, 2012: 54).

조선학교 무용부 학생들이 처음으로 북한을 방문하고 공연까지 한 것은 중앙예술단보다도 2년 앞선 1972년이다. 1972년 8월 도쿄조선중고급학교

---

20) 여기서 "조국의 지원과 도움"이란 구체적으로는 무용작품들의 전습, 〈조선민속무용 기본〉을 비롯한 무용작품들이 수록된 영화필름, 수천 벌에 달하는 무용의상, 소도구, 민족악기 등의 제공을 말한다. 특히 김일성 탄생 60주년 경축 대음악무용서사시와 대집단체조의 창작에 대해 북한에서 17종 500여 점에 달하는 민족악기들과 수많은 예술도서, 악보들, 민족무용의상과 소도구들을 여러 차례 보내주었다(박정순, 2012: 58).

축구소조와 요코하마조선초급학교 무용소조 학생들이 북한을 방문하여 김일성이 관람하는 가운데 공연을 했다. 요코하마조선초급학교는 박정순 교수가 재학하던 1960년대에는 무용소조가 없었는데, 조선학교 무용부들 중 가장 먼저 '조국 방문' 기록을 갖게 되었다.

총련의 산하단체인 조청, 여맹 등 각 조직들에서 활동하고 있는 무용소조의 강사와 책임자들, 군중문화사업의 핵심 인력들과 무용 교원들, 전문예술단체의 신진 무용배우, 안무가 등은 모두가 학교 무용소조를 통해 자라난 사람들이다(박정순, 2012: 67). 이와 같이 민족무용을 견인하는 부문이 아니더라도, 학교 무용소조를 통해 자라난 학생들은 학교를 졸업하고 사회에 진출하면서 문예동에 속하기도 하고 또는 조청, 여맹에 망라되어 무용소조활동을 계속하기도 한다(박정순, 2012: 72).

3) 문예동 지부, 지도원 강습: 민족무용의 대중화

그동안에는 북한무용이 일본에 유입될 통로가 부재하여 에컨대 총련의 주요 행사에서 등장한 민족무용은 주로 총련계 동포 사회 내부에서 창작된 작품들이었다. 일례로 1962년 4월 김일성 탄생 50주년을 기념하여 도쿄 간다교리츠강당에서 열린 재일조선인 중앙경축대회의 예술축전은 초중고급학생들부터 청년, 일반 등 각 층이 출연했는데, 이 축전 무대에 오른 다양한 종목들 중 5개의 연극과 구성시, 12개의 무용은 모두 일본에서 태어나 아직 북한을 본 적이 없는 젊은 청년 예술애호가들에 의해 창작된 것이었다. 당시 심사위원들은 경연 수준이 현저히 높아졌다면서 4차례에 걸쳐 진행된 '중앙서클지도원양성소' 사업이 상당히 큰 역할을 한 것으로 평가했다(박정순, 2012: 41~42). 즉, 총련 조직 차원에서 예술애호가들로 서클 지도원을 양성했고 이들이 무용을 창작하여 일반 대중에게 가르쳐서 예술축전 무대에 올린 것이다. 서클 지도원 양성 사업에서 민족무용을 지도한 강사는 누구였는지 알 수 없지만, 민족무용을 지도할 전문적인 인적 자원이 매우 제한적인 시기였던 만큼, 제2장에서 언급했던 김장안이나 임추자를 비롯한 중앙예술단 소속 무용수들이 지도했을 가능성도 있다.

1964년 총련 제7회 전체 대회의에서 문화사업을 대중운동으로 발전시키기 위해 무용의 창작과 보급 사업을 활성화시킨다는 방침이 정해짐에 따라, 지역본부들에 거점을 두고 활동하는 여러 개의 지방가무단이 조직되고, 조선대학교에 예술학원이 개설되었다. 또 하나의 축은 문예동으로, 총련 제7차 전체대회에서 나온 방침에 따라 문예동 지부 조직들도 꾸려지게 되었다. 도쿄, 아이치, 교토, 효고, 오사카, 가나가와 등 각지에서 무용애호가들을 선발하여 민족무용의 기본동작 지도와 군중무용 안무 지도를 위한 지도원 강습을 조직했다. 지도원 강습을 통해 민요와 민요풍의 노래 그리고 〈아들자랑 딸자랑〉 등 민족적인 율동의 춤을 보급했다(박정순, 2012: 37).

3. 주체예술, 국립만수대예술단의 일본 공연

1960년대에는 중앙예술단 무용수들이 '귀국선' 선상 지도를 통해 북한의 무용을 전수 받아 일본에서 공연에 올리고 보급하였으나, 일본에서 북한 예술인 또는 예술단체의 공연을 직접 볼 기회는 없었다. 1970년대 들어 북한의 예술단체로서는 최초로 국립만수대예술단의 일본 공연이 이루어지고, 중앙예술단을 중심으로 한 재일 예술인들의 북한 방문이 실현되는 등 총련계 예술인들이 '조국'과 직접 만나는 새로운 국면이 전개되었다. 1970년대는 김정일이 제1의 문학예술혁명을 추진하여 '주체문학예술의 대전성기'라 일컫는 시기로, 이때 주체문예이론이 정립되었다. 이전에는 사회주의적 사실주의의 당성, 인민성, 계급성을 창작의 원리로 삼았으나 1967년 이후 김일성의 반제항일투쟁을 주제로 하는 '항일혁명투쟁' 작품을 정통으로 내세우면서 주체문예이론을 사회주의적 사실주의 우위에 있는 창작 원리로 선언했다(통일부, 2017: 206~208, 217). 1970년 11월 조선노동당 제5차 대회에서는 전 인민을 공산주의적 세계관으로 무장하기 위한 혁명적인 작품의 창작을 과제로 제시했고, 이후 '전 사회의 주체사상화' 정책이 본격적으로 추진되었다(김채원, 2008: 47). 이런 시대적 배경 속에서 '조국' 북한과의 직접적인 만남은 재일한인사회의 조선무용에 중대한 질적 변화를 가져왔다.

북한 대외문화련락협의회와 일조(日朝)문화교류협회는 1972년 9월 25일에 북일 양국의 문화, 예술, 교육, 언론 등 각 분야의 교류를 추진한다는 데 합의한 바 있다. 1972년은 중일 국교정상화가 이루어진 해다. 그에 앞서 중국 상해무용단의 일본 공연, 세계 탁구대회 등 문화, 스포츠 교류가 있었다. 이 같은 중일관계 진전은 북일관계에도 중요한 참고가 된다. 1973년에는 북한의 국립만수대예술단이 일조문화교류협회와 아사히신문사 초청으로 일본에서 순회공연을 했다. 만수대예술단은 1946년에 창립된 '평양가무단'이 김정일의 지도 아래 재조직되어 1969년 9월 27일 새롭게 출범한 종합 예술단으로, 예술 공연을 통해서 인민에게 주체사상을 전파하여 '온 사회의 주체사상화 위업'을 완수하는 것을 목표로 하였다.

1973년 7월 30일 만수대예술단 220명이 니가타항으로 입국하여, 약 한 달 반 동안 도쿄, 나고야, 오사카, 히로시마, 후쿠오카, 교토, 고베 등 주요 도시들을 순회한 후 9월 17일 출국했다. 8월 2~6일의 첫 공연과 9월 11~13일의 마지막 공연은 모두 도쿄에서 열렸다. ≪아사히신문≫(1973.7.29)은 "올해 들어 북한에서는 여러 사절단들이 계속 일본을 방문하고 있는데 이러한 대형 사절단이 입국 허가를 받은 것은 처음이며 또 60일간이라는 체류 기간도 미승인국에서의 입국으로서는 이례적"이라고 전했다(모리, 2019년에서 재인용). 만수대예술단은 혁명가극 〈꽃 파는 처녀〉와 〈음악무용 종합공연〉으로 총 (60회[21])(특별공연과 시연회를 포함)의 공연을 했고, 50여 개국의 주일 외국인들을 비롯하여 연 18만 명이 이를 관람했다. 음악무용종합공연에서 선보인 무용작품들은 북한에서 4대 명작 무용으로 일컬어지는 〈조국의 진달래〉, 〈눈이 내린다〉, 〈사과풍년〉, 〈키춤'을 비롯하여 '부채춤〉, 〈샘물터에서〉, 〈협동벌의 풍년맞이〉, 〈3인무〉, 〈목동과 처녀〉, 〈쟁강춤〉, 〈양산도〉, 〈농악무〉 등 혁명적이며 민족적 색채가 짙은 대표적 무용작품이었다(박정순, 2012: 62).[22]

만수대예술단의 일본 공연이 재일 조선무용가들에 끼친 영향은 매우 컸다. '귀국선'상에서 북한의 무용가로부터 직접 지도를 받은 임추자 등조차도 '조국'에서 만들어지고 조국의 무용가들이 출연하는 무대를 직접 본 것은 이번이 처음이었다. 박정순은 "만수대예술단의 일본 방문 공연은 일본에서 나서 자란 2세, 3세들이 사회주의 조국에서 찬란히 개화발전한 주체예술을 처음으로 직접 보게 된 력사적인 계기였다"라고 그 의의를 평가했

---

21) 모리 토모오미(森類臣)는 만수대예술단의 공연 횟수를 총 59회라고 했으나(2019, 「북일 문화교류 사례에 관한 일고찰-1973년 만수대예술단 일본 순회공연에 대한 분석」), 조선대학교교수 박정순은 『재일조선인들 속에서 민족무용을 통한 민족성 교양에 대한 연구』(2012: 62)에서 60회라고 하였다. 필자가 1차 자료를 통해 직접 확인하지는 못했기 때문에 어느 쪽이 맞는지 판단하기 어려우나, 박정순 교수가 1974년부터 조선대학교에서 무용부 지도를 해왔고 상기 저서가 박사학위논문인 점을 고려하여, 이 글에서는 박정순의 논문에 의거했다.

22) 북일 문화교류의 사례로서 1973년 만수대예술단 공연을 분석한 모리 토모오미는 다음과 같이 음악 중심으로 주요 프로그램을 소개했다. 합창 〈수령님의 만수무강을 축원합니다〉, 〈영광 있으라, 조국이여〉 외 두 곡/ 여성 이중창 〈수령님 높은 뜻 붉게 피었네〉, 〈아버이 수령님 고맙습니다〉, 〈행복한 내 나라〉, 〈수령님은 인민들과 함께 계시네〉 외 4곡/ 여성 이중창 〈조선팔경가〉, 〈수령님 모신 영에 끝없습니다〉, 〈리별가〉/ 혁명가극 〈밀림아 이야기하라〉 삽입가 외 2곡(모리, 2019).

다(박정순, 2012: 63). 50일에 걸친 만수대예술단의 일본 체류 기간 동안 중앙예술단 예술부문뿐 아니라 무대반과 영화촬영반을 비롯한 100여 명의 구성원들이 만수대예술단 단원들과 같이 생활하면서 성악, 기악, 무용, 미술, 조명, 효과 등 여러 부문의 기술을 배웠다. 그뿐만 아니라 "그들의 혁명적이며 전투적인 창조 기풍에서 주체 조국의 예술인들의 사상정신세계"도 배우게 되었다. 그런 점에서 1973년 만수대예술단의 일본 공연은 "재일조선예술인들에게 앞으로 총련의 문예사업체서 주체적 문예사상을 빛나게 구현해 나갈 수 있는 커다란 밑천을 마련해 준 계기로 평가되었다"(박정순, 2012: 63).

만수대예술단의 방일은 조선학교의 무용 교육에도 중대한 영향을 끼쳤다. 당시 만수대예술단은 기존의 조선무용 기본과는 다른 새로운 기본동작을 갖고 왔다. 1960년대 초 '귀국선'을 통해 고급부 대상의 「조선민족무용 기본」과 영상, 그리고 소·중학교용 교재인 『조선아동무용 기본』(1963, 朝鮮文学芸術総同盟出版社)이 들어와, 1960년대 재일 예술단의 무용뿐 아니라 민족교육에도 중요하게 활용되었다. 1970년대 들어서는 1971년에 새롭게 『학생소년무용 기본』(1971, 社労青出版社)이 일본에 전해졌다. 만수대예술단은 2개월간의 공연 기간 중 틈틈이 「무용기본동작」의 촬영에 협조하여, 학교 현장에 처음으로 기본동작 영상이 보급되었다. 촬영된 영상은 조선고급학교와 조선대학교에 전달되었다(CHE.R, 2018.9).

1973년에 만수대예술단이 갖고 온 〈조선무용 기본〉은 최승희의 무용 기본에 대한 비판에 입각해서 개정된 것이다. 김정일이 정치무대에 본격적으로 등장한 1970년을 전후로 '주체예술'이 전면적으로 확립되면서 예술가와 예술작품에 대한 검열 및 사상비판이 강화되었다. 무용에서는 이미 1960년대부터 최승희의 조선민족무용 기본이 초보적이며 일부 민족무용 가락을 조립한 것에 불과하기 때문에 더 과학적이며 체계적으로 통일시켜야 한다는 비판이 제기되고 있었다. 주체예술의 확립 과정에서 모든 예술 창작에서는 혁명성과 전투성을 강화하여 예술의 교양자적 역할을 충실히 수행할 것을 요구했으며, 이에 따라 무용작품에서 요구되는 표현 동작을 훈련하기 위한 기본체계의 기능적인 개정이 필요했다(김채원, 2010: 135).

이는 구소련의 기본체계 방법론을 도입하여 새롭게 개편하게 되는 계기를 마련했다. 1970년대에 창작된 무용작품들 〈사과풍년〉, 〈눈이 내린다〉 등 대표작에서는 발레적인 움직임을 많이 볼 수 있다. 당시 북한이 구소련과 중국을 중심으로 한 동구권과 우호관계를 맺고 있어 예술적인 상호 교류가 이루어졌는데, 이때 소련에서 이고르 모이세예프(Igor Moiseyev)가 민속무용과 클래식 발레를 융합시킨 성과와 경험을 참고하여 무용기본체계의 개정 작업을 진행했다(백향주, 2006: 90). 모리세예프(1906~2007)는 러시아 '민속춤의 왕'이라는 칭호를 갖고 있는 러시아 당대 최고의 무용가로, 과거 누구도 손대지 않은 소비에트연방 시절 소수 민족들의 음악과 문화, 전통, 관습 등이 한데 어우러진 실험적인 무용 작품들을 만들어 선보였다. 그는 또한 발레와 에어로빅 요소를 접목한 체조 공연 장르를 개척하기도 했다.[23] 1차로 개정된 무용기본은 육체 훈련을 목적으로 발레기법에서 볼 수 있는 곡예적인 움직임이 추가되었고 동작의 폭과 내용이 더욱 확대되면서 복잡하고 속도감이 높아졌다(김채원, 2010: 136).

1975년부터 지금까지 조선대학교 무용부를 지도해 온 박정순 교수는 만수대예술단 방일 당시 조선대학교 3학년이었다. 그는 "만수대예술단의 공연을 앙상블과 가극 각각 5번씩 보았다. 조선무용에 압도되어 어떻게 해서

---

23) 1924년 볼쇼이 발레단에 입단해서 7년간 발레 수업을 받았고, 1937년 모이세예프 발레단을 창단. 1944년 러시아공화국 인민배우, 1953년 소련 인민배우, 1976년 키르키즈 인민배우 등과 함께 1976년 사회노동 영웅 칭호를 얻었고 3차례의 레닌훈장, 5차례의 러시아 국가훈장을 수상했으며 1996년과 2001년에 조국훈장을 받았다(남현호, 2007.11.6).

든 근접하고 싶은 일념에서, 여름 방학 때 집에 돌아가지 않고 기본동작을 반복해서 보면서 무용부실 거울 앞에서 동작을 반복 연습했다". 1975년에 조선대학교를 졸업하고 조교로 부임한 박정순은 그해 여름 일본 각지에 있는 조선학교 무용 교원을 대상으로 한 무용 강습을 담당했다. 이 강습은 1971년에 도입된 「학생소년무용 기본」을 토대로 조직된 것인데, 만수대예술단의 일본공연은 「학생소년무용 기본」에 제시된 기본 동작들을 좀 더 확실하게 습득할 수 있는 기회를 제공했다(CHE. R., 2018.9).

무용 교원에 대한 이러한 강습은 조선학교 무용 교육 현장에 반영되었다. 조선무용가 임수향은 조선초급학교 4학년 때 무용소조에서 처음으로 조선무용을 배웠다. 그때는 최승희의 『아동무용 기본』으로 배웠는데, 이듬해 5학년 때는 『학생 기본동작』으로 배웠다. 원래 아동 기본동작은 동작이 20개, 묶음 동작이 6개로 복잡했는데, 새로운 기본은 이를 줄여서 좀 더 간편하게 만든 것이었다. 만수대예술단 공연 이후 무용 교원을 대상으로 한 강습을 통해 전수된 내용으로 지도를 받았을 가능성이 높다.

한편, 만수대예술단의 일본 방문 이후, 중앙예술단원(금강산가극단원)들은 머리 모양이나 의상 등을 만수대예술단처럼 하게 되었다. 예를 들어 연습복은 원래 치마 길이가 긴 원피스 중간에 고무줄을 넣어 상의가 저고리 같이 보이도록 한 의상이었는데, 만수대예술단과 같이 검은색 레오타드에 짧은 치마 연습복으로 바뀌었다. 이런 연습복은 다리가 많이 보이도록 한 것으로 북한의 무용 양식의 변화에 맞게 의상도 바뀐 것이 아닌가 싶다. 머리 모양도 전에는 뒤로 묶었었는데, 만수대 예술단원들이 다 짧은 머리로 일본에 오자, 가극단원들도 따라서 머리를 짧게 자르고 파마를 했다.[24]

1973년 만수대예술단의 일본 공연을 공공외교·문화외교의 관점에서 고

---

24) 임수향 구술, 2013년 6월 27일.

찰한 모리 토모오미(森類臣)는 만수대예술단의 일본 공연은 북일 국교 정상화를 위한 문화 외교의 일환으로, 구체적인 목적은 공연을 통해 일본 내에서 북한에 대한 좋은 인상과 분위기를 조성하며 고조시키는 것이었다고 분석했다. 그리고, 만수대예술단이 해외 순회공연을 하게 된 배경에는 1971년의 한국민속예술단의 유럽 순회공연과 레바논과 일본에서의 공연이 있다고 보았다(모리, 2019). 1968년 멕시코시티올림픽 문화제 참가 이후 한국 정부는 전통예술에 의한 문화외교를 적극적으로 추진하여 한국민속예술단의 해외 공연이 확대되었다. 1970년 오사카 만박 이후에는 대한무역진흥공사가 한국상품 선전을 목적으로 한국민속예술단의 해외 공연을 적극 추진했다. 유럽지역에서 개최한 한국주간행사에서는 파리국제비교음악연구소 초청으로 공연을 했는데, 〈화관무〉, 〈부채춤〉, 〈살풀이〉, 〈탈춤〉, 〈대금독주〉 등을 선보였다. 1972년에는 한국민속예술단의 뮌헨 올림픽 문화제에 참가한 뒤 유럽 순회공연을 하고 귀국길에 일본에서 마지막 공연을 했다. 멕시코시티올림픽에서 뮌헨올림픽으로 이어지는 이 시기에는 한국민속예술단이 수많은 해외 공연을 했는데, 특히 60만 재일한인이 거주하는 일본은 그중에서도 중요한 공연지였고 문화의 남북경쟁이 전개된 곳이다. 한국민속예술단과 더불어 리틀엔젤스도 언론의 주목을 받았고 재일한인들 사이에서 큰 인기를 끌었다. 그런 점에서 만수대예술단의 일본공연은 총련계 동포 사회에서 한국민속예술단의 공연과 견주어볼 만한 것으로서도 의미가 있었다고 하겠다.

만수대예술단의 일본 공연에 대해서는, 긍정적인 반응과 부정적인 반응이 공존했다. 모리는 당시 신문과 잡지 자료에서는 만수대예술단에 대한 평가가 대부분 긍정적이었고, 예술적 측면에서 전문가들의 호평이 많았다고 했으나, 그것은 저자 자신이 인정했듯 주된 참고자료가 총련계 신문이었기 때문이라고 하겠다. 모리가 소개한 긍정적 반응은 혁명가극 〈꽃파는

그림 4-1 _ 민예 공연 남북 경쟁
한국민속예술단의 1972년 유럽 공연과 1973년 만수대예술단의 유럽 공연에 대한 현지 신문들에 실린 감상평을 비교해서 소개한 기사.

자료: ≪韓國新聞≫(1973.7.21).   자료: ≪韓國新聞≫(1973.8.4).

처녀〉에 대한 "인민대중을 위해서 형성된 독창적인 가극", "민족가극의 모범" 등의 평가, 이데올로기 문제에 관해 의외로 '꽃 파는 처녀'를 제외하면 전체적으로 소위 혁명 정신을 강요하는 부분이 적고 "다정하며 더러움이 없는 청순함", "수정과 같은 투명한 것", "다정함과 서정적 낭만"이라는 평가 등이다.

부정적인 반응은 주로 민단계 쪽에서 나왔다. 민단 기관지 ≪한국신문≫은 1973년 7월 21일과 8월 4일 두 차례에 걸쳐 「유럽에서의 남북한 민예공연의 반향」이라는 제목의 기사를 게재했다. 이 기사는 한국민속예술단의 1972년, 북한 민속예술단의 1973년 유럽 순회공연 당시 현지의 저명한 신문에 실린 감상평을 비교, 소개한 것으로, 한국 민속예술단 공연에 대해서는 호의적인 논평, 만수대예술단 공연에 대해서는 부정적인 논평을 선택적으로 소개하며 양자를 비교하고 있다. ≪더 가디언≫(1973년 3월 16일 자)의 논평을 인용한 부분에서 "한국은 명백한 전통적 국민무용을 갖고 있는데, 사회주의가 그 맛을 말살시켜 버린 것은 유감이다"라는 문장은 당시 민단계의 시각을 압축적으로 보여준다.

≪한국신문≫에 1차 기사가 실린 7월 21일은 만수대예술단의 일본 공연을 열흘 정도 앞둔 시점이며, 8월 4일은 도쿄 공연 중인 시기였다. 한국민속예술단 유럽공연으로부터는 거의 1년, 북한 만수대예술단 유럽 공연으로부터는 4개월 이상 흐른 뒤이다. 왜 이렇게 뒤늦게 두 예술단의 유럽 공연을 비교하는 기사를 내보냈을까? 7월 21일 (상)편 기사의 박스 안에 실린 다음의 글에서 그 단서를 찾아볼 수 있다.

"… 한국민속예술단의 성공을 질투라도 하는 듯, 북한 측은 작년 겨울에 갑자기 만수대 국립무용단을 프랑스를 비롯하여 영국, 이탈리아 등 유럽 각국에 파견하여 한국민속예술단의 순연 지역을 경연이라도 되는 듯 순회, 선전성을 노골적으로 드러내어 예술 애호가들의 빈축을 샀다. 그런데, 한국민속예술단이 일본을 비롯하여 작년에 방문하지 못한 구미 각국 순연 계획을 세우고 있자니, 북한 측도 이번에는 지지 않겠다는 듯, 오는 8월, 도쿄 공연을 시작으로 한국민속예술단의 순회 예정지를 선점하려 하고 있다."

민단계에서는 만수대예술단의 일본 공연에 대해 상당한 경쟁의식을 가졌던 것 같고, 북한의 체제 선전적인 무용에 대해 한국의 전통예술이 우월하다는 것을 유럽 신문들의 과거 논평들을 통해 입증하고자 한 것으로 보인다. 모리가 지적했듯이 만수대예술단은 한국의 해외 공연을 의식하고 있었고, 역으로 한국계 내지 민단계는 만수대예술단을 의식하고 있었던 것이다. 남북한의 체제 경쟁은 1970년대 문화외교 방면으로 이어졌고, 그것이 재일동포 사회에도 그대로 나타난 것이라 하겠다.

　1973년 만수대예술단의 일본 공연과 1974년 재일조선인예술단의 북한 방문 및 금강산가극단으로의 재편 등 총련계 문화예술계와 북한의 직접 교류가 이루어진 것을 시작으로 평양학생소년예술단(1978년 5월), 국립평양예술단(1980년 5월) 등 북한의 다른 예술단들도 일본에서 공연을 하게 되었다. 1973년 만수대예술단 공연부터 이 모든 공연을 총기획한 것은 1970년부터 20년간 금강산가극단 문예부장을 지냈고 1978년에 공훈예술가 칭호를 받은 재일동포 이철우로, 그는 같은 해 일본에 조선레코드사를 설립하여 북한의 민요, 관현악, 가요 등을 일본에 보급해 왔다(≪중앙일보≫, 2001. 12.20).

　평양학생소년예술단이 일본에 온 1978년은 조선민주주의인민공화국 창건 30주년으로, 4월에 재일조선소년예술단이 북한에 가서 공연을 하였다. 한 달 후인 5월 평양학생소년예술단의 일본 방문은 차세대 교류라는 의미도 컸다고 할 수 있다. 평양학생소년예술단은 일본에서 공연 틈틈이 '학생소년무용 기본'을 실제로 추어서 이를 영상화하는 등 무용 관련해서도 의미 있는 활동을 하였다. 박정순은 그 영상을 수록하는 장에 입회했다. 국립평양예술단의 일본 공연은 총련 결성 25주년을 기념하여 추진된 것으로 보인다. 이를 기해 국립평양예술단 일본공연 기념 레코드 ≪녀성민요독창≫(노래 김옥선)이 1980년 조선레코드사에서 발행되기도 했다. 수록된 곡목은 다음과 같다.[25] 레코드에는 여성 독창으로 수록되어 있는데, 이들 중 상당수는 공연에서 무용곡으로 연주되었을 것으로 추정된다.

----

25) 조선레코드사, 「조선민주주의인민공화국 국립평양예술단 일본공연 기념판녀성민요독창」 (1980년 발행)통일부 북한자료센터 자료검색(https://unibook.unikorea.go.kr)에서 확인.

1. 모란봉	11. 조국 위해 다진 맹세 지켜가리라
2. 오직 한 마음	12. 금수강산 우리 조국
3. 그네 뛰는 처녀	13. 양산도
4. 우리 자랑 이만저만 아니라오	14. 노들강변
5. 녕변가	15. 조선팔경가
6. 내 나라는 락원의 금수강산	16. 어머니 조국을 나는 사랑해
7. 만풍년 싣고 달리는 기쁨	17. 류벌공의 이 영예 끝이 없어라
8. 장고춤	18. 꽃보다도 네 마음이 더욱 곱구나
9. 경치도 좋지만 살기도 좋네	19. 수령님 바라시는 오직 한길에
10. 기쁨의 노래 안고 함께 가리라	

1980년은 총련 결성 25주년, 금강산가극단도 중앙예술단 시절을 포함해서 25주년을 맞이하는 해였다. 이를 기해 공로 있는 무용예술인들에게 인민배우, 공훈배우, 공훈예술가 칭호가 수여되었고, 결성 25주년 경축 예술축전을 개최했다. 예술축전에서는 김일성과 김정일의 위대성과 재일동포들에 대한 사랑과 배려를 칭송하는 작품들이 공연되었다. 도쿄 조선문회회관에서 개최된 공연에서는 1천여 명이 출연하는 음악무용구성시 〈5월의 노래〉, 무용 〈수령님의 만수무강을 70만은 축원합니다〉, 무용과 합창 〈귀국하는 기쁜 길〉, 〈만풍년〉 등을 피로했다. 1980년 5월부터 일본에서 공연 중이던 국립평양예술단 단원들도 함께 총련의 경축예술축전을 관람했다(박정순, 2012: 74). 북한의 주요 예술단들의 공연이 있은 후 총련은 주체예술을 적극 소개, 선전하는 사업과 예술소조활동, 각종 예술경연모임, 예술발표 감상 모임 등을 조직하도록 하였으며 문화교실을 개설하는 등 주체예술의 대중적인 보급에 힘썼다(박정순, 2012: 72).

1980년대는 '통일'이 중요한 주제로 떠올랐다. 1980년 10월 10일 조선노동당 제6차 대회에서 김일성이 고려민주연방제를 공식 제안한 것, 1981년 5월에는 한국의 광주민주항쟁 1주년을 맞게 된 것 등을 그 중요한 배경으로 들 수 있다. 예컨대 가극 〈어머니의 소원〉과 〈한길을 따라〉 등은 조국

통일을 주제로 한 작품들이다. 특히 광주민주화운동 1주년 예술공연을 계기로 조국통일을 주제로 한 작품이 다수 창작 공연되었으며 동포 대중이 다 같이 출 수 있는 군중무용인 〈고려민주련방공화국 10대강령의 노래〉와 같은 무용도 창작 보급되었다. 이와 함께 가무 〈통일의 한길로〉, 〈나가자 평화통일의 길〉, 군무 〈통일의 새 아침 밝아오는 그날까지〉, 〈판문점을 지나서〉 등을 창작했다. 박정순은 이런 창작 작업은 곧 민족무용이 대중을 '조국통일'로 조직 동원하는 운동의 일환이었다고 평가했다.

1982년은 김일성 탄생 70주년이자 김정일 탄생 40주년이 되는 해로, 이를 기념하기 위해 총련은 1년 전부터 김일성을 칭송하는 작품을 비롯하여 민족적 형식에 사회주의적 내용이 담긴 무용작품들의 창작을 과제로서 제시했다. 이를 위해 무용예술인들에 대해 김일성의 교시와 사상을 깊이 연구, 체득하는 학습과 "위대성 교양, 충실성 교양"을 강화하는 한편, '주체적 문예사상' 발표모임을 통해 사상적인 준비가 되도록 하였다. 그 성과로서 무용 〈충성의 한마음 수를 놓네〉와 음악무용종합공연 〈4월의 봄 명절에 드리는 충성의 노래〉 등이 만들어졌다(박정순, 2012: 72~73). 이 같은 준비 과정을 거쳐 1982년에는 총련 주최로 김일성 탄생 70주년 기념공연과 김정일 탄생 40주년 기념공연(〈친애하는 지도자 동지의 탄생 40돐을 경축하는 음악무용종합공연〉)이 각각 개최되었다. 김일성 탄생 70주년 기념 공연에서는 〈위대한 수령 김일성 원수님의 만수무강 축원합니다〉, 송가와 무용 〈70만 송이송이 꽃이 되어서〉, 〈빛나는 조국〉, 합창과 무용 〈우리는 행복해요〉, 〈고려민주련방공화국 실현해가자〉, 〈주체의 내 나라〉 등의 작품이, 김정일 탄생 40주년 기념 공연에서는 무용 〈대를 이어 충성을 다하렵니다〉, 〈꽃북놀이〉 등이 펼쳐졌다. 또한, 재일조선인예술단 180여 명이 북한을 방문하여 경축 공연을 했다(박정순, 2012: 76).

총련 결성 30주년을 맞이한 1985년에는 총련의 30년간의 노정을 그린 대음악무용서사시 〈5월의 노래〉를 창작하여 공연했다. 금강산가극단과 10개의 지방가무단, 조선대학교를 비롯한 각급 학교 학생들이 참가한 이 공연의 출연자 수는 도쿄 공연(5월 20~23일, 도쿄조선문화회관) 1300명, 오사카 공연(5월 29~30일 오사카성 홀) 1600여 명에 이르렀다. 공연에 포함된 작품들은 합창과 무용 〈70만은 영광을 드리옵니다〉, 〈수령님 총련을 무어주셨네〉, 〈수령님 열어주신 귀국의 배길〉, 아동 무용 〈향도의 해발 안고 피여난 목란꽃〉, 가무 〈우리 자랑 이만저만 아니라오〉, 〈향토의 별을 우러러〉, 〈해와 별 모시는 길에 영광 빛나리〉 등으로 사상성이 높은 창작품들이었다(박정순, 2012: 77~78).

제2부

경계 넘기와 디아스포라 정체성

제5장

재일 2세 한국무용가의 등장

1. 재일한국인 2세 문화예술인의 조직화와 한국무용가

1981년 11월 18일, 젊은 재일동포 예술·문화인들이 모여 '재일한국예술·문화인 연락회의 준비위원회'(이하 '준비위')를 발족시켰다. ≪통일일보≫는 다음과 같이 이 소식을 전하고 있다.

"'보편(적)으로 통하는 재일동포 독자적인 문화활동의 전개'를 목표로 18일 젊은 동포 예술인·문화애호자들에 의한 '재일한국예술·문화인 연락회의 준비위원회'가 발족했다. 최근 2~3년간 연극, 양악, 가야금, 한국가곡의 저녁 등의 활동을 해온 젊은 예술·문화인들이 중심이 되어 만든 것으로, 18일 오후, 민단 중앙회관 회의실에 모여 '준비위' 발족을 결정하고 대표로 김성원 씨를 선출했다. 동 준비위는 내년 봄에라도 정식 결성할 것을 목표로, 젊은 층을 중심으로 폭넓게 예술·예능인과 문화애호자의 참가를 독려해 나갈 것이라 한다.

발족한 준비위원의 멤버는 김학영(작가), 김성원(음악사무소 주재), 지성자(가야금 연주가), 박병양(배우·연출가, 예명=이삼랑), 정찬우(바이올리니스트), 진창현(바이올린 제작가), 하정웅(미술사무소 주재), 김두현(삽화가), 김평수(코리안스타 편집장) 씨 등 11인"(≪統一日報≫, 1981.11.19).

이후 1년간의 준비 과정을 거쳐 1982년 11월 6일에 '재일한국인 문화예술협회'(이하 '문예협')가 창립총회를 열고 정식으로 출범했다. 1963년에 한국예술인총연합회 도쿄특별지부가 설립된 지 근 20년 만에 한국적 재일 문화예술인들의 새로운 단체가 등장한 것이다. 문예협은 재일 2세들이 중심이 되어 "재일동포 독자적인 문화"라는 이슈를 제기하고, 재일 문화예술인의 독자적인 조직화를 꾀했다는 점에서 획기적인 의미를 갖는다. 재일 1세와 달리 정체성 문제에 직면하게 된 젊은 세대는 '민족적 주체성'에서 해답을 찾고자 했다. 이때 '민족적 주체성'은 "신조만이 아니라 재일동포 자신의 문화적인 자기표현 활동 속에서 전개되고, 재일동포의 생활문화로서 모습을 드러내야 한다"는 입장에서 재일 2세들이 새로운 문화예술인 단체의 결성을 추진한 것이다(≪統一日報≫, 1981.11.19).

준비위는 발족 직후 1981년 12월 8~10일에 도쿄 치요다구 소토간다(外神田)의 다이니덴파홀(第2電波ホール)에서 〈재일한국인 2세 예술가의 밤―날아라 재일(동포) 예술가들〉을 개최했다. 그런데 〈재일한국인 2세 예술가의 밤〉은 준비위의 발족을 기해 마련된 행사라기보다는, 이 행사를 추진하는 과정에서 참여 인사들 사이에서 조직화의 필요성에 대한 뜻이 모아져 준비위가 발족한 것이라고 할 수 있다. 1980년에 〈재일한국인 2세 예술가의 밤〉이 처음으로 열렸고, 이듬해 제2회 행사 개최를 협의하는 과정이 있었기 때문이다. 준비위 이름으로 주최한 1981년의 〈재일한국인 2세 예술가의 밤〉[1]은 전부 음악으로 짜여졌다. 12월 8일은 〈양악의 밤〉으로 바이올리니스트 정찬우와 '친화 실내협주악단 보자르'가 한국 가곡들과 비발디

의 〈사계〉를 연주했고, 9일은 〈국악의 밤〉으로 지성자[2]가 성금연류 산조 및 가야금병창, 임치미가 창작곡 〈실크로드〉 등을 연주했다. 마지막으로 10일은 〈대중음악의 밤〉으로 로크의 박보와 밴드 기리쿄겐(切狂言), 재즈 가수 김경희 등이 무대를 꾸몄다(《統一日報》, 1981.11.19). 정식으로 문예 협이 출범한 1982년 이후에는 문예협 주최로 공연이 열렸는데, 한국무용이 언제부터 등장했는지는 분명치 않다. 준비위 발족 이전인 1977년에 최숙희 가 오사카에서, 1980년에 박정자가 도쿄에서 각각 한국무용단을 창립하여 활동을 시작했지만, 이들이 준비위나 초창기 문예협에 참여했다는 기록은 찾지 못했다.[3]

그런데 1990년대 후반에는 문예협 부회장단(9명)에 한국무용가가 3명이 나 ― 박정자, 김순자, 정명자 ― 포함되었고, 그 외에도 4명 ― 변인자, 최숙희, 조 수옥, 이경순 ― 이 한국무용가로 이름을 올렸다.[4] 그중 박정자, 김순자, 변 인자, 최숙희, 조수옥 등 5명이 재일 2세들이다. 이는 준비위에서 문예협에

---

1) 〈재일한국인2세 예술가의 밤〉은 1980년에 처음 열렸고, 1981년에 두 번째 개최를 위해 협의 하는 과정에서 '재일한국예술·문화인 연락회의 준비위원회' 결성에 이르게 된 것으로 보인다. 《統一日報》 1981.11.19. 상기 기사 참조.

2) 지성자는 전라북도 무형문화재 제40호(2010년 3월 12일 지정) 가야금산조의 보유자인 가야 금 명인으로, 어머니 성금연은 중요무형문화재 23호 가야금산조(1968년 지정)의 보유자였고, 아버지 지영희 또한 중요무형문화재 제52호 시나위(1973년 지정)의 보유자로 해금산조와 피 리시나위의 명인이었다.

3) 조수옥이 1987년에 〈재일한국인 문화예술의 모임(集い)〉에 출연했다는 기록이 있는데(「趙 寿玉 活動記錄」 www.chosoook.com/index/huo_dong_ji_lu.html), 명칭이 약간 다르지만 같은 행사일 가능성도 있다. 당시는 조수옥이 한국무용가로 입신하기 여러 해 전으로 '지성자 가야금연구회'에서 가야금과 한국무용을 배우고 있었기 때문에, 준비위 결성 때부터 참여한 지성자가 제자들과 함께 출연했거나 제자들이 출연하도록 연결해 주었을 가능성이 있다.

4) 1997년 문예협 공연 〈재일한국인문화예술협회의 밤 '아리랑 나그네'〉 팸플릿에 실린 문예협 임원진 명단과 '재일한국문화예술인 및 단체' 명단에서. 이경순에 대해서는 이 명단 외의 어떤 자료도 찾을 수 없었고, 정명자는 어린 시절부터 한국무용을 했지만 1970년대 후반에 다른 전 공으로 일본에 유학 온 뉴커머 한국인으로, 일본인과의 결혼으로 도쿄에 거주하면서 1987년 무렵부터 다시 한국무용으로 활동을 시작했다.

이르기까지 1980년대 재일한국인 문화예술인 단체에서 존재감이 희박했던 한국무용 분야가 1990년대 후반에는 분명한 위상을 지니게 되었음을 보여준다. 이들 외에 같은 시기 현역 재일 2세 한국무용가로 김리혜가 있지만, 1981년부터 한국에 살고 있었기 때문에 문예협에는 참여하지 않은 것 같다. 제4장에서 보았듯이 총련은 결성 직후부터 산하에 중앙예술단을 설립하고 1960년대 중반에는 지방가무단들을 만들어, 이들 전문예술단들의 수많은 공연을 통해 조선무용을 재일동포 사회에 보급하는 한편, 조선학교의 무용소조 활동이나 전국 학생예술경연대회, 그 밖에도 여러 계기들을 통해 차세대 조선무용가들을 육성했다. 전문예술단의 존재는 어린 학생들에게 전문예술가로서의 조선무용가라는 롤 모델을 제공하는 기반이 되었다. 그에 비해 민단 쪽에는 이런 조직적인 체계가 마련되지 못했고, 일본에서 한국무용가로서 살아가는 롤 모델이 부재했다. 그런 가운데서 재일동포 2세들은 어떻게 한국무용가로 성장하게 되었을까?

재일 2세들이 한국무용을 접하고 배우게 되는 계기나 배우는 과정, 한국무용의 경력을 만들어나가고 무용가로서 활동하게 되는 과정, 그리고 한국무용가로서 추구하는 방향, 활동 방식 등은 총련계의 조선무용가들과 매우 다르다. 총련계에서 조선무용가가 배출되는 과정은 총련의 조직 체계 속에서 이루어져, 무용가들의 생활사는 개개인이 다를지라도 조선무용가가 되기까지의 경로는 대동소이하다고 볼 수 있다. 그에 비해 한국무용가가 되기까지의 과정은 개별적이고 다양하다. 무용가가 되기까지의 과정뿐 아니라 공연 등과 같은 전문무용가로서의 활동도 조선무용가들은 총련 조직을 통해 제공 또는 확보되는 데 비해 한국무용가들은 개별적으로 또는 사적인 네트워크를 통해 확보한다. 따라서 재일동포 사회에서 한국무용이 어떻게 전승되고 있는지를 이해하려면 무용가 개개인이 처음 한국무용을 만난 경험부터 한국무용가로서 입신하기까지의 과정과 각 무용가가 추구한 한국무용의 방향을 미시적으로 고찰할 필요가 있다.

이 장에서는 재일동포 한국무용가 2세대에 속하는 7명을 중심으로 이들이 처음 한국무용을 접했을 때부터 한국무용가로서 기반을 구축하고 활동하게 된 2000년대 초까지의 궤적을 고찰한다. 이 글의 고찰 대상은 위에서 언급한 박정자, 최숙희, 변인자, 김순자, 조수옥, 김리혜에 소설가 고(故) 이양지를 더한 7명이다. 자전적 소설 『유희』로 1989년에 일본의 아쿠타가와상(芥川賞)[5]을 수상한 이양지는 가야금과 한국무용을 배웠고 소설에서 한국무용을 모티브로 사용한 것으로 잘 알려져 있지만 한국무용가는 아니다. 필자가 이양지를 고찰 대상에 포함시킨 것은 요절하지 않았더라면 소설가 겸 한국무용가로 기록되었을지도 모르는 '미완의 한국무용가'로 자리매김해서이다. 그는 1980년대에 주로 한국에 체류하면서 김숙자에게서 무속무용을 지속적으로 배웠고, 다수의 공연에 참가했으며, 1988년 서울대 국문과 졸업 후에는 무속무용에 대해 더 깊이 탐구하고자 이화여대 무용과 대학원에 진학했다. 대학원 재학 중이던 1991년에 요절하여 한국무용의 길을 더 이상 추구하지는 못했지만, 재일 2세들이 어떻게 한국무용을 접하고 그 길을 추구해 나갔으며, 그들에게 한국무용은 어떤 의미가 있는지를 이해하는 데 매우 중요한 사례라고 생각한다.

이들 7명은 1970년대부터 한국에 유학 또는 왕래하며 무용을 배웠고 1980년대에는 이미 일본에서 활동을 시작한 경우와 1980년대에 한국에 가서 한국무용을 배우고 1990년대에 한국무용가로 이름을 올리게 된 경우로 나눌 수 있으며, 편의상 전자를 제1그룹, 후자를 제2그룹으로 칭한다. 유학 시기 및 한국무용가로서 활동을 시작한 시기에는 차이가 있지만, 한국무용

---

5) 1927년에 사망한 소설가 아쿠타가와 류노스케(芥川龍之介)의 업적을 기려 1935년 일본의 문예춘추사에서 제정한 상. 순수문학 부문, 주로 신인 및 무명 작가에게 수여하며 신인상으로는 일본 최고의 권위를 지닌 상이다.

가로서 자신의 특징적인 영역 내지 성격을 명확히 확립하고 그런 토대 위에서 본격적인 활동을 전개하는 것은 두 그룹 모두 대체로 1990년대이다.

2. 한국무용과의 만남과 무용 유학

1) 제1그룹: 최숙희, 박정자, 변인자, 김순자

(1) 한국무용과의 만남

박정자(1947년생), 변인자(1951년생), 최숙희(1952년생)는 오사카의 재일한인 집주 지역에서 태어나 자랐다. 재일동포들이 많이 살고 있는 만큼 어릴 때부터 일상생활에서 장구와 가무를 종종 접할 수 있었다. 최숙희와 변인자는 고등학교까지, 박정자는 중1 때까지 민족학교에 다녔다. 1961년 오사카의 니시나리(西成)에서 정민이 한국고전예술학원을 열자, 박정자와 변인자는 정민에게 한국무용을 배우러 다녔다. 박정자는 초등학교 4학년 때부터 클래식 발레를 배우고 있었는데, 니시이마자토 중학교 1학년 때 학교 문화제에 올릴 심청전의 주역 오디션에 떨어진 것을 계기로 정민의 무용 교실에 다니기 시작했다. 도중에 일본 중학교로 전학했지만, 무용교실에는 중학교 3년간 계속해서 다녔고, 해마다 열린 발표회에도 빠짐없이 출연했다(이사라, 2017: 38). 변인자는 10세 때부터 배우기 시작했는데, 2년쯤 되었을 때 정민이 사정이 생겨서 갑자기 오사카를 떠나는 바람에 중단하게 되었다. 그러던 중 중학교 때 강선영이 이쿠노(生野)와 니시나리에 무용교실을 열어 다시 한국무용을 배울 수 있었다. 한편, 최숙희는 1970년 고등학교 졸업 후 공주교육대학으로 유학을 갔는데, 1학년 때 문화제에 출연 예정이던 친구가 갑작스럽게 못 나가게 되어 대신 출연하게 된 것을 계기로 한국무용을 하게 되었다. 그 전에 일본에서 한국무용 교습을 받은 일은 없었지만, 초등학생 때 김천흥 선생과 예술단이 몇 번인가 오사카에서 공연을 하여 아버지와 함께 나카노시마 공회당 등으로 공연을 보러 갔고 그때 특히 승무에 감동했던 기억이 있다. 오사카는 본국 예술단이나 무용가들의 일본 공연 시 반드시 찾아오는 주요 공연지였기 때문에 이들을 통해 본격적인 한국무용을 접할 수 있었던 것이다. 변인자도 고등학교 2학년이던 1968년에 멕시코시티올림픽에 참가했던 한국민속예술단의 일본 공연에서 김백봉의 춤을 보고 크게 감동하여 김백봉에게 춤을 배우러 한국으로 유학을 가고자 했다. 그해 일어난 김신조 사건으로 인해 위험하다는 인식이 퍼져 있던 때라 아버지의 강한 반대로 실현하지는 못했지만, 본국 무용가의 일본 공연을 통해 재일 2세들이 한국무용에 대한 동경심을 갖게 될 수 있는 환경이었음을 알 수 있다.

이들이 한국무용에 대한 꿈을 키워갈 수 있었던 데는 민족학교의 존재도 한몫했다. 박정자는 단기대학에 진학했는데, 대학 다니면서 근처에서 한국무용을 가르쳤고, 1967년 4월~1970년 3월에 금강학원의 무용강사, 교토한국학원의 무용 강사로 근무했다(이사라, 2017: 38). 바이카(梅花)여자대학 영문과에 진학한 변인자는 대학 졸업 후 모교인 금강학원에서 교과 교사를 하면서 동시에 무용 지도도 하였다. 언젠가 고시엔에서 큰 페스티벌이 있었는데 한국무용을 해달라고 해서 중고등학교 학생들 100명 이상을 모아 장구춤을 가르친 일도 있다. 당시 장구는 한국에서 사 왔고, 의상도 한국에서 만들어왔다. 음악은 브래스밴드로 한국 음악을 연주했다. 이 행사는 2년 연속으로 열려, 이듬해에는 장고춤, 그 다음 해에는 화관무를 했다. 최숙희는 1972년 공주교대 졸업 후 금강학원에서 1년간 근무했는데, 이때는 한국무용을 본격적으로 배우기 전이어서 한국무용을 지도하지는 않았던 것 같다. 후술하겠지만 1973년에 이화여대 초등교육학과에 편입하여, 재학

기간 중 무용과의 많은 수업들을 수강했고 그 외 여러 명인들에게 한국무용을 배웠기 때문에 이화여대 졸업 후 금강학원 교사로 복직했을 때는 무용 지도를 했을 가능성이 있다. 이렇게 민족학교는 한국무용의 길을 추구하는 재일 2세들이 한국무용을 가르칠 수 있는 장과 기회를 제공했다. 민족학교 외에 일본대학에 다니는 재일동포 학생들의 조직인 한학동6)도 재일 2세들이 한국무용을 계속해 나가는 데 중요한 기반이 되었다. 한학동은 매년 문화제를 개최하는데, 한국무용은 항상 프로그램에 들어갔다. 변인자는 대학생 시절 한학동에서 매년 개최하는 문화제 때 무용 지도를 하기도 했다.

　오사카의 재일한인 집주지역에서 태어나 성장한 박정자, 변인자, 최숙희와 달리 김순자는 미야기현에서 태어나 유소년기를 보냈는데, 일상생활에서 민족적인 것을 접하기 어려운 환경이었다. 그곳에서는 재일한인임을 드러내지 않고 살았다. 뒤에 가족이 사이타마현으로 이사했는데, 여기에서는 상대적으로 민족적인 것을 접할 만한 환경이 되었던 것 같다. 김순자가 1986년에 처음으로 무용연구소를 개설한 곳도 사이타마이다. 김순자는 1963년 무렵, 18세 때 한국무용을 처음 보았다. 큰 언니가 한국에 가서 장구, 가야금, 춤 등을 배워 왔는데, 가족들 모임에서 배워 온 것을 조금 보여 주었다. 김순자는 그때 처음으로 한국무용을 보고 피가 역류하는 듯한 충격을 받았다. 한일국교가 정상화되기 이전이어서 재일동포들의 한국 왕래가 쉽지 않은 시기였는데 김순자의 언니가 어떤 경로로 한국에 가서 전통악기와 춤을 배워 왔는지는 알 수 없다. 다만 이 시기에 국립국악원이 재일

---

6)　해방 직후 결성된 재일조선학생동맹이 좌우 대립으로 분열하여 1950년에 우파가 별도로 결성한 대학생 단체. 민단 산하 조직이 되었지만, 4·19혁명의 이념을 기본 정신으로 하며, 5·16군사정변과 군사정권에 반대하여 본국 학생운동 지원·연대 활동 등을 계속하여, 1972년 7월 민단이 산하 단체 인정을 취소했다. 도쿄에 중앙총본부, 교토, 오사카, 효고, 도카이 지방본부가 있고 각 대학 '한국문화연구회'(한문연)는 그 지부에 해당한다(『한국민족문화대백과사전』).

동포 여성을 연구생 자격으로 받아들였던 사례[7]가 있는 것에 비추어 국악계의 네트워크를 통해 그런 기회를 얻었을 가능성도 있다. 특히 1963년에 한국국악협회 도쿄지부가 만들어졌기 때문에 이 단체가 매개 역할을 했을 수도 있다. 김순자에 따르면, 당시 일본에서는 한국무용을 가르치는 사람이 거의 없어서 한국에서 배우고 온 사람이 있으면 요청을 해서 배웠다. 대여섯 명의 젊은이들이 모여서 무사시노(武蔵野)에 있던 민단 사무실 2층 집회실을 빌려 연습했다. 그때 배운 춤은 〈화관무〉, 〈부채춤〉, 〈삼고무〉 등이다. 신년회, 꽃놀이 등의 민단 행사에서 춤을 추면 할아버지, 할머니들이 눈물을 흘리며 좋아했다. 언니에게서 '살풀이'를 배워 민단 니시도쿄(西東京) 본부 주최의 경로회 자리에서 선을 보인 일도 있다. 1970년대 들어서는 한국에서 명인들이 공연하러 오게 되었다. 친구가 이생강, 김죽파 등의 국악인들을 초청해서 공연을 했는데, 김순자는 무대 뒤에서 도우면서 가르침을 청했다. 판소리 북의 김동진, 명무 김수악 같은 어르신들이 가르쳐주라고 거들어서 얼마간이라도 배울 수 있었다. 오사카에서 명무전을 했을 때는 따라가서 호텔 로비에서 배우기도 했다.

(2) 모국 무용유학: 1970년대

박정자와 최숙희는 1970년대 전반에 서울에서 한국무용을 배웠다. 공주교대 문화제에 출연한 것을 계기로 한국무용을 배우고 싶어진 최숙희는 공주교대 졸업 후 금강학원에서 1년간 근무한 뒤 1973년에 다시 한국 유학을 결행했다. 정식으로 무용을 배운 일이 없어 무용과로 진학할 수는 없었기 때문에 우회로를 택했다. 1973년에 이화여대 교육학부 초등교육학과에 편입하여 졸업할 때까지 무용과의 많은 수업들을 수강했고, 수업 외에도 여

---

7) 제3장 참조. 1964년 12월 31일에 작성된 「재일교포의 국악 수강 허가」(공보실, 1964).

러 경로를 통해 한국무용을 배웠다. 당시 이화여대 무용과 교수로 재직하던 한국무용가 김매자에게서 배우는 한편, 한영숙에게서 〈승무〉와 〈살풀이〉를, 김천흥에게서 〈사선무〉, 〈춘앵무〉 등을 비롯하여 그의 모든 작품을 배웠다. 또한 호남 우도농악의 설장구 명인인 김병섭에게서 설장고를 배우기도 했다.

최숙희와 같은 본격적인 유학은 아니었지만, 박정자도 1969~1975년에 매년 여름방학이나 연말연시를 이용해서 무용을 배우러 한국에 다녔다. 처음 한국에 간 것은 단기대학 졸업 후인 1968년이다. 당시 수 개월간의 단기 유학을 결심하고 한국에 갔는데, 이를 시작으로 1969년 이후 한국을 왕래하며 김천흥에게서 궁중무용인 〈춘앵전〉, 〈포구락〉, 〈무고〉 등을 배웠고, 이화여대의 무용가[8])에게서도 배웠다(이사라, 2017: 39). 최숙희의 무용 유학 시기도 박정자와 상당 부분 겹친다.

최숙희는 대학에 적을 두고, 박정자는 단기 유학을 거듭하며 한국무용을 배웠지만, 두 사람이 한국에서 무용을 배운 시기는 모두 1970년대 전반기이며 당시 한국무용계의 매우 중요한 한 흐름을 타고 있었다. 전통문화의 계승 발전을 목표로 한 문화재법이 1964년에 제정, 발효됨에 따라 무용 분야에서도 〈강강술래〉(1965), 〈진주검무〉(제12호, 1967), 〈승전무〉(제21호, 1968), 〈승무〉(제27호, 1969), 〈처용무〉(제39호, 1971), 〈학무〉(제40호, 1971) 등이 중요무형문화재로 지정되었다. 그에 앞서 1964년 12월에 중요무형문화재 제1호로 지정된 종묘제례악은 악가무를 포함하는 종합적인 궁중의례로, 여기에 포함된 〈일무(佾舞)〉는 무용 단독으로 지정된 것은 아니지만, 이를 포함하면 1971년까지 문화재로 지정된 전통무용은 6개가 되는 셈이

----

8) 박정자는 "이화여대의 무용가 선생"이라고 표현했는데, 이화여대 교원을 말하는지는 불분명하다.

다. 김천흥은 종묘제례악의 일무와 해금, 그리고 처용무의 예능보유자로 인정되었고, 한영숙은 1969년 승무와 1971년 학무 각각의 보유자로 인정받았다. 박정자와 최숙희가 처음으로 한국에서 무용을 배운 시기는 이렇게 정부 차원의 중요무형문화재가 제도화되면서 김천흥과 한영숙이 예능보유자=인간문화재로서 전통무용의 최고봉에서 전수 활동을 하던 초기였다.

박정자와 최숙희가 1970~1975년에 한국에서 김천흥의 궁중무용 작품들을 배우게 된 것은 이런 시대적 흐름을 배경으로 하며, 최숙희가 한영숙에게서 살풀이와 승무를 배운 것도 같은 맥락에서 볼 수 있다. 1971년 이화여대 무용과 교수로 부임한 한국무용가 김매자는 대학 다닐 때까지 신무용이 전통인 줄 알았는데 김천흥, 한영숙을 만나서 전통춤을 알게 됐고, 1960년대 후반에 무형문화재가 만들어져 전통에 더욱 관심을 갖게 되었다고 하였다(문애령, 2015.6.22). 박정자와 최숙희는 이 같은 시기에 한국에서 무용을 배운 후 각각 1977년, 1980년에 단체를 창설하고 일본에서 한국무용가로서의 활동을 시작했다.

변인자와 김순자는 1975년 이후에 한국에서 무용을 배웠다. 변인자는 김백봉에게 춤을 배우고 싶은 일념에 1975년에 자비로 4주 정도 한국에 갔으나, 그 정도 시간으로는 어림도 없다는 것을 깨닫고 한국에 장기간 머물면서 춤을 배울 수 있는 방법을 백방으로 알아보게 되었다. 결국 서울 YMCA에 연수생으로 파견해서 틈틈이 김백봉에게 한국무용을 배울 수 있도록 해주었다. 당시 간사이 한국YMCA 총무는 변인자의 그런 절실함이 신앙의 증명과 비슷하다고 했다. 그 덕분에 변인자는 1976년 4월부터 1978년 11월까지 2년 7개월간 서울에 체류하며 한국무용을 배우게 되었다. 서울에 와서 김백봉을 처음 만났을 때, "나는 전통춤 아니야, 신무용이야"라고 해서 충격을 받았다. 전통과 신무용의 구분이 있다는 것을 몰랐고, 자신이 그동안 본 한국무용은 모두 전통인 줄 알고 있었기 때문이다. 김백봉에게 배우고 싶어서 한국에 왔지만, 김백봉은 바쁘기도 했고 이른바 '선생님'들은 레슨비가 비싸기도 해서, 당시 그의 조교였던 지희영에게서 〈부채춤〉, 〈무당춤〉, 〈산조춤〉, 〈살풀이〉 등을 배웠다. 한편, 이정범 선생에게 설장구를 배우기도 했다. 변인자는 재일한인 집주 지역에서 태어나 자라서 주변에서 장구를 쉽게 접할 수 있었을 뿐 아니라, 어릴 때부터 무용을 했기 때문에 장구는 익숙했다.

김순자는 30대에 접어든 1975년 무렵부터 돈을 벌어 한국에 다니기 시작했다. 처음에는 무용보다 가야금을 배우는 것이 주된 목적이었다. 한국에 가면 박귀희가 운영하던 운당여관에 한 달씩 묵으면서 가야금과 가야금병창을 배웠다. 레슨이 없을 때는 혼자 연습을 하든가, 오고무와 설장구를 배우러 나갔다. 한국무용을 본격적으로 배운 것은 1980년대 들어서부터이니, 다른 재일 2세들에 비해 좀 늦은 나이에 한국에서의 무용 수업을 시작한 셈이다. 그리고 최숙희, 박정자, 변인자 등이 무용에 집중했던 것과 달리 김순자는 한국에서 가야금, 가야금병창 레슨부터 시작하여 국악의 악가무를 다양하게 배웠다. 1980년대 들어서는 주로 한국무용을 배웠고, 이를 기반으로 1986년에 일본에서 무용연구소를 설립했다. 1980년대 한국에서 누구에게 어떤 춤들을 배웠는지 등에 대해서는 뒤에서 살펴보기로 한다.

2) 제2그룹: "자신의 존재를 찾으려고 헤매는 아이들"

(1) 지성자 가야금연구회: 이양지, 김리혜

1978년 말 도쿄에서 '지성자 가야금연구회'가 탄생했다. '지성자 가야금연구회'는 당초 가야금 교실에서 출발하여 전적으로 가야금을 배우는 모임이었으나, 1979년 하반기 무렵부터 한국무용도 배우게 되었고, 가야금과 한국무용으로 구성된 발표회를 갖기도 했다. 연구회에 참가한 사람들 중에는 자신의 정체성을 찾고자 하는 재일동포 2세, 3세들이 많았는데, 그중에 이양지와 김리혜도 있었다. 이들보다 뒤에 1980년대에는 조수옥과 변인자도 '지성자 가야금연구회'에 합류했다.

글머리에서 소개했듯이 지성자는 1981년 재일 2세들이 중심이 되어 결성한 '재일한국예술·문화인 연락회의 준비위원회'에 참여했고 〈재일한국인 2세 예술가의 밤〉에 가야금 연주로 출연하기도 했지만, 재일 2세가 아닌 뉴커머 한국인이다. 1968년에 박귀희가 이끄는 한국민속예술단의 일원으로 공연차 일본에 갔다가 재일동포와 결혼하여 도쿄에 거주하게 되었다. 도쿄에서는 1969년부터 도쿄한국학원 무용부 및 가야금부의 강사를 맡아 학생들을 가르치는 한편, 1970년대 초반에 자택에서 가야금 교실을 열었다. 1977년 6월에는 도쿄 한국YMCA에서도 가야금교실을 열었다.

1975년 4월, 와세다대학에 입학한 이양지는 지성자 자택의 가야금 교실로 가야금을 배우러 다니기 시작했다. 이양지는 자전적 소설인 「나비타령」에서 다음과 같이 가야금을 배우게 된 경위를 적고 있다. 아래 글에서 '한 선생'은 지성자를 말한다.

> "'한국에도 고또(お琴)가 있니?' 갓 20살이 된 어느 날, 나는 한 여대생에 게 되물었다. 반독재, 반외세, 반사대(反事大), 그런 말들밖에는 알 수 없었던 우리나라(ウリナラ 母国)에 소리가 있다. … 여대생의 소개로 한 선 생의 집으로 배우러 다니기 시작했다"(李良枝, 1997: 45~46).

이양지는 9살이던 1964년에 부모가 귀화하여 자연히 일본 국적을 갖게 되었다. 귀화하기 전부터 그의 가족은 조선인임을 감추고, 일본인보다 더 일본인처럼 살았다. 그런 환경에서 자라면서 이양지는 일본의 전통 악기인 고토를 배웠다. 부모의 불화와 장기간의 이혼 소송 등 불안정한 가정환경과 한국인이라는 열등의식에 더하여 당시에 만연했던 삼무주의(무기력, 무관심, 무감동) 등의 영향으로 이양지는 가출하여 교토에서 1년간 생활했다(조현미, 2013: 464). 그때 교토의 고등학교에 3학년으로 편입하여 일본사 전공의 가타오카(片岡) 교사를 만난 것을 계기로 조국과 민족에 관한 의식이 획기적으로 바뀌어 이양지는 '조선인'이라는 정체성을 추구해 나가게 되었다(조현미, 2013: 466~467). '조선인'임을 당당히 말할 뿐 아니라 자신의 내면에 형성된 '조선인'에 대한 부정적인 이미지를 극복하기 위한 여정을 시작한 것이다. 와세다대학으로 진학한 것도 그 연장선상에 있었다. 이양지가 와세다대학을 택한 것은 '한국문화연구회'(한문연)에 들어가기 위해서였다. 와세다대학은 한문연의 활동이 가장 활발한 학교였기 때문이다.

이양지가 지성자에게 가야금을 배우러 다니기 시작한 것은 와세다대학에 입학한 직후이다. 한문연에 들어가기 위해 와세다를 택했던 이양지는, 한문연 활동에서 너무나 관념적이고 정치성이 강한 토론의 연속에 회의를 느낀데다가 자신이 일본 국적인 데 대한 동포들의 냉랭한 반응에 충격을 받아 한 학기 만에 대학을 중퇴해 버렸다. 그러나 대학을 그만둔 후에도 가야금 교실에는 계속 다녔다. 이양지에게 가야금은 자신을 둘러싼 정치적·관념적 세계에서 구체적이고 상징적으로 조국과 만날 수 있는 존재였으며, 지성자의 가야금 교실에서 가야금을 연주하는 시간은 자기 자신답게 될 수 있는 시간이기도 했다(조현미, 2013: 467~468).

"내 키 정도밖에 되지 않는 작은 악기 속에 우리나라가 들어 있다는 것이 자랑스럽게 느껴졌다. 1500년 전부터 켜왔다는 가야금에 접하는 것에, 멀고 실감나지 않는 말로서의 우리나라가 아니라 음색이 확실한 굵은 밧줄이 되어 나와 우리나라를 연결시켜 주었다. … 한 선생의 집에서의 수 시간, 그곳은 내게 우리나라였다. 거기서는 아무리 큰소리로 노래를 불러도 좋았다. 2시간, 3시간, 레슨이 끝나도 나는 집으로 돌아가지 않는다. 방에 스며들어있는 은근한 마늘 냄새, 김치 색깔, 걸려 있는 가야금 등을 보면서 멈추지 않는 장단(리듬)에 젖어들곤 했다"(李良枝, 1997: 46).

1976년 무렵, 이양지는 큰 오빠가 신주쿠 가부키쵸(歌舞伎町)에서 운영하던 재즈바 '화티(ファティ)'에서 동갑내기 재일 2세인 이은자를 만났다. 화티는 재일 1세 작가와 연구자들, 편집자, 연극인 같은 지식인, 문화인들이 많이 찾아와 매일 밤 붐볐다. 고등학교 시절부터 연극을 했던 이은자는 1년 간의 한국 유학을 마치고 돌아와 와코(和光)대학에 입학하여 연극에서 자기 표현의 길을 찾고 있던 때였다. 1955년생 동갑내기인 두 사람은 금방 친해졌다. 이양지는 1978년 10월 도쿄에서 열린 지성자 가야금 공연에 이은자를 초대했고, 이은자는 이 공연에서 처음으로 가야금산조를 듣고 감명을 받아 이때부터 지성자에게 가야금을 배우게 되었다. 당시 지성자의 가야금 교실에는 이양지와 이은자 외에 재일동포가 2명 더 있었다. 이은자의 합류를 계기로 1978년 말 지성자의 가야금 교실은 '지성자 가야금연구회'라는 이름으로 새출발을 하게 되었다.

이듬해 6월 23일 '지성자 가야금연구회'의 첫 발표회 〈제1회 가야금을 즐기는 밤(ガヤブムに親しむ夕べ)〉이 도쿄 요요기하치방(代々木八蟠) 공민관 홀에서 열렸다. 발표회에서는 이양지, 이은자, 서경자, 허엽자, 김영자 등 5명의 재일동포 2세들이 스승 지성자와 함께 민요메들리(꽃이 피었네/ 청춘가/ 방아타령)를 불렀고, 개인 발표 순서에 이양지가 가야금산조를, 다른 연구생들은 각자 민요 두 곡씩을 연주했다. 가야금산조는 중급 수준이 되어야 배울 수 있었으니, 이양지는 가장 앞서가는 제자였던 셈이다. 마지막으로 연구생 일동이 남도민요 〈새타령〉을 불렀다. 연구생들의 발표 외에 지성자 연구발표로서 〈흥〉과 〈흥보가〉를 연주했는데, 〈흥〉은 어머니 성금연이 작

그림 5-1 _ 〈지성자 가야금연구회 제1회 발표회〉 팸플릿

팸플릿 표지   발표회 프로그램

연구생들에 대한 설명

'지성자가야금연구회'의 탄생에 이르기까지

자료: 이은자 씨 제공.

곡한 미발표곡이었다(〈가야금을 즐기는 밤『ガヤブムに親しむ夕べ』: 池成子伽倻琴研究会第1回発表会〉, 1979.6.23).

그 후 '지성자 가야금연구회'에서는 한국무용도 배우게 되어, 같은 해 12월, 〈가야금, 무용 학습발표회〉라는 이름으로 작은 공연도 했다. 가야금을 연습할 때 호흡이 잘 안 돼서, 춤을 배우면 도움이 되겠다고 지성자가 제안을 했다고 한다. 지성자는 가야금 전공이지만 국악인 가정에서 자라 어릴 때부터 무용도 배웠고, 국악예술학교에서 민속악가무를 종합적으로 배웠기 때문에 한국무용도 가르칠 수 있었다. 지성자에 따르면, 악기는 원래 습득하기가 쉽지 않은데다가, 가야금 가락에 노래 가사를 얹어야 하는 가야금병창은 한국어를 못하는 재일 2세들에게는 어려운 과제였다. 그에 비해 춤은 몸으로 바로 받아들일 수가 있고 화려하기도 해서 대개 무용을 더 좋아했다.

1979년 12월 1일 신주쿠 쇼쿠안도오리(職安通り)에 있던 도쿄상은(東京商銀)9) 7층 회의실에서 '지성자 가야금연구회'의 〈제5회 가야금, 무용 학습발표회〉10)가 열렸다. 발표회는 제1부 가야금과 민요, 제2부 무용으로 구성되었다. 1부에서는 연구생들의 민요 메들리 합주와 개인별 독주가 있었는데 이양지는 가야금병창으로 〈꽃노래〉를 불렀다. 뒤이어 지성자가 '모범 연주'로 성금연이 작곡한 〈새가락 별곡〉을 연주했고, 당시 무사시노 음대에 유학 중이던 박범훈11)이 특별 출연하여 〈피리 독주 시나위〉를 연주했다.

---

9) 1954년에 재일한인에 의해 설립된 신용조합으로 정식 명칭은 도쿄상은신용조합이다.

10) 1979년 2월~4월에 지성자 자택에서 회원들의 개인별 연구발표회를 가졌고, 이번에는 다른 형태였지만 그 연장선상에서 기획된 행사였기 때문에 제5회 학습발표회로 자리매김되었다. 자택에서 가졌던 연구발표회의 성과는 그 해 6월에 있었던 '제1회 가야금을 즐기는 밤'의 개인 발표로 이어졌다.

11) 박범훈은 지성자와 국악예술학교 동문으로 국악예술학교에서는 지성자의 아버지인 지영희 명인에게서 피리를 배웠다. 1968년 멕시코시티올림픽, 1972년 삿포로동계올림픽, 1974년 뮌헨올림픽 등에 한국민속예술단 단원으로 참가. 1969년에는 최태현, 이철주, 김무경 등과 함께

그림 5-2 _ 〈제5회 가야금·무용〉 학습발표회 팸플릿

표지   프로그램 제1부

                              프로그램 제2부

자료: 이은자 씨 제공.

한국무용으로 꾸며진 제2부에서는 연구생들이 〈화관무〉, 〈아리랑〉, 〈부채춤〉, 〈장고춤〉, 〈탈춤〉, 〈살풀이〉 그리고 기본동작을 선보였다. 화관무와 기본동작은 군무로, 그 외의 춤들은 모두 독무로 구성되었다. 발표회의 피날레는 연구생 전원의 아리랑 합창으로 장식했다. 이 발표회에서 이양지는 한국무용에는 참가하지 않았다.

〈제5회 가야금, 무용 학습발표회〉 참가자 중에는 김리혜도 있었다. 김리혜가 지성자 가야금연구회에 합류한 것은 1979년 가을 무렵이다. 1953년

'민속악회 시나위'를 창단하여 전통기악곡의 무대화를 도모했다. 1976년에 중앙대학교를 졸업하고 일본 무사시노 음대에서 작곡 전공으로 7년간 유학했다.

에 도쿄에서 태어난 김리혜는 초등학교부터 줄곧 일본학교에 다녔다. 집에서는 늘 너는 한국 사람이라는 말을 들으며 자랐기 때문에, 누군가가 어느 나라 사람이냐고 물으면 한국말도 모르면서 한국 사람이라고 대답했지만, 한국 사람이라는 것이 알려질까 봐 마음을 많이 썼다. 대학교 2학년 여름방학 때 민단 주최 모국방문 하계학교에 참가하여 처음으로 한국을 방문했다. 그때 '조국'을 실체로서 접하고 '민족성'에 대한 자각을 갖게 된 김리혜는 일본으로 돌아온 뒤 본명을 쓰기 시작했고, 한학동에 참여하여 활동하게 되었다. 김리혜는 주오(中央)대학에서 독문학을 전공했는데, 주오대학은 와세다와 더불어 한학동이 매우 활발했다. 그해 가을 어느 휴일, 집 근처에 있던 아시아대학에서 아시아 학생들의 민속 공연을 개최한다 해서 부모님과 함께 보러 갔다. 한국 차례가 되자 민족의상을 입은 몇 명의 여성들이 춤을 추기 시작했는데, 그때 무대에서 울리는 장구 소리와 음악의 선율, 그리고 그 음악에 실려 흐르는 듯한 춤에 가슴이 내려앉는 듯한 충격을 느꼈다. 5살 때부터 발레를 배우다가 발레 선생님의 결혼으로 인해 그만두었던 김리혜는 발레에 미련이 있었고 대학생이 될 때까지도 민족무용에는 관심이 없었다. 도쿄올림픽 때 부모님을 따라 히비야공회당에서 한국무용을 본 일은 있지만, 그때는 그다지 관심이 없었다. 그런데 그날 아시아대학 민속 공연에서 장구 소리와 국악 가락, 춤에 깊은 인상을 받고, 한국무용을 배우고 싶어졌다.

민단 선전국에서 일하던 아버지에게 의논하니 한국무악원 전화번호를 알려주었다. 그런데 공교롭게도 박귀희 선생이 한국에 돌아가 춤을 가르칠 수 없다고 했다. 다시 아버지로부터 소개받은 사람은 조택원에게 한국무용을 배우고 수많은 무대에서 그의 파트너 역할을 했던 오자와 준코였다. 이렇게 해서 1974년에 처음으로 한국무용을 배우게 되었다. 사사즈카(笹塚)에 있던 오자와 준코 스튜디오에서는 당시 재일동포 여성 두 명, 김모모에

와 강방강이 춤을 배우고 있었다. 한국무용반이 따로 있었던 것은 아니고, 수강생은 주로 어린이들이어서 기본적으로 이 아이들과 함께 발레 수업을 받은 후 거의 개인지도 같은 형태로 한국무용을 배웠다. 오자와 준코는 본래 모던 발레가 전문이었는데 1952년 무렵부터 조택원에게서 한국무용을 배웠고 오랫동안 조택원의 파트너로서 수많은 공연을 했다. 그가 수강생들에게 가르친 한국무용도 조택원류의 신무용이었다. 오자와 준코 스튜디오에는 10개월 정도 다니다 그만두었다.

대학교 4학년 겨울, 김리혜는 한국에서 본격적으로 한국무용을 배우고 싶어서 무용 배울 곳을 알아보려고 혼자 한국을 방문했다. 아버지를 통해 당시 국립무용단 단장이던 송범을, 그리고 지성자로부터 박범훈을 소개받아 직접 만나서 의논을 하고, 국립무용단과 을지로의 한 무용연구소를 둘러보기도 했다. 송범으로부터 국립무용단 단원은 대졸 학력, 신장 160센티 이상이어야 하는데 김리혜는 그 조건에 맞으니 지원해 보라는 말을 듣고 고무되어 한국 유학을 결심했다. 그러나 이 시기 한국의 정치적 상황이 매우 좋지 않아서 당시 한국에 살고 있던 언니도, 일본의 가족들도 모두 만류했다. 재일동포 유학생 스파이 사건으로 체포된 사람들도 있었고, 재일동포 사회에서 한국의 상황에 대한 부정적인 인식이 퍼져 있을 때였다. 고민 끝에 결국 한국 유학을 포기하고, 대학 졸업 후 프리랜서 잡지 기자로 일했다. 기자로 활동한 지 2년 정도 되었을 때, 한국무용에 대한 미련이 남아 있던 터라 지성자를 찾아가서 가야금연구회에 합류했다. 지성자와는 도쿄에서 한학동 문화제를 위해 여학생들이 소고춤을 배운 것이 인연이 되었다. 한학동 문화제에서는 늘 한국무용을 무대에 올리는데, 당시 김리혜는 무용팀 리더를 맡게 되었다. 한국무용 지도해 줄 분을 찾아야 했는데, 같은 한학동 친구가 지성자 선생에 대해 언급하여 김리혜가 지성자에게 연락하여 지도를 요청했다. 그런 인연이 있어 뒤에 김리혜가 지성자 가야금연구회를 찾아가게 된 것이다.

김리혜는 "가야금의 모임에는 20대의 자이니치 여성들이 모여 있었다. 연극을 하는 사람, 시를 쓰는 사람, 회사 다니는 사람, 직업은 제각각이지만 모두 본국의 문화에 접하고 싶다는 마음이 강했다"고 회고했다(金利惠, 2010a: 221). 지성자는 가야금연구회에 들어온 재일동포 젊은이들을 처음 보았을 때 "'투명 인간'처럼 느껴졌다"고 했다. 그곳에 오는 젊은이들은 지성자의 말을 빌면 "자신의 존재를 찾으려고 헤매는 아이들"이었다.[12]

(2) 한국 유학, 전통춤에 빠지다: 이양지, 김리혜, 조수옥

1980년 9월 4~5일 소극장 공간사랑에서 〈지성자 가야금 연주회〉가 열렸다(≪중앙일보≫, 1980.9.1). 지성자가 고국에서 처음 갖는 개인 연주회였는데, '지성자 가야금연구회' 회원들도 연주회 출연 또는 지원을 위해 여러 명이 스승과 함께 서울을 방문했다. 이양지, 이은자, 서엽자, 그리고 사토 게이코는 연주회에 출연하여 가야금병창을 선보였고, 김리혜는 연주회를 지원하기 위한 스태프로 참가했다. 연주회를 마친 후 이양지와 김리혜는 서울에 남았다. 이양지는 당초 서울에 장기간 머물며 박귀희에게 가야금을 본격적으로 배울 계획이었고, 김리혜는 일단 한 달간 체류할 예정으로 휴가를 냈다(金利惠, 2010a: 220). 연주회에 찬조 출연한 사물놀이의 연주에 크게 감동한 두 사람은 서울에 머무는 동안 사물놀이가 연습장으로 이용하고 있던 돈암동의 '한국전통예술연구보존회'[13]에 다니며 사물놀이의 리더 김

---

12) 지성자 2009년 6월 13일 인터뷰에 의거함.
13) '한국전통예술연구보존회' 건물은 일본의 국제프로덕션에서 분리되어 설립된 '한국창예(韓國創芸)'의 사옥이기도 했다. 1960~1970년대에 한국 민속예술단체들의 일본 공연을 거의 도맡다시피 기획, 추진했던 국제프로덕션은, 도쿄의 한국무악원이 문을 닫은 이듬해 1980년에 '도쿄창예(東京創芸)'와 '한국창예(韓國創芸)'로 분리되었다.

덕수에게 장구를 배우기도 했다.

　김리혜는 예정대로 한 달 후에 일단 일본으로 돌아갔고, 이양지는 서울에 계속 머물며 가야금을 배우러 다니다가 1980년 12월 무렵 큰 오빠의 갑작스런 죽음을 맞아 일본으로 돌아갔다. 그런데 잇달아 작은 오빠까지 세상을 떠나는 바람에 이양지는 도쿄에서 두 번의 장례식을 치르며 해를 넘기고 이듬해인 1981년 초봄에 다시 한국으로 왔다. 이양지는 서울에서 가야금을 배우면서 한국의 대학에 들어가기 위해 재외국민교육원[14])에 다닐 계획을 세워두고 있었다. 서울로 오기 전 도쿄에서 만난 김리혜에게 그 계획에 대해 말했다.

　　"재외한국인을 위해 설립된 대학 준비학교 같은 곳이야. 귀화한 자이니치
　　도 입학할 수 있대. 말소된 호적등본을 간신히 떼갖고 신청했어. 그리고
　　대학 국악과에 진학할 생각이야"(金利惠, 2010b: 186).

　이양지는 재외국민교육원 연수를 마치고 1982년에 서울대학교 국어국문과에 입학했는데, 위 편지에 의거하면 당초 염두에 두고 있었던 것은 국악과였다.

　이양지는 1981년 초부터 김숙자에게 춤을 배우기 시작했다. 김리혜는 일본에 돌아가서 본격적인 유학을 준비하고 있던 시기에 이양지로부터 한국 생활에 대해 적은 편지들을 받곤 했는데, 한번은 편지에 김숙자의 춤을 접한 이야기를 썼다.

---

14) 1962년 3월 1일 서울대학교 재일동포 대상 모국 수학생 지도 업무로 출발하여 1977년 3월 18
　　일 서울대학교 부설 재외국민교육원으로 개원했다. 1992년 3월 28일 국제교육진흥원으로 확
　　대·개편되었고, 2008년 7월 국립국제교육원으로 명칭을 변경하여 현재에 이르고 있다(『한국
　　민족문화대백과사전』, '국립국제교육원' 항목).

"가야금을 공부하려면 국악 전반을 알아야 해서 공부 삼아 김숙자 선생님의 무속무용 연습장에 다니며 봤더니 선생님이 한번 배워보라고 해서 배우기 시작했어. 대단한 선생님이야. 이 선생님의 무속무용에 비하면, 국립무용단의 한국무용은 단지 체조에 불과해"(金利惠, 2010b: 184).

편지에 적힌 대로 이양지가 가야금 공부를 위해 국악 전반을 알아보고자하여 김숙자의 무속무용 연습장에 간 것이라면, 당초 관심은 무용보다 무속 장단에 있었을 것이다. 그런데 여러 차례 연습장에 다니면서 김숙자의 춤을 지근거리에서 접하다 보니 무속무용에 관심을 갖게 된 것 같다. 위 편지에 따르면 이양지는 1981년 초부터 김숙자에게 무속무용을 배우기 시작했다고 보아야 할 것이다. 한국무용에 입문하게 된 직접적인 계기는 김숙자의 권유였지만, 무속장단과 어우러진 김숙자의 춤에 감동했기 때문에, 그 춤을 배우게 된 것이라 하겠다.

1982년에 서울대학교 국문과에 입학한 이양지는 본격적으로 소설을 쓰기위해 곧바로 휴학을 하고 일본으로 돌아갔다. 그해 첫 작품인 「나비타령」을 집필하여 잡지 ≪군쪼(群像)≫에 발표했다. 이양지는 일본에 머무는 동안에도 서울에 다니면서 가야금과 춤을 배웠다.[15]

김리혜는 1981년 5월에 한국으로 돌아와 연세대학교 어학당에서 한국어공부를 하면서 한국무용을 배우러 다녔다. 처음에는 김덕수의 소개로 이매방의 제자인 임이조[16]에게 배웠다. 그러던 중 이매방이 1981년 11월에 서

<hr />

15) ≪중앙일보≫ 1984년 6월 14일 자에 기고한 「모국생활 4개월째」라는 글에서 "이번의 모국방문은 춤과 가야금을 배우러 잠깐씩 서울에 다녀갔던 지난해까지에 비해 나 자신이 처한 상황이 아주 달랐다"라고 적고 있음(이양지, 1984.6.14).
16) 임이조는 1973년 무렵부터 이매방에게 사사하여 1981년 제7회 전주대사습대회에서 무용부장원을 하는 등 당시 촉망받는 젊은 무용가였다. 중요무형문화재 제29호 〈승무〉 전수조교, 제97호 〈살풀이춤〉 이수자. 남원시립국악연수원 예술 총감독, 서울시무용단 단장 역임. 2013

울 마포에 무용연구소를 개설하고 활동의 중심을 서울로 옮기자, 이매방 문하에서 무용 수업을 시작했다.

1981년 3월에 한국무용을 배우러 서울에 온 또 한 명의 재일 2세 여성이 있었다. 쓰시마 출신으로 청소년기를 시모노세키에서 보내고, 결혼하여 도쿄로 이사한 지 1달 만에 한국 유학을 결행한 조수옥이다. 고등학생 때까지는 일본인이 되고 싶다는 생각을 하기도 했으나, 고등학교 졸업 후 민단 청년회에 들어가 활동하면서부터 민족정체성에 대한 자각을 갖게 되어 본명만 사용하는 등 변화가 있었다. 민단 여성부에 무용 동호회가 있어서 한국무용을 처음으로 배우게 되었는데, 무용은 몸으로 표현하는 것이어서 알기 쉬웠다. 그리고 한국무용은 매우 아름답다고 느꼈다. 1970년대 말 무렵에는 동호회에서 민단 중앙본부의 소개로 '그룹 여명' 대표인 최숙희를 초빙하여 지도를 받기도 했다. 비용은 민단이 지원해 주었다. 최숙희에게서 한국무용을 배우면서 역사나 종군위안부 등에 대해 처음 이야기를 듣고 내나라 문화를 알고 싶은 마음이 더욱 커진 조수옥은 1981년에 드디어 한국 유학을 결행했다.

1981년 3월에 한국에 와서 재외국민교육원에서 3개월 정도 교육을 받고, 뒤에 연세대학교 어학당에 다니며 한국어를 배웠다. 조수옥이 한국 유학을 온 것은 우리말도 배우고 서울의 공기를 쐬어보고 싶어서이기도 했지만, 주된 이유는 한국무용을 배우고 싶어서였다. 서울에 머무는 동안 이세환[17]에게 가야금을, 하루미[18]와 김숙자에게 한국무용을 배웠다. 하루미는 최숙

_____

년에 작고함.

17) 1968년 국악사양성소 11기로 입학. 졸업 후 부산관현악단 창단 멤버로 지방에서 활동하다가, 1975년부터 국립국악원 연주원으로 활동했다. 1969~1977년에 거문고 명인 신쾌동에게 거문고산조를 사사했고, 1973년부터는 거문고산조의 또 다른 명인 한갑득에게도 배웠다. 무용음악을 포함하여 많은 곡을 작곡했다.

18) 전 국립국악원 무용단 단원이며 2000년대에는 국립국악원 안무자로 활동했다. 김천흥의 제자.

희의 소개를 받았던 것으로 보이며, 김숙자는 이양지가 소개해 주었다. 조수옥은 재일동포로서 우리 것을 해야 한다는 생각에 몸에 힘이 들어간 상태였는데, 문예회관에서 처음 보게 된 김숙자의 춤은 '너의 모든 것을 내가 받아줄게'라고 하는 듯하여, 눈물이 흘렀다. 이양지의 소개로 김숙자에게 춤을 배우기 시작했지만, 1981년 11월 말에 일단 일본으로 돌아가게 되어 얼마 배우지는 못했다.

조수옥은 재외국민교육원에서는 이양지와, 연세대 어학당에서는 김리혜와 함께 공부하게 되었는데, 1953년생, 1955년생, 1956년생으로 엇비슷한 나이인 세 사람은 가깝게 지내면서 1981년 서울의 공기를 함께 호흡했다. 이들은 모두 1981년 서울에서 만난 전통춤에 강하게 끌렸다. 이양지가 김숙자의 춤에 대해 "이 선생님의 무속무용에 비하면, 국립무용단의 한국무용은 단지 체조에 불과하다"고 느꼈던 그 감정을 김리혜와 조수옥도 공유했다. 김리혜는 후일 "그 의미를 나중에 한국에 와서야 알게 되었다. 한국무용이라 해도 옛날부터 전승되어 온 전통무용과 근대에 들어 서양무용의 영향을 강하게 받은 신무용이 있다. 당시 각 대학의 무용과나 국공립 무용단에서 하고 있는 것은 후자였다. 우리들이 원하고 있는 것은 단지 민족악기도 민족무용도 아니다. 거기에 모국을, 민족을 강하게 원하고 있었다. 그것은 그녀도 나도 마찬가지였다. 그래서, 그것을 찾아서 그녀도 나도 서울로 왔던 것이다"라고 술회했다(金利惠, 2010b: 184). 1981년 서울에서 이양지, 김리혜, 조수옥은 화려한 춤보다 토속성 짙은 전통춤에서 민족적인 것을 느끼고 거기에 빠져들었다.

이들 중 누구도 한국에 들어오기 전에 김숙자, 이매방, 사물놀이 등에 대해 알지 못했다. 1970년대 전통문화운동을 통해 김숙자, 이매방 등의 무용가가 발굴되어 중앙무대인 서울로 올려지고, 사물놀이라는 그야말로 혁신적인 음악 형태가 전면에 등장하여 새로운 문화현상으로 나타났을 때, 자신의 문화적 근원을 찾고자 하는 절실함을 갖고 서울에 체류하게 되었으며, 서울에서 조우하게 된 새로운 흐름 속에서 그들의 마음을 흔드는 무언가를 발견한 것이다.

무용학자 정병호(당시 중앙대 교수)는 1976년에 '전통무용연구회'를 조직하여 지방에 산재한 알려지지 않은 민속춤들을 발굴하고 서울에서 공개발표회를 통해 이 춤들을 널리 알리기 시작했다. 첫 공개발표회에서 소개된 것은 전통무용연구회가 국악협회와 공동으로 마련한 경기무속무용으로 〈터벌림춤〉, 〈올림채춤〉, 〈진쇠춤〉, 〈도살풀이춤〉 등이었으며 발표자는 김숙자였다(정병호, 1985). 무가(巫家)에서 태어난 김숙자는 오랫동안 무용을 해 왔으나 주목받지 못하다가 지방에 묻혀 있던 전통 연희들을 발굴하여 알리는 활동을 하고 있던 민속학자 심우성에 의해 발굴되었고, 1976년의 경기 무속 발표회를 통해서 널리 알려지기 시작했다.[19] 김숙자는 1977년 5월 4일~17일에 열린 공간사랑 개관 기념 전통예술의 밤에도 참가했다. 한편, 춤 잘 추기로 정평이 나 있었지만, 부산에서 활동하면서 무용계의 주류에서 벗어나 있던 이매방도 1977년 7월 30일 서울YMCA 강당에서 열린 전통무용연구회 제3회 발표회에서 〈승무〉를 추어 널리 알려지게 되었다. 이매방은 이 발표회를 계기로 서울에서 본격적인 활동을 시작했다.

타악 연주 그룹 '사물놀이'는 1978년 공간사랑에서 열린 '제1회 전통음악의 밤'(2월 22~23일)에서 탄생했다. '제1회 전통음악의 밤'에서는 민속악회 시나위가 연주자들이 자리에 앉아서 장고, 꽹과리, 징, 북 네 가지 타악기만으로 풍물을 연주하는 파격적인 시도를 선보였다. 민속악회 시나위의 공연

---

19) 심우성의 주선으로 1971년 봄 드라마센터에서 김숙자의 첫 무속무용 발표회 〈도살풀이 큰 마당〉이 열렸다. 이를 계기로 김숙자에게 춤을 배우려는 사람들이 늘었으나, 무속에 뿌리를 둔 그의 춤을 주류 무용계에서는 쉽게 인정하지 않았다(심우성, 2015). 이후 1976년에 전통무용연구회의 첫 공개발표회를 통해 김숙자의 경기무속무용을 널리 알리게 되었다.

을 주선한 민속학자 심우성은 이 새로운 연주 그룹에 '사물(四物)놀이'라는 이름을 붙여주었다.[20]

이와 같이 전통문화운동에 의해 1970년대 후반에 세상에 알려지고 재평가된 김숙자, 이매방, 사물놀이 등의 예인들은 이후 서울의 중앙무대에서 더욱 많은 활동을 하게 되었다. 김숙자는 1979년에 경기도 출신의 이용우, 임선문, 조한춘, 정일동, 부산 출신의 김석출, 진도의 박병천, 황해도 출신의 우옥주, 김금화, 정학봉 등 전국 유수의 무속인들과 함께 '한국무속예술보존회'를 설립했다.[21] 이후 1981~1984년에는 매년 문예진흥원의 지원으로 문예회관에서 무속무용을 공연했다. 한편, 1977년 YMCA에서의 공연을 계기로 본격적으로 서울에서 활동을 하게 된 이매방은 한동안 부산과 서울을 오가며 활동하다가 1981년 11월 마포에 무용실을 열어 서울의 활동 거점을 마련했다.

1981년에 자신의 정체성의 문화적 근원을 찾아 한국 유학을 결행한 이양지, 김리혜, 조수옥은 서울에서 이러한 전통문화운동의 흐름에 맞닥뜨리게 되었고, 그 흐름 속에서 마음을 흔드는 토속적인 전통무용을 발견했고 그것을 전수해 줄 스승을 만난 것이다.

---

20) 사물놀이의 첫 시도가 대성공을 거두자 본격적인 활동을 위해 전문 타악주자인 최종실과 이광수를 영입하여 멤버를 교체했고, 이렇게 해서 모인 김용배, 김덕수, 이광수, 최종실이 오늘날 '사물놀이'의 원조로 일컬어진다(≪한겨레≫, 2007.7.19).

21) 김숙자의 무용연구소를 거점으로 하여 설립되었다. 심우성은 고 김숙자와의 만남을 추억하는 글에서, 이 조직을 중심으로 무속예술을 중요무형문화재로 지정받기 위해 조사보고서를 수없이 냈지만 깡그리 거부되기 일쑤였다고 하고, 그러나 전통문화의 바탕은 토착신앙의 하나인 무속에서도 찾아야 함을 공감하게 되면서 '한국무속예술보존회'를 찾는 발길이 붐비기 시작했다고 회고했다(심우성, 2015.06.11).

3. 독자적인 영역의 모색: 1980년대 한국무용 자원의 흡수

1) 재일 한국무용가의 길: 제1그룹의 1980년대 활동

1960년대까지는 신무용이 지배적이던 한국무용계에서, 1970~1980년대에는 문화정책과 전통문화운동에 힘입어 묻혀 있던 전통무용의 복원, 발굴이 진전되었으며, 전통무용의 보존, 전승을 위한 활동들이 더욱 활발히 전개되었다. 미신으로 치부되던 각 지방의 굿도 악가무가 어우러진 종합예술로 재평가되면서 무형문화재로 지정되고, 탈춤 또한 새롭게 문화재에 이름을 올리는 종목들이 증가함에 따라 무속과 전통연희가 무용계에도 중요한 부분으로 등장하게 되었다. 무속, 기방 등을 통해 전승되어 그동안 문화예술로 인정되지 못했던 전통민속무용들과 각 지방에서 수행되었던 민중 연희들이 중요무형문화재로 지정되어 전통문화예술로 자리를 잡게 되었고, 전통에 기반한 한국무용의 창작을 추구하는 움직임도 활성화되어, 1980년대는 한국무용 자산이 다양해지고 풍부해진 시대라고 할 수 있다.

일본에서 이미 한국무용가로서 활동을 시작한 재일 2세들도 1980년대에는 이렇게 다양화되고 풍부해진 한국 전통무용에서 새롭게 자원을 흡수하여 한국무용가로서 자신의 독자적인 영역을 만들어가기 위한 모색을 하게된다. 이들은 일본에서의 활동과 병행하여 본격적인 유학이나 반복적인 단기 체재를 통해 무용을 배우고, 본국의 무용가들을 초빙하여 강습을 받는등 다양한 노력을 통해 한국의 무용 자원을 흡수하고 한국과의 네트워크를 새롭게 구축하거나 기존의 네트워크를 공고히 하면서 한국무용가로서의 길을 다져나갔다.

(1) 최숙희와 '그룹 여명'

1976년에 이화여대를 졸업하고 금강학원 교사로 복귀한 최숙희는 이듬 해 7월 한국무용단 '그룹 여명(グループ黎明)'(이하 '여명')을 창단했다.[22] 창 단 3년 만인 1980년 5월에 제1회 한국무용 발표회를 개최하여,[23] 〈침향 무〉, 〈화관무〉, 〈무당춤〉, 〈농악〉 등을 선보였다. 이 프로그램은 이화여대 에서 사사한 김매자의 영향이 컸다(이사라, 2017: 59). 이후 1982년에 제2회, 1985년에 제3회, 1987년에 제4회 발표회(창단 10주년 기념), 그리고 1989년 에는 한국무용 공연 〈하재〉 등, 1980년대에는 대개 격년으로 꾸준히 공연 했다. 1980년 제1회 발표회 후 7월 25일부터 한 달간, 그리고 1984년 8월 5 일부터 한 달간 이화여대에서 여명 단원들의 한국 연수를 실시하기도 했는 데, 이를 통해 단원들의 기량을 높이고 다음 발표회를 준비한 것으로 보인 다. 한국 연수는 본국 무용계와의 네트워크를 유지하는 방법의 하나이기도 했다.

최숙희는 1986년에 이화여대 교육대학원에 입학하여 세 번째(사실상 한국 무용을 공부하기 위한 유학으로는 두 번째) 한국 유학을 결행했다. 이후 1988년 졸업할 때까지 기본적으로 서울에 체류하면서 학업과 일본에서의 무용단 활동을 병행해 나갔다. 대학원 재학 중인 1987년 여름에 여명 창단 10주년 공연을 했고, 졸업한 이듬해에 한국무용 공연 〈하제〉를 무대에 올렸다.

---

22) 이사라는 '그룹 여명'의 창단 시기를 1975년이라고 하였으나(이사라, 2017), 1987년 8월 22~23 일에 '그룹 여명' 10주년 기념공연이 열렸고, 당시의 팸플릿에 실린 연혁에도 1977년 7월에 창 단한 것으로 기록되어 있다. 그러나 15주년 기념공연은 1991년에 열렸고, 당시 팸플릿에는 창 단 시기가 1975년으로 되어 있다. 두 기록이 서로 다르지만, 1975년에는 최숙희가 이화여대 재학 중이었기 때문에 이 시기에 오사카에서 한국무용단을 창단했다고 보기는 어렵다.

23) 여명의 제1회 한국무용발표회는 1980년 5월 10일 모리노미야(森ノ宮)청소년회관에서 열렸 다. 창단 후 첫 발표회까지의 기간에는 오카야마 모모타로 마츠리(1979년 4월 13일)와 '스포 츠 일본' 주최 국제아동년 행사 어린이 음악 페스티벌(1979년 10월 28일)에 참가했다는 기록 이 있음(창단 10주년 기념공연 팸플릿).

그림 5-3 _ '그룹 여명'의 〈제2회 한국무용 발표회〉(1982.7.21) 포스터와 팸플릿

'발표회 포스터.   공연 프로그램.

자료: 최숙희 선생 제공.

　1987년 8월 22~23일에 열린 창단 10주년 기념공연에서는 처음으로 궁
중무용 〈포구락〉, 〈검무〉, 〈춘앵전〉 등이 선을 보였고, 사물놀이도 처음으
로 등장했다.[24] 당시 한국에 유학 중이던 민영치가 이 공연부터 여명의 음
악감독을 맡게 되었다. 민영치는 10살 때인 1980년에 여명에 들어가 활동
하던 중 1986년에 국립국악고등학교에 입학했고, 국악고 졸업 후에는 서울
대 국악과로 진학했는데, 한국 유학 중에도 여명의 공연에 빠짐없이 참여
했다. 민영치의 음악적인 성장은 여명의 공연 내용에도 상당한 영향을 끼
쳤다.

　1989년에 열린 한국무용 공연 〈하제〉는 〈검무〉, 〈춘앵전〉, 〈채구무〉,
〈무당춤〉, 〈터벌림〉, 〈살풀이〉, 〈부채춤〉, 〈장구춤〉, 〈탈춤〉, 〈비상〉,
〈누리〉, 〈사물놀이〉 등의 작품으로 구성되었으며, 프로그램을 A, B로 나

----

24) 1982년 제2회 발표회에서 상연된 무용 작품들은 〈축수무(祝壽舞)〉, 〈환영(幻影)〉, 〈설장
　　구〉, 〈부채춤〉, 〈침향무〉, 〈승무〉, 〈창추시(蒼秋詩)〉 등이며, 1985년 제3회 발표회에서는
　　〈오고무〉, 〈농악〉 등이 상연되었다.

누어 각 프로그램을 격일로 교차 상연했다. 당시 팸플릿에 기재된 작품 설명에서는 〈검무〉, 〈춘앵전〉, 〈채구무〉를 "'그룹 여명' 특유의 궁중정재 춤"으로 소개하고 있다. '궁중정재 춤', 즉 궁중무용을 여명의 간판격으로 부각시킨 것이다. 여기에 한국의 무속에 바탕을 둔 〈무당춤〉과 〈터벌림〉, 민속무용 중에서 예술성이 높이 평가되고 있는 〈살풀이〉, 전통연희에서 나온 〈탈춤〉, 일본에서도 널리 잘 알려진 신무용 레퍼토리 〈부채춤〉과 〈장구춤〉, 창작무용 〈비상〉과 〈누리〉 등을 넣어 다양한 장르의 한국무용을 무대에 올렸다. 음악적인 면에서도 〈살풀이〉 반주를 생음악으로 하고, 최숙희가 춘 창작무용 〈누리〉의 반주도 민영치의 대금 생음악 연주로 하는 새로운 시도를 했다. 민영치는 〈하제〉 공연부터 타악과 대금 연주를 맡았다.

1980년대에 최숙희는 발표회마다 전통을 토대로 한 창작무용들을 선보였는데, 제2회~제4회에 발표된 〈방황―어디로 갈거나〉(제2회), 〈항하(恒河)〉(제3회), 〈하나〉(제4회. 10주년 기념을 겸함)는 모두 김영동이 작곡한 곡을 사용한 극적 구조의 작품들이다. 이것도 어느 정도 한국무용계의 흐름에서 영향을 받은 것으로 보인다. 한국의 문화진흥위원회는 1981년에 '대한민국 무용제'를 신설하고 작품상, 안무상, 음악상 등의 시상제도를 두어 무용 부흥을 꾀했는데, 무용제 출품작들은 창작 작품이어야 했다. 그러다 보니 무용 작품을 만들기 위해 한국무용은 더욱 창작된 우리 음악을 필요로 하게 되었다. 김영동은 1970년대부터 연극, 영화, 무용 등 다양한 장르와 결합하여 국악 창작을 하는 새로운 시도를 해오고 있었는데 대한민국 무용제를 계기로 많은 무용가들로부터 음악 위촉을 받게 되었다. 이미 1980년에 서울시립무용단 문일지 안무의 무용곡 〈땅굿〉을 작곡한 경험이 있었고, 제1회 대한민국무용제에서 고(故) 정재만의 작품 〈춤소리〉의 음악을 맡아 무용제 음악상을 수상했다. 1980년대 무용계에서는 국립무용단, 서울시립무용단 등의 무용극이 성행하여 일반 무용단들도 극적인 구조의 무용을 선호하는 경향이 있었다. 1981년도에 발표한 음반 수록곡 〈어디로 갈거나〉,[25] 〈삼포가는 길〉 등은 무용과 졸업발표회의 단골 음악 리스트가 되었다(김영동, 2015: 63, 66~67). 최숙희가 1982년 발표회에서 〈어디로 갈거나〉를 사용한 것도 이런 맥락을 갖고 있는 것으로 볼 수 있다.

이상과 같이 자체적으로 기획한 발표회를 갖는 외에도 여명은 일본 각지의 시민 페스티벌, 국제친선(한일 친선 포함) 행사, 민단 또는 민단계 단체들의 기념행사 등 재일동포 사회와 지역사회의 다양한 행사들에 참가했다. 창립 10주년 기념공연 팸플릿에 따르면, 10년간 출연 횟수는 약 500회, 15년까지는 총 약 600회에 이르렀다. 팸플릿에는 여명이 참가한 행사들 중 극히 일부만, 그것도 행사명만 기재되어 있어서 1980년대 최숙희와 '여명'의 활동 양상과 특징을 제대로 파악하기는 어렵지만, 해외 활동들이 눈에 띈다. 1982년 7월 K.C.C. 주최로 스리랑카에서 1개월간 문화 프로그램 교류, 1983년 1월 1일부터 6개월간 하와이 공연 및 연수, 1985년 4월 23일부터 대한기독교 부인회 아리랑 코러스 주최 미국 전토 공연 1개월, 1986년 10월 20일 홍콩에서 열린 아시아예술제 참가 등 창단 10년 이내에 이미 수차례의 굵직한 해외 활동을 했다.

여명의 활동 기록 중 또 한 가지 필자가 관심을 가진 것은 "각 학교를 중심으로 차별 철폐운동에도 진력"이라는 부분인데, 이에 관해서는 자료 부족으로 인해 구체적인 내용을 알 수 없다. 1980년대에 전개된 교육현장에서의 민족차별 철폐 운동과 연계된 문화행사에서 공연을 하거나 민족학급에서 지도하는 활동을 생각해 볼 수 있으나 이 점에 대해서는 확인하지 못했다. 팸플릿의 활동 기록에는 적시되어 있지 않지만, '그룹 여명'은 1985

---

25) 〈어디로 갈꺼나〉는 원래 1976년 극단 민예극장의 〈평강공주와 바보온달〉 주제곡으로 작곡되었는데, 1981년 이장호 감독 영화 〈어둠의 자식들〉 주제곡으로도 사용되어 널리 알려지게 되었다. 1980년대에는 민중가요로도 많이 불리웠다(김영동, 2015: 58).

년에 오사카에서 통일운동의 일환으로 출범한 〈원코리아페스티벌〉에 1987~1990년, 1993년, 1994년, 1996년 등 총 7회에 걸쳐 참가했다(鄭甲寿, 2015: 310~318).

(2) 박정자와 JP스튜디오

오사카의 '그룹 여명'보다 3년 늦은 1980년, 도쿄의 나카노(中野)에서 박정자가 '코리안 퍼포밍아츠 집단'을 설립했다. 단, 본격적인 활동은 1980년대 후반 이후 'JP스튜디오(JPスタジオ)' 또는 '박정자 한국무용단'이라는 새로운 명칭하에 이루어진 것으로 보인다. '코리안 퍼포밍아츠 집단' 창설 이후 1980년대 중반까지의 활동에 관한 자료는 찾지 못했으나, 1987년 8월 4일에 일본 국립극장 대극장에서 초연된 〈초라니〉를 사실상 박정자 한국무용단의 첫 번째 본격적인 공연으로 보아도 좋을 것 같다.

JP스튜디오 홈페이지에 "1987년부터 일본인 연출가, 한국 재주 음악가, 재일한국인 무용가가 한일합작 작품을 창작. 서구문화가 선호되는 현재 일본의 상황에서 한국·일본의 문화를 융합한 작품을 다수 만들어내다"라고 기재되어 있는 것에 비추어, 1987년의 〈초라니〉는 박정자가 지향하는 한국무용의 방향성을 보여준 최초의 작품이라고 할 수 있다. 1989년 가을 서울에서 개최된 88 서울올림픽 1주년 기념 대축제의 문화행사를 통해 한국에서도 선을 보였다.

〈초라니〉26)는 민속학자 이두현이 극본을 쓰고 박정자가 안무한 무용극으로 연출은 일본의 저명한 배우·연출가·안무가인 세키야 유키오(関矢幸雄)27)가 맡았다. 음악은 박범훈이 3개월에 걸쳐 작곡했고, 창단한 지 얼마

---

26) '초라니'는 하회 별신굿 탈놀이에 등장하는 인물의 하나다. 양반의 하인으로 행동거지가 '가볍고 방정맞다(「표준국어대사전」).
27) 1926년생. 창작무용가이자 연출가. 〈지령(地霊)〉, 〈검은 늪(黒い沼)〉으로 다카마쓰미야(高

안 된 중앙국악관현악단(대표 박범훈)이 연주했다(≪중앙일보≫, 1987.7.30).[28] 중앙국악관현악단은 1987년 3월에 박범훈에 의해 창단된 국내 유일의 민간 국악관현악단으로, 〈초라니〉가 첫 해외 공연이었다. 공연은 제1부 〈춤〉과 제2부 가면무용극 〈초라니〉로 구성되었다. 제1부는 연날리기, 널뛰기, 제기차기, 그네 등 한국의 놀이를 무용으로 표현하여 노래와 함께 엮은 것이며, 제2부는 1시간 30분 길이의 무용극 〈초라니〉로, 이 극은 나무꾼들이 산에 올랐다가 독버섯을 따먹고 일어나는 에피소드를 기둥 줄거리로 하여 봉산탈춤, 양주별산대놀이, 밀양백중놀이 등 한국의 전통무용과 탈춤을 엮어 만든 것이다.

　박정자가 JP스튜디오의 본격적인 첫 공연 작품으로 가면무용극을 택한 배경은 분명치 않다. 그는 〈초라니〉 공연을 전후한 1986~1988년에 한국과 일본을 왕래하며 박병천에게서 진도씻김굿, 진도북춤을, 김기수와 양소운에게서 봉산탈춤[29]을 배웠는데(이사라, 2017: 39), 시기적으로 볼 때 〈초라니〉 공연을 염두에 두고 배우러 다녔던 것이 아닐까 생각된다. 봉산탈춤은 1967년 6월 16일 중요무형문화재 제17호로 지정되었고. 이후 1970년대 대학가에서 문화운동의 일환으로 확산되었다. 양소운은 1967년 문화재 지정 당시 김진옥, 민천식, 이근성 등과 함께 예능보유자 인정을 받았고, 김기수는 1987년 1월 5일에 예능보유자가 되었다. 김기수는 1983년에 봉산탈춤

松宮)상과 문부대신상을, 무용시 〈에츠고(越後)산맥〉의 서장 '산회(山懷)'로 1961년 예술선장(芸術選奬)을 수상했다. 예술선장은 예술 각 부문별로 1년 동안 두드러진 활약을 한 예술가에게 문부대신이 수여하는 상.

28) ≪중앙일보≫ 1987년 7월 30일 자 기사 「두 민간악단 '음악사절'로 나섰다」는, 중앙국악관현악단이 8월 4일 〈초라니〉 공연에 참가하고, 5일에는 일본문화계 인사들을 초청하여 국제문화회관에서 가야금산조, 시나위 등의 전통음악과 함께 백대웅 작곡 〈국악관현악을 위한 산조 '용상'〉, 최태현 작곡 〈해금산조〉 등 현대국악 작품을 소개할 예정이라고 전했다.

29) 원래 황해도 봉산 지역에서 행해지던 것으로, 이에 관여했던 사람들 중 한국 전쟁 때 피난 와 서울에 정착한 몇몇이 모여서 연습과 소규모 공연을 하며 맥을 이어갔다.

보존회 회장을 맡아 정기공연과 일반인 대상의 강습회 등 적극적인 봉산탈춤 전승·보급 활동을 했다. 봉산탈춤보존회는 1977년 5월 아사히신문사 초청 공연에 이어, 1983년 6월 일본문화재단 초청 공연, 1987년 2월 재일한국청년회 초청공연, 1987년 10월 일본 ASIA OFFICE 초청공연 등 1970~1980년대에 여러 차례 일본에서 공연을 했다.30) 박병천은 진도씻김굿이 1980년 중요무형문화재 제72호로 지정될 때 기능보유자로 인정되었으며, 씻김굿 못지않게 박병천류 진도북춤으로도 이름을 날렸다. 진도북춤은 1983년에 정병호가 발굴하여 널리 알렸고, 이듬해 진도북놀이 보존회가 창립되어 국립중앙극장에 초청되어 공연을 하는 등 전국적으로 알려지게 되었다. 박병천은 서울의 집(코리아하우스) 악장 시절에 진도북놀이의 가락과 춤사위를 다듬어서 '박병천류 진도북춤'으로 재창조했고, 이후 그의 진도북춤은 한국무용의 주요 레퍼토리로 자리매김되었다.31)

한국의 전통적인 놀이와 춤, 민중연희 등을 엮어 만든 작품의 연출을 일본인 세키야가 맡은 것은 흥미롭다. 세키야는 도호(東宝)에서 많은 뮤지컬을 연출했고, 1962년 이후 아동극단의 연출도 많이 맡았다. 그중 '극단 도모시비'가 1985년에 초연한 〈금강산의 호랑이 퇴치〉는 조선의 민화를 오페레타로 만든 작품으로, 극 중의 모든 대사와 노래가사는 한국어로 하고, 한국 음악을 한국의 전통악기로 연주하며, 의상도 한복이었다.32) 1989년

---

30) 봉산탈춤보존회 홈페이지. 봉산탈춤보존회는 1986년 11월 1일 중요무형문화재 보존단체가 되었다.
31) 진도북놀이는 1987년 9월에 전라남도 지정 무형문화재로 지정되었고, 장성천·양태옥·박관용이 예능보유자로 인정되었다. 박병천은 양태옥을 사사했고, 이를 토대로 박병천류 진도북춤으로 재탄생시킨 것이다(『한국민속대백과사전』).
32) 〈금강산의 호랑이 퇴치(金剛山のトラ退治)〉는 30년간의 롱런을 기록했고, 도모시비 극단은 그 후속으로 역시 한국·조선의 옛날이야기 제2탄인 〈호랑이의 은혜 갚기(とらの恩返し)〉를 상연하고 있다. 이 작품도 민족악기 연주와 무용, 곡예 등으로 구성되고 농악이 피날레를 장식한다(출처: 극단 도모시비 홈페이지 https://tomoshibi.co.jp/operetta).

첫 내한공연 당시, 이 오페레타를 작곡한 이노우에 대표는 "5년 전 한국에서 가면극과 농악놀이를 보고 에너지가 넘치고 인간의 감정을 솔직히 드러내는 한국 민중예술에 충격 받아 이 작품을 만들게 됐다"고 하였다.[33] 박정자와 세키야 유키오가 어떤 인연으로 공동 작업을 하게 되었는지는 알 수 없으나, 1980년대에 확산된 한국의 전통·민중예술에 관심을 갖고 이를 자신들의 활동에 접목시킨 일본의 문화·예술인들이 있었음을 알 수 있다. 극단 도모시비는 일본에서 1950년대에 전개된 '우타고에(歌声)운동'에 연원이 있는 오페레타 극단이다. 1985년부터 30년간 상연된 〈금강산 호랑이 퇴치〉의 연출을 세키야가 초연 때부터 맡았는지는 확인하지 못했으나, 극단 도모시비의 〈금강산 호랑이 퇴치〉는 박정자와 세키야 유키오의 연결 고리에 대한 단서를 내포하고 있을지도 모른다. 박정자가 1987년에 한일합작으로 〈초라니〉라는 창작무용극을 발표하게 된 배경에는 1980년대 한국의 문화·예술의 흐름과 더불어 일본 내의 문화·예술운동의 흐름도 유의미하게 작용한 것이라 생각된다.

(3) 김순자, 한국민속무용연구소

김순자는 최숙희, 박정자와는 또 다른 한국무용 습득의 경로와 일본 내 활동의 양상을 보여준다. 한국에 다니며 가야금 등을 배우던 김순자가 무용을 본격적으로 배우기 시작한 것은 1980년대 들어서부터다. 무용은 주로 이매방의 제자인 정명숙에게서 배웠다. 정명숙은 1970년 국립무용단 1기생으로 김진걸, 송범 등의 지도를 받았고, 창작무용을 하는 한편 이매방에

---

33) 도모시비극단은 한국국제아동청소년연극협회 초청으로 1989년 8월 13~16일 서울문예회관 대극장에서 첫 한국 공연을 했는데, 공연 작품은 〈금강산의 호랑이 퇴치〉였다. 이 공연 소식을 전한 ≪중앙일보≫ 1989년 8월 17일 자 기사에 이노우에 대표의 이 같은 인터뷰 내용을 담고 있다.

게 승무, 살풀이 등을 사사했다.34) 김순자는 김수악이 출연한 명무전 공연 때 정명숙이 젊은 무용가로서 참가한 것을 계기로 알게 되었으며, 한국에 오면 그의 성북동 자택에 기거하면서 춤을 배웠다. 당시는 지금보다 사례 비가 적었고, 집안일을 하면서 배웠기 때문에 레슨비가 많이 들지는 않았 다. 아침 일찍 일어나 오전에는 김춘자 연구소에서 설장구와 북을 연습하 고 오후에는 박귀희에게 가서 가야금과 가야금병창을 배운 후 봉산탈춤을 배우러 다녔다. 봉산탈춤은 1983년경 김순자가 예능 보유자인 윤옥을 찾아 가서 배우기 시작했다. 대개 이런 일과를 마친 뒤 저녁에 정명숙에게서 춤 을 배우곤 했다.35)

　김순자는 이렇게 한국에 다니며 전통음악과 춤을 배우던 중 1986년 2월, 사이타마현 니이자시(新座市)에 '김순자 한국민속무용 연구소'를 설립했 다.36) 무용연구소 설립 이후 첫 발표회까지는 4년여의 시간이 걸렸는데, 그 동안 계속해서 한국을 왕래하며 전통춤을 배우고 네트워크를 유지했다. 1988년부터는 정명숙의 소개로 송화영에게서 〈무산향〉, 〈춘앵전〉, 〈검 무〉 등의 궁중무용과 〈교방굿거리〉 등을 배웠다(이사라, 2017: 32). 송화영 은 김수악과 이매방을 사사했고 국립국악원 단원으로 활동하면서 김천흥 으로부터 궁중무용을 배우는 등, 다양한 춤을 섭렵한 무용가다. 1991년에 한국에서의 무대 활동 중단을 선언한 뒤 1993년경부터는 주로 일본에서 활 동했으며, 2000년대 초 김순자와 함께 공연을 하기도 했는데, 이 부분에 대

---

34) 정명자는 1991년에 중요무형문화재 살풀이의 제1호 이수자가 되었고, 1993년에는 보유자 후 보로 지정받았으며, 인간문화재 이매방이 타계한 후 2019년 12월에 보유자로 인정되어 인간 문화재가 되었다.

35) 김순자 2009년3월15일 인터뷰기록에서

36) '김순자 한국전통예술연구원' 홈페이지에 기재된 활동기록에는 1986년 2월에 히가시구루메시 에 연구원을 개설했다고 되어 있으나, 1990년 5월 20일에 개최된 김순자 한국민속무용연구소 개설 4주년 기념 제1회 발표회 〈우리 판〉 팸플릿에는 연구소 주소가 사이타마현 니이자시로 되어 있다. 1991년에 히가시구루메로 이전하여 현재에 이르고 있다.

해서는 뒤에서 좀 더 상세히 기술한다. 김순자는 1989년에 '한국국악협회 일본 관동지부' 설립에 기여하고, 지부장을 맡게 되었다. 제3장에서 보았듯이, 26년 전 1963년에 이미 한국국악협회 도쿄지부가 설립된 바 있는데, 새롭게 일본 관동지부를 만든 이유는 알 수 없으며, 두 조직 사이의 연계성도 분명치 않다. 1989년 무렵이면 아직 전통음악·무용을 하는 재일예술인들이 별로 많지 않았고, 앞에서 본 바와 같이 재일한국인 예술가들에 의한 단체로서 문예협이 있었다. 그런 점에서 재일예술인들보다는 한국국악협회 측의 일본 거점에 대한 요구가 더 크지 않았을까 생각된다.[37]

김순자 한국민속무용연구소의 첫 발표회는 1990년에 열렸다. 김순자 한국무용연구소의 활동기록에서 첫 발표회 이전인 1980년대의 활동 내용을 보면, 노인홈 위문공연, 백화점의 한국물산전이라든가 그 외 이벤트, 가요제 출연 등 봉사나 한국 홍보(특히 1988년은 올림픽 관련) 차원, 또는 상업적인 공연 등 다양한 행사에 참가했음을 알 수 있다. 주목할 만한 것은 재일동포나 일본인의 시민운동과 연결되는 공연들이다. 예를 들면, '재일동포의 생활을 생각하는 모임(在日同胞の生活を考える会)' 주최 〈내일을 향한 재일의 문화제(明日に向かう在日の文化祭)〉 지도 및 출연(1986, 1987), 도쿄 히가시무라야마(東村山)시 '다마 젠쇼엔(多摩全生園)' 위문공연(1986), 〈다나시(田無) 시 반전·반핵 콘서트〉(1986) 찬조 출연, '신아이주쿠(信愛塾)' 캠프 의뢰 공연(1988) 등이다.

'재일동포의 생활을 생각하는 모임'은 1984년 11월에 출범한 재일동포의

---

37) 김순자에 따르면, 당시 김판철 국악협회이사장이 지부 설립 가능성을 타진하러 도쿄에 왔는데, 재일 한국무용가들은 수도 많지 않았고 국악협회에 들 필요성을 그다지 느끼지 못하여, 김순자가 자신의 무용연구소 수강생들을 회원으로 해서 지부를 설립하게 되었다. 한국 국악계와 일본의 주요 네트워크였던 한국무악원이 1979년에 문을 닫은 후 그 역할을 해줄 만한 새로운 거점이 필요했을 것으로 추측된다. 1980년대에 국악 계통 종사자의 일본 진출이 증대하여 그에 대응할 국악협회의 일본 거점이 필요했기 때문이 아닐까 생각된다.

사회·문화운동 단체로,[38] 본국의 국가권력이나 재일 정치조직에 의존하지 않고, 재일 개개인의 연대에 기초해서 생활상의 다양한 문제들을 해결하고, 일본 사회에서 재일동포의 시민적 권리를 확충하며, 연령·성별·직업·학력·국적에 상관없이 모든 재일동포들이 '재일'로서의 정체성을 확립하고 협력하며 살아가는 커뮤니티를 형성하는 것을 목표로 하였다. 출범 이듬해 1985년부터 재일동포문화제를 개최했다. 문화제는 재일의 정체성을 모색하는 문화운동의 일환이었다고 하겠다. 김순자는 1986, 1987년(제2회, 제3회) 연속으로 지도·출연을 한 것으로 되어 있는데, 1986년 이전에 대해서는 활동기록이 없지만 1985년의 제1회 문화제 때도 참가했을 가능성이 있다.

'다마 젠쇼엔'은 일본의 13개 국립 한센병 요양소 중 하나로, 약 700명의 환자들 중 약 50명이 재일한인이라고 알려져 있으며, 특히 '재일한국·조선인 한센병 환자동맹'을 결성하여 한센병 환자와 재일한인에 대한 이중차별에 저항하는 대정부 투쟁을 이끌었던 재일동포 구니모토 마모루(國本衛)가 14세 때(1941년) 강제 수용된 이래 생활한 곳이기도 하다.[39] 김순자는 1986년 위문공연을 시작으로, '다마 젠쇼엔'과의 관계를 오랫동안 유지했는데, 1990년대 이후에 관해서는 뒤에서 기술하기로 한다.

---

38) 1980년 12월, '광주민주화운동 희생자를 추도하고, 김대중 씨에 대한 사형 집행에 항의하는 재일동포의 모임' 발기인 유지와 사무국 멤버들이 망년회 자리에서 정기적인 토론회나 학습회를 갖기로 결정함에 따라 1981년 4월부터 재일동포의 역사, 현상, 미래에 대한 학습토론회가 개최되었고, 이를 기반으로 1983년 4월에 '생각하는 모임' 발족을 위한 간담회가 만들어졌으며, 1984년 11월 '생각하는 모임' 사무소를 개설하고 「설립취의서(안)」을 채택함으로써 정식으로 출범했다(在日同胞の生活を考える会 홈페이지에서, 〈沿革〉, https://www.zainichi-seikatsu-kangaerukai.com/history/).

39) 일본에서는 1996년 '나병 예방법' 폐지에 따라 한센병 환자들이 자유로워졌으나, 사회의 뿌리 깊은 차별과 편견, 장기간에 걸친 수용으로 인해 육친과 소식이 끊기거나 의지할 사람이 없는 등의 사정 때문에 시설을 나올 수 없는 형편이다. 2001년 5월 11일 구마모토 지재는 한센병 국가배상 소송에서 국가의 격리정책의 잘못을 지적하고, 입법상의 책임을 묻는 등 원고 측 전면 승소 판결을 내렸다(≪東洋経済日報≫, 2001. 5. 18).

〈다나시시 반전·반핵 콘서트〉에 대해서는 자료를 찾지 못했으나, 반핵운동 단체 '반핵 일본의 음악가들'이 1983년부터 개최한 반핵 콘서트와 연계되어 다나시 지역에서 열린 행사가 아닌가 추정된다. '반핵 일본의 음악가들'은 1981년 미국의 핵실험과 미군 함선에 의한 참치 어선 연승(延繩)[40] 절단 사건을 계기로 음악가 66명이 발기인이 되어 1982년 3월에 결성한 단체로, 1000명 이상의 음악가들이 가입했고, 일본가수협회는 조직으로서 가입하기도 했다. 1983년에 도쿄 히비야공회당에서 〈콘서트 반핵 일본의 음악가들〉을 3일간(첫날 클래식, 둘째 날 대중음악, 셋째 날 방악) 개최한 이래 10년 정도 반핵 콘서트를 계속했으며, 도쿄의 각 지역과 오사카, 나고야, 교토 등 각지에서 회원들이 콘서트를 열어 전국적으로 확산되었다.[41] 김순자가 찬조 출연한 〈다나시시 반전·반핵 콘서트〉는 아마도 도쿄도에 속한 다나시시 지역의 회원들이 조직한 콘서트가 아니었을까 생각되나, 추후 확인이 필요하다.

한편, '신아이주쿠'는 1978년 요코하마에서 재일한인 어린이들이 자신의 문화에 자긍심을 갖고 자립해 나가기를, 그리고 기초학력을 제대로 습득하기를 바라는 부모들의 희망에서 시작된, 교육, 상담을 통한 지원활동 단체다.[42] 1988년의 '신아이주쿠 캠프 의뢰 공연'의 구체적인 내용은 알 수 없지만, 신아이주쿠의 활동 목적에 비추어 재일한인 어린이들과 관련 활동가들을 대상으로 한 공연이었을 것으로 생각된다.

이상의 몇몇 사례들을 통해 1980년대 김순자의 일본 내 한국무용 활동 중 상당 부분은 재일동포 및 일본 시민사회의 풀뿌리 운동의 맥락에서 이

---

40) 긴 낚싯줄에 여러 개의 낚시를 달아 물속에 늘어뜨려 고기를 잡는 도구. '주낙'이라고도 함.
41) ウィキペディア,「反核日本の音楽家たち」항목.
42) 활동이 발전하여 2004년에는 'NPO법인 재일외국인 교육 생활 상담센터·신아이주쿠'를 설립했다.

루어졌다는 것을 알 수 있다. 단, 이것은 당시 김순자가 운동에 동참한 것으로 단순히 해석하기보다는 당시 재일동포 사회의 새로운 세대들에 의한 운동이나 일본의 시민운동 지형에서 한국 전통무용·민속무용이라는 것 자체가 갖는 상징적인 의미가 컸던 것으로 보아야 할 것 같다.

'다마 젠쇼엔'의 경우처럼, 김순자가 1980년대에 처음 시작하여 2000년대에 이르기까지 지속적으로 참가한 행사들이 있는데, 그중 하나가 도코인(東光院) 묘켄궁(妙見宮)에서 매년 5월 3일에 열리는 연례행사 레이다이사이(例大祭)다. 도쿄의 히노데쵸에 있는 도코인은 백제 호족이 호린지(法輪寺)의 묘견보살을 간청하여 모신 데서 비롯되었다고 전해지는 절이다. 묘켄궁은 그 신불을 모신 사당으로, 화재로 인해 소실되었다가 백제의 후예를 자인하는 의사 미야노 마코토(宮野誠)가 한국에서 궁 목수를 불러 백제식 '칠성전'을 재건하여 기증함으로써 100년 만에 재건되었다. 김순자는 1987년 묘켄궁 낙성 법요에 참가한 것을 시작으로 1988년에 부활된 5월 3일의 레이다이사이에 매년 참가하여 한국무용을 했다. 한국무용 봉납은 이 행사의 일부로서 정례화되었다.

(4) 변인자·재일한국YMCA 무용교실, 장구교실

최숙희, 박정자, 김순자가 모두 자신의 무용연구소 또는 무용단을 창설하여 이를 거점으로 활동한 것과 달리, 변인자는 1978년에 오사카로 돌아가 간사이 한국YMCA에 무용교실과 장구교실을 개설하여 강사로서 가르치기 시작했다. 간사이 한국YMCA에서 연수생으로 파견하여 2년여 동안 서울에 체류하며 한국무용을 배운 것인 만큼, YMCA에 교실을 개설하는 것이 연수생 파견의 전제 조건은 아니었더라도 연수 성과를 활용하는 방법으로서 충분히 의미 있는 일이었다고 하겠다. 변인자의 한국 연수를 계기로 간사이 한국YMCA에 한국무용과 장구 교실이 만들어져 지금까지 이어져

오고 있으며, 변인자에 이어 김군희가 같은 케이스로 한국에 파견되어 한국무용을 배웠다. 변인자가 간사이 한국YMCA에서 가르친 기간은 그다지 길지 않다. 한국 연수 중에 만난 한국인과 결혼하여 1980년에 다시 한국으로 오게 되었고, 1983년부터는 도쿄에 살면서 활동했기 때문이다. 간사이 한국YMCA의 교실은 변인자의 뒤를 이어 김군희가 지도를 맡게 되었다. 변인자는 1980년부터 1983년 3월까지 약 3년간 다시 서울에서 살게 되었는데, 그 기간은 이양지, 김리혜, 조수옥 등이 서울에서 생활하며 한국무용을 배우던 시기와 일부 겹친다. 이 두 번째 서울살이 중에 사물놀이의 연주를 직접 접할 기회가 생겼고, 이를 계기로 장구를 집중적으로 배우게 되었다.

변인자의 남편은 서울대학교 공대 재학 중 민주화운동에 참가하여 학교에서 제적되고 투옥된 일도 있는 운동권 청년으로, 당시 운동권 사람들이 모이는 교회에 나가고 있었다. 변인자가 장구를 배우게 된 계기는 여기서 만들어졌다. 그 교회는 독자적인 공간이 없이 신세계 백화점 근처 큰 교회의 방을 하나 빌려서 20명 정도가 모여 예배를 봤고, 일요일이면 교회 가기 전에 학생들이 변인자의 집에 모여서 공부를 하곤 했다. 그 모임에서 서울대학교 농대생이 우리 음악으로 성가대를 만들자는 제안을 하여, 그가 전에 농악을 배웠던 김용배를 초빙해서 장단을 배우게 되었다. 장단 공부를 하던 중에 공간사랑에서 김용배의 공연이 있다는 소식을 듣고 보러 갔는데, 그것이 바로 김덕수 사물놀이패의 공연이었다. 공간사랑에서 사물놀이 공연을 본 뒤, 변인자는 1주일에 한 번씩 김용배에게 장구를 배웠다. 당시 재일동포 후배 1명도 같이 배웠는데, 김용배가 가르치면 그 후배가 악보를 그렸다.

1983년에 남편이 도쿄대학으로 유학을 가게 되어 생활 거점이 도쿄로 바뀐 변인자는 도쿄 한국YMCA에서 장구교실과 한국무용 교실을 열어 가르치게 되었다. 한국무용은 1988년까지만 가르치고, 20년 가까이 주로 장구를 가르쳤다. 한편, 1983년 도쿄에 가서 곧 4월부터 지성자 가야금연구회에 합류하여 가야금과 한국무용을 배웠다. 변인자에 앞서서 조수옥도 지성자 가야금연구회에 들어와 있었다. 조수옥은 1981년 11월에 한국 유학을 마치고 일본에 돌아간 뒤 이듬해 한국에서 무용 공부를 좀 더 하고자 했으나 사정상 뜻을 이루지 못했다. 대신 지성자 가야금연구회에 들어가서 가야금과 한국무용을 계속했다.

2) 정체성의 탐구와 한국무용: 이양지, 김리혜

1980년대에 서울에 생활 기반을 두고 한국무용을 배운 이양지와 김리혜는 '한국무용가'의 길을 추구했다기보다는 정체성의 근원을 탐구하기 위한 여정을 계속하고 있었다. 전기 그룹인 최숙희, 박정자, 김순자가 한국무용을 직업으로 하는 전문적인 무용가의 정체성을 갖고 있던 것과 달리, 이양지는 소설가, 김리혜는 프리랜서 기자로서 글 쓰는 일을 본업으로 하고 있었다.

(1) 이양지

1982년 서울대 국문과에 입학한 후 곧바로 휴학하고 일본에서 소설 집필에 몰두했던 이양지는 1984년에 복학하여 다시 서울에 체류하게 되었다. 일본에 머무는 동안에도 가야금과 무용을 배우러 잠깐씩 한국에 다녀가곤 했으며, 복학한 후에는 좀 더 본격적으로 무속무용을 배우면서 스승 김숙자의 공연에도 여러 차례 출연했다. 이양지가 출연한 공연들 중 필자가 자료를 통해 확인할 수 있었던 것은 모두 4건으로, 1982년 2월 도쿄 공연과 1986년 4월과 11월, 1990년 12월 각각 서울에서 있었던 공연들이다.

1982년 2월 2일 도쿄의 솔페이지스쿨 강당에서 〈김숙자 한국무속무용의

그림 5-4 _ 〈김숙자 한국무속무용의 밤－한과 환희의 세계〉(1982년 도쿄 공연) 팸플릿

표지

5명의 발기인 이름으로 된 초대의 글

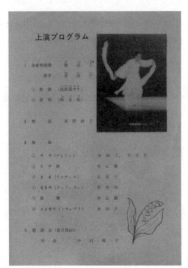

프로그램

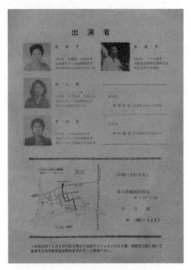

출연자 프로필: 상단 우측 김숙자, 좌측 지성자, 맨 아래가 고(故) 이양지
출연자 프로필 아래 우측에 '문의처'로 이양지의 주소와 전화번호가 적혀 있다.

자료: 이은자 선생 제공.

밤―한과 환희의 세계(金淑子―恨と歓喜の世界―韓国巫俗舞踊の夕べ)〉가 열렸다.[43] 이 공연은 지성자, 이양지, 사이토 미도리(斉藤みどり), 구사노 다에코(草野妙子), 나카무라 데루코(中村輝子) 등 5명이 발기인으로 이름을 올렸다. 아마도 이양지가 이 공연을 주선하고 여러 가지 관련 업무를 도맡아 한 것이 아닌가 생각된다. 무사시노 음대 강사 구사노 다에코(草野妙子)가 해설을, 교도(同共)통신 문화부 기자 나카무라 데루코(中村輝子)가 사회를 맡았다. 공연에서 김숙자는 독무로 〈입춤〉과 〈도살풀이〉를 추었고, 이양지도 독무로 〈올림체〉를 선보였다. 그리고 김숙자와 이양지가 함께 〈제석〉을 추었다. 그 외에는 류홍란[44]이 〈태평무〉와 〈승무〉를 추었고, 찬조로 지성자가 출연하여 성금연류 가야금산조와 가야금병창 〈흥보가〉를 연주했다. 지성자의 연주에 김숙자가 북 반주를 해주었다.

필자가 확인한 두 번째 공연은 1986년 4월 5일 한국무속예술보존회 주최로 우이동 전씨네 굿방 마당에서 열린 경기도 도당굿이다. 이날 무대가 아닌 굿방 마당에서 7시간에 걸쳐 펼쳐진 도당굿 전 과정 중에서 이양지는 〈진쇠춤〉을 추었다. 중앙일보는 「「해녀」・「나비타령」의 작가 이량기[45] 씨의 진쇠춤」이라는 제목의 기사에서 이날 공연 소식을 전했는데, 〈진쇠춤〉에 대해 "홍철릭에 사모를 쓰고 목화를 신은 차림인데 4명의 춤꾼이 마주

---

43) ≪중앙일보≫ 1982년 1월 23일 자에는 김숙자의 일본 공연 소식을 전하는 기사가 실렸다. "무용가 김숙자 씨는 도살풀이와 태평무 경기무속무용의 일본 공연을 위해 오는 28일 출국 예정. 김 씨는 2주일간 일본에 머물면서 도오꾜・오오사까의 국악협회 지부활동을 돌아본다"(≪중앙일보≫, 1982.1.23). 이 기사에는 초청자나 주최 측에 대한 정보가 없다. 기사에는 오사카도 방문하는 것으로 되어 있는데, 실제로 오사카 방문 공연이 이루어졌는지는 알 수 없다. 당시 공연 팸플릿에는 2월 4일 오후 6시부터 이케부쿠로 선샤인빌딩 5층 한국문화원에서 김숙자 여사 발표회를 연다는 것만 공지되어 있고, 오사카 공연에 관한 언급은 없다. 문의처로서 이양지가 명기되어 있다. 주소와 전화번호가 있음(東京都練馬区桜台 6-7-1, (991)1227).

44) 유홍란(1946~1984)은 김숙자의 이질녀로 천안 역 최초로 무용학원을 개설했고, 1974년에 창립한 천안국악협회 초대 지부장을 역임했다(디지털천안문화대전, cheonan.grandculture.net).

45) 기사에는 '이양지'의 이름이 '이량기'로 되어 있는데, 한자 '枝'를 '기'로 잘못 읽은 것 같다.

보고 서서 추는 춤. 공중에 솟아오르며 흩뿌리는 동작이 많은 것이 이 춤의 특징"이라고 소개하고, "80년도부터 한국 무속무용의 일인자인 김숙자 씨의 춤에 반해 수사해 왔다는 이 씨는 그동안 스승 김 씨의 공연에 여러 차례 참가했었다"고 전했다(≪중앙일보≫, 1986.4.8).

같은 해 11월에는 1~2일 이틀 동안 문예회관 대극장에서 열린 김숙자 회갑 공연에도 출연했다. 김숙자는 경기도당굿 중 〈부정놀이〉, 〈입춤〉, 〈활량무〉, 〈도살풀이〉를 독무로 추었고, 〈터벌림〉, 〈진쇠춤〉, 〈깨끔춤〉, 〈제석〉, 〈올림채〉 등은 이양지를 비롯한 제자들이 추었다(≪중앙일보≫, 1986.10.29).

그 후 1988년에 이양지는 서울대 국문과를 졸업하고 이화여대 무용과 대학원에 진학했다. 이화여대에서 이양지를 가르쳤던 김매자는 후일 야마다 세츠코(山田せつ子)와의 인터뷰에서 이양지에 대해 다음과 같이 회고했다.

> "아주 인상적이었어요. 처음부터 다른 사람과는 달랐어요. 그는 정말 열심히 공부했었어요. … 이양지 씨는 불교의식과 한국무용의 관계에 관심을 갖고 제 강의를 아주 열심히 들었습니다. … 무용도 잘했죠. 김숙자 선생한테 조금 배웠다는데 정말 잘했어요"(이토 준코, 2016).

이양지는 무용과 석사과정에서 학업을 하면서 계속 소설을 집필하여 장편소설 『유희』로 1988년 하반기 일본의 저명한 문학상인 아쿠다가와상을 받았다. 1990년 10월에는 살풀이가 중요무형문화재 제97호로, 경기도 도당굿이 제98호로 지정되었고, 김숙자는 이매방과 함께 살풀이 예능보유자 인정을 받아 인간문화재가 되었다. 그 직후인 1990년 12월 15일에 문예회관 대강당에서 무속예술 보존회 주최로 김숙자 무용공연이 열렸다. 이양지는 이 공연에도 출연했다. ≪중앙일보≫는 "이양지 씨(재일교포 작가·제1백회

개천상수상자)는 15일 오후 7시 서울동숭동문예회관 대강당에서 김숙자(인간문화재 97호) 무용공연에 출연한다. 일본 와세다(早稲田)대학을 거쳐 서울대에서 국문학을 전공한 이 씨는 지난 2년간 이화여대 대학원에서 무속춤을 연구해 왔다"라고 이양지의 공연 참가 소식을 전했다(≪중앙일보≫, 1990.12.10).

아마도 이 공연은 이양지가 참가한 마지막 한국무용 공연이었을 것이다. 1년 후인 1991년 12월 23일 김숙자는 지병인 후두암으로 세상을 떴다. 공교롭게도 이듬해 5월 22일 이양지도 도쿄 자택에서 심장마비로 타계했다. 석사과정을 수료하고 일본에 머물며 글을 쓰던 중이었다. 이양지는 1975년부터 가야금을 배우기 시작하여 전통음악에 먼저 입문했고, 1981년부터 10년간 김숙자 문하에서 무속무용을 배웠다. 이양지는 김숙자의 무속무용만을 집중적으로 배우면서 다수의 무속무용 공연에 출연하기도 했다. 나아가 무용과 대학원에 진학하여 무속무용에 대한 연구를 하였다. 1990년대에 이르기까지 한국무용에 뜻을 두고 배우러 온 재일 2세들 가운데 김숙자류 전통무용, 혹은 경기도 무속무용을 전문적으로 학습한 유일한 사람이었다. 만약 이양지가 요절하지 않았다면, 무속무용에 대한 탐구를 더 심화시키지 않았을까? 자신의 정체성을 '한국무용가'로 규정하지 않더라도 사실상 한국무용을 자신의 또 하나의 본령으로 삼고 활동했을지도 모른다.

(2) 김리혜

친구 이양지가 김숙자에게 무속무용을 사사하며 그 춤을 통해 자신의 존재 증명을 찾고자 했던 것처럼, 김리혜도 이매방 문하에서 한국무용을 배우면서 한국인으로서의 정체성을 세우고자 했다. 이매방이 처음으로 서울에서 무용실을 연 직후, 1981년 11월에 김리혜는 김덕수의 소개로 이매방을 찾아가 제자가 되었다. 김리혜는 1980년대 마포의 이매방 무용실에서 지도를 받던 시절에 대해 "현재와 같이 많은 제자들이 있는 것도 아니어서 모노륨의 연습실은 항상 썰렁했다. 목욕탕이나 시장에 가는 외에는 선생님은 언제나 집에 계셨다. 한국어를 거의 못하는 내게, 일본어를 섞어서 직접 지도해 주셨다. 새로운 순서를 나갈 때마다 "아홉 번 반복하면 외워진다"라 하시고는, 몇 번이나 눈앞에서 함께 춤추며 가르쳐 주셨다"라고 회고했다 1987년의 승무에 이어 1990년에 살풀이가 무형문화재로 지정되면서 이매방 문하에는 제자들이 계속 늘어갔다. 오롯이 혼자서 스승 이매방의 찬찬한 지도를 받을 수 있었던 그때를 김리혜는 "과분하게 귀중하고 행복한 시간"이라고 표현했다(金利惠, 2005: 136, 138).

그런데, 생활의 터전이 된 '조국'에서 그는 뜻밖에도 일본에서보다 더 심한 정체성의 갈등을 겪게 되었고, '자이니치'인 자신에게 한국무용이 어떤 의미를 갖는지 고민하게 되었다.

> "'조국의 생활자가 된 내게 무용은 어떤 의미가 있는가?'라는 질문, 모국이라고 생각해서 왔는데 생각했던 것과는 다른 현실 속에서 살아가면서, 한국에서의 '자이니치'라는 나의 존재는 무엇인가, 그리고 한국무용은 무엇인가 하는 질문을 자신에게 던지게 되었다. 일본에 살 때보다 더 심한 정체성의 갈등을 겪게 되었는데, 일본에서는 '재일'이라는 범주가 있었지만 한국에서는 혼자서 개별적으로 한국에 대응해야 했다"(≪統一日報≫, 2002.9.4: 6).

낯선 '조국'에서 주부로서 살림을 하며 두 아이를 낳아 키우고, 김덕수 사물놀이 공연의 스태프로 뛰기도 하면서 한국무용을 지속해 나갔다. 사물놀이는 1982년 6월 도쿄 이케부쿠로의 한국문화원 공연, 11월 도쿄에서의 콘서트를 시작으로 1980년대에 일본에서 많은 공연을 했고, 일본 공연 시 재일 2세인 김리혜는 통역을 비롯하여 다양한 지원 활동을 하였다. 한편, 1982년 봄 공간사랑에서 있었던 이동안의 공연에 검무(4인무)로 출연하고, 1984년 6월 '이매방 무용인생 50주년 기념공연 〈북소리〉'와 1985년 6월 '이매방 전통무용 〈북소리 II〉' 등 1980년대에 열린 스승의 큰 공연에 참가했으며, 1988년에는 김덕수의 사물놀이패가 조직한 '신남사당'의 일원으로 미국 순회공연을 하는 등 공연 무대에 설 기회도 있었다. '신남사당'은 사물놀이에 판소리, 피리, 탈춤, 한국무용 등을 더해 조직한 그룹으로, 김리혜는 무용을 담당했다. 당시 사물놀이 멤버였던 최종실에게서 소고춤을 배워 공연에 올리기도 했다. 여러 공연에 참가하고 이매방 문하에서 계속 무용 수업을 하면서도, 김리혜는 '내가 재일동포인데 한국무용을 해도 괜찮을까? 할 수 있을까?' 하는 부담이 늘 마음 한구석에 자리하고 있었다. 김리혜에게 1980년대는 "자신에게 가장 자연스러운 장이 어디인지 알 수 없어 찾아 헤맨 10년"이기도 했다. 그런 가운데서도 한국무용을 계속한 것은 한국무용가가 되고자 해서가 아니라 그것이 자신의 정체성의 근원을 탐구하는 길이었기 때문이다.

4. 독자적인 영역의 구축과 공인된 권위의 획득: 1990년대

최숙희, 박정자, 변인자, 김순자, 조수옥, 김리혜, 이양지. 1980년대 한국에서 전통춤의 흐름을 접하고 흡수했던 이들에게 1990년대는 한국무용가로서 자신의 독보적인 영역을 확보하기 위한 축적의 시간이었다고 할 수 있다. '문화재 춤', 즉 한국의 중요무형문화재로 지정된 춤의 '이수자'라는 공인된 자격을 획득하는 것은 한국무용가로서 입지를 확보하는 데 매우 중요한 자신이다. 중요무형문화재는 그 보유자=인간문화재를 정점으로 전수

교육조교(전수조교)-이수자-전수자로 이어지는 전승 체계가 있다.[46] 인간문화재는 국가의 지원을 받으면서 자신이 보유한 문화재 춤의 전수 활동을 할 책임과 동시에, 보유자 후보라 할 수 있는 전수조교의 지명과 이수자 양성에 관한 권한을 갖고 있었다. 이수자가 되기 위해서는 이수 시험을 치러야 하는데, 이수 시험은 누구나 원하면 응시할 수 있는 것이 아니라 보통 3~5년 정도의 이수 교육을 받고 스승인 인간문화재의 허락을 받아야 했다. 이수 시험을 치러 합격하면 문화재청에 이수자로 등록이 된다.

1990년대에 김리혜와 조수옥은 이매방, 김순자는 강선영, 최숙희는 김천흥에게 사사하고 이수 시험을 치러 정식 이수자가 되었다. 문화재 춤의 이수자가 되는 것은 이들에게 큰 의미가 있었다. 그러나 그 자체가 이들의 궁극적인 목표이거나 전부였던 것은 아니다. 1990년대 한국무용 활동이 어떻게 전개되었고, 그 과정에서 이수자가 된 것이 어떤 의미가 있는지를 생각해 볼 필요가 있다.

한편, 변인자와 박정자는 1990년대에 문화재 춤의 이수자라는 경력을 추구하는 대신 자신의 독자적인 방향으로 나아갔다. 전통을 바탕으로 하면서도 그 경계를 넘어 다른 영역에서 활동을 전개하는 새로운 시도를 한 것이다. 변인자는 장구로 대중음악 밴드에 합류하여 활동했고, 박정자는 일본인과의 협업에 의한 창작무용극을 가지고 외국인에게 닫혀 있던 일본 문화청 예술제의 문을 두드렸다.

---

46) 살풀이가 중요무형문화재로 지정되고 이매방과 김숙자가 그 보유자 인정을 받은 1990년까지 인간문화재가 된 무용가들을 전통무용 분야의 인간문화재 1세대라 할 수 있다. 그들 중 승무와 학무의 보유자였던 한영숙은 1989년에, 살풀이의 보유자였던 김숙자는 1991년에 세상을 떠났고, 이후 뒤를 잇는 제2대 보유자가 정해지기까지 상당한 시간이 걸렸다.

1) 재일 2세 한국 전통무용가, 중요무형문화재 춤의 이수

(1) 최숙희

1991년 2월 8~11일에 열린 15주년 기념공연에서는 궁중무용이 〈검무〉, 〈춘앵전〉, 〈채구무〉, 〈무고(舞鼓)〉, 〈아박무(牙拍舞)〉, 〈일무〉 등 6개로 늘었다. 그중에서도 역점을 둔 것은 이번에 처음 포함된 〈일무〉로, 공연 팸플릿에서 "이씨 조선시대의 왕의 신위를 모시는 제례악에서 추어지는 〈일무〉를 제대로 복원하여 한국전통무용의 진수를 보여드립니다"라고 그 의의를 강조했다. 또한, 김천흥을 "이조 최후의 왕인 순종 앞에서 왕의 장수를 기원하는 춤을 춘 이조 최후의 궁정무용가"이자 "대한민국 중요무형문화재 제1호 종묘제례악 기술기능 보유자, 대한민국 인간국보, 제39호 처용무 기능 보유자", 김성진을 "대한민국 중요무형문화재 제1호 종묘제례악 기술기능보유자, 대한민국 인간국보, 제20호 대금 정악 예능 보유자"로 소개하고, 이들을 여명의 "춤의 스승"과 "음악의 스승"으로 칭했다(≪グループ黎明15周年記念公演 ‘明’≫.1991.2.8~11). 이는 궁중정재(宮中呈才)[47]를 핵심 영역으로 추구한다는 '그룹 여명'의 정체성의 표명이었다고 생각된다.

15주년 기념공연으로부터 6년 후 1997년의 공연 팸플릿에는 최숙희의 경력에 '일무 이수자'가 등장한다. 그리고 1999년에는 '처용무 이수자'라는 경력도 더해졌다. 최숙희는 정재연구회 오사카지부와 일무보존회 일본지부의 대표를 맡기도 했는데, 정재연구회는 일무 전수교육조교 김영숙이 김천흥의 일무, 궁중무 등을 지속적으로 재현·발굴하여 후세로 이어가는 것을 목표로 1996년에 설립한 동호회 형태의 단체이며, 일무 보존회도 김영

---

47) 궁중정재란 궁중의 연회나 의식에서 수행된 악가무이다. 정재(呈才)는 '재예(才藝)를 바친다'는 뜻으로, 악기연주에 맞추어 노래를 부르고 춤을 추는 공연물을 말한다(『한국민족문화대백과사전』, '궁중정재' 항목).

숙 주도로 같은 해에 만들어졌다(≪아시아 뉴스통신≫, 2019.5.17; 정혜미, 2014. 1.15). 김명숙은 1988년에 일무의 이수자, 1990년에 전수교육조교로 지정된 바 있다. 최숙희는 이화여대 대학원에 입학한 1986년 이후에 본격적으로 궁중무용을 배워 여명의 공연에 이를 반영했고, 스승 김천흥의 일무와 처용무를 정식으로 이수하려는 계획도 갖게 된 것 같다. 그리고 1996, 1997년 무렵 일무의 이수자가 된 것을 계기로 정재연구회 오사카지부와 일무보존회 일본지부를 설립하여 대표를 맡은 것으로 생각된다. 정재연구회는 1998년 12월 4일 서울에서 〈심소 김천흥 선생과 정재연구회〉라는 제목으로 공연을 했는데, 최숙희와 구라시게 정우희는 정재연구회 회원 자격으로 이 공연에 출연했고, 민영치는 국립국악원 정악연주단과 함께 음악 연주에 참여했다. 팸플릿에는 이 세 사람이 '그룹 여명'의 대표, 단원, 음악감독이라는 것도 명기되었다.

1990년대 여명의 공연에서는 또 다른 중요한 변화를 볼 수 있다. 한국무용단으로서 그동안 공연의 중심은 무용이고 음악은 무용 반주 정도의 보조적인 역할이었다면, 1990년대 들어 공연에서 음악 부분의 비중이 커지기 시작하여, 1990년대 후반부터는 또 하나의 중심축으로 전면에 등장하게 되었다는 점이다. 위에서 언급했듯이 1991년의 15주년 공연 팸플릿에 대금 연주자 김성진을 "음악의 스승"으로 소개한 것은 매우 시사적이다. 여명 초기부터 발표회 내지 공연 팸플릿에 김천흥의 축사나 김천흥에 대한 소개글이 실린 일은 종종 있지만, 음악 분야로 특정인이 소개된 것은 김영동 이후 처음이었다. 최숙희는 1980년대 여명의 공연에서는 연이어 김영동의 곡에 안무한 창작무용을 선보였다. 그러나 김영동을 무용음악의 작곡자로 소개한 데 비해 김성진은 궁중음악으로 인간문화재가 된 국악인이며 "음악의 스승"으로 소개했다는 점에서 차이가 있다. 1991년 공연의 프로그램에는 사물놀이 연주 외에 설장고, 대금 독주와 가야금 독주가 들어갔으며, 무용

반주 전체를 생음악으로 하는 새로운 시도가 이루어졌다. 당시 팸플릿에서도 생음악에 의한 무용 공연은 본국에서도 일반적으로 이루어지고 있지 않은" 파격적인 시도임을 강조했다

이러한 음악 비중의 증대는 민영치의 음악적 성장과 밀접한 관계가 있다. 앞에서 언급했듯이 초등학생이던 1980년에 여명 단원이 된 민영치는 1986년에 한국으로 유학 와서 국립국악고등학교와 서울대 국악과에서 전통음악을 공부했다. 서울대 국악과 재학 중이던 1991년에는 제3회 세계사물놀이대회 솔로 부문에서 장구로 1등을 했고, 1992년에는 동아국악콩쿠르에서 대금으로 동상을 받았다. 1993년에 대학을 졸업한 뒤에는 한국의 국악실내악단 '슬기둥'과 타악그룹 '푸리' 등에서 활동하면서 역량을 심화시켜갔다. 민영치는 국립국악고등학교 시절부터 '여명'의 음악감독을 맡았으며, 대학 졸업 후 한국과 일본을 오가며 양편에서 활동을 계속했다.

1997~2001년에 열린 여명의 공연 제목은 무용과 음악이 같은 비중으로 자리매김되었다. 1997년 공연 제목은 〈한국 전통무용과 국악〉, 1999년과 2001년 공연 제목은 〈신기(神氣), 한국 전통무용과 음악〉이었다. 특히 2001년 공연의 경우, 〈신·음악의 미래로의 여행 시리즈〉라는 프로그램의 하나로 기획되었고, 홍보지에서 그룹 여명을 "한국이 세계에 자랑하는 전통음악집단"으로 소개했다. 여명에서 음악이 어떤 위상을 갖게 되었는지를 잘 보여주는 예라 하겠다. 1997년의 공연은 '그룹 여명을 초빙하는 모임' 주최로 도코로자와에서 11월 9일과 13일 이틀간 개최되었는데, 9일은 〈한국 전통무용의 세계〉, 13일은 〈민영치 음악의 세계〉로 구성되어, 음악감독인 민영치가 최숙희와 함께 중심인물로 전면에 등장했음을 단적으로 보여준다. 이틀간의 공연에서 상연된 작품은 궁중무용인 〈춘앵전〉, 〈일무〉, 〈교방무고〉, 〈대금독주 청성곡〉 그리고 〈무용조곡 신기 I, II〉였다. 〈무용조곡 신기〉에는 〈길놀이〉, 〈무당춤〉, 〈처용무〉, 〈사물놀이〉, 〈오북〉이 공

통적으로 들어가고 I에는 〈검무〉와 〈설장고〉, 〈태평무〉가, II에는 〈새누리〉, 〈신칼무〉, 〈상모놀이〉가 포함되었다. 〈신기, 한국 전통무용과 음악〉이라는 제목의 1999, 2001년 공연에서도 무용으로는 〈종묘제례악 일무〉, 〈포구락〉, 〈처용무〉, 〈춘앵전〉 등의 궁중무용과 〈무당춤〉, 〈태평무〉, 〈부채춤〉이 들어가고, 꽹과리 합주와 피날레로 사물놀이가 들어갔다. 이와 같이 1990년대 후반부터 여명은 한국 전통 무용과 음악이 결합된 '전통문화·예술'을 표방하는 방향성을 보여주게 되었으며, 중요무형문화재 종묘제례악 일무와 처용무를 비롯한 궁중정재의 보존, 계승을 책임지는 최숙희와 타악과 대금 연주자로서 본국 주류에서 인정을 받고 명성을 쌓은 민영지가 그 두 축을 이루었다.

여명이 이렇게 궁중정재 쪽을 특화시켜 나간 것은 설립자인 최숙희가 1970~1980년대에 이화여대에서 수학하고 김천흥에게 사사하여 그의 춤맥을 이었다는 것 외에, 당시 재일 한국무용가들 중 궁중정재를 본격적으로 하는 사람이 없어 최숙희의 독보적인 영역이 확보된다는 점도 작용했을 수 있다.[48]

그런데, 여명의 주축이던 민영치는 2003년에 그룹 '산타'를 결성하여 독립했으며, 여기에 구라시게 정우희 등 여명 단원이었던 젊은이들이 합류했다. 구라시게 정우희 역시 1985년 중학생일 때부터 여명에서 활동했고, 서울대에 진학하여 1990년대 후반에 5년간 서울에 체류하며 최숙희와 함께

---

48) 오사카의 1세대 한국무용가 정민에게 배운 적이 있는 민단계·총련계 무용가들에 의하면 그는 다양한 춤을 가르쳤는데 대부분 민속무용이었고, 특히 〈교방무〉는 많은 사람들이 배운 것 같다. 총련계 무용가들 중에서도 백향주는 정민에게 〈승무〉, 〈살풀이〉, 〈교방무〉 등을, 임수향은 〈교방무〉, 〈오면고〉, 〈설장구〉 등을 배웠다고 하였다. 한편, 1990년대에 한국무용계를 떠나 주로 일본에 체류하며 오사카의 '버들회'를 거점으로 활동한 송화영은 뒤에 '교방예악전승회'라는 단체를 만들었을 만큼 교방무용을 주축으로 삼았다. 송화영은 김수악, 이매방, 김계화, 김정애 등을 두루 사사했고, 〈교방 검무〉, 〈교방 승무〉, 〈교방 태평무〉, 〈교방 굿거리〉 등의 작품을 만들었다.

정재연구회의 일원으로서 궁중무용을 배우고 공연에 참가하기도 했다. '산타' 이전에도 차천대미가 여명에서 독립하여 1993년에 버들회를 창단한 바있다. 최숙희는 재일 2세 한국무용가들 중 가장 먼저 일본에서 한국무용단을 창설하여 공연활동을 하는 동시에 무용 지도를 통해 많은 제자들을 길렀는데, 이들이 성장하여 독립하면서 '그룹 여명'은 새로운 방향을 모색해야 할 과제를 안게 되었다.

(2) 김순자

김순자는 한국국악협회 일본 도쿄지부 지부장을 맡은 이듬해 5월에 첫 발표회를 열었다. 1990년 5월 20일 도쿄 내리마(練馬)구립 문화센터에서 '김순자 한국민속무용연구소' 설립 4주년 기념을 겸한 제1회 발표회 〈우리판〉이 개최되었다. 제1회 발표회 프로그램을 보면, 1부에서는 〈부채춤〉, 〈고궁의 회상〉, 〈춘앵전〉, 〈총(寵)〉, 〈인형춤〉, 〈바라춤〉, 〈진주굿거리〉, 〈무당춤〉, 2부에서 〈지전춤〉, 〈탈춤〉, 〈다같이〉, 〈검무〉, 〈봄〉, 〈한량무〉, 〈장고춤〉, 3부에서는 〈오북〉, 〈산조〉, 〈태평무〉, 〈장고와 민요/장고가락/웃다리농악〉, 〈농악〉 등 민속무용과 궁중무용, 농악, 노래 등 레퍼토리가 다양하다. 김순자는 독무로 〈진주굿거리〉,[49] 〈한량무〉, 〈태평무〉를 추었고, 특별출연한 정명숙이 산조를 추었다(≪우리 판－金順子韓國民俗舞踊研究所 開設4周年記念 第一回發表会≫, 1990.5.20). 이 프로그램을 통해 김순자가 1980년대에 한국을 왕래하며 어떤 것들을 배웠고, 이를 일본에서 얼마만큼 전수했는지를 파악할 수 있다. 제1회 발표회 출연자들 가운데는 일본 이름이 상당수 발견되는데, 그중에는 재일동포가 일본 이름을 사용한 경우

---

49) 〈진주굿거리〉는 송화영이 김수악의 〈진주교방굿거리〉를 재구성하여 1986년 국립국악원 소극장에서 열린 자신의 공연 〈화문석춤판〉에서 초연한 작품으로, 송화영 자신이 이를 〈진주굿거리〉로 명명했다.

그림 5-5 _ 김순자 한국민속무용연구소 〈제1회 발표회〉 공연(1990) 팸플릿

자료: 김순자 선생 제공

도 있겠지만, 실제 일본인들이 상당수 있었던 것으로 보인다.

김순자는 1991년 10월에 무용연구소를 도쿄의 히가시구루메(東久留米)로 이전하고 이름을 김순자 한국전통예술연구원(이하 김순자KGK)[50]으로 변경했다. 이후 연구소의 발표회/공연은 〈우리판〉이라는 명칭으로 계속되어 2007년에 〈우리판〉제20회를 기록했다.[51] 그중 1990년 제1회부터 1994년 제5회(1994년 한 해에 제3회~제5회 개최)까지는 모두 '발표회'였는데, 1995년부터는 〈우리판〉'발표회'와 '공연'으로 구분되어 이루어졌다. 1995년 이후에는 김순자KGK의 발표회와 정기공연, 매년 2월에 열린 후원회의 교류회에서의 공연,[52] 한국에서의 공연 등 김순자 한국무용연구소가 주최 또는 주관하는 공연은 기본적으로 〈우리판〉에 포함시킨 것으로 보인다.

김순자는 1970년대 중반부터 한국에 다니며 국악과 무용을 배워 국악계와 네트워크가 형성되어 있었고, 그런 배경 때문에 1989년에 국악협회 일

---

50) KGK는 '한국전통예술원'의 일본 발음 '캉코쿠 덴토게이주츠 켕큐인'의 각 단어 영문 표기 머릿글자이다. 공연 팸플릿에 후원회 이름이 등장한 1994년 무렵부터 이 약칭이 사용된 것으로 보인다.

51) 김순자 한국전통예술연구원 홈페이지의 활동기록에 의거함. 2007년까지의 기록만 확보되었기 때문에, 그 이후에도 〈우리판〉이 유지되었는지는 확인하지 못했다.

52) 1994년 공연 팸플릿에 처음으로 'KGK후원회'라는 이름이 등장한 것으로 보아, 후원회는 1994년에 결성된 것으로 보인다. 이듬해인 1995년부터 거의 매년 2월에 동 후원회의 교류회에서 김순자 한국무용연구소의 공연이 있었다.

본 관동지부를 맡게 되었을 것 같다. 국악협회 일본 관동지부 설치 후에는 한국과의 네트워크가 더 두터워졌을 것으로 생각되며, 김순자 자신도 그런 네트워크를 중시했다. 김순자는 1988년, 1993년, 1995년 등 세 차례에 걸친 중요무형문화재 13호 봉산탈춤 예능보유자(인간문화재) 초청 강습회를 비롯해서 1991년 8월 제97호 살풀이 강습회, 1992년 6월과 8월 두레패 사물놀이의 전통악기 강습회, 9월에 진도북춤 강습회 등 1990년대 초반의 짧은 기간에 다양한 종목의 강습회를 열었다.

1992년 11월에는 한국에서 열린 '92 춤의 해 학술 심포지엄 및 한겨레 춤제전'에 일본 민단 측 대표로 참가했다. 한국문화예술위원회는 1992년을 '춤의 해'로 정하고 다양한 행사들을 기획했는데, 그중 하나가 이 행사로, 해외동포 무용단들이 참가하여 발제와 공연을 했다. 당초 재일동포 무용단으로는 '김순자무용단'과 '백홍천무용단'이 각각 민단과 조총련을 대표하여 참가하는 것으로 확정되었으나, '백홍천무용단'의 참가는 결국 불발된 것으로 보인다.53) 한편, 1993년 무렵부터 한국과 일본을 오가며 중요무형문화재 제92호 〈태평무〉 보유자인 강선영에게서 〈태평무〉, 〈즉흥무〉, 〈장고춤〉, 〈무당춤〉 등을 배웠고, 1995년에 〈태평무〉 전수자, 1997년에는 이수자 타이틀을 획득했다. 이를 계기로 그해 11월에는 '한국무형문화재 태평무보존회 일본도쿄지부'를 설립하여 초대 지부장을 맡았다. 김순자는 필자와의 인터뷰에서 "한국은 국악원에서 계승하는 외에는 모두 자유롭게 춤을

---

53) 연변가무단, 알마아타 아리랑가무단, 고려예술단 등도 참가가 확정되었고, 두 재일동포 무용단과 연변가무단은 11월 18일 서울 공연이 예정되어 있었다(장광열, 1992, http://www.arko.or.kr/zine/artspaper92_10/19921006.htm). 그런데, 필자가 신문기사들을 검색해 본 결과, 1992년 '춤의 해' 행사와 관련하여 백홍천무용단이 공연했다는 자료는 찾아볼 수 없었고, 1998년 6월 국립국악원에서 열린 백향주와 백홍천무용단의 공연을 '조선'적 무용가·무용단체 최초의 한국 공연으로 보도한 기사가 있었다(《매일경제》, 1998.6.16). 이런 점에 비추어, 이유는 알 수 없지만 1992년 백홍천무용단의 공연은 무산된 것으로 판단했다.

추고, 누구나 자기 춤이 맞다고 한다"면서, 자유로운 것이 좋은 점도 있지만, 프로는 다르다고 단언했다. "지금은 예술단에서 활동했다는 것도 별로 의미가 없고, 훌륭한 사람이라도 문화재가 아니면 단지 춤추는 사람일 뿐"이라고 하였다. 향후 제자들이 일본에서 한국무용을 계승해 가려면, 한국에서 학교 교육을 받고 국가지정문화재를 이수하고, 지도 자격을 따서 돌아와야 한다는 생각을 갖고 있었다. 김순자는 가야금의 박귀희, 봉산탈춤의 윤옥, 승무·살풀이의 이매방, 태평무의 강선영 등 여러 인간문화재들에게 가야금과 춤을 사사하여 이들과의 네트워크를 구축하고 유지하였다. 김순자KGK후원회 고문 명단에는 한국의 인간문화재의 윤옥, 강선영, 이매방의 이름이 나란히 오르기도 했다.[54]

〈우리판〉 2000년과 2003년은 연이어 〈신라 천년의 향기: 달성교방무〉라는 주제로 이루어졌다. 두 공연 모두 제1부는 〈태평무〉, 〈승무〉, 〈검무〉에 〈춘앵전〉과 〈목단무〉(2000)/〈살풀이〉를 더하여 '문화재 춤' 위주로, 제2부는 송화영이 안무한 교방무 작품들을 중심으로 구성했다. 김순자와 송화영이 이인무를 추기도 했다. 이 공연을 전후해서 김순자는 기존의 '한국국악협회 일본 관동지부'와 '한국 무형문화재 제92호 태평무보존회 일본 도쿄지부'에 더해 '교방예악전승회 도쿄지부'의 지부장이라는 직함도 더하게 되었다.[55]

2003년 〈신라 천년의 향기: 달성교방무〉 공연 팸플릿에는 '교방예악전승회' 회장 및 지부장 명단이 실려 있는데, 회장은 송화영, 서울지부 고재현,

---

54) 후원회 명단은 김순자 한국전통예술연구원의 공연 팸플릿에 기재된 것에 의거했다. 필자가 김순자 선생에게서 받은 팸플릿들 중 1996년, 1998년 공연 팸플릿에 명단이 있음(≪우리 판 鼓舞響－金順子韓国伝統芸術研究院 開設10周年記念 第6回公演≫, 1996.6.16; ≪우리 판 鼓舞響－金順子韓国伝統芸術研究院 第8回公演≫, 1998.6.27).

55) ≪新羅千年の香り 達城教坊舞－韓国伝統舞踊家金順子が舞う≫, 2000.6.11; ≪新羅千年の香り 達城教坊舞－金順子韓國伝統芸術研究院20周年記念公演-≫, 2003.2.12.

도쿄지부 김순자, 오사카지부 차천대미, 호남지부 최은정, 영남지부 서수옥 등으로 되어 있다. 송화영은 김수악, 이매방, 김계화, 김정애 등을 두루 사사하고 국립발레단과 국립국악원 무용단원으로 활동하기도 했으며 〈교방 검무〉, 〈교방 승무〉, 〈교방 태평무〉, 〈교방 굿거리〉 등의 전통 교방무용과 〈노변가화〉, 〈창호지〉, 〈월향〉 등의 고전형식 무용극을 발표하는 등 한국무용계에서 실력을 인정받은 무용가로, 김순자는 1988년에 정명자의 소개로 송화영에게서 춤을 배웠다. 그런데 송화영은 1991년 9월 국내 무대에 더 이상 서지 않겠다는 선언을 하고 국악당 소극장에서의 고별공연(9월 3~4일)을 끝으로 한국에서의 공연 활동을 중단했다.[56] 이후 1990년대에는 주로 일본 오사카에 체류하며 활동했으며, 1993년 차천대미를 도와 한국무용단 '버들회'를 창단하고 버들회의 무용 지도를 하였다.

'교방예악전승회'는 일본에서 교방무용을 중심으로 송화영의 춤맥을 잇기 위해 만들어진 조직인 것 같다. 〈우리판〉 공연 팸플릿에 '교방예악전승회'의 이름이 등장한 2000~2003년 무렵에 한국에서 이 이름으로 활동한 사례는 찾아볼 수 없다. 송화영의 춤 맥을 잇는 단체로는 '푸른버들민예원'[57])이 있으며, 비슷한 예로 2005년에 '푸른버들 교방예악원'이란 이름이 사용된 경

---

56) 송화영이 한국 무대를 떠나기로 한 배경에 대해 ≪중앙일보≫ 기사는 다음과 같이 전하고 있다. "송 씨는 인간문화재 이수자가 되기 위해, 또는 무용공연의 주역을 맡기 위해 어쩔 수 없이 허리 굽히고 손 비비며 살아온 세월을 이제는 상상조차 하기 싫다고 밝힌다. 앞으로는 절대로 무용수로서 국내 무대에 오르지 않고 안무에만 몰두하겠다는 것도 그런 까닭이다. 다만 정당한 대가(출연료)와 예우가 보장되는 해외초청공연에는 계속 출연하겠다는 말로 그가 국내 무용계에 얼마나 유감이 많은지를 드러낸다"(≪중앙일보≫ 1991.8.25, 「고전무용가 송화영 씨 누드사진 곁들인 고별공연 무산」).

57) 푸른버들민예원은 '푸른버들민속예악원' 또는 '푸른버들민족예악원'의 약칭인 것으로 보인다. 서울 공연에 이런 이름들이 나옴. 비슷한 이름으로 진주교방춤의 김수악을 잇는 '푸른버들예악원'이 있다. 팸플릿에 '교방예악전승회 서울지부'로 되어 있는 고재현은 '서울 푸른버들민예원' 원장으로도 기재되어 있으며, 송화영의 제자로서 뒤에 한국에서 '시안 송화영 교방춤 보존회' 회장을 맡기도 했다. '오사카지부'는 차천대미가 1993년에 오사카에서 창단한 '버들회'를, '호남지부'는 ≪전북일보≫ 기사에 소개된 "'푸른 버들'의 전주모임"일 것이다.

우(2005.6.7, 〈푸른버들교방예악원 27주년 기념공연〉, 국립국악원)가 있다. 2000년 4월 21일 자 ≪전북일보≫에서 '전주 푸른버들 민예원' 창단 공연에 관한 기사를 볼 수 있는데, 이 기사는 '전주 푸른버들 민예원'을 "지난해 국립국악원 국악경연대회에서 대통령상을 수상한 송화영씨가 대표로 있는 무용단체 '푸른 버들'의 전주모임"이라 하고, '푸른 버들'은 일본과 서울에서 이미 활동하고 있는 단체라고 소개했다(http://www.jjan.kr). 이런 점에 비추어 '교방예악전승회'는 1990년대 말~2000년대 초에 송화영이 자신의 교방무를 독자적인 양식을 지닌 예술로서 정립하고자 제자들을 중심으로 기존 단체들의 네트워크를 형성하고 여기에 '교방예악전승회'라는 명칭을 부여한 것이 아닐까 조심스럽게 추측해 본다. 송화영은 한국무용계를 떠난 지 8년 만인 1999년에 제19회 국립국악원 전국경연대회에 나가 대상인 대통령상을 받았으며, 그해 8월 국립국악원에서 공연을 했다. '교방예악전승회'란 이름을 표방하게 된 것은 이 무렵부터가 아닐까 생각되나 이를 확인할 만한 자료는 찾지 못했다.

김순자가 여기에 합류한 것은 1999~2000년 무렵으로 추정된다. 김순자는 이전에 1988년부터 송화영에게서 춤을 배워 발표회에 올리기도 했는데, 활동기록에 의하면 1998년과 1999년에 각각 대구플라자와 국립국악원에서 열린 〈송화영풍 교방무〉 공연에 출연한 것으로 되어 있다. 송화영과 1990년대에도 계속 교류가 있었는지는 알 수 없지만, 적어도 1998년 무렵부터는 공연에 참여한 것이다. 단 '김순자 한국전통예술연구원'의 〈우리판〉 공연 팸플릿에 '교방예악전승회 도쿄지부 지부장' 직함이 처음 등장한 것은 2003년이다(≪新羅千年の香り 達城敎坊舞－金順子韓國伝統芸術研究院20周年記念公演≫, 2003.2.12).[58] 그동안 오사카를 거점으로 해서 전수된 송화

---

58) 김순자는 같은 공연 2000년 팸플릿에는 '달성교방예악단 도쿄지부장'으로 표기되어 있다(≪新

영류 교방무를 한국무용의 또 하나의 전통으로서 일본에 홍보하고 확산시키기 위한 거점 역할을 도쿄의 김순자가 받아들인 것이라 하겠다.

김순자는 이렇게 '전통예술'로서의 한국무용을 추구하면서도, 대중예능행사에도 출연하는 등 활동의 폭이 매우 넓었다. 김순자KGK후원회의 구성을 보면 인맥도 폭이 넓었던 것 같다. 초대 후원회장은 도쿄 나카노구의회 의원 구도 야스하루(工藤泰治), 부회장은 야마구치 가츠요시(山口勝義), 한종석(韓宗碩), 오카 히로시(岡広) 등이며, 간사 명단에 가수 김연자, 고문 명단에 작곡가 길옥윤이 올라와 있다. 회장 구도는 1967년에 사회당 소속으로 나카노구의원에 당선되었고, 1971년부터는 무소속으로 1999년까지 7선 의원으로 활동했다. 부회장 중 야마구치 가츠요시(山口勝義)는 전 산케이신문기자로 산케이신문 서울지국장을 맡기도 했으며, 한종석(韓宗碩)은 조선장학회 총무부장으로 활동하면서 1980년 지문날인을 최초로 거부하여 1980년대의 대표적인 반차별·인권운동이라 할 수 있는 지문날인거부운동[59]을 촉발시킨 인물이다. 오카 히로시(본명 김호식)는 악단 연주자로 활동했던 예능 프로덕션 '(주)센슈(千秋)기획'(이하 '센슈기획') 대표로 재일 2세다.

羅千年の香り 達城教坊舞≫, 2000.6.11). 달성교방무는 대구권번 계통의 박지홍을 통해 전승되고, 송화영은 진주권번 계통의 김수악, 호남 계통의 이매방 등을 통해 전승된 교방무를 이어받아 자신의 교방무로 재창조한 것으로 평가되는데, 교방춤이라는 점에서, 특히 진주와 대구는 같은 영남권이라는 점에서 맥을 공유하는 부분이 있다고 하겠다.

59) 일본정부는 '외국인등록법'(1952.4.28~2012.7.9)에 의해 재일외국인에게 외국인등록과 지문날인을 의무화했다. 지문날인 거부자는 외국인등록 창구 역할을 하는 지자체가 경찰에 고발하여 형사처벌 대상이 되었다. 외국인등록 및 지문날인 제도는 사실상 재일한인 치안 관리를 위해 도입된 측면이 강하고, 형사처벌을 받으면 경우에 따라 강제추방을 당할 우려도 있어, 심각한 인권침해와 차별에 대한 문제제기가 일찍부터 이루어졌다. 1980년 9월 한종석이 도쿄도 신주쿠구 구청 창구에서 지문날인 거부를 선언한 것을 계기로 재일 2세, 3세들을 중심으로 날인거부운동이 전개되었다. 1980년대의 지문날인거부운동은 재일한인을 넘어서 다른 외국인들과 그 취지에 공감하는 일본인들의 참여를 통해 확대되었고, 민족운동의 범주를 넘어서 '인권, 반차별'이라는 보편적인 이슈를 제기한 시민적 저항운동이었다는 점에서 재일한인의 운동사에서 매우 중요한 의미를 지닌다.

김연자는 1977년에 일본에서 데뷔했지만 한국으로 돌아와 활동하다가, 1988년에 〈아침의 나라에서〉[60]의 일본어판으로 센슈기획을 통해 일본에 재데뷔하여 크게 히트했으며 이후 2009년까지 일본에서 활동했다. 김순자는 1989년 3월 〈김연자 사랑의 선물 자선공연〉(신주쿠 후생연금회관에서), 1993년 11월 〈김연자 리사이틀〉(돗토리 문화회관에서), 1995년 9월 치바(千葉)문화제 〈95김연자〉, 1997년 9월 〈김연자 10주년 리사이틀〉(NHK 텔레비전 방영) 등에 출연했고, 김연자도 1990년 〈우리판〉 제1회부터 제10회(2000년)까지 공연 팸플릿에 '한일 친선 가수' 또는 '한일가요친선대사'라는 별칭을 붙여, 김연자 단독으로 또는 센슈기획과 함께 광고를 게재하기도 했다.

김순자의 일본 내 공연 활동은 1980년대보다 더 폭이 넓어져, 민족운동단체나 역사 관련 시민운동단체, 학술적인 행사 등에서의 공연부터 경로회나 복지시설 위문공연, 다양한 민간단체들 협력 공연, 그리고 상업적인 공연에 이르기까지 매우 다양했고, 한국에서도 많은 공연에 참가했다. 우선, 1986년에 처음으로 위문공연을 했던 '다마 젠쇼엔'과의 인연은 이후로도 오랫동안 이어져 1990년대 들어서부터는 2003년까지 거의 해마다 그곳에 다녔다. "고향이 그립고, 아름다운 옷을 입고 춤을 추고 싶다"는 재일동포 입소자들의 요망에 따라 1990년에 결성된 한국무용회 아리랑 모임을 지도하는 한편, '다마 젠쇼엔' 행사에서 공연을 하기도 했다. 아리랑 모임은 2005년까지 활동했는데, 입소자들의 고령화로 인해 더 이상 계속하기는 어려웠

---

60) 〈아침의 나라에서〉는 MBC와 서울올림픽조직위원회가 88서울 올림픽 공식 주제가 공모를 통해 1985년 11월에 가사(박건호 작)를 정하고, 경쟁을 통해 1986년 봄에 길옥윤의 곡을 선정, 김연자의 노래로 발표했다. 그러나 88서울 올림픽 공식 주제가는 코리아나의 〈손에 손잡고〉로 변경되었고, 〈아침의 나라에서〉는 올림픽 폐막식에서 불리는 데 그쳤다. 1987년 요시오카 오사무(吉岡治)의 일본어 작사로 일본 싱글로 발매되어 김연자는 이 곡으로 센슈기획을 통해 일본에 데뷔했으며, 1989년 제40회 'NHK 홍백가합전'에 출연하여 이 곡을 불렀다. 〈서울올림픽 찬가〉로 불리는 등 일본에서 크게 히트했다.

던 것 같다(≪東洋経済日報≫, 2001.5.18; 国立ハンセン病資料館, 2019). 도코인 레이다이사이에서의 한국무용 봉납도 1988년 이래 2000년대까지 연례행사로서 지속되었다. 1989년에 '조후 비녀회(調布ビニョ会)' 홈콘서트 출연을 시작으로 1992년부터 4년간 해마다 '조후 물레의 모임(調布ムルレの会)'[61]의 개강기념공연을 하는 등 지역 시민운동 단체와도 비교적 여러 해에 걸쳐 관계를 유지했다.

한편, 1990년대에는 식민지 지배와 전쟁의 역사를 돌아보는 여러 행사들에서 한국무용을 하게 되었다. 예를 들어 마쓰시로(松代)대본영 지하호 공사[62] 희생자 위령제, 관동대지진 조선인 희생자 추도식 등에서 추모 공연을 했으며(마쓰시로 1994~1995년, 1999~2003년, 관동대지진 1998~2003년), 그 외에도 일본·한국·조선을 잇는 위령 공양제 공연(1995.2, 후쿠오카), 청일전쟁 사진전 〈침략으로 몰아치는 일본〉과 〈조선의 저항〉(1995.9, 가와사키), 안중근의사 추도회(1996.9, 2000.9—재일동포 친목회를 겸해, 2003년 9월, 센다이) 등에서 한국무용을 했다.

또한, 총련계 무용가와 함께한 공연들, 예컨대 〈통일의 춤〉(1993~1994), 〈춤놀이 춤55(チュムノリ 舞55)〉(2000), 〈세월과 더불어〉(2001) 등도 있었는

----

61) 조후 물레의 모임은 1979년 12월에 발족한 지역 시민단체로 인권문제와 국제교류에 관한 활동을 해왔다. 모임의 결성에는 조선사 연구자이자 재일조선인에 대한 민족차별 철폐운동에도 앞장섰던 가지무라 히데키(梶村秀樹) 교수가 중요한 역할을 했다고 한다(調布ムルレの会 홈페이지 https://chofu.com/units/36243/murure/index.html, 吳文子. 2020).

62) '대본영'이란 전쟁 때 작전을 세우고 전쟁을 지휘하는 일본군 최고사령부를 말하여, 아시아태평양전쟁 말기 패색이 짙어지자 본토 결전에 대비해서 도쿄에 있던 대본영과 천황, 정부 기관 등 일본의 중추 조직을 이전하려고 나가노현의 마쓰시로에 대규모 지하호 건설을 추진했다. 공사에는 니시마쓰조(西松組)가 고용하고 있던 노무자와 강제 연행된 조선인 노동자들 약 7000명이 동원되었으며, 공사 중 많은 노동자들이 희생되었다. 1990년대 초반 미국 의회도서관에서 지하호 건설 등에 동원된 조선인 2600여 명의 이름과 주소, 나이 등이 기재된 명부가 발견됐다(「松代大本営地下壕のご案内」 http://matushiro.la.coocan.jp/kinenkan/newpage2.html, 동북아역사재단(〈동북아역사넷〉)http://contents.nahf.or.kr/item/item.do?levelId=iswm.d_0005_0010, ≪중앙일보≫, 2018.06.23).

데, 이 부분에 대해서는 제7장에서 살펴볼 것이므로 여기서는 언급만 해둔다. 2000년대 들어 발견되는 조수옥, 변인자 등과 함께한 공연에 대해서는 후술한다.

(3) 조수옥

1981년에 1년 정도 한국 유학을 했던 조수옥은 도쿄에서 지성자 가야금연구회에 들어가 활동했는데, 1990년에 다시 한국에 체류할 기회를 얻었다. 회계사인 남편이 서울에서 파견 근무를 하게 되어 1990년부터 4년 8개월간 서울에 거주하게 된 것이다. 이 기회를 살려 조수옥은 이매방 문하에서 본격적으로 춤을 배웠고, 1994년 12월에 김리혜와 함께 해외동포로서는 최초로 중요무형문화재 제92호 살풀이 이수자가 되었다. 이듬해 3월에 일본으로 돌아가 한국무용가로서 활동을 시작했는데, 당시 재일 한국무용가들 중에서 유일한 문화재 춤 이수자였다.

처음에는 한국을 왕래하기 쉽도록 나리타(成田)공항이 있는 치바현에 살았다. 그해 7월부터 치바 민단 청년회에서 춤을 가르쳤는데, 본격적으로 춤을 가르치기 시작한 것은 1996년, 신주쿠에 있는 아사히 문화센터의 한국무용 강좌를 맡으면서부터다.[63] '도쿄 사물놀이'로 활동 중이던 재일 2세 타악연주자 강명수[64]를 만나러 갔다가 우연히 아사히 컬쳐센터 문예부 소

---

63) 필자의 인터뷰 기록에는 1996년(몇 월인지는 불명)부터 아사히문화센터에서 가르치기 시작했다고 되어 있는데, 조수옥의 홈페이지 활동기록에는 1998년 10월부터 '아사히 컬쳐센터 한국무용 강사'를 역임한 것으로 기재되어 있다. '조수옥 춤판' 제1회 공연 시기가 1998년 7월인 점에 비추어 필자는 인터뷰 기록이 더 합당하다고 판단했다. 필자와의 인터뷰에서(2009년) '조수옥 춤판'의 탄생 경위를 문화센터에서 가르치던 중 수강생들 중 일부가 모여 별도의 한국무용 수업을 꾸리게 된 데서 비롯된 것으로 설명했는데, 그렇다면 '조수옥 춤판'의 공연이 문화센터 한국무용 강사를 맡은 것보다 먼저 열렸을 수는 없기 때문이다. 인터뷰 기록에 의하면, 조수옥은 아사히문화센터에서 5년 동안 가르쳤다고 한다.

64) 오사카 출신의 재일 2세 사물놀이 연주자. 1987년에 아라카와 구민회관에서 사물놀이(김덕

속의 강좌 기획자를 만나게 되었는데, 그가 일반인을 대상으로 한 한국무용 강좌를 열도록 해주었다. 센터에서 처음에는 4주간에 배우는 〈아리랑〉 코스를 개설했다. 〈아리랑〉은 일본인 중에도 아는 사람이 많아서 친근감이 있었기 때문이다. 당시 아사히 컬쳐센터의 강좌들은 수강생이 보통 4~5명 정도였는데, 한국무용 강좌에 32명이 왔다. 수강생들 중 월 2회의 수업 시간이 한국무용을 제대로 배우기에는 너무 부족하다고 느낀 수강생 대여섯 명이 모여 그룹을 만들어서 문화센터 강좌 외에 별도로 춤을 배우게 되었다. 이 그룹은 주 2회씩 수업을 하기로 했는데 연습실이 없어서, 지역의 공공 문화센터의 공간을 빌리기 위해 '조수옥 춤판'이라는 이름으로 단체 등록을 했다. '조수옥 춤판'은 뒤에 비영리단체 '조수옥 춤판 모임(趙寿玉チュムパンの会)'으로 발전하여 조수옥의 한국무용 활동의 거점이 되었다.

조수옥은 1998년 7월에 도쿄예술극장 소극장에서 〈차안에서 피안으로 (現から彼方へ)〉라는 제목으로 일본에서의 첫 개인 공연을 했다. 이듬해 제2회 공연 〈오방무(五方舞)〉를 추진하는 가운데 그 실행위원회로서 '조수옥 춤판 모임'(이하 '춤판모임')이 발족했다. 〈오방무〉 공연 후 춤판모임은 실행위원회에서 임의단체로 성격을 바꾸었고, 조수옥은 이 단체를 기반으로 한국무용 교습과 공연, 워크숍, 홍보 등을 해나갔다. 조수옥은 개인공연 외에도 다양한 행사들에 단독으로 또는 춤판모임 회원들과 함께 참가해서 한국무용을 했다.

춤판모임은 2004년 7월 10일 설립 총회를 열어 비영리단체로 재출범했다. 대표는 운영위원회의 성격을 띠는 세와닌카이(世話人会)에서 호선으로

수, 이광수, 최종실, 강민석) 공연을 본 것을 계기로 YMCA 장구교실에 다니며 4년간 장구를 배우다가 1991~1995년 한국에 체류하며 김덕수에게 장구를 배웠다. 한국 체류 시기가 조수옥과 겹친다. 1995~1997년에는 자신에게 사물놀이를 배우던 제자들과 함께 도쿄 사물놀이팀을 조직하여 활동했고, 이후 '신명', '안대미 너름새' 등의 팀으로 활동했다.

선출하도록 되어 있었고, 일본인 하시모토 사치코(橋本幸子)가 2004년부터 2017년까지 13년간 대표를 맡았다. 세와닌카이 산하에 사무국장과 서기, 회계 담당자, 회보 편집국 위원 각 약간 명씩으로 이루어진 사무국이 있으며, 회보 편집장도 창간호부터 니시가타 교코(西方恭子)라는 일본인이 맡고 있었다. ≪조수옥 춤판 모임 회보≫는 춤판모임이 비영리단체로 재출범하기 이전 2003년 6월에 창간되었다. 무용교실, 외부 강사를 초청한 워크숍, 회보 발행, 공연활동 등은 춤판모임의 사업으로 회칙에 적시되었으며, 회원은 연간 약 3만 원(3천 엔)의 회비를 납부하게 되어 있었다.[65] 무용교실에서의 한국무용 수강이나 워크숍 참가, 회보 구독, 공연 참가 등에 대한 비용은 회비와는 별개였다. 춤판모임의 회보는 2003년 6월에 제1호가 나온 이래 대개 반년간으로 꾸준히 발간되어 2019년 현재 제59호에 이르렀다. 회보 발간 비용은 기부와 구독료로 충당했는데, 유료인 만큼 한국문화에 관련된 정보나 에세이 등 내부용 소식지 수준을 넘어서는 내용을 담았으며, 대부분 필자 기명으로 작성되었다. 발간 1년이 되는 시점에 100명 이상이 기부자 또는 유료 구독자였다(西方恭子, 2003.5.18: 4).

조수옥은 제1회 공연 후 1999년 1월에 도쿄 한국YMCA 대강당에서 이매방 워크숍을 기획, 운영했다. 아직 〈오방무〉 실행위원회 단계에 있던 조수옥 춤판 회원들도 여기에 참여했고, 춤판모임 발족 후인 2002~2004년에는 한국 고성에서 한 차례, 도쿄에서 두 차례에 걸쳐 〈고성오광대 기본무〉 워

---

65) 여기서 든 회칙은 2009년 8월에 개정 시행된 내용이며, 2004년 7월 10일 제정된 이래 2005년 7월 개정에 이어 두 번째로 개정된 것이다. 따라서 회비 액수라든가 임원 숫자 같은 세부 내용은 설립 당시의 회칙과 차이가 있을 가능성도 배제할 수는 없다. 그러나 최초의 회칙을 입수하지 못해서 확인할 수는 없지만, 조수옥의 인터뷰와 회보 기사 등을 종합적으로 살펴볼 때, 회칙에 기재된 '목적'이나 '사업' 등은 설립 당시와 별로 달라진 바가 없다고 판단된다. 또한, 무용교실 운영, 공연, 워크숍, 회보 발간 등의 사업은 2004년 이전부터 수행되고 있었으므로, 회칙은 1999년 〈오방무〉 공연 종료 이후 '춤판 모임'의 활동을 토대로 얼마간 보완을 해서 제도화한 것일 가능성이 높다.

그림 5-6 _ 〈오방무Ⅲ 사안(砂雁)〉(2008.10.10) 팸플릿 중 프로그램과 인사말.
'사안'은 고(故) 송화영의 호

자료: 조수옥 선생 제공

크숍을 열었다. 〈고성오광대〉는 1964년에 중요무형문화재 제7호로 지정
된 경남 고성 지방의 탈놀이이다. 세 차례의 워크숍과 연습을 통해 습득한
〈고성오광대 기본무〉는 이후 춤판모임의 공연에서 고정 레퍼토리가 되었
다. 2002년 무렵부터는 매년 12월에 가족·친지를 초청하여 한 해의 학습
성과를 피로하는 발표회를 열었다(西方恭子. 2003: 4).

  조수옥은 일본에서 활동을 시작할 때 이미 '중요무형문화재 제97호 이수
자'라는 타이틀을 갖고 있었다. 이런 그의 경력은 한국무용 공연의 내용이
나 방향 등을 정하는 데 영향을 끼쳤을 것이다. 조수옥은 1999년의 〈오방
무〉 공연에 이어 2002년 〈오방무Ⅱ '시나위'〉, 2008년 〈오방무Ⅲ '사안(砂
雁)'〉 등 10년간 3회에 걸쳐 〈오방무〉 시리즈로 개인 공연을 했다. 2002년
12월 6일 '닛포리 사니홀'(日暮里サニーホール)에서 열린 〈오방무Ⅱ '시나
위'〉 공연에서는 산조춤, 승무, 살풀이 등을 추었고, 음악은 거문고 이세환,

장구 김청만, 대금 원장현, 아쟁 최종관, 피리 한세현, 구음 유수정 등 당시 국립국악원 소속 각 분야 명인들이 맡았다. 당시 한국에서 이 정도의 국악인들을 초청하여 생음악 반주로 구성한 것은 전통예술로서의 한국무용 공연을 본격적인 무대를 통해 보여주는 의미가 있었다.

2009년 필자와의 인터뷰 당시 조수옥은 예술은 자신을 갈고닦아 실력을 쌓으며 경쟁을 하는 것이라는 생각을 갖고 있었다. 재일동포라는 위치나 이념적 틀로서의 민족을 넘어서 전문성과 예술성을 추구하고, 한국무용가로서 본국의 무용가들과도 당당히 겨룰 수 있다는 입장이었다. 민족은 물론 중요하지만 결국은 명분일 따름이며, 한국무용을 하고 이 무용을 통해 표현하는 것은 결국 무용가 개인의 것인데, 민족 또는 한국을 대표하는 것으로 간주될 우려가 있다고 하였다.

조수옥은 "이 땅(일본−필자)에서 한국무용을 하는 것은 그 자체가 운동이 된다"면서 '조수옥'이라는 한국 이름을 사용하는 것도 그렇고, 버선 신고 한복 입고 쪽지고 나서면, 그러한 차림새 자체가 독특한 세계를 형성하게 된다고 하였다. 이때 "독특한 세계"란 반드시 민족적인 것은 아니다. 일본에서 조수옥이 한국무용으로 참가했던 행사들은 다양한데, 그중에는 '운동'적인 성격의 행사들도 적지 않다.

하나는 위안부 문제 관련 행사다. 2001년 1월 19일 나가노현 시모스와마치(下諏訪町)의 '시모스와 총합문화센터'에서 다큐멘터리 영화 〈숨결〉 감상회가 열렸는데, 조수옥은 이 감상회에서 한국무용을 했다. 〈숨결〉은 한국의 변영주 감독이 만든 일본군 위안부 할머니들에 관한 다큐멘터리 〈낮은 목소리〉 3부작의 제3편이다. 1999년 야마가타 국제다큐멘터리영화제 개막작으로 상영되었고, 2000년 3월 18일 서울과 부산에서 개봉된 후 4월부터 일본의 5개 도시에서 상영되었다. 〈낮은 목소리〉 1편과 2편도 각각 1996년, 1997년에 일본 각지에서 상영된 바 있다. 1990년대에는 위안부 문

제에 관해 각국의 인권·여성운동 단체들에 의한 초국적 운동이 전개되었으며, 2000년 12월에는 도쿄에서 '여성국제전범법정'이 개최되는 등, 일본에서도 위안부 문제는 식민지 지배·전쟁과 여성인권 문제가 결합된 중요한 과제로서 제기되고 있었다. 〈낮은 목소리〉는 일본의 영화배급사 '판도라'가 일본 내 극장들에 배급하여 개봉되었는데, 극장이 아닌 곳에서 상영회나 감상회가 열리기도 했다. 조수옥은 2003년 3월 2일 와세다대학에서 열린 저널리스트·여성운동가 마쓰이 야요리(松井やより) 추도회에서도 〈살풀이춤〉을 추었다. 마쓰이 야요리는 1998년에 '여성국제전범법정'을 제안하여 2000년 12월 개최에 이르기까지 준비를 주도한 인물이다.[66]

두 번째는 오키나와 관련 행사들이다. 조수옥은 2002년 6월 23일 도쿄 우에노 미즈카미(水上)음악당에서 열린 오키나와 '위령의 날' 행사에 재일 2세 가수인 이정미, 조박과 함께 출연하여 한국무용을 했다. 6월 23일은 제2차 세계대전 막바지 1945년 4월부터 전개된 오키나와 전투가 종식된 날로, 오키나와현은 이날을 '위령의 날'로서 법정기념일로 지정했다. 오키나와 전투는 제2차 세계대전 당시 일본 영토 내에서 전개된 유일한 지상전으로, 민간인을 포함하여 20만 명 이상의 막대한 희생자가 나왔다. 평화협정이 발효됨에 따라 전쟁은 공식적으로 종식되었고, 일본은 연합군의 점령 상태에서 벗어나 주권을 회복했다. 반면 오키나와는 1972년까지 미군정하에 놓이게 되었다. 즉 오키나와인에게 1952년은 일본의 주권 회복에서 소외되어 미국의 지배를 받게 되고 동시에 일미군사동맹 체제하에서 삶의 터전이 미군기지화가 된 해다. 2002년은 일·미 평화협정과 더불어 일·미 안보조약

---

66) 마쓰이 야요리는 아사히신문사 기자 시절 '기생관광에 반대하는 여성들의 모임'(1973), '아시아 여성들의 모임'(1977) 등을 결성하여 아시아와 여성의 시점에서 운동을 전개했고 저널리스트로서 아시아 민주화, 관광개발, 개발원조, 인신매매, 일본과 필리핀 혼혈아 등의 문제를 다루었고 1994년 아시아여성자료센터를 설립하여 본격적으로 NGO 활동을 펼쳤다(위키백과).

발효(1952.4.28) 50주년으로, 그런 점에서 2002년 6월 23일은 오키나와인에게는 좀 더 특별한 역사적 의미를 갖는 날이라고 할 수 있다.

조수옥이 참가한 또 다른 오키나와와 관련된 행사로는 2003년 11월 24일 도쿄 노동스퀘어대극장에서 열린 〈학술인류관〉을 들 수 있다. 춤판모임 활동기록에 의하면, 조수옥은 〈학술인류관〉에서 진혼의 춤을 추었다. 활동 기록에는 그 이상의 정보가 없지만, 이 행사는 '에스닉 콘서트 실행위원회' 가 주최한 평화콘서트의 일환이다. 〈에스닉 콘서트〉는 1993년 UN의 '선주 민족의 10년'의 시작을 기해 출범한 선주민족의 노래와 춤을 피로하는 공연으로, '에스닉 콘서트 실행위원회' 주최로 매년 개최되었다. 2003년에는 10주년 기념행사로서 9월~11월 중 매달 한번씩 3회에 걸쳐 평화콘서트를 열었는데, 그중 마지막으로 열린 것이 바로 〈학술인류관〉이다.[67] 〈학술인류관〉은 1903년 오사카에서 열린 '내국 권업박람회' 입구에 세워졌던 파빌리온의 이름으로, 아이누, 타이완 생번(生蕃), 류큐인, 조선인, 지나(支那)인, 인도인, 자바인, 벵갈인, 터키인, 아프리카인 등을 '미개인'으로 규정하고, 실제 사람이 민족의상 차림으로 민족 주거에 사는 모습을 전시했다(ウィキペディア, '人類舘事件' 항목). 당시 오키나와에서 강력한 항의운동이 일어나, 전시되었던 오키나와 여성 2명은 이틀 만에 철수했고, 전시 '미개인' 목록에서 '류큐인'은 빠지게 되었다. 이를 통칭 '인류관 사건'이라 하는데, 2003년은 그 100주년에 해당하여 도쿄, 오사카 등에서 이를 기념하는 연극 〈인류관〉 상연이 있었다.[68] 조수옥이 출연한 〈학술인류관〉은 행사 주최 측이

67) 「学術人類館」, 100年の時空を越えて-エスニックコンサート10周年記念(http://www7b. biglobe.ne.jp/~whoyou/kakologu03.htm).
68) 오키나와 출신 극작가이자 연출가 치넨세이신(知念正真)은 이 사건을 토대로 한 희곡 「인류관」을 1976년 ≪신오키나와문학≫ 제33호에 발표했고('연극계의 아쿠타가와상'이라 일컬어지는 '기시다구니오(岸田国士)희곡상'을 수상한 작품이다), 도쿄의 '극단 레크라무샤(レクラム舎)'는 1977년에 이 작품을 초연한 뒤 1979, 1995, 1997, 2003년에 다시 상연했고, 중·고등

이를 '연극콘서트'라 한 점에 비추어 바로 이 사건을 다룬 연극이었던 것으로 보인다.

'에스닉콘서트 실행위원회' 주최로 11월에 열린 연극콘서트 〈학술인류관〉은 '차별받는 존재인 동시에 차별하는 존재'라는 오키나와인의 이중성에 대한 인식을 내포하고 있었다. 오키나와인의 항의는 야마토 민족의 오키나와 민족차별에 대한 항의 동시에 황민으로서 분투하고 있는 오키나와현민을 그 외 타민족과 함께 전시한 것에 대한 항의였다는 점에서 '피차별과 차별'이라는 이중성을 지닌 것이었다. '에스닉 콘서트 실행위원회'는 그 사건으로부터 100년이 지난 오늘날 북한 때리기, 재일코리안, 외국인에 대한 배외주의가 활개 치고 있는 가운데, '인류관 사건'이 지닌 타민족 멸시, 차별의 이면으로서의 자민족 우월사고, 오만함과의 대결이 필요하다는 취지에서, 2003년의 〈학술인류관〉에 오키나와인과 아이누 외에 재일한인을 포함시켰고, 이에 조수옥이 출연하게 된 것이다.[69]

오키나와와 연결되지만 좀 다른 맥락의 반핵·평화운동 관련 행사들도 있다. 2002년 9월 조수옥은 도쿄 후츄시(府中市)에서 열린 〈느티나무 평화 자선콘서트〉에서 한국무용 공연을 했는데, 이 콘서트는 1981년에 철학·사회

학교 공연도 해왔다. 저자 치넨 세이신이 속한 오키나와의 아마추어 극단 '연극집단 창조'도 1978년부터 1980년대 중반까지 〈인류관〉을 상연하다가 중단했는데, 2003년 12월 6일에 오사카에서 재상연을 했다. 두 극단이 2003년에 이 작품을 다시 상연한 것은 그해가 '인류관 사건' 100주년이었기 때문이다. '극단 레크라무샤'는 오키나와의 위령의 달 6월에 도쿄의 시모기타자와(下北沢)에서, '연극집단 창조'는 12월에 오사카에서 각각 〈인류관〉을 상연했다. 오키나와의 극단인 '창조'가 오사카에서 상연을 하게 된 것은 '인류관 사건' 100주년을 기해 간사이 지역의 오키나와인들을 중심으로 '연극 〈인류관〉 상연을 실현시키고 싶은 모임'을 결성하여, 사건 발생 장소인 오사카에서의 상연을 추진했기 때문이다.

69) 이 행사는 〈에스닉 콘서트〉 10주년을 기념하는 의미도 있어 제1회 때와 같은 '노동 스퀘어 도쿄'에서 개최되었고, 1부에서 100년 전 학술인류관 속에서 각 민족의 고백·고발에 이어서 당시에도 그랬듯이 여성이 춤을 추고, 2부에서는 노래 콘서트로부터 미래를 향한 해방 선언, 춤의 피날레로 이어졌다(「「学術人類館」100年の時空を越えて ─ エスニックコンサート10周年記念」, http://www7b.biglobe.ne.jp/~whoyou/kakologu03.htm).

학자 시바타 신고(芝田進午) 히로시마대학 교수가 주창하여 반핵운동의 일
환으로 창설한 〈노 모어 히로시마 콘서트〉의 후츄판이라고 할 수 있다.[70]

이상의 사례들과는 다른 맥락에서 '운동'의 성격을 띠는 장들도 있었다.
'춤판모임'이 2003년에 참가한 〈톰톰(トムトム) 자선콘서트〉가 한 예다.
〈톰톰 자선콘서트〉는 장애인과 그 가족을 지원하는 'NPO법인 퍼스널 서비
스센터 톰톰'(이하 'NPO법인 톰톰')이 2001년부터 개최해 온 행사이다. 연주
회에 갈 만한 형편이 못되어 음악을 라이브로 접하기 어려운 장애인과 그
가족들이 편하게 클래식 연주를 즐길 수 있는 기회를 제공하고자 자폐증
등의 장애를 지닌 어린이의 부모들이 실행위원회를 결성하여 이 콘서트를
만들었다. 그것은 장애인과 그 가족도 여가와 문화생활을 향유할 권리를
존중받아야 한다는 문제의식에 기반한 실천이었다. 한편, 지역의 일반 주
민들도 함께 이 연주회를 즐김으로써 이웃에 있는 장애인의 존재를 자연스
럽게 받아들일 수 있게 한다는 뜻도 내포되어 있었다. 실행위원회의 공동
대표 중 한 사람은 자폐증 자녀를 둔 재일동포였고, 민단 중앙본부와 가나
가와현 본부가 후원 기관으로 이름을 올렸다, 동포 경제인들도 콘서트를
지원했으며, 초기부터 재일동포 예술가들도 많이 출연했다. 재일 2세 바이
올리니스트 정찬우는 제1회부터 계속해서 참가했고, 조수옥의 춤판모임과
민영치가 이끄는 그룹 '산타' 등도 출연했다.[71]

---

70) 제1회 〈노 모어 히로시마 콘서트〉는 1981년 8월 1일 나고야, 8월 3일 도쿄 등 11개 도시에서
 개최되었는데(《中国新聞》, 1981.8.1), 도쿄의 콘서트 참가를 계기로 뜻있는 사람들이 후츄
 판 〈노 모어 히로시마 콘서트〉 창설을 추진했다. 1982년에 음악가와 음악애호가들이 '느티나
 무 평화 콘서트의 모임(けやき平和コンサートの会)'을 결성하여, 그해부터 매년 9월에 〈느
 티나무 평화 자선콘서트〉를 개최하고 콘서트의 수익금 일부를 히로시마, 나가사키, 후쿠시마
 등에 기부해 왔다. 그 외에도 음악을 중심으로 다양한 문화행사를 통해 평화·환경운동을 전
 개해 왔다. 또한, 피폭자원호법 제정 서명운동(1990), 원폭증 인정 집단소송 서명운동(2003)
 등 원폭 관련 다른 운동에도 직접 참여했다(府中けやき平和コンサートの会·けやき 合唱団,
 http://www.keyaki-heiwa.com/ayumi.html).

조수옥은 2002년부터 2006년까지 극단 '겐다이자(現代座)'의 〈삼년 고개 (さんねん峠)〉라는 연극에 한국무용과 북, 장고 연주 등으로 출연했다. '겐다이자'는 1965년에 창립된 극단으로, 창단 이래 주로 창작극을 상연해 왔다.72) 사업의 하나로서 3~5명의 소그룹으로 지역의 작은 모임을 대상으로 한 '미니 극장'을 운영하고 있는데, 이것은 지역의 집회, 어린이회, 보육소, 노인데이케어센터 등 어디라도 찾아가 모임에 맞는 연극 공연을 하는 활동이다. 그 프로그램 중 하나가 한국의 민화를 음악극으로 만든 〈삼년 고개〉로, 극 중에 한국무용과 민속악기 연주가 포함되어 있다(劇団現代座, http://www.gendaiza.org/info/jigyo.htm). 〈삼년고개〉는 본래 『신·창작그림책 21 삼년고개─조선의 옛날이야기(新·創作絵本 21 さんねん峠─朝鮮のむかしばなし─)』(1981 年岩崎書店, 李錦玉 작·朴民宜 그림)로 출간된 조선민화로, 일본의 소학교 국어교재로 사용되었다(吉村裕美·中河督裕, 2008: 254). 조수옥은 2002년 후쿠이, 교토 공연을 시작으로, 2003년 오사카, 2004년 조후와 요코하마, 2005년 도쿄, 2006년 오키나와 등 매년 이 연극에 출연했다. 조수옥의 공연 내용은 춤판모임의 활동기록에 적혀 있는 2005년, 2006년에 대해서만 알 수 있었는데, 2005년에는 〈북춤〉, 〈오면삼면북〉을, 2006년에는 〈장고춤〉과 〈삼고무〉, 장고 반주를 하였다.

---

71) 가나가와현 치가사키시(茅ヶ崎市)에서 1999년에 임의단체로 설립되었으며 2001년에 NPO법 인으로 인가를 받았다. 단체 이름인 '톰톰'은 손으로 두드리는, 좁고 아래위로 기다란 북의 영어명. 2009년에 콘서트 대상을 쇼난(湘南)지구 전체의 장애인으로 확대한다는 취지에서 콘서트 명칭을 〈쇼난 복지콘서트〉로 바꿨다(≪神奈川新聞≫, 2009.9.9; ≪民団新聞≫, 2008. 7.16. 참조).

72) 창립 당시에는 '통일극장'이었는데, 1990년에 '겐다이자'로 개칭했고, 2002년에 특정비영리활 동법인 인가를 받아 'NPO겐다이자'가 되었다.

2) 또 다른 방향: 융합

(1) 변인자

변인자는 도쿄에 거주하게 된 1983년에 '지성자 가야금연구회'에 들어가 지성자에게 가야금과 한국무용을 배우고, 지성자의 주선으로 도쿄에서 열린 이매방 강습회에 참가하는 등 한국무용을 계속했지만 활동의 중심은 무용보다 장구에 있었다. 변인자는 도쿄 한국YMCA에서 무용과 장구를 가르쳤는데, 1988년부터 무용교실은 지성자 가야금연구회 후배인 강방강이 맡고, 변인자는 장구교실에 전념했다. 재일 2세인 강방강은 1970년대부터 오자와 준코에게 10년 가까이 한국무용을 배우다가 뒤에 지성자에게 배우게 되었으며, 이매방 강습회 참가를 계기로 1990년대에는 한국에 왕래하며 이매방의 지도를 받아 〈살풀이〉 이수자가 된(1998) 재일 2세 한국무용가이다.

변인자는 1992년에 기타리스트·프로듀서인 가스가 히로부미(春日博文, 애칭 '하치')의 주도로 새로운 밴드를 결성하는 데 참여하여 1998년에 해체될 때까지 보컬/장구로 활동했다. 이 밴드는 결성 4년 만인 1996년에 데뷔 앨범 ≪도쿄 비빔밥클럽≫을 발매했고, 그때부터 이 앨범 제목을 밴드 이름으로 사용하게 되었다. 도쿄 비빔밥클럽은 변인자 외에 박보(기타/보컬), 하치(기타/피아니카/꽹과리/신서사이저), 테라오카 노부요시(寺岡信芳, 베이스), 오재수(드럼) 등으로 구성되었는데,[73] 이들은 고정 멤버로서 이 밴드에 속

---

73) 하치는 1970년대 일본의 인기그룹 '카르멘 마키와 오즈'의 리더 겸 기타리스트로 활동했던 뮤지션으로, 한국 타악기에 매료되어 1987년에 1년간 연세대에 유학하면서 국악을 배웠다(≪중앙일보≫, 1997.10.15). 재일한인 2세 블루스, 록 음악가인 박보는 1979년에 일본인인 어머니의 성을 딴 히로세 유고(広瀬友剛)라는 이름으로 워너 뮤직 재팬을 통해 데뷔했는데, 1980년에 한국을 방문하고 판소리 등을 접한 뒤 한국 이름으로 개명했다. 1983년에 도미하여 샌프란시스코에서 '어기여차(オギィヨッチャ, Ogie Yocha)'와 '싸이키델릭 사무라이(Psychedelic Samurai)' 등의 밴드로 활동했으며, 1992년에 일본으로 돌아가 '도쿄 비빔밥클럽'에 합류했다. 평화, 반핵 운동, 탈원전 정책 등을 주제로 한 공연을 많이 했다(위키백과, '박보(음악가)' 항

한 것이 아니라, 평소에는 각자 자신의 영역에서 활동하다가 필요할 때 모여서 '도쿄 비빔밥클럽'의 이름으로 연주활동을 했다(https://ameblo.jp/fujixx-world/entry-12091779142.html). 데뷔 앨범은 '비빔밥클럽'이라는 이름처럼 한국 민요, 일본민요, 재즈와 록, 레게 등 다양한 음악들을 함께 담아 이들의 음악적 지향을 드러냈다.74) 미국의 대중음악지 ≪빌보드≫는 1997년 10월 11일 "일본의 음악수도 도쿄"라는 특집에서 '일본음악의 전위 4인방'의 하나로 '도쿄 비빔밥클럽'을 집중 조명했는데, 여기서 변인자에 대해 "치마저고리 차림으로 이국적 인상을 풍기는 그녀는 장구 장단에 맞춰 풍부하고 강력한 톤으로 노래 불러 일본 여가수가 노래교사로 초빙할 만큼 실력 있는 가수"라고 찬사를 보냈다(≪중앙일보≫, 1997.10.15).

이와 같이, 최숙희, 김순자, 조수옥 등이 한국 전통무용에 집중하고 무형문화재 춤을 이수하는 등 한국전통무용가로서의 역량과 경력을 쌓아간 1990년대에 변인자는 새로운 음악을 시도하는 재일 2세와 일본인 혼성 밴드에서 장구와 보컬로 활동하며 자신의 독자적인 표현을 추구해 나갔다. 그러나 한국무용에서 대중음악으로 방향을 전환한 것이 아니라, 한국무용가이자 장구연주자로서의 정체성을 유지하면서 자기 표현의 영역을 확대한 것이라 하겠다. 다른 각도에서 보면 변인자는 자신의 무용연구소(무용교실)나 무용단 같은 거점이 없었기 때문에 한국무용 공연이나 발표회를 갖기

목). 드럼의 오재수는 구라타(倉田)라는 일본명으로 재즈계에서 드러머로 활동하다가 '도쿄 비빔밥클럽'에 합류했는데, 1996년 데뷔 앨범을 만든 후에 타계했다(金泰明·鄭甲寿 2008: 12). 베이스의 데라오카는 1980년에 '아나키'라는 록밴드로 데뷔하여 하치와 함께 활동하기도 하였다.

74) 앨범에 수록된 곡은 한국민요 〈군밤타령〉과 〈성주풀이〉, 송창식의 〈고래사냥〉, 박보 작품 〈도쿄아리랑〉과 〈이제 그만해라(もうやめにしておくれ)〉 등과 하치 작 〈파랑파랑〉, 〈노래〉, 후쿠시마현 소마지방의 민요 〈소마봉우타(相馬盆歌)〉, 〈꿈속에서 살랑살랑(夢さらさら)〉 등 10곡이다(블로그 Ameba 「東京ビビンパクラブ」, https://ameblo.jp/fujixx-world/entry-12091779142.html, 2016.5.7. 검색 2020.7.1).

보다는 행사에 참가하여 한국무용 공연을 하는 방식으로 활동했고, 자연히 시간이나 에너지 면에서 다른 영역으로 활동의 폭을 넓힐 수 있는 여유가 있었다고 볼 수도 있을 것 같다. 변인자가 1980~1990년대에는 장구에 역점을 두고 있었기 때문에 치마저고리 차림으로 장구를 치면서 노래하는 싱어로 밴드에 참가하는 것은 평소 활동의 연장선상에 있는 것이라고 볼 수도 있겠다.

이 시기 변인자의 한국무용 활동에 대해 파악할 수 있는 자료는 매우 부족하다.[75] 단편적인 몇 가지 정보에 의거해서 변인자가 1990년대에 출연했던 공연을 찾아보니, 1996년 〈원코리아페스티벌 도쿄〉(제3회)와 1997년 8월 21일에 열린 〈통일마당 도쿄〉에 출연한 것을 확인할 수 있었다. 〈원코리아페스티벌〉은 1985년 8월에 오사카에서 통일운동의 일환으로 출범한 축제로, 1994년부터는 도쿄에서도 개최하게 되었다. 〈원코리아페스티벌〉에 대해서는 제7장에서 좀 더 상세히 살펴보기 때문에 여기서는 이 정도만 언급해 둔다. 한편, 〈통일마당〉은 한반도 평화, 남북 화해와 통일, 재일동포의 화합과 단결, 한일 민중 연대 등을 목표로 1994년부터 개최되어 온 축제(문화제)이다. 주최 단체는 재일한국민주통일연합(한통련), 재일한국청년동맹(한청), 재일한국민주여성회, 조국통일 재일한국인학생협의회 등 진보 진영의 단체들이며, 도쿄, 교토, 오사카(이쿠노), 효고(고베) 등에서 매년 또는 격년으로 개최되고 있다(〈통일마당〉 공식 웹사이트 https://madang.jp/). 〈원코리아페스티벌〉과 〈통일마당〉은 조국의 통일과 재일동포의 화합을 추구한다는 점에서 공통된, 문화를 통한 통일운동이라 할 수 있다.

2000년대 들어 변인자가 무용공연에 참가한 기록을 좀 더 발견했는데,

---

75) 김순자나 조수옥 같은 활동기록이 없고, 인터뷰에서 한국무용 공연을 했던 기억을 이야기할 경우에도 1980~1990년대의 공연 제목이나 일시, 주최 기관 등에 대한 기억은 명확하지 않은 난점이 있었다.

대부분 김순자와 조수옥의 활동 기록에 포함된 것이다. 앞에서 언급했듯이 2000~2002년 무렵에는 김순자, 변인자, 조수옥 셋이 또는 둘이 출연한 경우들이 눈에 띈다. 김순자와 조수옥의 활동기록에서 이들이 함께한 공연을 알아낼 수 있는 정도에 그쳤다. 2000~2002년에 이들이 함께 출연한 사례들을 들어보면 다음과 같다.

춤판모임(조수옥)의 활동기록에 의하면 2000년 5월 17일~6월 1일에 사이타마, 요코하마, 센다이, 고리야마(郡山), 마에바시(前橋), 도쿄, 오사카, 마쓰야마, 후쿠오카 등 각지에서 열린 '일본 아시아·아프리카·라틴아메리카 연대위원회'(이하 약칭 '일본AALA')76) 주최 〈한국민족전통예능공연〉에 조수옥과 변인자가 출연했다. 일본AALA는 1955년에 창설된 비동맹운동 NGO로 1998년 2월 '국민의 정부'=김대중 정권 탄생 이후 남북관계는 획기적인 진전을 이루어 2000년 6월 15일의 남북정상회담과 '6·15 남북공동선언' 발표에 이르렀으며, 이를 배경으로 남북한 간 문화교류도 활성화되었다. 한편, 북일관계에서도 2000년 4월 국교정상화 교섭이 7년 만에 재개되는 등 식민지 지배와 냉전의 역사를 청산하기 위한 움직임이 전개되고 있었다. 〈한국민족전통예능 공연〉은 이런 역사적인 흐름을 배경으로 일본AALA가 '북동아시아의 평화, 한일 양국민의 우호'라는 주제로 기획한 행사였는데, 전국 11개소에서 총 10,800명의 관객이 관람했다(長谷川, 2000). 이 공연에서 무용은 재일 한국무용가들이, 음악은 한국에서 초빙한 국악인들 ― 판소리 박계향, 북 최우칠, 대금 이철주, 피리 김찬섭, 징·꽹과리 박대성, 아쟁 김무경 등 ― 이 맡았다. 당초 변인자가 이 공연 의뢰를 받아 조직하던 중 개인 사정상 후배에게 부탁하여 출연자를 모으게 되었고, 그 과정에서 조선학교 출신이

---

76) "독립·비동맹·평화·민주주의를 추구하는 일본 국민의 단결을 기초로 민족자결·민주주의·사회진보를 위해 투쟁하는 아시아·아프리카·라틴아메리카 각 국민들과의 연대를 강화하고, 제국주의, 신식민지주의에 반대하며, 민족해방과 세계평화에 기여하는 것"을 목적으로 표방.

고 조선적을 가진 총련계 동포 하옥련, 안유나, 고현희 등도 공연에 합류하게 되었다.[77] 〈한국민족전통·예능공연〉에서 선보인 무용 작품은 〈부채춤〉, 〈승무〉, 〈판소리〉, 〈장고춤〉, 〈입춤〉, 〈농악놀이〉 등이다.

그 외에도 8월 12일, 9월 24~27일에 조수옥과 변인자가, 8월 26일에는 조수옥과 김순자가 함께 공연을 했으며, 2000년 10월에는 〈춤놀이 춤55(チュムノリ 舞55)─해방55주년 기념 코리안 민족무용 특별공연〉에 김순자, 변인자, 조수옥이 함께 출연했는데, 이 공연에 대해서는 제7장에서 좀 더 상세히 기술한다.

2000년대 들어 세 사람이 함께 출연하는 무대가 상대적으로 많아졌다. 2001년에는 5월 한 달 동안 아즈마류(吾妻流) 복지 자선 발표회로 열린 한중일 삼국 문화교류회(2일), 도쿄인·묘켄궁의 레이다이사이(3일), 서울국악관현악단과 함께한 한국문화원 공연(17일) 등 3개 행사에 연이어 함께 참가했다. '아즈마류'는 일본무용의 유파로, '한중일 삼국 문화교류'를 테마로 한 이 자선발표회는 삼국의 전통무용을 중심으로 한 공연이었을 것으로 생각된다. 도쿄인의 레이다이사이는 앞서 소개한 대로 100년 만에 부활하여 첫 행사가 열린 1988년부터 해마다 김순자 한국민속무용단이 한국무용 봉납을 해왔다. 2001년에는 이 행사에 조수옥과 변인자도 함께 출연하게 된 것인데, 그 후 다시 김순자 한국민속무용단이 단독으로 맡아서 했다. 2002년은 한일 월드컵 공동 개최를 기념하는 다양한 행사들이 열렸는데, 1월 14일에 열린 〈한일 갈라콘서트 2002〉에서 김순자, 변인자, 조수옥이 함께 공연했다. 이 세 사람 외에 당시 '신명'이란 팀으로 활동하던 강명수, 가야금의 이세환 등도 출연했다. 1998년에 출범한 김대중 정권하에서 일본대중문화

---

77) 2008년 4월 9일 도쿄에서 수행된 변인자, 고현희, 안유나 인터뷰 내용에 의거. 변인자 인터뷰에 고현희와 안유나가 합류.

개방, 한일 파트너십 선언 등을 통해 남북관계뿐 아니라 한일관계에서도 새로운 진전이 이루어지면서 민간 교류가 확대되고 일본인의 한국문화에 대한 관심이 커졌고, 한국문화의 일본 유입도 증대했으며, 이는 '한류'로 이어졌다. 월드컵 한일 공동 개최도 매우 상징적인 의미를 지니고 있었다. 2000년대 초에 김순자, 변인자, 조수옥이 한 무대에 서는 일이 상대적으로 많아진 것은 이러한 흐름을 배경으로 하고 있다고 생각된다.

(2) 박정자

김순자, 변인자, 조수옥과 더불어 박정자도 도쿄에 거점을 두고 활동하고 있었지만, 이 네 무용가들이 함께 출연한 경우는 적어도 필자가 입수한 자료들의 범위 내에서는 보지 못했다. 앞에서 보았듯이 박정자는 1987년 일본에서의 첫 공연 〈초라니〉를 성공적으로 마친 뒤 한국무용가로서 활발히 활동을 전개하여, 1990년대 후반 김순자, 정명자와 함께 재일한국문화예술협회의 부회장을 맡기도 했다. 이런 이력에 비추어 함께 공연할 기회가 있었을 듯한데 그런 사례를 찾을 수 없었다.

박정자는 〈초라니〉의 일본 국립극장 공연이 실현된 후 일본 문화청이 주최하는 예술제에 참가하여 인정을 받고 싶다는 포부를 갖게 되었다. 그러나 문화청 주최 예술제는 외국인이 참가할 수 없게 되어 있었기 때문에, 수년간 예술제 관계자와 외무성 등을 찾아다니며 참가할 길을 열어달라고 호소했다. 드디어 1994년 문화청은 일본인과의 공동제작이라면 외국인이 주체가 된 공연도 인정하는 방향으로 규정을 변경했다(≪朝日新聞≫, 1994.8.1 夕刊). 요미우리신문은 "일본인에 의한, 일본인을 위한 예술제. 지금까지 외국인에게는 문호를 닫고 있었으나, 드디어 바람구멍이 열렸다"(≪読売新聞≫, 1994.10.9)고 전했다. 이렇게 해서 박정자 한국무용단은 1994년에 외국인 단체로서는 최초로 일본 문화청 예술제에 참가할 수 있었고, 1996년에 다

그림 5-8 _ 박정자한국무용단의 일본 문화청 예술제 참가 보도 기사

1994年 (平成6年) 8月1日 月曜日 朝日新聞 (夕刊)

「在日」韓国舞踊団 芸術祭に初参加

文化庁 外国人主体の団体にも門戸

자료: ≪朝日新聞≫(1994.8.1 夕刊).

시 한 번 참가했다. 참가 작품은 1994년 〈아리아리〉, 1996년 〈춤놀이〉로, 두 작품 모두 1987년의 〈초라니〉에 이어 세키야 유키오가 연출을 맡은 창작 무용극이다. 공연의 구성도 〈초라니〉와 마찬가지로 제1부에서 한국무용·음악 공연, 제2부에서 창작무용극을 하는 2부 구성으로 이루어졌다. 〈아리아리〉는 1960년에 문화청예술선장(文化庁芸術選奨)을 수상한 세키야 유키오의 〈야마후도코로(山懷)〉78)를 세키야 자신이 재구성·연출한 작품이다. 음악 또한 〈초라니〉의 음악을 작곡했던 박범훈이 다시 작곡과 편곡을 맡았고, 중앙국악관현악단79)이 연주를 했으며, 새롭게 안양시 혼성합창단이 노래로 참가했다. 미술은 아리카 지로(有賀二郎)가 맡았다. 〈아리아리〉는 한 부부가 아기를 데리고 깊은 산골짜기를 개간하여 이주한 데서부터 시작하여 3대에

---

78) 〈야마후도코로(山懷)〉는 무용시 〈에츠고(越後)산맥〉의 서장으로, 세키야는 이 작품으로 1961년 예술선장(芸術選奨)을 수상했다. 예술선장은 예술 분야의 부문별로 1년 동안 두드러진 활약을 한 예술가에게 문부대신이 수여하는 상이다.

79) JP스튜디오 홈페이지에 실린 작품 소개 글에는 "박범훈 작곡·편곡, 동 관현악단의 연주"라고 되어 있는데 여기서 '동 관현악단'이란 박범훈이 1987년에 창단한 중앙국악관현악단을 말하는 것으로 보인다. 이 소개문에는 박범훈을 '한국국립국악관현악단 단장'으로 기재했으나, 국립국악관현악단은 1995년에 창단되었으므로 〈아리아리〉가 상연된 1994년 당시에는 아직 자신이 창단한 중앙국악관현악단 단장으로서 동 관현악단을 이끌고 있었을 것이다. 1986 서울 아시안게임, 1988년 서울올림픽, 2002년 한·일 월드컵 개막식에서 음악 총감독을 맡았고 1987년 국내 최초의 순수 민간 국악관현악단인 '중앙국악관현악단'을 창단했으며 1994년에는 세계 최초로 '한중일 아시아민족악단'을 만들었다.

걸쳐 농사를 지으며 살아가는 모습을 그린 작품으로, 한일 공통의 농경작업, 철철이 행해지는 민속행사, 민속예능 등이 풍부하게 짜여 있다. 한국의 타악기 연주(사물놀이, 농악), 민요 아리랑을 비롯한 여러 노래들, 한국무용 등으로 구성되었는데(≪報知新聞≫, 1994.10.15), 박정자는 여기서 '아리아리'란 "민중을 의미한다"고 설명했다(≪神戶新聞≫, 1994.10.8(夕刊)]. 즉, 한국 농민들의 농경의례, 민속행사 등을 한국 민속예능을 통해 보여주고 있지만, 이 작품은 한민족에 관한 이야기라기보다는 인간의 탄생에서부터 죽음에 이르기까지의 과정을 통해 인종, 국적을 넘어서 보편적인 인간의 사랑과 슬픔을 그려낸 것이라고 하겠다.

박정자는 고베신문과의 인터뷰에서 "한국무용이라 하면 민족적인 것, 인권문제로 보는 경향이 있으나, 우선은 '보통의 예(藝)'로 봐주면 좋겠습니다"라고 하고, "우리들의 주위에는 한국인에 대한 편견, 일본인의 본고장(한국) 우대, 재일한국인의 모국 지향이라는 '세 가지의 차별'이 있기 때문에 한국 것을 열심히 해도 빛을 보지 못한다고 생각해 왔습니다. 문화청이 외국인에게 문호를 연 것은 의의가 있습니다"라고 문화청 예술제에 참가하게 된 것에 의미를 부여했다. 이 같은 인터뷰 내용에서도 알 수 있듯, 박정자는 뛰어난 한국 전통예술로 민족을 뛰어넘는 보편적인 이야기를 담아내고자 했고, 그러한 작업을 일본인, 한국인(본국인)과 함께한 것이다. 〈아리아리〉 공연 당시 박정자 한국무용단의 단원 약 40명 중 8할은 일본인이고, 나머지가 재일한국인이었다(≪朝日新聞≫, 1994.8.1 夕刊).

일본 문화청 예술제 두 번째 참가 작품인 1996년의 〈춤놀이〉는 일본 북과 한국 북을 함께 연주하고 사물놀이, 장고춤, 삼고무, 농악 등 타악기를 이용한 작품들 중심으로 이루어졌다. 이번에는 세키야가 연출뿐 아니라 안무도 일부 맡았는데, 그것은 1952년에 도쿄신문 주최 창작무용 콩쿠르에서 수상한 세키야의 작품 〈치토가타로(ちとかたろ)〉도 작품 속에 들어갔기 때

문으로 보인다. '치토가타로'란 '잠시 차라도 마시면서 이야기하자'라는 뜻
으로, 들러라, 놀자 등의 의미로도 사용되는데, 에츠고(越後) 지방의 산촌에
전해 내려오는 봉오도리(盆踊り)의 이름이기도 하다. 세키야의 작품에서는
노인이 일본 북의 리듬에 맞춰 노래하며 옛날을 회상하는 내용으로 되어
있다. 〈춤놀이〉 제2부에서는 일본 민화 「우라시마타로(浦島太郎)」와 내용
이 비슷한 한국민화 「방리득용녀(放鯉得竜女)」를 토대로 한 창작 무용극
〈용궁의 선물〉이 상연되었다.[80] 한일 공통의 소재를 통해 모자의 애정을
축으로 자연계에 대한 감사, 마음의 깨끗함 같은 테마를 그린 작품이다.

3) '재한자이니치(在韓在日)'의 정체성과 한국무용가의 자격

김리혜는 이 글에서 고찰하는 재일 2세 한국무용가들 중 유일하게 한국
에 생활 기반과 활동 거점을 두고 있었다. 일본에서 태어나 자란 김리혜에
게 한국은 조국이지만 이방이기도 했다. 김리혜가 "자신에게 가장 자연스
러운 자리가 어디인지 알 수 없어 찾아 헤맨 10년"이라고 표현했던 1980년
대를 지나 1990년대에 김리혜는 한국무용가 반열에 올랐다. 객관적으로 뒷
받침할 만한 주요 경력들이 이 시기에 쌓이게 되었다. 그러나 정작 김리혜
자신은 한국무용가라는 정체성 인식을 갖지 못한 채 한국무용의 길을 걸어
갔다. 김리혜는 이매방의 첫 재일동포 제자였고, 이매방 문하에서 중요무

---

80) 「우라시마 타로」는 젊은 어부가 낚시를 하던 중 아이들에게 괴롭힘을 당하고 있는 거북이를
발견하여 구해주었는데, 그 거북이는 용왕의 딸이었고, 우라시마는 용왕의 초대로 용궁성에
가서 용왕과 공주를 만났다는 내용이 들어 있는 일본 민화이다. 「방리득용녀」는 우리나라의
'방리득보(放鯉得寶)' 설화의 변이형으로 보인다. 본래 설화는 용왕의 아들인 잉어를 구해주
어 보은을 받았다는 내용인데, 변이형에서는 구해 준 잉어가 용왕의 딸이었고, 보답으로 용왕
의 딸과 혼인하게 되었다는 내용으로 되어있다(위키백과, '우라시마 타로' 항목); 『한국민족문
화대백과사전』, '잉어의 보은설화(—報恩說話)').

형문화재 살풀이춤 이수자가 된 최초의 해외동포였다.[81]

김리혜는 자신의 정체성과 한국무용의 의미에 대한 새로운 갈등을 겪고 있던 중에, 1992년 KBS 주최 제3회 서울국악경연대회[82]에 출전했다. 한국무용가로서 경력을 쌓기 위해서라기보다 한국무용을 그만두더라도 제대로 된 형태로 그만두어야겠다는 마음에서 출전한 이 대회에서 김리혜는 무용부문 금상을 수상했다. 이 경연대회에서 김리혜는 이매방에게 사사한 〈승무〉(예선)와 〈살풀이〉(결선)를 추었다. 1993년 5월 27일 자 ≪통일일보≫는 「민족문화의 습득 재일동포에 '한계' 없다」라는 제목의 기사에서 그의 서울국악경연대회 금상 획득을 크게 다루었다.[83]

"재일동포로서의 민족적 아이덴티티를 확인하고자 하는 2세 여성의 노력이 한국의 일류 국악콘테스트(무용부문)에서 최우수로 인정되는 결과를 가져왔다. 도쿄에서 태어난 김리혜 씨가 무용을 본격적으로 하기 시작한 지 11년째. 재일동포로서의 첫 쾌거였다. 이로써 국내의 일류들과 어깨를 나란히 하게 된다."

인터뷰에서 김리혜는 무용을 통해 무엇을 추구하는가라는 기자의 질문

---

81) 김리혜는 1994년에 조수옥과 함께 중요무형문화재 제92호 살풀이 이수자 인정을 받았다. 그런 점에서 문화재춤 이수자가 된 최초의 해외동포는 김리혜와 조수옥 두 사람이다. 다만, 김리혜는 한국에 거주하고 있었기 때문에 이매방에게 전통춤을 배우기 시작하여 오랜 기간 이매방 문하에서 수련을 했다.

82) 한국방송공사가 국악을 체계적으로 보존·계승·발전시켜 대중화의 기틀을 마련하고자 개최하는 경연대회. 2005년 제15회부터 '서울국악대경연'에서 'KBS국악대경연'으로 명칭을 바꾸었다(『한국민족문화대백과사전』).

83) 이 기사는 김리혜가 금상을 수상한 서울국악경연대회로부터 수개월 지난 뒤에 나온 것인데, 당시 김리혜의 일본 방문을 기해 금상 수상의 의미를 조명하고 인터뷰를 통해 김리혜 자신의 이야기를 전하는 데 의미를 둔 기사였다고 하겠다.

에 대해 우선 "무용가가 되기 위한 것은 아니다"라고 선을 그었다. "왜 춤을 추느냐는 질문을 받아도 '하고 싶어서'라고 말할 수밖에 없"고, 한국무용은 "재일 2.5세[84]로서 바꿀 수 없는 것, 증명 같은 것"으로, 〈승무〉와 〈살풀이〉는 자신에게는 '조국 그 자체'라고 하였다. 앞으로도 춤을 계속할 것인가에 대해서는 "지금은 (마음속에서) 각투 중"이라고 대답했다(≪統一日報≫, 1993. 5. 27). 그러나 서울국악경연대회에서의 금상 획득으로 인해 김리혜가 무용을 그만둘 수 없게 되었다.

2년 후, 김리혜는 이매방류 살풀이춤으로 중요무형문화재 제97호 살풀이 이수자 인정을 받았다. 이매방은 살풀이가 무형문화재로 지정된 이듬해부터 이수자를 배출했는데, 자신이 직접 이수 후보자를 지정하여 자격시험을 보도록 했다. 1991~1993년까지는 매년 두 명씩 지정하여 제3기까지 6명의 이수자가 나왔고, 김리혜는 1994년에 스승으로부터 이수 후보자 지정을 받았다. 1990년부터 이매방 문하에서 본격적으로 전통춤을 배우던 조수옥은 일본으로의 귀환을 앞두고 있었는데, 함께 이수 시험을 치르게 되어, 그해에는 총 3명이 이수를 받았다. 조수옥은 1995년 3월에 일본으로 돌아가 일본에서 한국무용가로서 활동을 펼치기 시작했고, 김리혜는 한국에서 '재일동포 출신 한국무용가'로서 자신의 한국무용의 길에 대한 모색을 계속했다.

김리혜는 1994년에 살풀이 이수자가 된 데 이어 1998년에는 승무도 이수했고, 그 사이에 스승 이매방의 공연을 포함하여 국내외의 다양한 공연에 출연했다. 김덕수가 1993년에 결성한 한울림예술단 또는 사물놀이 관련 행사에 무용으로 출연하기도 했다.

---

84) 일본으로 건너가 정착하게 된 사람이 1세이며, 그 자녀로서 일본에서 태어난 경우를 2세, 어릴 때 부모를 따라 일본에 온 경우를 1.5세로 구분하기도 한다. 김리혜의 부친은 1.5세에 해당하므로, 김리혜 자신을 2.5세라고 표현한 것임.

1995년 7월 29~30일, 김리혜는 나고야의 아이치현 예술극장에서 개최된 〈한일음악제〉[85]에 출연했다. 자신이 태어나 자란 일본에서 처음 갖는 공연이었던 만큼 김리혜에게는 특별한 의미가 있었다. 〈한일음악제〉는 한국과 일본의 전통음악이 한 무대에서 경연도 하고, 양국 전통음악가들이 공동으로 현대에 맞는 새로운 음악을 창출하는 장으로서 기획된, 제목 그대로 '음악' 중심의 행사로, 제1부 한일 타악기 경연, 제2부·제3부 한국 일본 각각의 전통음악, 제4부 피날레는 만남의 축제로서 재즈와 함께하는 세션 등으로 구성되었다. 그중 제2부 '한국의 전통음악'에서 〈산조 합주와 시나위〉에 〈살풀이춤〉, 〈대풍류(竹風流)〉[86]에 〈승무〉가 들어갔고, 제4부 '만남의 축제'에서 〈무속무〉가 들어갔다. 무용 출연자는 김리혜와 김민정이었다. 김리혜는 제2부에서는 이매방류 승무를, 한일 음악의 융합을 시도한 제4부에서는 씻김굿을 모티브로 하여 창작한 춤을 추었다. '망자'가 타고 있는 배가 두 장의 긴 천을 가르며 나아가는, 혼을 보내는 무속의식을 도입한 춤이었다. 김리혜는 일본에서 춤출 기회가 있을 때 꼭 한번 이 무속의식을 도입한 춤을 추고 싶었다. 그는 아마도 과거의 어떤 경험이 무의식중에 그런 마음을 갖게 한 것이 아닐까라고 해석했다. 대학생 때 모국방문 후 한학동에 들어가 읽게 된 역사책 — 하타다 다카시(旗田巍)의 『조선사』로 기억 — 에 벽에 한글이 적혀 있는 탄광 사진이 실려 있었다. 그때는 한글을 몰라서 사진 속 그 글의 뜻을 알지 못했는데, 몇 년 후 한글을 읽을 수 있게 되었을 때 그것이 "배고파, 어머니"인 걸 알고 엄청난 충격을 받았다. 김리혜의 할아버지는 충청도 영동에서 규슈로 건너갔고, 그 후에는 홋카이도의 탄광에서

---

85) '한일음악제'는 〈HumanCollaboration '95〉라는 명칭의 총합예술제 행사 중 하나였다. 7월 23일 2~3시 일한현대미술전 회장에서도 한국의 전통적인 기악 〈시나위〉와 살풀이춤 공연이 열렸다(https://www-stage.aac.pref.aichi.jp/gekijyo/PReport/95/95-02ja.html).

86) 피리나 젓대와 같은 관악기가 중심이 되는 악기 편성(『한국민족문화대백과사전』).

일했다고 들었다. 그래서 더욱 탄광 같은 데서 사망한 사람들의 혼이 어떻게든 잘 됐으면 하는 마음이 있었는지도 모른다(≪통일일보≫, 1995.8.24).

김리혜는 1994년 살풀이에 이어 1998년에는 제27호 승무도 이수하는 등 한국무용가로서의 자격을 입증할 만한 경력을 쌓았고, 국내외에서 다양한 공연들에 출연했다. '한국무용가'라는 명칭에 걸맞은 객관적인 자격과 공연 참가 실적이 어느 정도 축적되고 있었지만, 김리혜는 자신을 '한국무용가'라고 정의하지 않았고, 자존감도 낮아져갔다. "춤을 추어도 아, 이거다 하는 강렬한 느낌이 오질 않았어요. 이 땅에서 태어나지 못한 죄인가 하는 자괴감만 들고 끼와 재주를 타고난 남편을 바라볼 때마다 열등감만 더해갔지요." 그는 한국무용의 원류를 알기 위해 고려대학교 대학원 사학과에 입학하여 1995년에 「신라향악에 대한 일고찰: 「향악잡영(郷樂雜詠)」 오수(五首)를 중심으로」라는 논문으로 석사학위를 받기도 했다.

김리혜가 첫 개인 공연을 한 것은 한국무용을 본격적으로 배우고자 서울에 온 지 만 20년 만인 2001년이다. 처음으로 자신이 기획한 공연 〈고이 접어 나빌레라〉를 2001년 5월 27일 서울 대학로 문예회관 대극장 무대에 올렸다. 이 공연에서 김리혜는 이매방류 〈승무〉와 〈살풀이춤〉, 그리고 한영숙류 〈태평무〉를 추었고, 김덕수가 음악감독 겸 장구 반주를 맡아주었다(≪씨네 21≫, 2001.5.17, 「고이 접어 나빌레라: 김리혜 첫 춤판」). 1992년의 서울국악경연대회 금상 수상과 1994년의 무형문화재 살풀이 이수가 1980년대를 정리하는 매듭이었다면, 2001년의 첫 개인 공연은 1990년대까지를 정리하는 또 하나의 매듭이었다고 할 수 있다. "한국에서의 '자이니치'라는 나의 존재는 무엇인가, 그리고 한국무용은 무엇인가"하는 물음에 대해 나름대로 답을 발견하고 한국무용을 통한 자신의 길을 열어가게 되었다. 2002년, 2003년은 그런 의미에서 김리혜에게 새로운 전환의 해였고, 그것이 오늘날까지 이어지는 김리혜의 한국무용의 길로 이어졌다고 생각된다.

2002년에 김리혜는 한일 양국의 문화교류에 공헌한 한국인을 표창하는 한일문화교류기금상의 3번째 수상자로 선정되었다. 서울에서의 시상식(8월 29일)을 앞두고 도쿄신문과의 인터뷰에서 김리혜는 "처음에는 일본인과 사귀려 하지 않고, 피를 한국인으로 되돌리려고 했다. 그래도 15년이 지난 무렵, 일본인과 이야기하면 편하다는 걸 알게 됐다. 27살까지 일본에서 살았던 내가 한국인이 되는 것은 무리. '재한자이니치(在韓在日)'가 나. 여기서부터 표현할 수밖에 없는 겁니다"라고 자신의 정체성에 대한 생각을 피력했다. 그리고 "태어나고 자란 나라의 무대에 서는 것을 통해 또 무언가가 보이지 않을까"라면서 앞으로는 적극적으로 일본공연을 할 예정이라고 하였다(≪東京新聞≫, 2002.8.22).

이듬해 김리혜는 처음으로 자신이 창작한 작품을 무대에 올렸다. 2003년 10월 29, 31일 후쿠오카(福岡)와 도쿄(東京)에서 초연된 이 작품은 일본에 옛부터 전해지는 설화「도죠지(道成寺)」를 한국적 시각으로 재해석한 〈한무·하얀 도성사(韓舞·白い道成寺)〉이다.[87] 원제목 '도조지'에 '하얀'이라는 형용사를 붙인 것은 '백의민족' 한국을 나타낸 것이다. 「도죠지」는 안진에게 배신당한 기요히메가 큰 뱀이 되어 그를 쫓아 복수하려다 실패한다는 내용인데, 김리혜는 여기에 원한과 복수를 넘어선 '재생'과 '화해'를 추가하여, 마지막 장면을 '기원(祈り)'으로 했다. 북한 백두산의 물, 한국 한라산의 물, 그리고 일본의 물을 함께 담은 백자를 앞에 두고 한국 어머니들의 기도 '정한수' 의식을 도입했다. 여기에는 분단된 조국과 일본의 화합을 기원하

---

87) 김리혜에게 일본의 설화「도죠지」를 한국무용의 모티브로 처음 제안한 것은 센바였다. 김덕수와 센바는 수년간 함께 〈한일음악제〉를 해오고 있었고, 김리혜는 그 공연에서 늘 한국무용을 했다. 2001년에는 승무를 했는데 2002년에 센바가 지난번에는 한국적인 것을 했으니 이번에는 일본적인 소재를 도입하면 어떨까 하면서 「도죠지」를 제안했다. 그래서 2002년에 한국무용으로「도죠지」를 안무해서 추게 되었다. 2003년에 탄생한 〈한국무용·하얀 도성사〉는 이것이 단초가 된 셈이지만 2002년의 춤과는 다른 새롭게 창작된 작품이다.

그림 5-9 _ 〈한무·하얀 도성사(韓舞·白い道成寺)〉 한국·일본 공연(2005년)

 한국공연 팸플릿　　　　　　　　　　일본공연 포스터

자료: 김리혜 선생 제공.

는 뜻이 담겨 있었다(金利惠, 2005: 180). 음악 연주는 김덕수와 와다이코 연주자 센바 기요히코(仙波淸彦) 등 한·일의 전통 타악기 연주자들이 함께 맡았다. 2003년 일본에서 초연된 〈한무·하얀 도성사〉는 '한일 우정의 해'로 지정된 2005년에 한국에서도 상연되었다. 11월 3일 서울 호암아트홀에서 상연된 후, 도쿄, 오사카, 나고야, 기타큐슈 등 일본 4개 도시 순회공연을 했다.

이 작품을 통해 김리혜는 '재한자이니치'라는 정체성을 적극적으로 받아들이고 또 표현하게 된 것이 아닐까 생각해 본다. 언젠가 김리혜는 일본에서의 공연을 기획하는 과정에서 "한국의 전통무용을 하는데 왜 재일 출신자를 초청하는가?"라는 의문이 제기되었다는 이야기를 들었다. 당혹스러웠지만 당시에는 곧바로 설득력 있는 반박의 말을 찾지 못했다(金利惠, 2005: 160). 후일 그 의문에 대한 답이 될 수 있을 것 같은 말을 찾았다. "재일 출신이기 때문에 '한국 전통무용'인겁니다." 이 말에 압축된 자신의 마음을 김리혜는 다음과 같이 설명했다.

"모국의 무용은 우리들에게 단순한 민족무용이 아니다. 연습장에서 내 온 몸이 눈이 되고 귀가 된다. 선생님의 동작 하나하나를 결코 흘려버릴 수 없다. 그 호흡, 흐름, 눈의 움직임, 손이 그리는 곡선, 발 딛는 법, 이런 동작들을 내 마음과 신체로 반추한다. 몇 번이고, 몇 번이고. 이것을 포착해서 내 몸에 흡수시킨다. 특히 한국의 전통무용은 깊어서, 춤추는 사람의 내면이 강하게 드러난다. 신체에 내재되어 있는 민족의 유전자가 겨우 수십 년의 단절로 인해 사라지는 일은 없다고 믿고 싶다. 내가 추구한 것은 전통무용의 저 깊은 곳에 있는 '증명' 같은 것이었을지도 모른다"(金利惠, 2005: 163~164).

제6장

조선무용의 새로운 모색

1990년대 이후 조선무용의 지형에는 중대한 변화가 일어났다. 변화의 요인은 크게 네 가지로 볼 수 있다. 첫째, 금강산가극단과 지방가무단에서 은퇴한 전문 무용가들과 조선학교 무용소조 출신의 무용 애호가들이 증대한 점, 둘째, 1983년 무렵부터 총련계 동포들의 북한 방문이 가능해짐에 따라 이후 북한에 가서 무용 강습을 받는 층이 확대된 점, 셋째, 1990년대 말부터 '조선'적 동포들의 한국 입국이 제한적이나마 허용되어, 한국을 방문하는 조선무용가들이 나타나게 되었고, 나아가 한국 국적 취득 사례들도 볼 수 있게 된 점, 넷째, 일본 내 한류가 유행하고, 뉴커머 한국무용가들이 증가한 점. 물론 이들 외에 북한과 일본의 경제 상황, 북일관계와 한일관계 등도 배경 요인으로 작용했지만, 이 글에서는 조선무용의 지형 변화에 영향을 끼친 좀 더 직접적인 요인들에 주목해 보고자 한다. 이렇게 변화된 상황 속에서 일본에서 조선무용의 새로운 방향이 모색되고 있고, 새로운 시도들이 이루어지고 있다.

1. 조선무용 지형의 변화

1) 예술단 은퇴 무용가, 무용소조 출신 애호가의 증대

총련 산하의 두 전문예술단 금강산가극단과 지방가무단은 1995년에 각각 결성 40주년(중앙예술단 시절부터)과 30주년을 맞이했다. 이 무렵이면 두 예술단에서 무용 배우로 활동하다 은퇴한 사람들이 상당수에 이르렀을 것으로 추정된다. 통계 수치 같은 양적 데이터는 없지만, 필자가 인터뷰 등을 통해 들은 이야기들에 비추어볼 때 가극단이나 가무단의 여러 부문 중에서도 무용은 성악이나 기악, 화술 등 다른 부문에 비해 활동 기간이 상대적으로 짧은 것 같다. 무용을 하는 단원들은 대부분 여성들인데 결혼이나 출산을 계기로 퇴단하는 경우가 많다. 특히 지방 공연이 많은 예술단의 특성상 가족들의 전면적인 뒷받침이 없는 한 육아와 일을 병행하기는 매우 어렵다. 금강산가극단에는 임추자, 리미남 등 만 60세까지 활동하고 정년퇴임한 원로 무용가들도 있지만, 이들은 '공화국 인민배우'라는 특별한 위상을 지닌 무용가들이다.

가무단의 경우, 도쿄조선가무단에서 1984년부터 21년간 활동한 고정순이 가장 오랜 경력의 소유자이다. 두 번째로 오래 활동한 사람이 13년 정도 되며, 무용가들이 가무단에서 활동하는 기간은 대개 10년 이내라고 한다. 이 점을 감안하면, 가무단에서 은퇴자가 나오기 시작한 시점은 늦어도 1970년대 중반 무렵부터이며, 가극단은 그보다 먼저 은퇴자들이 나오기 시작했다고 보아야 할 것이다. 특히 가무단은 본래 '예술기동선전대'라는 취지에 맞게 많아야 10명 정도의 소규모로 조직된 만큼 무용배우의 수도 적을 수밖에 없고, 누군가가 퇴단을 해야 후배가 들어올 수 있는 구조이다. 전문예술단은 가극단과 가무단 둘뿐인데, 조선학교 무용소조 활동이나 학생예술경연대회 등을 통해 꾸준히 차세대가 배출되고 있어, 이들을 수용하는 데 한계가 있을 수밖에 없다. 이런 점도 압력으로 작용하여 단원들이 어느 정도 활동한 후에는 은퇴하게 되는 것으로 보인다.

2000년대에는 정치경제적 상황의 영향으로 부득이하게 은퇴하는 경우도 나타났다. 1990년대 이후 일본경제의 침체와 북한 경제 상황의 악화로 인해 총련의 재정 상황도 나빠졌고, 그 여파로 지방가무단은 운영에 어려움을 겪게 되었다. 특히 2000년대 들어서는 북한에 대한 경제 제재와 일본의 장기불황 등으로 인해 총련이 가극단과 가무단 단원의 급료를 지급하는 데에도 어려움이 발생했다. 총련의 지원만으로는 운영이 어려워지자 가무단이 경비의 일정 부분을 자체 충당해야 하는 상황이 되었는데, 주요 수입원인 공연의 횟수도 감소하고 공연비도 적어지는 등 힘든 상황이 이어졌다. 이런 상황에서 부득이하게 가무단을 퇴단하고 새로운 길을 모색하는 사람들도 나오게 된 것이다.

이상과 같이 창단 이후 오랜 기간에 걸쳐 가극단이나 가무단에서 은퇴하는 무용가들이 나오면서, 총련 조직 외부에 전문적인 기량을 갖춘 사람들이 점점 더 많아지게 되었다. 무용의 경우, 대개 고등학교 졸업 후 곧바로 가무단에 입단하여 10년 이내에 은퇴하는 것이 보통이라 하니, 은퇴 시 연령이 대개 20대 중반~30대 초반으로 상당히 젊은 편이다. 은퇴 후 어떤 형태로든 전문적인 역량을 살려서 활동할 수 있는 기간이 길고, 어느 정도 공백기가 있더라도 활동을 재개할 가능성도 그만큼 크다고 할 수 있다.

한편, 조선학교 무용소조 출신들도 지속적으로 배출되어, 상당한 역량을 지닌 무용 애호가층이 두터워졌다. 조선학교는 전문 무용가뿐 아니라 많은 무용 애호가들이 배태되는 가장 기저의 조직기반이라 할 수 있다. 무용소조 활동을 했던 사람들은 학교 졸업 후 어떤 일에 종사하든 문예동이나 지역 서클 등을 통해 조선무용을 계속할 가능성이 크며, 조선무용의 대중적 보급에서 견인차 역할을 할 수 있다. 무용소조는 총련계 민족무용교육의 중심으로서 학내외의 다양한 공연에 참가할 뿐 아니라 전국학생예술경연대회 같은 중요한 경연장에서 평가받기 위해 많은 연습과 집중적인 훈련을 하기 때문에 무용소조 출신자들의 기량은 상당히 높은 편이다. 제4장에서 본 것처럼 가극단·가무단과 함께 중요한 공연에 참가하는 일도 적지 않아 이런 기회를 통해 무용 지도도 받고 공연 경험도 쌓게 된다. 학생예술경연대회가 처음 시행된 1968년 이후만 계산에 넣더라도 그동안 배출된 무용소조 출신자들은 상당수에 이른다. 1980년대 중반 이후에는 후술할 설맞이 공연이나 통신교육제도 등을 통해 조선학교 학생들도 북한에 가서 조선무용을 배울 기회를 갖게 되었다. 박정순은 2012년 저서에서 1990년의 통신교육제도 확립 이후 20여 년간의 성과로서, 북한에서 배운 학생 수가 성악, 민족기악, 무용을 합해서 수백 명에 달하며, 이들은 재일동포 사회에서 민족무용의 대중화와 활성화에서 매우 중요한 역할을 하고 있다고 평가했다 (박정순, 2012: 87). 통신교육을 받은 학생들 중에는 후일 전문 무용가가 되어 가극단이나 가무단에서 활동한 경우도 있고, 교원으로서 무용을 지도하는 경우도 있으며, 무용과 관계없는 분야에서 일하는 사람들도 있다.

2) 북한 방문 강습의 확대

재일조선예술인들에게 '조국'에 가서 직접 조선민족무용을 비롯하여 예술작품들을 배우는 것은 오랜 기간 언제나 마음속에 품어온 간절한 희망이다(박정순, 2012: 63). 오랜 소망이던 '조국' 방문이 처음으로 실현된 것은 1974년이다. 김일성 탄생 63주년을 맞아 총련은 중앙예술단을 모체로 하고 전국의 조선가무단에서 선발한 인원을 더해 '재일조선인예술단'을 조직하여 경축 사절단으로서 북한에 파견했다. 당시 재일조선인예술단은 평양에서 4월 14일과 6월 27일 두 차례 공연을 했는데, 4월 공연 이후 평양에 체류하며 만수대예술단, 피바다가극단 등의 예술가들로부터 혁명가극 〈금강산의 노래〉를 전습해 6월 27일 공연에서 선보였다(박정순, 2012: 68~69).[1] 방북 목적은 경축 공연이지만, 그 외에 상당 기간 북한에 체류하면서 강습도 받은 것이다. 이후 1977년, 1981년 두 차례 더 재일조선인예술단이 공연 목적으로 북한을 방문했다. 재일조선인예술단의 방북은 특별히 인정된 예외적인 경우였다.

총련계 동포들의 북한 방문이 가능해진 것은 1983년부터이다. 1965년에 체결된 한일협정에 의거하여 재일한인 중 '한국'적자는 영주권을 받을 수 있게 되었지만 '조선'적자는 영주권 부여 대상에서 배제되었는데, 1981년 법 개정에 의해 구식민지 출신자들 중 영주권 부여 대상에서 배제되었던 '조선'적 한인과 타이완인에게도 영주권을 부여하게 되었다. 당시 이들에게는 일반 영주권을 특례(특별법에 의거하여)로 부여했기 때문에 이를 '특례영주권'이라고 한다. 내용 면에서는 한국적 재일한인에게 부여된 '협정영주권'에 비해 불리한 편이어서, 똑같이 일본의 식민지 지배에 유래한 재일동포들 사이에서 '한국'적인가 '조선'적인가에 따라 차별적인 대우를 받게 된 셈이지만, 영주권을 취득함으로써 일본 정부의 재입국허가를 받아 북한을 방문할 수 있게 되었다.

이를 계기로 가무단 단원이나 조선학교 학생들이 북한에 가서 강습을 받을 기회가 만들어졌다. 일본에서는 총련이 북한대사관과 같은 역할을 했기 때문에 북한 방문 시 수속은 총련을 통해서 하고, 개인이 자유롭게 왕래하

---

1) 박정순은 당시 예술단이 "조국의 작품들인 무용 〈새봄〉과 독무 〈풍년씨앗 뿌려가세〉, 〈근거지 처녀〉 등을 전습 받아 예술적 기량을 한층 높이고 일본에 돌아왔으며 총련의 기동선전대로서의 사명과 역할을 다했다"고 했는데, 그가 적시한 세 무용작품들이 〈금강산의 노래〉에 포함된 것인지 아니면 별도로 배운 것인지는 분명치 않다.

는 방식이 아니라 총련을 통해 방문단을 구성하여 단체로 움직이는 방식을 취한다. 따라서 무용 강습이나 공연 목적으로 방북하는 경우에도 예술단의 무용가 또는 조선학교 학생이 개인적으로 강습을 받으러 가는 것이 아니라 강습단이나 공연단을 구성해서 그 일원으로 갈 수 있다. 그동안 가무단의 신입 단원들은 가극단에서 3개월간의 강습을 통해 집중 훈련을 받았는데, 1983년부터 평양음악무용대학에서 강습을 받게 되어 가극단에서는 더 이상 강습을 받지 않게 되었다.[2]

1984년부터 21년간 도쿄가무단 단원으로 활동한 고정순에 의하면 신입 단원 시절부터 거의 매년 평양에 가서 강습을 받았다. 그중 순전히 강습을 목적으로 한 방북은 두 번 정도였고, 대부분 공연 목적으로 가서 그 길에 강습도 받고 오곤 했다. 방북 목적이 공연이라도 북한 체류 기간이 길면 2개월, 짧아도 2주일 정도 되었었다. 여비와 체류비 등 모든 경비를 조직에서 지원했고 강습 사례비는 없었기 때문에 가무단원은 개인의 경제적 부담 없이 북한에서 무용을 배울 수 있었다. 북한에 체류하는 동안 가무단 월급은 그대로 나오는데 돈 쓸 일은 없어서, 북한 공연을 다녀오면 오히려 돈이 모일 정도였다.

조선학교 학생들도 1984년 무렵부터 북한에 가서 무용을 배울 기회를 갖게 되었다. 조선학교 학생들이 처음으로 북한을 방문한 것은 1972년이다. 그해 8월 도쿄조선중고급학교 축구소조와 요코하마조선초급학교 무용소조 학생들이 북한을 방문했고, 무용소조 학생들은 평양에서 공연을 했다. 1978년 조선민주주의인민공화국 창건 30주년 경축행사에도 초·중·고 각급 조선학교 학생들로 편성된 재일조선학생소년예술단이 참가하여 음악무

---

[2] 금강산가극단 무용부장을 역임한 임추자 씨는 가무단원들이 평양에서 강습을 받게 된 1983년부터는 더 이상 자신이 가르칠 일이 없어졌다고 하였다(2009년 3월 13일 인터뷰).

용종합공연을 했다. 공연을 관람한 김일성은 작품들의 사상적 내용이 좋으며 학생소년들이 모두 노래도 잘 부르고 악기도 잘 다루며 춤도 잘 춘다고 높이 평가해 주었다(박정순, 2012: 71).

1970년대 조선학교 학생들의 두 차례 북한 방문이 예외적으로 인정된 경우였던 데 비해, 1980년대에는 조선학교 학생들의 북한 방문 및 공연 참가가 정례화되었고 제도적인 틀도 마련되었다. 1984년 11월부터 재일조선학생들이 북한에 일정 기간 체류하며 음악(민족기악, 성악), 무용 등의 교육을 받게 되었는데, 이것이 1990년부터는 통신교육으로 제도화되었다. 초창기, 제1기생으로 1984년 평양을 방문했던 젓대 연주자 하영수에 따르면, 산타마(三多摩) 조선제1초급학교의 민족악기 서클에서 장세납을 연주하고 있었는데, 도쿄에서 오디션을 한다는 통지가 오디션 약 2일 전에 갑작스럽게 학교로 왔고, 당시 악기, 성악, 무용을 합쳐서 12~13명 정도가 오디션에 합격하여 평양에 가게 되었다. 재일동포 학생이 예술 전문교육을 받는 곳이나 영재교육 제도가 없었던 시절, 평양음악무용대학 교원들의 밀착 지도를 받은 그는 본고장에서의 배움은 역시 다르다고 느꼈다(이상영, 2019). 통신교육 제도는 일본 각 지역의 조선고급학교 1학년 중 선발된 학생들이 3학년 때까지 매년 여름방학에 8월 한 달 동안 평양음악무용대학에서 전공 과목을 집중적으로 배우는 것으로, 매년 전국에서 8~10명을 뽑아서 보내며 학생들의 소속은 통신교육학부이다. 평양음악무용대학은 뒤에 평양음악대학3)과 무용학원으로 나뉘어져 무용은 금성학원4)에서 배우게 되었다고 한

---

3) 평양음악대학은 2006년에 신축 교사의 완공과 더불어 '김원균명칭 평양음악대학'으로 명명되었고, 2015년에 김원균명칭음악종합대학으로 다시 확대 개편되었다(위키백과, '김원균명칭음악종합대학' 항목)

4) 금성학원은 문화예술 부문의 인재를 집중 양성하는 기관으로, 만경대학생소년궁전의 부속학교로 알려져 있다. 1990년 9월 '금성제1고등중학교'로 개교하여 2002년 '금성제1중학교', 2003년에 '금성학원'으로 개편되었다. 의무교육과정인 4년제 인민반(인민학교 과정), 6년제 중등

다. 이 교육을 받기 위해 드는 비용은 기본적으로 항공료와 체재비인데 모두 개인 부담이다. 전에는 배편을 이용하여 15만 엔 정도 들었는데, 일본의 대북 제재로 항공편을 이용할 수밖에 없게 된 2002년 무렵부터는 23만 엔 정도로 비용이 늘었다.5) 통신교육제도가 시행된 후 20여 년간 본국에서 배운 학생 수는 성악, 민족기악, 무용을 합해서 수백명에 이르렀다(박정순, 2012: 87).

고급부 학생들을 대상으로 하는 통신교육제도와 더불어 초·중급부 학생들을 대상으로 하는 북한의 설맞이 공연이 있다. 설맞이 공연은 김정일이 김일성을 위해 만든 것이라고 전해지는 행사이다. 재일동포 학생들이 설맞이 공연에 처음 참가한 것은 1987년이다. 일본 전국의 조선초·중급학교에서 선발된 학생들로 꾸려진 재일조선학생소년예술단은 북한의 설맞이 공연에 처음으로 참가하여 가무이야기 〈원수님 뵙고 싶어 왔습니다〉, 가무이야기 〈편지〉를 공연했다. 그때부터 매년 조선학교 학생들이 설맞이 공연에 참가하고 있다(박정순, 2012: 81). 필자는 조선학교 다닐 때 설맞이 공연에 무용으로 두 번 참가했던 K에게서 당시의 선발 과정과 북한에서의 활동에 대한 이야기를 들었다.6) 그에 따르면 참가자는 일본 전국의 조선학교 학생들 중에서 선발하는데, 심사위원은 조선대학교와 각급 조선학교에서 무용을 가르치는 교원들이었다. 화술, 노래, 무용 분야는 항상 뽑았고, 가야금은 뽑는 해와 안 뽑는 해가 있었다. 그는 두 번 참가했는데, 두 번 모두 한 달 반 동안 북한에 체류하며 무용을 배우고 북한 아이들과 함께 공연에 참가했다. 설맞이 공연에 한 번 참가한 학생들은 또 가고 싶어 해서 두 번 가는

반(중학교 과정), 4년제 '전문부'(대학 과정)가 설치되어 있다(KBS통일방송연구. 〈평양 '금성학원'이란?〉, 2006.3.18. http//office.kbs.co.kr/tongil/archives/21035
5) 황향순, 2016년 11월 13일 인터뷰에서.
6) 2009년 4월 27일 서울에서 행한 인터뷰 내용에 의거. K는 당시 한국의 대학에 유학 중이었음.

경우가 많다. 주로 초급 6학년과 중급 2학년이 가게 되는데, 6학년 때 한 번 간 학생들이 2년 후 중2가 되어 한 번 더 가고, 중1은 6학년 때 못 간 학생들 중에서 가기도 한다. 설맞이 공연에 참가하는 비용은 개인 부담이며 당시 한 번에 20만 엔 정도가 들었다.

한 학생이 초·중급부 때 설맞이 공연에 2회 참가하고, 나아가 고급부 3년간 통신교육 제도를 이용한다면, 조선학교 재학 중 5년에 걸쳐 5차례 북한에 가서 조선무용을 배우는 경우도 충분히 생각할 수 있다. 단, 경비를 개인이 부담하는 만큼 경제적인 뒷받침이 있어야 할 것이다. 설맞이 공연과 통신교육은 모두 심사를 통해 대상자를 선발하는 만큼 재일조선학생예술경연대회와 더불어 무용소조원들의 기량을 높이는 중요한 기제로 작용해 왔다. 박정순은 "〈재일조선학생예술경연대회〉와 특히 조국에서 진행되는 설맞이공연, 고급부 1학년생을 대상으로 한 평양음악무용대학 통신수강생 선발에 학생들이 준비 있게 참가하기 위한 조직사업을 짜고 들어 거기에서 그들의 일상적인 기량훈련과 소조활동의 성과가 집대성되도록 하여야 한다"고 이 세 프로그램의 중요성을 강조했다(박정순, 2000: 76).

언제부터인지 확실치는 않으나 가극단·가무단의 단원, 조선학교 학생뿐 아니라 총련 조직 외부의 무용가나 일반 애호가들도 북한에 가서 강습을 받을 수 있게 되었다. 조선무용가 고(故) 강휘선은 조선대학교 부설 예술학원에서 강습을 받고 조선학교에서 14년간 무용 강사로 일한 후 1980년부터 조선무용연구소를 운영했는데, 오랫동안 학생들뿐 아니라 지역 여성들의 소조를 지도하는 등 조선무용 교육자로 활동했지만 가무단에 속하지 않았기 때문에 강습단에 선발되지 못했다.[7] 1987년에 처음으로 북한을 방문하여, 평양에서 인민예술가 김해춘의 지도를 받아보고자 백방으로 알아보고

---

[7] 강휘선의 북한 방문에 대해서는 2013년 5월 20일 인터뷰 내용에 의거함.

애썼지만 개인이 그런 기회를 확보하는 것은 불가능했다. 그러던 중 1990년 무렵에 강습이 있다는 것을 알게 되어 참가 요청을 했고, 총련은 그의 경력을 참작해서 강습에 참가하도록 해주었다. 강휘선은 김해춘의 지도를 요청하여 그해부터 계속 그의 지도를 받았고, 창작품도 받았다. 한번 가면 2주 정도 체재했는데, 충분히 배우기에는 짧은 시간이어서 어떤 명목으로든 반드시 1년에 한 번은 북한에 가려고 노력했다. 강습팀에 들지 못했을 때는 북한에 가족이 없는데도 있는 것처럼 해서 가족 방문인 '단기 방문단'으로 가기도 했다. 가극단이나 가무단이 가면 문화 예술 계통에서 나와서 맞아주지만, 단기 방문단으로 가면 원칙적으로 강습을 받을 수가 없다. 무용가에게 지도 받고 싶다는 이야기가 전해지지도 않는다. 그러나 워낙 여러 번 가다 보니 그쪽 간부도 마음을 알아주고 다리를 놓아줘서 문화예술부 사람을 만나 협력을 요청할 수 있었다. 조선대 부설예술학원에서 6개월 강습을 받은 것 외에는 전문적인 훈련을 받은 적이 없었기에 연구소를 운영하면서도 자신이 별로 없었는데, 북한에서 저명한 안무가의 지도를 받으면서 자신감도 가질 수 있게 되었다. 강휘선이 1990년 무렵부터 강습단에 낄 수 있었던 것은 예외적인 경우가 아니었을까 생각된다. 그의 경력을 참작하여 강습단에 이름을 올려준 해도 있지만 그 안에 들어가지 못한 해도 있었던 것으로 보아, 1990년대에는 북한에서의 강습은 기본적으로 총련 산하의 전문예술단 단원에게만 주어진 혜택이었던 것 같다.

그런데 2000년대 들어 언제부턴가 가극단이나 가무단원에 소속되지 않은 무용가나 일반 애호가들도 강습 목적으로 북한을 방문할 수 있게 되었다. 이런 경우는 문예동이 방북의 창구 역할을 한다. 단, 개인이 아닌 단체만 가능하므로 희망자들을 모아 강습단을 조직하게 되는데, 필자가 인터뷰와 1차 자료를 통해 파악한 바로는 희망자들이 그룹을 만들어서 'ㅇㅇ단'이라는 이름으로 문예동에 신청을 하는 경우와 문예동이 방문단을 조직하는 경우 등 두 가지 경로가 있다. 전자는 은퇴 후에도 여러 차례 강습을 받으러 다닌 전 가무단원에게서 들은 이야기이고, 후자는 문예동 뉴스레터에 실린 일반 무용 애호가의 북한 방문기에 기술되어 있는 내용이다. 실제로 상이한 두 가지 방식이 있는 것인지, 공식적으로는 단일한 조직 방식이지만 조직 과정에서 참가자층에 따라 모집 경로가 다른 것인지는 확인하지 못했다.

문예동 뉴스레터 ≪문예통신≫ 제2호(2013년)에는 문예동 교토지부 무용부 맹원인 김남조(66세)라는 여성이 북한 방문 강습에 참가한 경험을 적은 에세이가 실려 있다. 그는 교토 조선중·고급학교 시절에 무용부에서 조선무용을 배우기 시작하여 조청 활동을 시작한 17세 때 중앙예술경연대회에서 자신이 창작한 〈물동이 처녀〉로 2등을 한 경력이 있다. 19세에 결혼해서 생활에 쫓기다 보니 무용을 단념할 수밖에 없었는데, 자식들이 장성하여 이제 걱정하지 말고 후회 없는 자신의 인생을 살라고 격려해 줘서 62세에 문예동 무용교실의 문을 두드렸다. 60대에 무용을 다시 시작한 그는 문예동 중앙무용부가 주최하는 〈문예동 무용경연대회〉에 참가하여 군무 〈무궁의 사랑〉과 〈부채춤〉을 추었고, 2013년 제8차 경연대회에는 독무 〈청춘의 기쁨〉으로 출전했다. 그러던 중 문예동이 해마다 여름에 기량 제고를 위한 조국 방문을 조직하고 있다는 소식을 듣고, 가족들의 적극적인 권유에 힘입어 강습단에 참가했다. 강습단의 명칭은 '문예동 기량 전습단'이었다. 북한에서는 조선무용연구소의 박룡학, 국립민족예술단의 오경순 등 북한을 대표하는 무용가들의 극진한 지도로 기본동작과 작품을 배웠다(김남조, 2013.9.9).

한편, 은퇴한 전 가무단원들 몇몇이 모여서 강습단을 만들어 북한에 가는 경우도 나타났다. 이들도 문예동을 통해 강습 목적으로 북한을 방문하며, 가무단 시절과 달리 일체의 경비를 자비로 충당하였다.[8] 북한에서 강습을 받는 데 드는 비용은 주로 여비와 체재비이며, 강습에 대한 사례비는 없다. 2016년 인터뷰 당시, 총 경비는 250만 원(25만 엔) 가량이 들며, 그중 체재비는 일괄 5만 엔(약 50만 원) 정도로 생각하면 된다고 하였다. 배를 이용하면 체재 일수와 상관없이 여비 포함해서 약 170만 원(17만 엔) 정도면 되는데, 2002년 일본인 납치 문제와 미사일 발사 문제로 북한에 대한 제재가 시작된 후에는 배편이 없어져서 여비 부담이 커졌다. 비행기는 북한 직항이 없어 베이징을 경유해야 하기 때문에 요금이 높아질 수밖에 없다. 체재비의 경우, 예전에는 숙식과 세탁 등 일체가 비용에 포함되어 있었는데, 요즘은 세탁은 얼마간이나마 돈을 받고 있다고 한다. 강습으로 가면 춤에 따라 지도 강사가 정해져 있어 대개 일정이 짜여 있다. 어린이나 신입 가무단원들은 원하는 강사를 지정할 수가 없고 북한 당국에서 배정해 주는 대로 받아야 하지만, 경력이 오래된 사람들은 특정한 선생님을 배정해 달라고 특별히 부탁하기도 한다. 오랜 기간의 강습 참가를 통해 자신에게 맞는 선생님을 찾아 퇴단 후에도 계속해서 지도를 받는 경우도 있다. 가무단 시절부터 강습을 다녀 네트워크도 있고 오랜 경력이 있으면, 은퇴하여 더 이상 가무단 소속은 아니더라도 원하는 무용가의 지도를 받을 수 있는 가능성이 크다고 할 수 있다.

2. 사설 조선무용연구소와 무용단의 등장

임추자는 1957년 도쿄 요요기에 '임추자 조선무용연구소'를 설립했다.

---

8) 고정순, 황향순 인터뷰 내용에 의거함. 고정순 인터뷰는 2016년 11월 25일 도쿄에서, 황향순 인터뷰는 2016년 11월 13일 나고야에서 수행했다.

그동안에도 조선무용을 배울 수 있는 장이 없지는 않았지만, 조선무용을 전문적으로 가르치는 독자적인 무용연구소로서는 최초였다(제2장 참조). 그러나 불과 4년 만인 1961년에 임추자는 총련의 지도에 따라 무용연구소를 해산하고 중앙예술단에 합류했다. 이후 조선무용의 전습은 가극단, 가무단, 조선학교, 문예동, 여맹, 조청 등 총련의 조직 체계하에서 이루어졌다. 말하자면 총련계 동포 사회에서 민족무용의 전습은 사설 내지 민간 사업체가 아닌 공적 조직을 통해서 이루어져 온 셈이다. '임추자 조선무용연구소'가 해산된 이후 개인이 운영하는 조선무용연구소가 다시 등장한 것은 1980년이다.[9] 조선대학교 부설 예술학원을 수료한 뒤 1975년까지 조선고급학교 무용 강사로서 학생들을 지도했던 강휘선은 1980년에 오사카의 재일동포 집주 지역인 츠루하시에서 '강휘선 조선무용연구소'를 열었다.[10] 강휘선은 조선학교 강사 시절부터 지역의 주부들에게도 조선무용을 가르치고 있었는데, 강사를 그만둔 후에도 주부들의 요청으로 한 팀을 1주일에 한 번씩 지도하게 되었고, 점차 팀이 여러 개로 늘어났다. 그러던 중 무용을 배우던 한 주부의 주선으로 츠루하시에 공간을 마련하여 '조선무용연구소'를 열게 된 것이다. 마침 일본 경제가 호황을 맞으면서 재일동포들도 경제적으로 여유가 생기기 시작하여 춤을 배울 만한 여력이 생겼고, 또한 재일 2세들이 전면에 나오는 시기였기 때문에 무용학원 운영은 비교적 순조로웠다. 처음 2, 3년 정도는 힘들었지만, 당시 아직 다른 데는 학원이 없어서 배우러 오는 사람이 꽤 많았다고 한다. 강휘선은 무용 강사로서 많은 제자들

9) 1980년대 초에 일본에 들어온 뉴커머 한국인에 의하면, 교토에 총련의 간부가 운영하는 아리랑무용연구소라는 곳이 있었다고 한다. 이 연구소에서는 교습 종목으로 조선무용, 한국무용, 사교댄스 등이 포함되어 있어 강사가 한 가지만 가르친 건 아니었다고 한다.
10) '강휘선 조선무용연구소'에 관한 부분은 주로 고(故) 강휘선 선생 인터뷰 내용에 의거함. 인터뷰는 2013년 5월 20일과 6월 20일 두 차례에 걸쳐 다마즈쿠리에 있는 강휘선 조선무용연구소에서 이루어졌다.

그림 6-1 _ 조선무용가 고(故) 강휘선

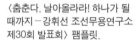

〈춤춘다. 날아올라라! 하나가 될
때까지 - 강휘선 조선무용연구소
제30회 발표회〉 팸플릿.

자신이 안무한 〈도라지〉를 개인지도하고 있는 강휘선(좌측)
강휘선 조선무용연구소에서 2013년 6월 20일 필자 촬영.

을 키웠지만, 조선대 부설 예술학원에서 6개월 강습을 받은 것 외에는 무용
을 전문적으로 공부한 일이 없어 자신이 없었고 경제적으로 어려운 형편이
기도 했기 때문에 조선학교 강사를 그만둔 후 무용을 계속한다는 생각은
거의 접고 있었다. 그런데 조선무용을 배우던 주부들의 협조로 총련계 동
포 사회에서는 유일하게 개인 사업으로 무용연구소를 운영하게 되었다.

창단 연도는 확인할 수 없었지만 무용단 '날새'도 창단하여, 1992년에 강
휘선 조선무용연구소와 무용단 날새가 함께 연변에서 첫 해외 공연을 했고,
이듬해 북미주 조국통일협의회[11] 소속 대학교수의 주선으로 LA에서도 공

---

11) 필자와의 인터뷰에서 강휘선은 '북미주 조국통일협의회'라고 하였으나, 정확한 명칭인지는 불
  분명하다. 인터넷에서 검색해 본 결과 명칭이 일치하는 단체는 찾을 수 없었고, 미국에서 통
  일운동을 하는 단체들 중 유사한 명칭들이 있는데, 강휘선이 언급한 단체를 특정하기는 어려
  웠다. 명칭이 비슷하면서 북한이 예술단체 초청 등 문화교류 활동이 있는 단체로서는 '조국통
  일북미주협회'가 있다. '조국통일북미주협회'는 1987년 2월 미국 로스앤젤레스에서 미주 최초

연을 했다. 두 차례의 해외 공연 이후 '조국'에서의 공연이 실현되어, 1994
년 동평양대극장에서 〈강휘선 조선무용연구소 공연〉을 개최했다. 강휘선
은 필자와의 인터뷰에서 조직에 속하지 않은 개인 무용단체로서 평양에서
공연을 한 것은 강휘선 조선무용연구소가 최초이고 아마 앞으로도 그런 사
례는 없을 것이라고 하였다. "나는 역사를 만들었습니다"라는 한마디에 개
인으로서 평양 공연을 실현한 데 대한 자부심이 고스란히 담겨 있었다.

　1990년대 초까지만 해도 개인 또는 사설 조선무용 교습소로는 강휘선 조
선무용연구소가 유일했는데, 1990년대 들어 새로운 조선무용 교습소들이
등장하기 시작했다. 필자가 1차 자료들을 통해 1990년대에 설립된 것으로
확인한 곳은 '백홍천무용연구소'와 '마이 조선무용연구소'(이하 '마이')이다.
'백홍천무용연구소'는 1994년 12월에 개최된 〈임추자조선무용창작발표회〉
팸플릿에 이름이 등장하기 때문에 그 이전에 설립된 것으로 본다.[12] 백홍
천은 금강산가극단 수석무용수 출신으로 1998년에 조선적 동포 최초로 한
국에서 공연한 무용가 백향주의 아버지이기도 하다. 그가 주재한 단체로서
는 1992년 자료에 '백홍천무용단'이라는 이름이 등장하는데, 이 무용단과
백홍천무용연구소가 동일한 것인지 여부는 확인할 수 없었다. 1992년은 한
국에서 춤의 해로 지정되어 많은 관련 행사들이 기획되었는데, 그중 해외
동포 무용인들이 참가하는 행사에 재일동포 무용단 중 총련 측 대표로 '백
홍천무용단'이 출연할 예정이라는 기록이 있다.[13] 이러한 점들을 근거로

<hr>

의 통일운동 전문 단체를 표방하면서 결성된 사회단체로, 이산가족 찾기 운동을 전개하여 약
5천 수백 명의 이산가족이 평양을 방문하고 친척들과 상봉했고, 북한의 예술작품 전시 및 북
한 예술가의 로스앤젤레스 방문을 이끌었다. 또한, 북한 바로 알기 사업으로 북한 관련 서적
을 출판하기도 했다(『세계한민족대전』).
12) 이 공연에 찬조로 출연했고 팸플릿에 축사도 기고한 백홍천의 프로필이 '백홍천무용연구소
소장'으로 되어 있다.
13) 당시 민단 측 대표는 김순자무용단이었다. 여러 자료들에 의거해 볼 때, 김순자무용단은 이
행사에 참가해서 공연했으나 백홍천무용단은 참가가 무산된 것으로 추정된다. 이 부분에 대

필자는 백홍천무용연구소가 빠르면 1992년 이전, 늦어도 1994년 12월 이전에는 설립된 것으로 보지만, 백홍천무용단과 관련된 그 이상의 자료를 입수할 수 없어서 설립연도를 특정하지는 못했다.

'마이'는 1996년에 오사카에서 설립되었다. 가극단, 가무단에서 활동하다가 결혼을 계기로 퇴단하여 오사카로 돌아온 무용가 6명이 모여서 만들었다고 한다. '공화국 공훈예술가'이며 문예동 무용부장을 역임한 임수향도 '마이'의 창립 멤버이다. 임수향은 조선 초급학교 4학년 때 무용소조에서 처음으로 조선무용을 배웠고, 고등학교 졸업 후 1983년에 오사카 가무단에 입단해서 11년간 활동했다. 출산으로 인해 1994년에 가무단을 퇴단하면서 그동안 비전임으로 맡고 있던 문예동 무용부장을 전임으로 맡게 되어 2001년 6월까지 복무했다. '마이'는 임수향이 전임으로 문예동 무용부장을 맡고 있던 시기에 창립되었는데, '마이'에 참가한 다른 멤버들도 은퇴하고 오사카로 돌아와서는 문예동 오사카지부 무용부에 속하지 않았을까 생각된다. '마이'의 운영 주체가 누구인지, 설립에 참여했거나 혹은 주도한 무용가들이 공동으로 운영하는 것인지 아니면 설립과 운영 주체는 한 사람이고 다른 무용가들은 강사로서 활동하는 것인지에 대해서는 확인하지 못했으나, 문예동 오사카지부와 협력 관계에 있는 것은 분명한 것 같다. 필자가 현지 조사를 수행한 2013년 당시 '마이'에서 조선무용을 배우는 수강생은 3살부터 56살까지 연령층이 다양했다. 월사는 4000엔에서 7000엔 정도였고, 경연대회 등을 위해 특별지도를 할 때는 특별 수강료를 받고 있었다. 예컨대 문예동 경연대회 참가비가 1인당 1만 엔이면, 참가비와 지도비를 합해서 1인당 1만 5000엔이다.[14]

해서는 제5장에서 기술하고 있음.
14) 임수향, 2013년 6월 27일 인터뷰에서

필자가 2013년에 수행한 인터뷰 조사에서 총련계의 무용가들은 대체로 오사카의 '마이'와 나고야의 '무희', 도쿄의 '김영란 조선무용연구소' 등을 조선무용연구소 중 규모가 큰 곳으로 꼽았다. 이들 중 필자가 인터뷰와 문헌 자료 등을 통해 설립 시기와 설립 배경 등을 어느 정도 파악할 수 있었던 것은 위에서 소개한 '마이'와 나고야의 '무희'이다.

'무희'는 도카이 가무단 출신의 황향순이 2001년 1월에 설립했다. 황향순은 고등학교 졸업 후 1989년에 가무단에 입단해서 활동하다가 1994년에 결혼과 동시에 퇴단했다. 퇴단 후 1년간 조선학교 강사로 소조를 지도한 것 외에는 4년 정도 공백기가 있었는데, 어느 날 장구교실을 해달라는 부탁을 받아서 나고야 조선초급학교 3층에서 장구교실을 열게 되었다. 장구 배우러 오는 주부들 가운데는 민단 쪽 주부도 있었다. 주부들은 아이들을 보육원에 맡기고 배우러 다녔다. 그 후 무용교실을 열게 된 것은 두 딸에게 조선무용을 가르치기 위해서였다. 나고야에서는 아이들이 배울 만한 무용교실이 없어서, 큰딸이 다섯 살 때 동네 아이들을 모아 조선무용을 가르치기 시작했는데, 이것이 '무희'의 출발이다. 그동안 아이들도 크고 수도 많이 늘어서 2013년 인터뷰 당시에는 나고야 조선초급학교 강당으로 옮겨서 연습하고 있었다. 조선초급학교는 폐교된 상태였는데, 그 건물이 경매에 넘어가지 않도록 계속 사용하고 있다고 했다. 강당에서는 동네 유치반 아이들을 가르치고, 주부들은 초급학교 3층의 장구교실 방에서 연습을 했다. 무희의 월 수강료는 유치부 3000엔, 초등부 5000엔, 중고생 6000엔, 어른 6000엔이었다. 특별연습 때는 특강료를 받고 있었다. 발표회를 할 경우, 출연자 1인당 3만 5000엔을 받는데, 이것으로는 경비가 부족하기 때문에 부모, 상공인의 후원을 받았다. 공연 티켓은 1000엔이다. [15]

---

15) 황양순, 2013년 6월 13일 인터뷰에서.

2000년대에는 좀 더 많은 조선무용연구소들이 탄생했다. 박정순에 의하면, 2000년대 들어서 문예동 무용부의 지부 또는 개인이 운영하는 무용연구소가 여러 지방에 꾸려졌다. 오사카, 도카이, 효고를 비롯한 문예동 지부에서는 집체적으로 무용연구소를 개설하고 운영하고 있으며, 도쿄, 아이치, 오사카, 교토, 효고 등에서 지난날 가극단이나 가무단에 속해 있었던 사람들이 지역의 동포 학생들과 여성, 청년들을 대상으로 무용연구소 또는 무용교실을 운영하면서 2년에 1차 혹은 정기적으로 발표회를 조직했다(박정순, 2012: 104). 2002년부터 개최된 문예동 무용경연대회에는 2009년 제6회 대회부터 무용연구소들도 참가하고 있다. 제6회와 제7회 대회 참가 연구소는 5개였는데, 2013년 제8차 대회 때는 참가 연구소가 10개로 늘었다. 또, 경연에 참가하지 않은 무용연구소 대표도 있었다. 제1회~제11회의 문예동 무용경연대회 팸플릿에서 확인할 수 있었던 조선무용연구소 이름은 다음과 같이 총 14개이다. 심사위원들 중 경연에는 참가하지 않은 무용연구소의 대표들도 있어 이를 포함하여 14개의 무용연구소 이름을 확인할 수 있었다.

> 강휘선 조선무용연구소, 조선무용교실 나래, 김영란조선무용연구소, 최 무용연구소,
> 리미남 조선무용연구회, 춘(チュン)무용교실, 히메지(姬路)조선무용교실,
> 김유열 조선무용연구소, 조선무용교실 하나(HANA), 조선무용교실 이쁜이,
> 마이(舞い) 조선무용연구소, 조선무용교실 무희,
> 향무 조선무용연구소, 조선무용교실 미용(みょん)

필자가 2010년에 인터뷰했던 대학생 K는 조선학교 시절 무용소조에서 활동했는데, 소조활동과 병행하여 무용연구소에서 개인 레슨도 받았다. K에 따르면 중학교 2학년 때 조선무용가인 이모의 소개로 금강산가극단 출신의 선생님에게 개인 레슨을 받았다. 그 선생님의 스타일은 발레를 기본

으로 하는 것이었고, 레슨은 2시간씩 했는데 1시간은 발레, 1시간은 조선무용 기본동작을 배웠다. 작품은 배우지 않았다. 학교에서 가르치는 선생님들은 프로 무용가가 아니라 조선대학 무용부에서 활동한 선생님이었기 때문에, 이분이 가르치는 것은 다르다고 느꼈다. 특히 어떤 근육을 어떻게 쓴다든가 하는 식으로 과학적 분석을 하는 점이 달랐다. 이론적인 것을 많이 하니까 수강생들이 별로 없어서 당시는 5명도 안 됐다. 주 2회 한 번에 2시간씩 하고, 월사는 1만 6000엔이었는데, 이것은 일반적인 월사보다 조금 비싼 수준이었다.[16)]

이상의 사례들을 통해 알 수 있듯이, 일찍이 1980년부터 개인 무용연구소를 운영한 강휘선은 예외적인 경우라 하더라도, 1990년대 중반 무렵에 조선무용연구소들이 등장하여 2000년대에 증가한 것은 가극단이나 가무단에서 은퇴한 무용가들이 조직 외부에서 무용가로서의 경력을 살려 새로운 활동 방향을 모색하게 된 것과 관련이 있다고 생각된다. 한편, 조선무용을 배우고자 하는, 또는 조직 체계 안에서 배우는 것 이상의 기량을 습득하고자 하는 사람들의 존재도 개인 무용연구소의 등장에 중요한 배경이 되었다고 할 수 있다. 새롭게 등장한 조선무용연구소들의 운영 주체가 개인이든 사실상 문예동 지부이든, 수강생이 자신의 희망에 따라 연구소를 선택해서 월사를 내고 배우러 다닌다면, 그것은 총련 조직의 전습 체계와는 다른 사설 사업체와 같은 방식이라고 할 수 있을 것이다. 이러한 새로운 흐름은 총련계 재일한인사회에서 조선무용의 전승체계에 중요한 변화가 일어나고 있음을 보여주는 것이라고 하겠다.

무용연구소뿐 아니라 총련 조직 외부에서 사적으로 운영되는 무용단들도 등장하기 시작했다. 1990년대 초부터 활동했던 무용단으로서는 앞서 언

---

16) K, 2009년 4월 27일 인터뷰에서.

그림 6-2 _ 조선무용가고(故) 임추자선생

〈임추자조선무용창작발표회〉(1994)
팸플릿. 금강산가극단 현역 시절.

자신이 안무한 〈소장고춤〉을 지도하고
있는 임추자 선생(2010.1.28.가와사키의
임추자민족무용단 연습장)

고희 기념 〈임추자민족무용단 특별공연〉
(2006) 팸플릿

산수(팔순) 기념 임추자민족무용단
특별공연 〈춤한길〉(2017) 팸플릿

급한 백홍천무용단과 강휘선의 무용단 '날새'가 있다. '날새'의 결성 연도는 확인하지 못했지만, 강휘선 조선무용연구소와 무용단 날새가 1992년에 연변에서 처음으로 해외 공연을 가졌다는 기록에 비추어, 늦어도 1990년대 초까지는 설립되었다고 추정할 수 있다. 1998년에는 '임추자 민족무용단'이 출범했다. 1961년에 금강산가극단에 입단한 이래 오랫동안 무용부장을 역임한 '조선민주주의공화국 인민배우' 임추자는 1997년에 가극단에서 정년퇴임을 했다. 정년퇴임 후 인생 제2막을 조선무용가로서 계속 걸어가기 위해 설립한 것이 '임추자 민족무용단'이다. 2005년에는 '코리아무용단 구슬'(이하 '구슬')과 '아리나래'가 등장했다. '구슬'은 조선무용연구소 '마이'의 강사들이 중심이 되어 만든 무용단이며 아리나래는 '무희'의 황향순을 비롯하여 금강산가극단이나 도카이, 교토가무단에서 활동했던 무용가들로 구성되었다. 아리나래는 2004년 4월에 '참춤새(チャムチュムセ)'라는 이름으로 활동을 시작했다.

무용연구소가 무용 교습 기관으로서 대개 어린이·학생 수강생들이 주축인 데 비해 무용단은 공연을 중심으로 하는 전문 무용단체로서 전문적인 공연을 할 만큼 역량 있는 청년층 이상의 단원들로 구성된다. 그동안 총련계의 전문예술단은 총련 산하의 가극단과 가무단뿐이었는데, 이들은 모두 성악, 기악, 무용, 화술 등을 포함하는 종합적인 예술단이어서 단원 중 무용 담당은 인원이 많지 않은 편이다. 1990년대 이후 총련계 동포 사회에서 사설 무용단들이 등장하게 된 중요한 배경의 하나로 인적 자원의 축적, 즉 가극단·가무단에서 은퇴한 전문 무용가들과 조선학교 무용소조활동을 통해 배출된 우수한 무용 인재들의 증가를 들 수 있다.

이런 상황은 무용뿐 아니라 음악 분야도 마찬가지인 것으로 보인다. 박순아에 따르면, 음악교육을 받은 재일동포들이 유일하게 전문연주자로 취직이 가능한 곳은 금강산가극단밖에 없는데, 가극단에 들어갈 수 있는 인원은 제한이 있으니 그들이 전문가로서의 연주자 활동으로 더 나아갈 수 없는 안타까운 상황이 벌어지기도 한다. 그런 상황에서 아마추어 음악활동이라도 지속하려는 졸업생들을 주축으로 1990년 이후에 '민족기악중주단'이 설립되기도 하였다. 이들은 대부분 자신의 직업을 갖고 있어 휴일에 모여서 연습을 하고 발표회를 하기도 한다. 통신교육제도로 인해 민족기악에 대한 관심이 더욱더 높아져 1996년에는 금강산가극단 전·현 연주자들과 민족기악중주단들이 모여 〈민족음악의 밤〉을 도쿄예술극장에서 개최했다. 박순아는 1981년 금강산가극단에 의해 재일동포 사상 최초의 민족관현악 연주회가 열린 이후 처음으로 전문가에 의해서가 아니라 전체 재일동포 차원에서 개최된 민족관현악 연주회라는 점에서 1996년 〈민족음악의 밤〉이 지닌 역사적 의미는 매우 크다고 평가하였다(박순아, 2011: 63, 64). 출연진이 100여 명이나 되는 대규모의 민족관현악 연구회가 가능했던 것은 금강산가극단에서 은퇴한 연주자들과 가극단에 들어가지 못해 전문연주자의 길을 가지는 못했지만 전문가에 준하는 역량을 갖춘 인재들이 그만큼 축적되었기 때문이라고 할 수 있다. 음악교육을 받았지만 총련 산하 예술단에 들어가지 못한 인재들은 민족기악중주단이라는 조직 기반을 만들어 음악활동을 계속했고, 필자가 직접 조사하지는 못했지만 은퇴한 금강산가극단이나 가무단의 연주자들도 어떤 형태로든 음악활동을 계속한 사람들이 있었기 때문에 위와 같은 대규모 연주회가 가능할 만큼 민족악기 연주자들의 인적 자원이 축적된 것이라고 하겠다.

음악 분야에서 나타난 위와 같은 현상은 무용 분야와 궤를 같이하는 것이라 할 수 있으며 1990년 이후 민족기악중주단들의 등장은 같은 시기 민족무용단들의 등장에 비견될 수 있다. 개인 또는 사설 사업체로서 무용연구소나 무용단들의 등장, 증가는 총련계 무용 지형의 변화와, 그 변화에 대응해 나가는 양상을 단적으로 보여주는 사례라고 생각한다. 은퇴 후 무용연구소나 무용단에 속하지 않고 프리랜서로 활동하는 경우도 있다. 예를 들어 도쿄조선가무단에서 21년간 활동하다가 2005년에 은퇴한 고정순은 프리랜서 조선무용가로서 개인 공연을 비롯하여 여러 공연 활동을 하고, 일반 애호가들의 조선무용 소조와 장구 소조 지도를 하면서 이들의 발표회도 만들어준다. 2019년 인터뷰 당시 지도하는 소조는 모두 4개였고, 그중에는 지도한 지 17년 된 소조와 10년 된 소조도 있었다. 그 외 보통은 7, 8년 정도 된 소조들이라고 하였다. 은퇴한 가극단·가무단 단원들이 무용연구소나 무용단을 만들어서, 또는 개인으로서 교습과 공연 활동을 하고, 무용강습을 받기 위해 자비로 상당한 경비를 들여 북한을 방문하기도 하는 등의 새로운 현상들은 총련 조직 체계의 외연에 놓이게 된 무용가들이 전문적인 역량을 살리면서 무용에 대한 열망을 추구해 나가는 사적인 활동의 공간과 기반이 형성되고 있음을 보여주며, 이는 전적으로 총련 조직을 통해 이루어졌던 조선무용 전승 체계에 일부 시장적인 요소가 결합되기 시작했음을 뜻한다.

이상에서 본 바와 같이 무용의 지도 내지 전습에 이미 시장적인 요소가 들어오기 시작했지만, 여전히 조선무용은 총련계 커뮤니티의 민족성 함양과 연대 강화를 위한 운동의 일환으로 자리매김되고 있다. 가무단 출신자의 경우, 가무단에서 활동하는 동안 공연 외에 일반 소조를 지도하기도 하는데 퇴단할 때는 가무단과 상의해서 지도 계속 여부를 결정한다. 최근에는 가무단 단원 수가 줄어든데다가 현역 단원들의 나이가 소조원들에 비해 어려 지도하기가 부담스러운 경우도 있어서, 퇴단 후에도 기존에 지도하던 소조를 계속 지도하게 되기도 한다. 위에서 프리랜서 무용가의 예로 든 고정순의 경우도 현재 지도하는 소조들 중에는 가무단원 시절부터 지도하던 팀이 있다. 또한, 소조원들로부터 사례비를 받기는 하지만, 소조 지도는 영리를 목적으로 하는 것이 아니기 때문에 비교적 저렴하게 받는다.[17] 무용연구소와 무용단은 총련 산하가 아닌 사설 사업체이지만, 총련 조직과 인적·사업적으로 연계되는 부분이 있다. 가무단 퇴단 후 일종의 종합예능기획사를 운영하는 C대표에 의하면, 가무단을 그만둔 후 선배 요청으로 행사에 가서 노래를 불러주었는데 당초 보수를 책정하지 않았지만 선배가 수고비를 주었다. 그는 활동에는 돈을 위한 것인가, 동포 사회를 위한 것인가, 조국을 위한 것인가 등 여러 가지가 있고 이들이 복합적인 경우도 있다고 했다. 같은 돈을 받아도 그것이 예능활동에 대한 보수인지, 협조에 대한 사례비인지 의미 부여를 어떻게 하는가에 따라 그 일의 성격도 다르게 규정될 수 있다. 상업적인 활동을 하지만 '장사'보다는 동포 사회를 위한 사업으로 일을 나가기도 한다. 예를 들어 북·일 친선 행사의 경우, 수고비가 안 나오는 경우도 있고, 교통비도 안 나오거나 교통비만 나오거나 하는 경우도 있지만, 그래도 간다. 조직에서 지원을 못할 형편이면, 행사를 요청한 사람이 개인적으로 5만~10만 엔씩 부담하기도 한다. 또, 친선행사에 가극단이나 가무단이 가지 못할 경우 갑자기 총련에서 전화로 요청을 하면, 예를들어 행사 주최 측에서 2만 엔, 총련지부가 3만 엔을 보조하여 치르기도한다.[18]

이상의 사례들을 통해 볼 때, 조선무용뿐 아니라 총련계의 공연예술 분야 전반에 걸쳐 일어나고 있는 지형 변화는 1990년대 이후 철저히 조직 중심으로 이루어졌던 전승, 보급 체계에 시장적인 요소가 도입되면서도 커뮤니티적인 요소와 결합된 방식으로 새로운 방향을 모색하고 있다고 할 수있다.

---

17) 고정순, 2016년 11월 25일 인터뷰에서.
18) C, 2018년 1월 22일 인터뷰에서.

3. 문예동 무용경연대회: 민족무용 전승에서 문예동의 역할

2002년에 문예동 중앙무용부가 주최하는 〈재일본조선문학예술가동맹 무용경연대회〉(이하, 문예동 무용경연대회)가 신설되었다. 문예동은 1984년 부터 〈조선무용의 밤〉을 개최해 왔지만, 무용경연대회를 주최하는 것은 처음이었다. 문예동 무용부는 1984년 11월에 민족성 고취를 목적으로 무용 전문가들과 애호가들이 함께 참가하는 〈조선무용의 밤〉을 개최했다(박정순, 2012: 76). 이후 1990년대에 들어 효고, 도쿄, 오사카, 도카이, 히로시마 등 문예동 각 지부 무용부들도 민족무용을 통한 동포들의 활동과 교양사업 으로서 〈조선무용의 밤〉, 〈민족무용의 밤〉 등을 조직하게 되었고, 많은 무용 애호가들과 지역동포들이 이들 공연에 참가했다(박정순, 2012: 86). 이같은 기존의 활동에 비해 2002년에 신설된 문예동 무용경연대회는 문예동 무용부 맹원들의 기량 제고와 맹원들 간의 유대를 목적으로 한 것으로 보인다.[19] 문예동 무용경연대회는 제4회까지는 매년 개최되다가 2007년 제5차 대회부터 격년으로 시행되어 2019년에 제11회를 맞이했다. 제1차 대회부터 그동안의 경연대회의 개요는 〈표 6-1〉과 같다.

〈표 6-1〉에서 보는 바와 같이 문예동 10개 지부 중 도쿄, 니시도쿄, 도카이, 오사카, 효고 등 5개 지부 무용부는 제1차 대회부터 계속 참가했고 때에 따라 그 외 한두 팀이 더 참가하곤 했는데, 2011년 제7차 대회부터 참가하는 문예동 지부의 수가 증가했다. 문예동 무용경연대회는 참가비를 받아 운영된다. 참가비는 문예동 지부가 팀별로 1만 엔, 일반소조 및 무용연구소

---

19) 제1회 대회 팸플릿에 실린 문예동 중앙상임위원회 위원장 김정수는 인삿말에서 이 무용경연 대회는 "민족문화운동에 계속 앞장서 갈 문예동무용부맹원들의 단결을 강화하며 자질을 향상 시키는 또 하나의 계기가 될 것"이라고 하였다(《재일본조선문학예술가동맹 무용경연대회》, 2002.6.22).

표 6-1 _ 재일조선문학예술가동맹 무용경연대회 개요

회차	일시	장소	참가 단체 수
1	2002.6.22.[1]	산파루 아라카와(도쿄)	5개 지부 39개 팀
2	2003.7.13.	츠루미회관(가나가와)	7개 지부 36개 팀
3	2004.6.26.	오사카부립 청소년회관	6개 지부 26팀
4	2005.12.17.	나고야시 모리야마 문화소극장	6개 지부 37팀
5	2007.11.23.	도쿄 조선문화회관	6개 지부 24팀
6	2009.		지부, 일반소조, 5개 연구소
7	2011.8.	아이치	7개 지부, 2개 일반 소조, 5개 연구소
8	2013.		8개 지부, 10개 연구소, 1개 일반소조
9	2015.7.19.	규리안(시나가와총합구민회관)	10개 지부
10	2017.7.29.	교토부 나가오카기념문화회관	
11	2019.8.2.	후지사와시민회관(가나가와)	

주 1) 무용 경연은 22일, 시상식은 이튿날인 23일에 조선출판회관에서 열렸다.
* 홈페이지에서 정보를 얻지 못한 부분은 공백으로 남겨두었다.
자료: 문예동 중앙무용부 홈페이지에 게시되어 있는 무용경연대회 팸플릿에 의거해서 필자가 작성.
　　　https://munedong-myb50.jimdo.com/文芸通信-文芸同中央-情報紙/ (검색일자: 2020.09.10).

는 1만 3000엔이다. 제10차 대회 조직요강에는 문예동 지부 참가 지표가 들어 있는데, 10개 지부가 참가하는 것으로 되어 있으며, 각 지부의 참가비 액수가 기입되어 있다. 그에 따르면 가장 많은 팀을 내보낸 도쿄, 도카이, 오사카, 효고의 4개 지부가 각 15만 엔씩이고, 다음으로 교토가 10만 엔, 니시도쿄, 가나가와가 5만 엔씩, 히로시마, 규슈, 홋카이도가 각각 3만 엔씩이었다. 한편, 제8차 대회 팸플릿에는 각 지부 무용부는 '협찬', 다른 참가 단체들(일반 소조, 무용연구소)은 '찬조금 협력단체'에 이름을 올리고 있다. 여기서 '찬조금 협력'이란 참가비를 뜻하는 것으로 보인다.

　그동안의 경연대회 팸플릿을 통해 두 가지 흥미로운 점을 발견할 수 있었다. 하나는 연령 구분에 관한 것이다. 처음에는 연령 구분이 없었는데 제2회 대회 때 '18세~30세 미만'과 '30세 이상'의 두 개 조로 나누어 경연을 하는 것으로 변경되었다. 그리고 제10회 대회(2017년) 때 독무 부문은 45세 이상, 중무와 군무는 40세 이상이 신설되었다. 부문별 참가팀이 '18세~30세 미만', '30세 이상~45세(중·군무 40세) 미만', '45세(중·군무 40세) 이상'의 3개 조로 세분화된 것이다. 제11차 대회에서는 여기에 중무와 군무는 해당 연령자가 전체 출연자의 70% 이상 되어야 하고, 주인공은 해당 연령자가 맡아야 한다는 단서 조항을 붙였다.

2017년에 3개 조로 세분화된 것은 첫 대회부터 참가한 단원들의 요망에 의해서였다고 한다. 이에 비추어 2003년 제2회 대회 때 30세 미만과 30세 이상 그룹으로 나뉜 것도 첫 대회 참가자들의 요망에 따른 것이었다고 추정된다. 30세 이상을 별도 그룹으로 묶을 수 있을 만큼 첫 대회 때부터 30세 이상의 참가자들이 적지 않았던 것 같다. 제1회 대회 때 30세였다면 2017년 제10회 대회 때는 45세가 된다. 무용경연대회의 참가 연령층을 구분하고, 나아가 좀 더 세분화한 것은, 조선무용 전문가와 애호가 양편의 연령 폭이 넓어진 현실을 반영하기 위해서가 아니었을까? 연령층의 세분화는 일반 애호가들의 기량 제고와 동기부여에 도움이 될 수 있다. 일반 애호가라 해도 이들 중에는 조선학교 시절 무용소조 활동을 했던 사람들이 상당수에 이를 것으로 추정된다. 문예동은 본래 전문적인 예술인들이 모인 단체였으나, 지금은 일반 애호가들도 맹원으로 참가하고 있는데, 문예동 무용부에는 애호가들 중에서도 주로 조선학교 때 무용소조에서 조선무용을 했던 사람들이 들어오고 연습도 많은 편이어서, 무용한 적이 없거나 많은 연습이 부담되는 사람들은 여맹 지부에서 배우는 것이 일반적이다. 단, 최근에는 문예동 지부들 사이에서도 역량의 편차가 커서, 전문가 수준으로 잘하는 곳이 있는가 하면 동네 주부들 서클 같은 수준인 곳도 있다고 한다.

또 한 가지 주목할 만한 점은 조선무용연구소들의 참가이다. 문예동 무용경연대회는 본래 문예동 맹원들의 기량 향상을 주된 목적으로 하여 문예동 각 지부 무용부들이 기량을 겨루는 장으로서 마련되었다. 그런데, 2009년 제6차 대회부터 문예동 지부 외에 일반 소조와 조선무용연구소가 참가하게 되었다. 박정순은 문예동 무용 경연대회가 문예동 지부가 없는 지역에서도 참가하도록 함으로써 세대가 바뀌고 정세가 어려워도 전국적 범위에서 조선무용을 사랑하고 우리 춤을 즐겨 추는 분위기를 마련한 중요한 계기로 되었다고 평가했다(박정순, 2012: 96). 일반소조 참가자들은 18세 이상으로 문예동 무용부와 같은 성인들이다. 그에 비해 연구소 연구생들은 각급 조선학교 학생들로 대부분 무용소조 활동을 하고 있다. 조선학교 학생들을 대상으로 한 전국학생예술경연대회가 1968년부터 해마다 개최되고 있으며, 조선학교의 예술소조들은 이 대회를 목표로 맹연습을 한다. 대회가 정례화되어 있고, 각 지방 예선을 거쳐 선발된 학생들이 중앙대회에 출전하는 만큼, 소조활동의 많은 부분은 이 대회 준비에 할애된다. 이렇게 학생들을 대상으로 한 대회가 별도로 존재하는데, 사실상 대부분 조선학교 무용부 학생들인 연구소 연구생 부문을 군이 문예동에서 신설한 것이다. 〈표 6-2〉는 제1차~제9차 경연대회 출전 작품 제목들을 정리한 것이다. 문예동 홈페이지에 게시되어 있는 팸플릿을 토대로 필자가 작성했는데, 제10차(2017), 제11차(2019)는 프로그램을 볼 수 없어서 2015년의 제9차 대회분까지만 포함시켰다. 따라서 연구소 학생들의 출전 작품명은 볼 수 있으나, 2017년부터 세분화된 30세 이상 부문에서 연령별로 어떤 작품들이 나왔는지는 파악할 수 없었다.

〈표 6-2〉에서 보면, 그동안의 문예동 무용경연대회 참가 작품들은 〈북춤〉, 〈장고춤〉, 〈도라지〉, 〈소고춤〉, 〈젊은 무희〉, 〈채방울춤〉, 〈조개춤〉, 〈바라춤〉, 〈우리 장단이 좋아〉, 〈방울춤〉, 〈패랭이춤〉, 〈무녀춤〉, 〈박판무〉, 〈회양닐리리〉 등 민속무용이 주를 이루고 있음을 알 수 있다.

표 6-2 _ 문예동 무용경연대회 출전 작품명(제1차~제9차)

회차	부문		작품명(괄호 안의 숫자는 그 작품이 나온 횟수, 그 외는 1회)
1차 (2002)	과제춤		삼동둥어깨춤 기본 1동작, 2동작
	독무		살풀이, 젊은 무희(2), 장고춤〈엄〉(3), 칼춤(2), 조개춤, 혁명의 승리가 보인다, 나의 초소, 장고춤〈흥〉, 내 사랑하는 꽃, 바라춤, 조국의 품을 그리며, 소고춤
	중무		내나라 제일일세, 우리의 금수강산, 채방울춤, 소고춤(2), 박편무, 금수강산 좋을씨고(3)
	군무		쟁강춤, 채방울춤(3팀), 노들강변, 경복춤, 조국의 진달래, 부채춤
2차 (2003)	과제춤		넛두리기본 1동작, 2동작,
	독무	가	도라지, 청춘의 기쁨, 조개춤(2), 바라춤, 장고춤〈흥〉, 소고춤/
		나	아리랑, 도라지, 나의 초소, 소고춤(2), 젊은 무희, 북춤, 장고춤〈모〉(2), 사리원 젊은 무희(2),
3차 (2004)	독무	가	북춤, 장고춤(흥), 청춘의 기쁨
		나	북춤(2), 도라지, 사리원 젊은 무희, 바라춤, 도라지, 줄채방울춤, 젊은 무희, 칼춤, 소고춤
	중무	가	우리의 금수강산/
		나	금수강산 좋을씨구, 회양닐리리, 우리 장단이 좋아, 소고놀이
	군무	가	모란봉, 아박춤/
		나	장고춤, 행복의 북소리, 부녀춤, 채방울춤, 봄꽃
4차 (2005)	과제춤		(나조) 민속기본 부채춤 2동작(5)
	독무	가	북춤, 청춘의 기쁨(2), 도라지(2), 장고춤, 무당춤, 젊은 무희, 조개춤
		나	북춤(2), 줄채방울춤, 직포공의 마음, 천안삼거리, 조국의 품을 그리며, 도라지(3), 바라춤(2), 장고춤(4), 소고춤(3), 조개춤(3), 젊은 무희(2)
	찬조		(문예동 도쿄지부 리명향 독무) 나의 초소
5차 (2007)	과제춤		수건춤기본 1동작(5)
	독무	가	북춤, 조개춤, 바라춤, 북춤
		나	젊은 후의, 천안삼거리, 소고춤
	중무	가	방울춤, 모란봉, 장고춤
		나	조국산천 좋을씨구, 우리 장단이 좋아, 산천가
	군무	가	채방울춤, 고구려장고춤, 방울춤, 도고춤,
		나	명승의 나라

회차	부문			작품명(괄호 안의 숫자는 그 작품이 나온 횟수, 그 외는 1회)
	찬조			(평양음악무용학원 통신학부 졸업생들 작품발표) ① 녹화 상영: 타향무, 못 다 핀 꽃 ② 무용: 혁명의 승리가 보인다, 북춤, 장고춤
6차* (2009)	독무	연구소	초	(초)패랭이춤(2), 물동이춤, 북춤, 팽이춤, 초립동(3)
			중	패랭이춤, 소고춤, 팽이춤, 도라지, 장고춤, 직포공의 마음, 젊은 무희, 조개춤
			고	장미춤, 줄채방울춤
		성인	가	무당춤, 소고춤, 조개춤
			나	젊은 무희, 장고춤, 소고춤
	중무		가	소고춤, 경축, 쌍박춤, 산천가
			나	들북춤, 부채춤-명승명가(名勝名歌), 부채춤
	군무		가	온 세상에 만발한 김정일 꽃, 모란봉, 무궁화의 사랑, 아름다운 금수강산, 장미춤
			나	타향춤(打響舞), 기원, 소고춤
7차* (2011)	독무	연구소	초	물동이춤, 팽이춤(4), 소고놀이
			중	줄채방울춤, 장고춤, 북춤, 직포공의 마음(2), 젊은 무희, 물동이춤, 소고춤
			고	소고춤, 조개춤
		성인	가	기쁨, 북춤, 소고춤, 청춘의 기쁨, 부채춤
			나	장고춤, 젊은 무희(2), 바라춤, 북춤(2), 손북놀이
	중무		가	바라춤, 소고춤, 우리 장단이 좋아, 사당춤, 방울춤, 바라춤
			나	소고춤(2), 경북춤(慶太鼓), 패랭이춤, 신바람
	군무		가	봉선화, 그날에 활짝 피리(哎き誇る統一の花), 환희, 장고춤, 무녀춤
			나	박판무, 꽃바라춤, 1월의 아침(幸福の朝), 손북춤, 우리의 금수강산(我が祖国)
8차 (2013)	독무	연구소	초	팽이춤(4), 물동이춤, 패랭이춤(3), 나도야 병아리 키워요, 방울부채춤, 기쁨, 북춤, 장고놀이
			중	조개춤(5), 직포공의 마음(6), 젊은 무희(4), 장고춤(2), 줄채방울춤(2), 사당춤, 칼춤, 물동이춤, 팽이춤, 소고춤, 바라춤, 북춤, 등불춤
			고	소고춤(3), 북춤(2), 천안삼거리, 줄채방울춤, 장고춤, 도라지
		성인	가	줄채방울춤, 바라춤(2), 무녀춤, 도라지, 열의, 청춘의 기쁨, 사리원 젊은 무희

회차	부문			작품명(괄호 안의 숫자는 그 작품이 나온 횟수, 그 외는 1회)
			나	북춤, 소고춤(2), 젊은 무희, 장검무, 줄채방울춤, 나의 초소, 장고춤(2), 조개춤, 부채춤
	중무		가	방울춤, 장고춤, 들북춤(2), 마박춤, 쌍박춤, 사당춤
			나	산천가, 우리 장단이 좋아(2), 방울춤, 방울부채춤, 행운, 박판무, 소고놀이, 고구려장고춤, 청풍명월, 무희, 량부채춤, 손북춤
	군무		가	쟁강춤(2), 무녀춤, 삼색춤, 나의 사랑 나의 행복, 〈사향가〉어머니의 마음
			나	경북춤, 사과풍년, 온세상에 만발한 김일성화
9차 (2015)	독무	연구소	초	패랭이춤(4), 손장고춤, 장고춤, 물동이춤(5), 방울부채춤, 손북춤
			중	젊은 무희(3), 소고춤, 조개춤(2), 향발놀이, 직포공의 마음(2), 칼춤 〈전장의 꽃 설죽화〉
			고	북춤, 도라지, 젊은 무희(2), 장고춤, 천안삼거리
	중무		가	기원, 바라춤(2), 잔발무, 꿍니리, 고구려장고춤, 소고춤, 샘물터에서, 박판무, 소고놀이, 혼
			나	흥바람, 소고춤, 우리 장단이 좋아(2), 들북춤, 방울춤, 바라춤, 도라지, 무희, 환희, 박편무

* 6차, 7차는 홈페이지에 수상작들만 게시됨.
** 제7차(2011) 대회 군무 가조 〈그날에 활짝 피리(咲き誇る統一の花)〉와 나조 〈1월의 아침(幸福の朝)〉, 〈우리의 금수강산(我が祖国)〉은 한글 제목과 일본어 제목과 약간 다름. 직역하면 각각 〈활짝 핀 통일의 꽃〉, 〈행복한 아침〉, 〈우리 조국〉이 된다.
자료: 문예동 중앙무용부 홈페이지에 게시된 무용경연대회 팸플릿을 토대로 필자가 작성.

4. 새로운 '전통'의 추구

필자가 만난 재일 2세, 3세 조선무용가들로부터 조선무용의 '전통'은 북한보다 일본에 있는 조선무용가들이 더 잘 보존, 계승할 수 있다는 견해를 종종 들었다. 사회주의 체제하에서 조선무용은 혁명에 복무하며 늘 새롭게 '창조'하는 것이지 문화유산으로서 보존한다는 개념이 없기 때문이라는 것이다. 북한의 무용 지도자들 중 연배가 높은 사람들은 옛것을 기억하지만 예전의 춤들을 잘 모르는 사람들이 많으며, 북한의 무용가들은 재일 조선무용가들이 한국을 왕래할 수 있고, 일본에서도 한국무용을 접하거나 관련 정보를 입수할 수 있는 점을 부러워한다고도 하였다. 음악 분야에도 이와 비슷한 상황이 있는 것 같다. 박순아에 따르면, 북한에서는 재일동포들과의 교류를 통해 오히려 오랫동안 하지 않았던 전통음악인 산조를 연습곡으로 사용한다던지 하는 식의 변화가 일어났다(박순아, 2011: 62).

그러나 총련계의 공연예술이 반드시 '전통'을 중시했다고는 할 수 없다. 특히 '사회주의 조국' 조선민주주의 인민공화국에의 귀속의식이 강화되고, 북한무용이 전승되기 시작한 1960년대부터 1980년대까지는 한국이나 민단계의 '전통' 개념에 대해서는 오히려 부정적인 시각이 있었다. 총련계 조선무용에서 '전통'이라는 개념이 적극적인 의미로 등장하는 것은 1990년대 들어서부터가 아닐까 한다. 그리고 이런 변화에는 북한 측 요인과 한국 측 요인이 함께 영향을 끼쳤다고 생각된다.

1986년 9월 15일 김정일의 담화 「현실발전의 요구에 맞게 총련사업을 더욱 개선강화할데 대하여」가 발표된 후 총련은 제14차 전체대회를 열고 변화된 현실발전의 요구에 맞게 총련의 모든 사업을 개선 강화하기 위한 대책을 토의했다. 이후 총련은 무용 부문에서 '조선민족 제일주의'를 내걸고 민족성을 살려나가기 위한 민족무용 창작 사업을 펼쳤다. 금강산가극단은 민속무용 〈북놀이〉, 〈벽화의 녀인〉, 가무앙상블 〈조선고전무용집〉, 3인무 〈고구려의 벽화〉, 쌍무 〈탈춤〉, 군무 〈한삼춤〉, 〈강강수월래〉, 〈오북놀이〉 등 역사적으로 전해 내려오면서 사랑을 받은 대표적인 민속무용 작품들을 새로운 안무로 재창조하여 무대에 올렸다(박정순, 2012: 80). 이 같은 조선무용의 방향은 같은 시기 북한에서 전개된 흐름과 궤를 같이한다.

북한에서는 1980년대 중반 무렵부터 그동안 등한시했던 민속무용의 재조명 사업이 추진되어 1990년대 초반까지 향토적인 민속춤들이 대대적으로 발굴되었다. 또한, 1990년대에 들어서면서 그 이전보다 무용 소품의 활용가치와 중요성에 관한 비중이 강조되어, 무용소품 창작이 활발히 이루어졌다. 이 시기 북한에서는 '조선 민족 제일주의'를 표방하여 '민족'과 '전통'을 강조하는 경향을 보였다. 이런 과정에서 최승희 무용도 재평가되어 그의 작품들이 재구성되거나 기본과정에 속해 있던 '소도구춤 기본' 등의 복원 사업이 추진되었다. 또한, 1996년 무렵 이루어진 3차 개정작업을 통해 최승희 무용 기본의 일부를 충실히 복원시켰다. 무용 기본의 구성은 '조선무용 기초동작'과 '조선무용 기본동작', '조선민속무용 기본'으로 되어 있는데, 명칭만 바뀌었을 뿐 최승희의 기본구성과 크게 다르지 않다(김채원, 2010: 136~137). 1967년에 숙청된 최승희는 2003년 '신미리 애국열사릉'으로 이장되면서 복권되어 재평가되기 시작했다. 최승희가 대본, 안무, 연출을 맡은 1956년 작품 〈사도성 이야기〉의 복원 작업이 2008년 4월부터 시작되어 최승희 탄생 100주년에 즈음하여 2010년에 상연되었다. 복원 작업에는 1956년 초연 당시 영상자료를 기초로 하고 홍정화 조선무용가동맹 서기장을 비롯해 50여 년 전 무대에 섰던 배우들이 고문으로 참여했다(오양열, 2005). 북한에서 일어난 이 같은 변화는 필경 총련계 재일 무용계에도 영향을 끼쳤을 것이다.

문예동은 1996년부터 1998년까지 3차례에 걸쳐 북한의 무용가를 초청하여 조선무용 강습회를 개최했다. 그것은 '조국'의 무용가에게서 직접 배울 기회를 광범위한 동포학생들에게 제공하여 일본에서 조선무용의 보급을 확대하기 위한 사업이었다. 제1차 조선무용강습회는 1996년 8월부터 9월까지 한 달간 5개 지방에서 4일씩 6차에 걸쳐 이루어졌으며, 조선무용 기본동작(1~12)을 지도했다. 이 강습에는 금강산가극단 무용배우로부터 초중고급부 학생들에 이르기까지 모두 500여 명이 참가했다. 1997년 7월 제2차 강습회가 5개 지방에서 총 20여 일 동안 열렸다. 여기에도 630여 명이 참가하여 조선무용 기초동작(2단계)에서 무릎 굴신주는 동작, 무릎 굽히는 동작, 무릎 드는 동작을 비롯한 기초 훈련과 조선민속무용 기본 중에서 부채춤 기본, 한삼춤 기본, 고창춤 기본, 넉두리춤 기본을 배웠다. 3차 무용강습은 8월에 5개 지방에서 20여 일에 걸쳐 이루어졌으며 700여 명이 참가했다. 이 강습회에는 민단 산하 무용가들과 일본인 무용가들도 참가하여 조선무용을 배우고 참관도 했다. 강습에서는 조선무용 기초동작을 1, 2단계로 나누어 무릎 굴신주기와 걷는 동작, 팔 휘감는 동작, 팔 메는 동작, 팔 뿌리치는 동작, 활개 치는 동작들과 조선민속 무용 기본 중에서 삼동동어깨춤기본, 넉두리춤 기본, 소고춤 기본 등을 다뤘다(박정순, 2012: 92, 93). 이렇게 북한의 무용가로부터 직접 지도를 받을 수 있는 층이 확대되기도 했고, 일본에서 총련계 재일한인 사회에 보급, 대중화하는 조직적 체계가 존재하고 있었기 때문에 1990년대 이후 북한무용의 흐름이 총련계 재일한인 사회의 조선무용에도 반영되었다고 보아야 할 것이다.

2000년 12월 24일(오사카 국제교류센터)과 2001년 2월 4일(나고야 아이치근로회관), 3월 20일(도쿄 호쿠토피아홀)에서 공연된 무용조곡[20] 〈세월과 더불어〉는 문예동 8개 지부(도쿄, 니시도쿄, 가나가와, 도카이, 교토, 오사카, 효고, 후쿠오카) 무용부와 금강산가극단을 중심으로 13개 초·중·고급 조선학교와 조선대학교 무용부 등 약 200명이 출연한 대규모 공연으로, 초연 작품 8개와 "역사와 더불어 전승된" 9개 작품으로 구성되었다.[21] 이 공연이 "반만년의 유구한 역사 속에서 면면히 전해 내려온 무용 전통을 자랑"함을 표방하여 '전통'을 전면에 내세운 점과 그 가운데 한국무용이 들어 있는 점이 주목된다. 작품 목록은 다음과 같다.

----

20) 무용조곡(舞踊組曲)은 1992년 민속무용조곡 〈계절의 노래〉를 보고 김정일이 지적한 "여러 개의 독자적인 무용종목을 하나의 주체사상에 의하여 유기적으로 묶은 형식으로서 생활의 이모저모를 예술적 율동으로 잘 보여줄 수 있다"(≪조선예술≫, 1993.6)는 내용에서 북한무용의 한 장으로 자리 잡게 되었다(이병옥, 2002: 151 재인용).
21) 이 공연에 관한 내용은 문예동중앙무용무 홈페이지에 게시된 〈세월과 더불어〉 공연 팸플릿에의거함(https://munedong-yb50.jimdofree.com/)

〈제1부〉	〈제2부〉
1. 아침의 나라,	10. 칼춤
2. 소매옷춤	11. 봄맞이
3. 조천무(朝天舞)	12. 눈물의 아리랑
4. 아박춤	13. 부채춤
5. 강강술래	14. 병정놀이
6. 채방울춤	15. 손북춤
7. 승무·살풀이(승무: 오사카/ 살풀이: 나	16. 장고춤
고야, 도쿄)	17. 금수강산 내 조국 온세상에 자랑하세
8. 탈춤.	(줄꽃놀이춤)
9. 쓸치마춤,	

무용조곡 〈세월과 더불어〉는 북한의 창작가들의 도움을 받으면서 준비했으며, 5000년의 역사를 보여주는 고조선, 고구려, 고려, 조선 등의 시대에 만들어진 전통적인 무용을 북한의 안무가들이 발굴 정리하여 재창작한 작품들로 구성되었다(박정순, 2012: 95). 그런데, 역사와 더불어 전승된 '무용전통'에 한국의 중요무형문화재인 〈승무〉, 〈살풀이〉가 포함되어 있고, 이 춤들은 찬조 출연한 한국무용가들이 추었다. 팸플릿이 이 작품들을 '한국무용'으로 명기하고 있는 점도 눈에 띈다. 이 부분에 대해서는 제7장에서 다시 한번 살펴본다.

2007년에 서울에서 열린 금강산가극단의 공연 〈조선무용 50년 북녘의 명무〉(12월 24, 25일 국립국악원 예악당)는 조선무용 역사성의 또 다른 축, 즉 '사회주의 조국'의 역사에서 만들어진 무용 전통을 보여준다. 공연의 제1부는 북한의 조선무용 50여 년 동안 가장 사랑받은 명작들, 제2부는 금강산가극단이 창작한 무용들로 구성되었다. 제1부에서 무대에 오른 북한의 명작들은 금강선녀, 샘물터에서, 부채춤, 북춤, 사과풍년, 도라지, 쟁강춤 등으로, 부채춤은 최승희의 작품을 재구성한 것이며, 인민배우 김락영(72, 평양

무용대학 교수), 인민예술가 백환영(72, 만수대예술단 안무가), 인민배우 홍정화(68, 조선무용가동맹 중앙위원회 무용부장), 인민예술가 김해춘(68, 왕재산경음악단 안무책임자) 등 북한 최고의 무용 지도자들이 안무한 작품들이 처음으로 한 무대에 올랐다. 현대사 속에서 탄생한 무용 작품들이 조선무용의 또 하나의 '전통'을 이루며, 이런 명작들의 계승, 보존이 오늘날 조선무용가들의 과제로 제시되고 있는 것이다. 2부에서는 〈고려삼신불춤〉, 〈설죽화〉, 〈꽃등놀이〉, 〈사랑의 치마저고리〉, 〈우리의 금수강산〉, 〈장고춤〉, 〈하나〉 등의 작품이 상연되었는데, 〈사랑의 치마저고리〉는 재일조선인의 가슴 아픈 역사를 담고 있으며, 〈하나〉는 조국 분단의 현실에 대한 재일동포의 마음을 표현한 것이다.

최승희 탄생 100주년을 맞는 2011년은 재일 무용가들에게 조선무용의 '전통' 수립과 관련하여 중대한 계기가 되었다. 문예동 중앙에서는 대표단을 조직하여 평양에서 열린 100주년 기념식전에 참가했다. 대표단은 예술단 단원이었거나 문예동에서 활동하는 등 주로 무용 경력이 있는 사람들 10여 명 정도로 꾸리게 되었다. 약 2주일 체재에 30만 엔(약 300만 원) 정도의 비용이 들기 때문에 대표단은 여건이 되는 사람들로 구성되었는데, 홋카이도와 규슈를 제외한 전국 각지에서 모였다. 이때 방북한 재일 조선무용가들은 기념식전에 참석한 것 외에 무용 강습을 받기도 한 것으로 보인다.

북한에서는 최승희 탄생 100주년에 즈음하여 그의 춤체를 살리는 방향으로 조선무용 기본동작을 새롭게 정리했는데, 2013년부터 일본에서도 이 새롭게 정리된 기본동작(여자 17동작, 남자 21동작)을 전수하기 위한 강습이 수차례 이루어졌다. 첫 번째 〈조선무용 기본동작 강습〉(이하 '기본동작 강습')은 2013년 11월 중순 오사카에서 문예동 무용부 주최로 이틀간 개최되었다. 지도 강사는 조선민주주의공화국 인민예술가 칭호를 받은 금강산가극단 최고 무용수 강수내였다. 당시 강습에는 오사카지부 21명, 효고지부 10

명, 교토지부 8명의 무용부 맹원들이 참가했으며, 2014년 1월 11일, 12일에는 도쿄, 그 후에는 도카이 지방에서 강습이 이어졌다(임수향, 2013.11.30).

강수내가 지도하는 문예동의 공식적인 기본동작 강습 외에 별도의 기본 동작 강습회가 조직되기도 하였다. 필자는 2017년 1월 29일 신주쿠에서 열린 조선무용가 고정순의 기본 강습을 참관한 바 있다. 고정순은 문예동에서는 강수내의 기본동작 강습을 표준으로 삼고 있으며 자신은 문예동 주최 강습을 보조하는 의미로 2015년부터 최승희 기본의 강습을 실시하고 있다고 하였다. 그에 따르면, 문예동에서 하는 강습은 주 대상이 그동안 무용을 했던 사람들이어서 외부에서 오는 사람들이 따라가기가 어려우며, 문예동 무용부원들도 보통은 작품 위주로 연습을 하기 때문에 매년 한 번씩 기본동작 강습을 받아도 잊어버리기가 쉽다. 따라서 문예동 무용부원들이나 일반 애호가들이 보조적인 강습을 통해 예습을 하고 문예동 주최 강습에 참가하면 도움이 된다고 하였다. 필자가 참관한 강습회의 참가자들은 모두 조선학교 출신들로, 무용단에서 활동하는 사람도 있었지만 다수가 무용과 관계없는 일을 하는 일반 애호가들이었다. 조선학교 시절에 배웠기 때문인지 참가자 모두가 상당히 잘한다고 생각되었는데, 이번에 강습을 받는 조선무용 기본은 과거 조선학교에서 배운 것과 차이가 있다고 하였다. 고정순은 최승희 기본은 호흡을 중시하는 점이나 몸가짐 등 여러 면에서 자신이 한국무용가에게서 배운 기본과 비슷하게 느껴진다면서, 이 강습에 참가한 사람들은 모두들 이 기본을 참 좋아한다고 하였다.

고정순은 조선무용에서는 이제 최승희가 전통이라고 생각하며, 자신도 최승희의 전통을 계승하고 조직화하고자 하는 희망을 갖고 있다. 그래서, 평양에 가면 과거에 최승희에게 춤을 배웠던 선생님들을 찾아 그 전통을 찾아 배워 오려고 노력한다. 그곳 선생님들은 1950년대, 1960년대 춤을 몸이 기억하여 회상해서 가르쳐 주기 때문이다. 그는 2013년에 무용 인생 30

그림 5-8 _ 〈춤사랑: 조국의 명작을 춤추다〉 공연(2013) 팸플릿

프로그램에는 조선무용 8작품이 들어 있는데, 다음과 같이 각 작품의 안무자와 함께 안무시기도 밝히고 있다. 장고춤(인민배우 홍정화, 1960년대 초기), 도라지(인민예술가 김라경, 1965), 목동과 처녀(안성희,1956-1957), 사당춤(인민예술가 김라경,1960), 벽화의 무희(안성희,1964), 환희(안성희,1959), 무녀춤(최승희,1930년대), 장고춤(박룡학,2002)

자료: 고정순 선생 제공

주년을 기념하여 가진 개인 공연 제목을 〈춤사랑—조국의 명작을 춤추다〉로 하였다. '조국의 명작'이라는 개념에는 오늘날 고정순이 조선무용가로서 지향하는 바가 담겨 있다. 북한에서 '조선무용의 4대 명작'이라 일컬어지는 〈조국의 진달래〉, 〈키춤〉, 〈사과풍년〉, 〈눈이 내리네〉는 혁명가극의 시대라 일컬어지는 1970년대에 창작된, 주체사상에 기반한 작품들인데 비해 고정순이 무대에 올린 〈조국의 명작〉은 1950~1960년대 작품을 중심으로 하면서 1930년대와 2002년 작품을 하나씩 넣었다. 공연 팸플릿에 실린 프로그램에는 각 작품의 안무자와 더불어 창작 연도를 기술한 점도 특징적이다.

　고정순은 북한에 다니면서 최승희가 건재하던 시절에 무용을 배운 원로 안무가들에게서 위 작품들을 배웠다. 예를 들어 환희는 박용학, 벽화의 무희는 백은수에게서 배웠는데, 70대 이상의 원로가 아니면 그 작품을 잘 아는 사람이 거의 없을 정도라고 한다. 이 작품들의 의상은 기본적으로 원래

의상을 재현하는 방향으로 했지만, 〈벽화의 무희〉는 원래 의상에 대한 규정이 없고 알아내기가 어려워서 고정순이 새로 만들었다.[22] 이 공연에서 고정순이 북한의 1950~1960년대 작품들과 1930년대 최승희의 작품을 중심으로 프로그램을 꾸미고, 무용 의상의 재현까지도 신경을 쓴 것은, 최승희와 그 직계 제자들이 만든 작품들을 통해 조선무용의 '전통'을 찾고, 이를 한국, 조선을 아우르는 민족무용의 유파로서 정립하고자 하는 희망이 있기 때문이 아니었을까? 달리 말하자면, 한국무용이 예컨대 '한영숙류', '이매방류' 등과 같은 유파를 통해 전통춤을 계승하고 있는 것처럼, 위대한 조선무용가 '최승희'의 춤맥을 잇는 '최승희류'로서 조선무용의 전통을 세워보고자 하는 바람이 있었던 것이 아닐까 추측해 본다. 고정순은 2005년에 총련 조직인 가무단에서 은퇴하여 좀 더 자유롭게 개인 활동을 할 수 있는 입장이 되었을 때 한국무용가 유미라를 만나 한국무용과 조선무용을 서로 배우면서 2006년부터 합동무대를 만들어왔다. 고정순의 무용생활 30주년 기념공연은 두 사람이 7년 동안 일곱 차례의 합동 무대를 만든 뒤에 열렸는데, 한국무용가 유미라와 공동 작업을 하면서 느끼고 생각하게 된 점들이 이 30주년 기념공연에도 어느 정도 영향을 끼치지 않았을까 조심스럽게 추측해 본다. 유미라는 한영숙의 제자이자 서울시 문화재로 지정된 한영숙류 살풀이춤 보유자인 이은주의 제자인데, 고정순은 유미라에게서 한영숙류의 기본을 배우면서 최승희 기본과 통하는 것을 느꼈다고 하였다. 두 사람의 만남과 공동 작업에 대해서는 제7장에서 상세히 다루고 있다.

1990년대 이후 총련계의 민족무용에서 '전통'이 긍정적인 의미로 받아들여지게 된 데는 앞에서 본 바와 같이 일정 부분 북한무용의 흐름이 영향을 끼친 한편, 한국무용의 흐름도 영향을 끼쳤다고 할 수 있다. 박정순은 『재

22) 고정순, 2016년11월25일 인터뷰에서.

일조선 학생들의 민족성교양과 민족무용교육』에서 "재일조선학생들의 민족무용교육에서 민족적 색채가 진한 춤을 배워 주자면 또한 지난 날 궁중무용이나 종교무용에서 민족적 색채가 강한 춤가락도 찾아 내여 시대적 미감에 맞게 다듬어 가르쳐주어야 한다"고 하였다(박정순, 2000). "궁중무용과 종교무용은 봉건통치배들의 사상감정과 생활을 반영하고 그들에게 복무한 무용으로서 내용은 반인민적이고 진부한 것"이라는 비판적인 관점을 제시하면서도, 그러나 그 춤형식에는 민족적 특성이 깃들어 있기 때문에 이를 민족무용교육에 이용해야 한다고 주장했는데, 이때 한국무용에 대해 다음과 같이 언급했다. "더욱이 남조선에서 지난날의 궁중무용을 전통무용으로 내세우고 있는 조건에서 재일조선학생들의 민족무용교육에서 궁중무용과 종교무용의 특색있는 춤가락을 배워주는 것은 필요한 것이다"(박정순, 2000: 37).

재일 조선무용가들은 조선무용의 '전통'을 만들고자 하고 있고, 그 원점을 최승희에서 찾고자 한다. 그런 점에서 '자이니치'라는 입장은 유리하다고 생각한다. 북한에서 민족무용 자원을 흡수하면서도 최승희의 조선무용과 북한무용을 구분해서 북한무용을 상대화할 수 있는 입장에 있다. 그들은 일본에 태어난 것을 무기로 해서 좋은 것을 결합해서 자이니치만이 할 수 있는 것을 하고 싶어 한다. 공부해서 재일교포가 발신하는 조선춤을 출 수 있어야 한다고 생각한다.

제7장

한국무용과 조선무용 분단의 경계 넘기

다양한 모색과 실천

　정치적 분단은 재일동포 사회·문화 전반에 걸친 분단으로 확대되었다. 그러나 재일동포 사회의 남·북 분단은 한반도의 남·북 분단과 매우 중대한 차이점이 있는데, 그것은 분단의 경계를 넘는 것이 상대적으로 용이하다는 점이다. 한국무용과 조선무용의 교류도 남·북한 사이에서는 매우 까다롭고 국가 정책에 종속되지만 재일동포 사회에서는 상대적으로 용이하며, 실제로 그동안 다양한 형태의 교류 시도가 이루어져 왔다. 예를 들면, 재일동포 한국무용가와 조선무용가의 합동공연(공동 기획이 아니더라도 한 무대에 서는 경우 포함), 총련계에 속하는 조선무용 단체 또는 개인의 한국 공연, 조선무용가가 한국무용을 배우거나 한국무용가가 조선무용을 배우는 경우 등이 있다. 이 장에서는 이 세 가지 형태를 중심으로 한국무용과 조선무용의 경계 넘기 사례들을 소개하고 그 의미를 생각해 본다.

1. 재일 한국무용가와 조선무용가 합동공연

대표적인 사례로는 한국무용가와 조선무용가, 또는 민단계 무용가와 총련계 무용가가 한 무대에 서는 합동공연을 들 수 있다. 필자가 확인한 최초의 합동공연은 1961년 4·19혁명 1주년을 기념하여 개최된 〈조국평화통일, 남북문화교류촉진 문화제〉이다(제2장 참조). 이 시기를 전후해서 합동공연이 더 있었다는 이야기도 있으나, 언제 어디서 개최된 것인지 명확하고 구체적인 정보가 없다. 이후 다시 합동공연이 열린 것은 20여 년이 지난 1985년이다. 1985년에 총련계와 민단계 예술인들이 함께 해방 40주년 기념 무대를 만든 것이다. 단 합동공연 개최 일자를 오규상은 8월 10일, 박정순은 8월 11일로 상이하게 기술하고 있는데, 날짜를 확인할 다른 자료는 찾지 못했다(박정순, 2012: 79; 오규상, 2018). 박정순은 1985년 8월 11일 도시센터 강당에서 열린 이 공연에서 〈살풀이〉, 〈벽화의 무희〉, 〈3인무〉, 〈손북춤〉, 〈사물놀이와 장고춤〉, 〈시내가의 봄〉 등의 민족무용이 무대에 올랐다고 좀 더 상세하게 기술하고 있다. 이 작품들 중 〈살풀이〉, 〈사물놀이와 장고춤〉 등은 민단계 쪽에서 올린 것으로 추정된다. 오규상에 따르면 총련·민단 공동 공연이 열린 다음 날 8월 11일에는 사이타마현 사야마공원에서 2만여 명이 참가한 재일조선인 중앙축전이 열렸다. 총련이 주최하는 재일조선 중앙축전과 연계되어 있는 점에 비추어, 총련과 민단 중앙 조직 차원에서 합동공연을 기획하고 추진했다고 보기는 어려울 것 같다. 필자가 검토한 민단 측 자료들에는 이 공연에 대한 기록이 전혀 없다는 점도 총련과 민단이 공동으로 이 공연을 추진했을 가능성을 낮게 보는 이유의 하나이다.

이 공연의 주최 단체나 추진 배경 등에 대해서는 자료가 없어 파악하지 못했으나, 1961년의 〈합동문화제〉 이후 20여 년 만에 이런 움직임이 일어난 데는 1972년 '7·4남북공동선언' 이후 중단되었던 남북대화가 13년 만에 재개되어 분단 이후 최초로 남북 민간 교류가 성사된 것도 주된 배경 요인으로 작용하지 않았나 생각된다. 1984년 한국의 홍수 피해에 대해 북한이 지원을 제안한 것을 계기로 남북대화가 재개되었으며, 1985년 남북 적십자회담을 통해 양측은 그해 8월 15일에 고향방문단 50명, 예술공연단 50명, 취재기자 30명, 지원인원 20명 등의 상호 방문에 합의했다. 절차상 문제로 실제 방문이 이루어진 것은 9월 20일~23일이며, 이 기간 중 양측 방문단은 동시에 상대방 지역을 방문했다. 또한 민간 교류의 일환으로 남측의 서울예술단과 북측의 평양예술단이 각각 평양대극장과 서울국립극장에서 두 차례씩 공연을 했다(문화체육관광부, 2013: 17).

분단 이후 최초의 남북 문화교류였던 예술공연단의 상호 방문 공연은, 명분은 '교류협력'이었지만 실질적으로는 문화 분야에서의 체제 경쟁의 양상을 띠는, 남북 대결의 또 다른 양태에 지나지 않았다. 북측 공연에 대한 한국의 평가나 남측 공연에 대한 북한의 평가 모두 매우 부정적이었고, 상호 방문 공연은 오히려 상호 이질감을 증폭시키는 결과를 가져왔다. 남측의 공연에 대한 북한 언론의 비판은 복고주의적이고 종교적인 내용을 담고 있으며 양풍화되어 퇴폐적이고 미풍양속을 해치고 있을 뿐 아니라 일제 식민지의 잔재를 청산하지 못했다는 것으로 요약될 수 있다. 반면, 북측 공연에 대한 한국의 부정적인 평가는 전통을 훼손하여 국적불명의 예술이 되었고, 신파조이며 일제강점기의 대중예술식 미감으로 유치하며, 공연 형식이 단순하고 획일적이라는 것으로 요약될 수 있다(문화체육관광부, 2013: 17~18).

재일 예술인들의 합동공연은 남·북한 예술단이 상대 지역을 교차 방문하여 공연한 것과 달리 민단계와 총련계가 같은 무대에서 공연을 했고, 프로그램도 주로 민속무용 소품들과 사물놀이 등으로 구성되었다. 따라서 남·북한 예술단의 상호 방문 공연처럼 상호 이질감을 증폭시키거나 하는 일은 없었던 것으로 보인다. 1985년의 해방 40주년 기념공연 이후 민단계와 총런계 무용가들의 합동공연이 이어졌는지 여부는 알 수 없으나, 1985년 이후 남북관계가 다시 경색되어 문화교류도 중단 상태에 놓이게 된 만큼, 민단계와 총련계 무용가가 합동 무대를 만드는 일은 한동안 매우 곤란했을 것으로 추정된다.[1]

민단과 총련 예술인들의 합동 무대는 '조국 통일'에 대한 재일동포 사회의 염원을 담아내는 상징성이 있지만, 반드시 민단과 총련 두 조직의 공동 작업이 가능하다고는 할 수 없다. 통일 담론이 매우 정치적인 함의를 지니고 있기 때문이다. 1980년대 들어 금강산가극단을 정점으로 한 재일 조선 무용계에서는 '조국 통일'이 중요한 주제로 떠올랐고, 특히 광주 민주화운동 1주년 예술 공연을 계기로 가무 〈통일의 한길로〉, 〈가자 평화통일의 길〉, 군무 〈통일의 새 아침 밝아오는 그날까지〉, 〈판문점을 지나서〉 등 조국통일을 주제로 한 많은 작품들이 창작, 공연되었다. 동포 대중이 다 같이 출 수 있는 군중무용인 〈고려민주련방공화국 10대강령의 노래〉와 같은 무용도 창작, 보급되었다(박정순, 2012: 75). 이런 흐름에 비추어 1985년의 민단계와 총련계 예술인들의 공동 공연은 총련의 문화예술 운동의 연장선상에 자리매김되기가 용이하며, 이런 공연을 추진하는 데 있어 총련계가 주도적인 역할을 했을 가능성도 있다고 본다. 총련이 통일 담론을 적극적으로 전개하는 가운데 민단은 그러한 통일 담론이나 운동에 대해 경계하는 입장이었다.

시민운동 차원에서 진영을 넘어서서 함께하는 공연 무대를 만드는 시도

1) 재일 2세 바이올리니스트 정찬우는 1985년 오사카에서 조총련계 지휘자 김홍재와 합동콘서트를 열 예정이었으나 한국 체류 중 공연을 앞두고 출국 정지를 당해 콘서트가 무산되었다. 정찬우와 김홍재는 2000년 6월 8일 도쿄 미타카시 예술문화센터에서 '15년째의 뜨거운 추억을'이란 주제로 과거에 무산되었던 합동 콘서트를 개최했다(≪KBS뉴스≫, 2000.6.9, 〈15년 전 무산된 남북 콘서트 日서 열려〉].

도 이루어졌다. 1985년 8월 14~16일, 오사카에서는 문화를 통해 조국통일의 비전을 제시하고자 하는 〈원코리아페스티벌〉이 닻을 올렸다.[2] 광복 40주년을 기해 출범한 〈원코리아페스티벌〉은 재일코리안[3]의 입장에서 민족운동과 시민운동을 연결 짓는 새로운 통일운동을 표방했다. 그것은 직접적이고 정치적인 표현 방법이 아니라 완곡하고 폭넓게, 누구나 참가하기 쉬운 문화운동 방식을 취했다(鄭甲壽, 2015: 86). 여기서 '원 코리아'란 분단된 조선반도의 통일을 추구하는 마음을 담은 말이며, 정치적 이데올로기를 주장하지 않고 젊은 층의 흥미를 이끌어낼 독특한 문화운동의 형태로서 '마츠리=축제'라는 형식을 취한 것이다(孫ミギョン, 2017: 59).

〈원코리아페스티벌〉 실행위원회는 재일동포 사회의 분단과 대립을 상징하는 총련과 민단 양편의 참가를 끌어내기 위해 이 행사에서는 정치적 주장이나 비판을 하지 않는다는 원칙을 세우고 민단과 총련 양측의 오사카 지방본부에 참가를 요청했다. 그러나 민단은 취지는 충분히 이해하면서도 동원력에서 총련에 밀릴 것을 우려했다. 총련은 페스티벌의 주제가 '통일'이라는 점을 호의적으로 받아들여 민단 측과 참가자 수의 균형을 맞추는 것에 대해 일단 양해를 했으나, 민단 측의 경계심을 불식시키지는 못했다. 결국 실행위원회는 균형을 맞추기 위해 총련의 참가도 보류하는 쪽으로 결정했다. 이렇게 민단·총련이라는 양대 민족단체의 참가는 실현시키지 못했으나, 총련계와 민단계 미디어가 모두 취재 기사를 쓰고 홍보하는 데 협조했다. 또한, 팸플릿에 총련계인 오사카 조선은행과 민단계인 오사카 홍

---

2) 〈원코리아페스티벌〉에 관해서는 이를 주도적으로 추진하고 대표를 역임한 정갑수 씨가 회고록(鄭甲壽, 2015)을 통해 상세히 전하고 있다. 제1회 때의 총련과 민단 참가를 위한 노력 등에 관한 내용은 주로 115~119쪽을 참조. 동 페스티벌의 취지문은 98~99쪽에 인용되어 있음.

3) 이 책에서 필자는 '재일한인' 또는 '재일동포'라는 용어를 사용하고 있으나, 여기서 '재일코리안'이라 한 것은 〈원코리아페스티벌〉 창설자가 의미를 담아 선택한 용어이기 때문이다. 이후에도 필요한 경우에 한해 사용.

표 7-1 _ 〈원코리아페스티벌 오사카〉 민족무용 출연자 1985~2014

연도	조선무용	한국무용
1985		
1986	조선무용연구소/강휘선	
1987	강휘선	그룹 여명
1988	조선무용연구소	그룹 여명
1989	조선무용연구소	그룹 여명
1990	조선무용연구소	그룹 여명
1991	(문예동 오사카)	
1992		
1993		그룹 여명
1994	조선무용연구소	그룹 여명
1995		
1996	강휘선	그룹 여명
1997	조선무용연구소	
1998	조선무용연구소	
1999	조선무용연구소	
2000	조선무용연구소	
2001	조선무용연구소	
2002	강휘선 조선무용연구소·무용단날새	SANTA&優姬
2003	강휘선 조선무용연구소·무용단날새	여영화 한국전통예술연구원
2004	강휘선 조선무용연구소·무용단날새/ 중국연변가무단	여영화 한국전통예술연구원/ SANTA
2005	강휘선 조선무용연구소·무용단날새	SANTA
2006		SANTA
2007	강휘선 조선무용연구소·무용단날새	여영화 한국전통예술연구원/ SANTA
2008	강휘선 조선무용연구소·무용단날새	SANTA
2009	강휘선 조선무용연구소·무용단날새	김희옥 한국무용연구소/ SANTA
2010	강휘선 조선무용연구소·무용단날새	김희옥 한국무용연구소,
2011	강휘선 조선무용연구소·무용단날새	
2012	강휘선 조선무용연구소·무용단날새	
2013	강휘선 조선무용연구소·무용단날새	
2014	강휘선 조선무용연구소·무용단날새/ 오사카 조선가무단	

자료: 鄭甲寿(2015: 310~318)에 실린 「원코리아페스티벌·주요 출연자 일람(ワンコリアフェスティバル·主要出演者一覧)」을 토대로 필자가 작성.

은(興銀), 오사카 상은(商銀)이 한 페이지 찬조 광고를 내주었다.

제1회 〈원코리아페스티벌〉은 〈8·15 〈40〉 민족·미래·창조 페스티벌〉이라는 제목으로 8월 14~16일 사흘 동안 개최되었다. 정갑수는 회고록에서 "남북 각각의 형식을 지닌 전통 음악·무용을 동시에 무대에 올린 것은 이때가 처음이었을 것"(鄭甲壽, 2015: 114)이라고 하였다. 박정순, 오규상 등에 의하면, 이보다 수일 앞선 8월 11(10)일에 열린 총련·민단계 재일 예술인들의 합동공연이 열렸는데, 정갑수는 그에 대해서는 언급한 바가 없다. 8월 10~11일의 재일예술인 합동공연은 도쿄, 8월 14~16일의 원코리아페스티벌은 오사카에서 열린 것인 만큼, 재일 2세의 문화운동이 관동, 관서 지역 거점에서 각각 독자적으로 펼쳐진 것이라고 볼 수도 있다. 이 글에서 주목하는 지점은 해방 40주년을 맞는 1985년 8월에 즈음하여 재일동포 사회 내부의 남북 분단을 넘어서려는 시도가 민단/총련 경계를 넘는 합동예술 공연의 형태로 이뤄졌다는 점이다.

〈원코리아페스티벌〉은 1985년 8월부터 오늘날까지 매년 오사카에서 개최되고 있으며, 1994년부터는 도쿄에서도 개최되고 있다. 1985~2014년의 30년간 민족무용으로 출연한 팀들의 명단이다. 〈표 7-1〉에서 보는 바와 같이, 오사카에서는 1986~2014년의 29년 동안 거의 모든 〈원코리아페스티벌〉 행사에 민족무용이 포함되었다. 동 축제 실행위원회가 견지한 가장 중요한 원칙 중 하나가 총련계와 민단계의 균형을 맞추는 것이었던 만큼 민족무용도 조선무용과 한국무용이 함께 참가하도록 노력한 것을 알 수 있다. 총련계에서는 강휘선 조선무용연구소가 독보적으로 거의 매년 참가했다. 일람에는 '강휘선'이라는 개인명만 있거나 '조선무용연구소'라고만 되어 있는 경우도 여러 건 존재하나, 모두 '강휘선 조선무용연구소'와 동일한 것으로 추정된다.[4] 총련계 예술단체로는 강휘선 조선무용연구소 외에 오사카 조선가무단이 2014년에 처음으로 출연진에 이름을 올렸는데, 동 가무단이 무용을 했는지 아니면 다른 종목을 했는지는 알 수 없다.

민단계 쪽에서는 '그룹 여명'이 1987년부터 1996년까지 10년간 총 7회 출연했다. '그룹 여명'은 제5장에서 고찰했듯이 1977년에 재일 2세 최숙희가 오사카에서 설립한 한국무용단이다.

1997~2001년에는 출연자 일람에 이름을 올린 한국무용 단체가 없다가 2000년대에 '여영화 한국전통예술원', '그룹 산타', '김희옥 한국무용연구소' 등이 참가했다. 2002년에 'SANTA & 우희(優姫)'라는 이름으로 처음 출연한 '그룹 산타'는 1980년부터 '그룹 여명'에서 활동한 민영치, 구라시게 정 우희 등 재일 3세 젊은이들이 결성한 단체이다. '그룹 산타'는 타악을 중심으로 한 민족음악과 민족무용을 함께했으며, 무용은 구라시게 정 우희가 주축이었다. 그룹 산타 외에 2000년대에 출연한 한국무용단은 '여영화 한국전통예술연구원'과 '김희옥 한국무용연구소'인데, 여영화와 김희옥은 뉴커머 한국무용가다. 오사카에는 민단계, 총련계를 불문하고 대표적인 재일동포 민족무용가로 꼽히는 정민과 1993년에 결성된 '버들회'도 한국무용단체로서 활동하고 있었는데, 정갑수의 회고록에 실린 「원코리아페스티벌 주요 출연자 일람」에는 이름이 없다. 1990년대에는 한국의 국악인과 한국무용가가 참가하기도 했다.[5]

---

4) 강휘선 무용연구소의 제31회 발표회(2006년) 팸플릿에 게재된 활동 기록에는 〈원코리아페스티벌〉 참여가 1997년부터로 되어 있다. 「원코리아페스티벌 주요 출연자 일람」에서는 제2회(1986년) 때 강휘선과 조선무용소를 별도로 기재했고, 1987년과 1996년에는 강휘선 단독으로, 그 외 2001년까지는 조선무용연구소라고만 기재했으며, 2002년부터는 일관되게 '강휘선 조선무용연구소·무용단날새'로 되어 있다. 강휘선 무용연구소 발표회 팸플릿의 기록에 의하면 '조선무용연구소'라고만 기재된 1997~2001년에도 동 연구소가 참여한 것으로 되어 있는 점에 비추어, '조선무용연구소'는 '강휘선 조선무용연구소'와 동일한 것으로 추정된다.

5) 「주요 출연자 일람」에서 확인된 참가자 또는 참가팀은 1990년 사물놀이, 1994년 한국무용가 이애주, 2007~2011년 이유라 예술단(이유라는 경기소리 이수자. 춘천국악원 원장 역임), 2007~2011년 춘천 민예총, 2012년 강원도 민예총 등이다.

표 7-2 _ 〈원코리아페스티벌 도쿄〉 조선무용·한국무용 출연자 1994~2014

연도	조선무용	한국무용
1994(1회)		정명자 한국무용연구소
1995(2회)	백홍천민족무용단	정명자 한국무용연구소
1996(3회)		정명자 한국무용연구소, 변인자
1997(4회)		
1998(5회)		정명자 한국무용연구소
1999(6회)		
2000(7회)		
2001(8회)		
2002(9회)		
2004(10회)		SANTA
2006(11회)		이화자 한국무용연구소, SANTA
2008(12회)		
2014(13회)	문예동도쿄지부무용부/고정순	

자료: 정갑수의 회고록(鄭甲壽, 2015: 310~318)에 실린 「원코리아페스티벌·주요 출연자 일람」을 토대로 필자가 작성.

1994년부터는 도쿄에서도 〈원코리아페스티벌〉을 개최하게 되었다. 1994~2014년 〈원코리아페스티벌 도쿄〉의 조선무용과 한국무용 출연자 명단은 〈표 7-2〉와 같다. 〈원코리아페스티벌 도쿄〉는 1994~2002년까지는 해마다 열리다가 이후 2008년까지는 격년으로, 2008년 이후에는 6년 만인 2014년에 제13회가 열렸다. 「원코리아페스티벌 주요 출연자 일람」에는 오사카에 비해 〈원코리아페스티벌 도쿄〉은 전반적으로 민족무용 분야 참가가 적은 것으로 나타나 있다. 특히 조선무용에서는 1995년에 '백홍천민족무용단', 2014년에 '문예동 도쿄지부 무용부'와 고정순이 출연한 것이 전부이다. 한국무용에서는 정명자 한국무용연구소가 1998년까지 총 4회, 변인자(1996)와 이화자 한국무용연구소(2006)가 각 1회씩 출연했다. 다만, 1996

년에 변인자가 한국무용으로 출연했는지는 확실치 않다. 변인자는 이듬해에도 출연했는데, 그때는 '도쿄 비빔밥클럽'의 싱어로서 출연하여 치마저고리 차림에 장구를 메고 노래를 불러 화제가 되었다.[6] 정명자와 이화자는 뉴커머 한국무용가이며, '그룹 산타'는 음악과 아울러 한국무용도 하지 않았을까 생각된다.

　오사카와 도쿄는 〈원코리아페스티벌〉을 기획, 실행하는 주체가 다르고 지역의 재일동포 사회의 성격도 차이가 있기 때문에 행사의 내용이나 출연진 선정 방향도 서로 다를 수 있다. 전반적으로 문화예술을 통해 분단의 경계를 넘고자 하는 시도 가운데 민족정체성의 표현으로서 민족무용도 무대에 오른 것이며, 초기부터 오늘날까지 꾸준히 조선무용과 한국무용이 함께 참가하는 장을 제공했다는 점에서 의의가 크다. 한 가지 주목되는 것은 한국무용의 경우 1990년대 중반 이후 뉴커머 무용가가 이끄는 단체들의 참가가 상대적으로 많아졌다는 점이다. 뉴커머 재일한국인의 경우 단순히 '민단계'라고 규정하기는 어렵다.

　1993년 12월과 1994년 12월에 재일동포민족무용축전 〈통일의 춤〉이 개최되었다. 1990년대 초에 이루어진 남북교류의 진전은 민단계와 총련계 민족무용가들이 또다시 합동무대를 마련하는 계기가 되었다고 하겠다. 한국의 민주화 이후 출범한 제6공화국하에서 1990년 8월 '남북교류·협력에 관한 법률'이 제정·시행되었고, 곧이어 9월에 서울에서 제1차 남북고위급회담이 열렸다. 1989년의 구소련 해체, 베를린 장벽 붕괴 등 역사적 사건들에서부터 1990년대로 이어진 냉전체제 붕괴의 흐름 속에서 1992년 5월까지 8차에 걸쳐 남북한 고위급회담이 서울과 평양에서 번갈아 개최되었다. 이를 배경으로 1990년 10월 〈평양 범민족통일음악회〉, 12월 〈'90년 송년 통

---

6)　'도쿄 비빔밥클럽' 및 이와 관련된 변인자의 활동에 대해서는 이 책 제5장을 참조할 것.

일전통음악회〉 등을 필두로 1990년대 들어 다양한 분야의 문화교류가 시작되었다.

남북한 문화교류사업은 한국이나 북한이 아닌 제3국에서 시행된 것들도 있었는데, 그중 하나는 1993년 10월 12~16일 도쿄, 18~23일 오사카에서 개최된 〈코리아 통일미술전〉이다. 분단 이후 처음으로 남북한 정부의 공식 승인을 얻어 이루어진 남북예술교류전이 일본에서 열린 것이다. 사업 주체는 1988년에 결성된 한국의 민예총으로 1993년 8월 사단법인으로 전환한 후 최초의 큰 사업이었으며, 상대는 북한의 조평통과 일본의 조총련 산하 문예동이었다. 〈코리아 통일미술전〉은 한국과 북한, 그리고 문예동 소속 작가들의 미술 작품 총 94점을 소개하는 전시회와 더불어 임진택의 판소리 공연 〈오적〉과 강혜숙의 살풀이춤, 안치환의 노래 공연, 문예동의 국악 연주 등을 곁들인 복합행사로 기획되었다(심광현, 2014.10.26).

〈코리아 통일미술전〉은 일본에서 열렸지만 어디까지나 본국의 남·북이 중심이었고, 재일동포의 독자적인 존재감 내지 역사적 의미에 대한 성찰이 이루어졌는지는 알 수 없다. 재일동포 단체로서는 총련 산하의 문예동만 〈코리아 통일미술전〉에 참여했다는 점에서 민단계, 총련계, 중립계 등 진영을 넘어서 재일동포 미술인들이 함께 기획하여 추진했던 1961년의 연합전과는 근본적인 차이가 있다(제2장 참조).

〈코리아 통일미술전〉에 비해 1993년과 1994년 두 차례 열린 재일동포 민족무용 축전 〈통일의 춤〉은 재일동포 무용가들 중심으로 해서 이루어진 공연이었다. 이 축전에서는 총련과 민단 소속을 불문하고 동포무용가들이 〈물동이춤〉, 〈손북춤〉, 〈쟁강춤〉, 〈농악무〉, 〈사냥군춤〉, 〈통일새〉, 〈진주검무〉, 〈승무〉, 〈산조무〉, 〈부채춤〉 등을 하나의 무대에서 함께 춤으로써 민족적 단합과 통일에 대한 염원을 어필했다(박정순, 2012: 86). 이 공연의 출연진을 알 수 있는 자료는 입수하지 못했으나, 민단계 한국무용가 김순자의 홈페이지에 실린 활동기록 중 1993년 12월 히비야공회당에서 있었던 〈통일의 춤〉 공연과 1994년 일본 우편저금홀에서 열린 〈통일의 춤〉 공연에 참가했다는 기록을 발견할 수 있었다. 변인자도 1990년대 전반에 통일무대에 출연한 기억이 있는데, 구체적인 시기와 공연 명칭 등이 분명치 않아 〈통일의 춤〉인지 여부는 확인할 수 없었다.

총련계와 민단계의 합동공연이라고는 할 수 없지만 총련계의 조선무용 공연에 민단계의 한국무용가가 출연한 사례들도 있다. 한 예로 1994년 금강산가극단의 〈임추자조선무용창작발표회〉에는 정민이 우정 출연하여 〈승무〉를 추었다. 당시 임추자는 금강산가극단의 현역 단원이었고, 이 공연은 금강산가극단 주최로 열린 공연이었다. 여기에 민단계의 한국무용가가 출연한 것은 당시로서는 파격적인 일이었다. 이 공연은 조선무용의 대모 임추자의 회갑을 기념하여 마련된 것으로, 임추자에 따르면 정민이 회갑을 축하하고 싶다고 직접 요청하여 출연하게 되었다고 한다. 정민은 1950년대 말~1960년대 초 통일무대에서 임추자와 함께 공연을 한 일도 있고, 1960년대 초 오사카에서 유일하게 민족무용을 가르친 인물로 조선학교 출신자들도 그에게서 무용을 배운 사람들이 상당수 있었다. 그런 개인적인 배경이 있는 위에 1990년대 들어 남북관계가 진전되고, 1993년에 이미 한 차례 재일무용가들의 통일무대가 마련된 터였기 때문에 금강산가극단의 공연에 출연하는 것이 가능하지 않았을까 생각된다.

1998년 2월에 출범한 국민의 정부는 북한을 화해와 협력의 대상으로 인정하고 대북화해협력 정책을 일관되게 추진하여, 1999년에는 한국 현대그룹의 금강산 관광사업이 시작되고 2000년에는 6월 15일 역사적인 제1차 남북정상회담을 통해 〈6·15 남북공동선언〉이 발표되는 등 남북관계의 획기적인 진전이 이루어졌다. 이런 흐름을 배경으로 사회문화 분야에서도 남북 교류협력 사업이 활성화되었다. 공연단체로서는 1998년에 리틀엔젤스

예술단이 북한을 방문하여 평양 봉화예술극장과 만경대 학생소년궁전에서 공연을 했고, 그 해 11월 평양에서 열린 제1회 윤이상 통일음악회에 남한 연주단이 참가했다. 또한 제1차 남북정상회담을 앞두고 2000년 5월과 6월에 평양 학생소년예술단과 평양교예단이 각각 서울에서 공연을 했다.

2000년 6월 김대중 대통령의 평양 방문과 6.15 남북공동선언 발표는 '남북의 재일무용가'들이 함께 출연하는 공연들의 실현에 매우 중대한 계기가 되었다. 6·15선언 후 9월에 김대중 대통령은 일본을 방문하여 재일동포들과 간담회를 갖고 남북정상회담과 6·15선언에 대해 설명했고, 이를 계기로 민단이 총련에 상호협력을 제의하는 등 분단된 재일한인 사회 내부에 화해 분위기가 조성되었다. 6·15남북공동성명이 발표된 직후 8월에는 남북교향악단 합동연주회가 열렸고, 12월에는 금강산가극단의 첫 방한 공연이 이루어졌다. 김한길 문화관광부 장관은 금강산가극단 환영 만찬 축사에서 "이번 〈금강산가극단〉의 서울공연은 남북관계에서 역사 적인 큰 사건이 일어난 2000년을 마무리하면서 그 화해의 발걸음이 평화통일로 이어지기를 기원한다는 데에도 의미가 있습니다"라고 하였다(김한길, 2000).

이와 같이 남북 문화교류의 진전은 재일동포 사회에서도 총련과 민단, 혹은 총련계와 민단계 예술인들의 경계를 넘는 시도들이 이루어질 수 있는 배경이 되었다. 2000년 10월 31일 신주쿠문화센터 대극장에서 〈춤놀이 춤 55(チュムノリ 舞55) ─해방55주년 기념 코리안 민족무용 특별공연〉(이하 〈춤놀이〉)이 개최되었다. 이것은 민단계와 총련계, '한국'과 '조선' 등 진영이나 입장의 차이를 넘어서 재일 민족무용가들이 '코리안 민족무용'으로서 함께 만든 공연이다. 조선무용가 임추자와 한국무용가 정명자의 공동 제안으로 한국무용과 조선무용 양편의 중견 무용가들이 참가했고, 실행위원회를 구성하여 공연을 추진했다. 참가한 무용가들은 한국무용 쪽에서는 정명자, 김순자, 변인자, 조수옥이, 조선무용 쪽에서는 임추자, 백홍천, 김영란 등이

며, 사무국은 임추자(임추자민족무용단)가 맡았다. 공연 프로그램에는 출연자 전원에 의한 〈바램(아리랑)〉, 각 출연자들의 〈태평무〉, 〈무희〉, 〈망향(산조)〉, 〈장고춤〉, 〈미래를 향해서〉 등이 포함되었다. 임추자민족무용단은 2006년 특별공연 팸플릿에서 이 공연에 대해 "남북의 재일무용가 50명이 한겨레의 한마음으로 뜨겁게 춤추어, 민족통일의 염원을 감동적으로 표현했다"고 기술하고 있다.[7]

2000년 12월 24일 오사카를 필두로 2001년 2월 4일 나고야, 3월 20일 도쿄에서 무용조곡 〈세월과 더불어〉 공연이 열렸다. '무용조곡 〈세월〉 실행위원회' 주최로 열린 이 공연은 문예동 각 지부(도쿄, 가나가와, 니시도쿄, 도카이, 교토, 오사카, 효고, 히로시마, 야마구치, 후쿠오카) 무용부와 금강산가극단을 주축으로 하고 13개 초·중·고급 조선학교와 조선대학교 무용부원들이 찬조 출연하는 등 총련계 전문예술단과 애호가, 학생들이 대거 함께한 공연이다. 공연 실행위원회는 이번 공연이 6·15남북 공동선언 채택에 의해 통일에 대한 기대감이 높아진 시기에 개최된다는 점에 큰 의미를 부여했다. 제6장에서도 살펴보았듯이 이 공연은 민족이 역사 속에서 전해 내려온 무용 전통을 통해 민족정체성을 확고히 하는 데 주안점이 있었다. 이 공연에는 한국무용가 정민, 김순자, 정명자가 찬조로 출연하여, 오사카 공연에서는 정민이 승무를, 나고야와 도쿄에서는 각각 정명자와 김순자가 살풀이춤을 추었다. 공연 팸플릿에서 승무에 대해 "한국춤의 백미라 할 수 있는 춤으로 한국춤을 집대성해 놓은 대표적인 춤"이며 "승무의 춤사위는 하나하나가 정교하게 다듬어진 완전한 예술형식의 극치를 갖춤으로써 춤으로써

---

7) 〈춤놀이 춤55〉 공연에 대해서는 다음 자료들을 참조했음. ≪民団新聞≫, 2000.09.13; ≪舞踊生活六〇周年·古希記念　任秋子民族舞踊団特別公演≫, 2006年 12月 14日; 「活動の記録 since 1986~」https//kgk296.wixsite.com/kimsunja/1986-1996 「趙寿玉 活動記録」http//www.chosoook.com/index/huo_ dong_ji_lu.html

표현할 수 있는 미의 극치를 보여준다", 그리고 살풀이에 대해서는 "의식무용 가운데서 〈액을 풀어낸다〉는 뜻으로 만들어진 춤", "정중동의 미가 극치에 이르는 신비하고 환상적인 살풀이에는 조선춤의 멋이 깃들어있다" 등과 같이 매우 긍정적으로 소개했다. 1990년대 북한에서는 남북교류의 영향으로 남한 민속춤의 영역을 포용하여, 농악무와 강강술래와 탈춤 등이 새롭게 부각되었으며, 종래 부정되었던 한국의 궁중무용이나 종교의식무도 부분적으로 인정을 받게 되었다(이병옥, 2002: 149). 이러한 북한무용계의 변화가 〈세월〉의 프로그램이나 한국무용에 대한 긍정적인 평가에 반영되었을 수 있으면, 동시에 한편, 2000년 제1차 남북정상회담을 계기로 급진전된 남북관계도 공연의 성격과 내용에 영향을 끼쳤다고 하겠다.

임추자 민족무용단은 〈춤놀이 춤55〉 공연 이후에도 여러 차례 한국무용가와 함께 하는 무대에 섰다. 2006년 12월 14일 도쿄 기타토피아(北とぴあ)에서 열린 〈무용생활 60주년·고희 기념 임추자 민족무용단 특별공연〉에도 조선무용가 고정순, 현계광 무용교실 수강생인 권리세[8] 등과 함께 김순자가 게스트로 출연하여 태평무를 추었다. 민간단체가 주최하는 행사에 한국무용가들과 함께 초청되기도 했다. 일례로 2007년 10월 27일 요코하마 간나이홀(関内ホール)에서 개최된 제3회 〈사랑과 평화의 심포니-1사람의 100걸음보다 100사람의 1걸음〉(WE LOVE THE WORLD 주최) 공연에 임추자 민족무용단, 김순자 한무악예술단, 금강산가극단, 정명자 한국예술연구원이 함께 출연했다. 임추자 민족무용단은 〈무녀춤〉과 〈향수-아리랑〉, 김순자한무악예술단은 〈태평무〉, 정명자한국예술연구원은 〈추월야경〉을 추었다.

---

8) 재일동포 4세로 중학교까지 조선학교에 다니다가 고등학교는 한국학교로 진학했다. 2009년에 미스코리아 일본 '진'과 해외동포상을 수상했고, 2010년에 MBC TV의 오디션 프로그램 〈위대한 탄생〉에 출연하여 한국에도 널리 알려지게 되었다. 이후 걸그룹의 일원으로 한국 연예계에 데뷔하여 활동했으나 2014년에 교통사고로 사망.

2. 조선무용가의 한국 진출

1) 금강산가극단의 한국 공연

2000년대 재일 조선무용가들의 한국 방문이나 한국에서의 공연은 우선
이와 같이 왕래를 가능하게 하는 정책적, 제도적 조건의 정비에 의해 가능
했다. 이와 더불어 한국에서 이들과의 교류를 추진하는 민간 주체들의 존
재와 역할이 중요했다. 총련계 예술단이나 예술인 개인의 방한과 공연은
남북간의 직접 교류에 비해 민간 차원에서 추진하기가 용이하고 사실상 민
간 교류의 성격을 띠었기 때문이다.

총련계 예술단체로서는 최초로 금강산가극단이 2000년 12월 11~18일에
서울에서 공연을 했다. 1990년대 후반에 총련계 조선무용가가 한국에서 공
연을 한 사례가 없지는 않으나, 총련 산하 기구인 금강산가극단이 한국에
와서 공연을 한 것은 처음이었다. 금강산가극단의 서울 공연은 한국문화재
단의 박보희 이사장이 그해 9월 일본에서 가극단의 공연을 보고 서울로 초
청함으로써 이루어졌다. 총 81명의 단원이 내한하여 서울의 리틀엔젤스 회
관에서 총 4회의 공연을 했는데, 공연 제1부는 합창 아리랑, 무용 봉선화,
장새납 독주 룡강기나리, 민요곡 등으로 구성되었고, 2부에서는 2000년에
일본에서 공연하여 호평을 받은 음악무용조곡 〈금강산의 사계절〉을 선보
였다(≪통일뉴스≫, 2000.12.2). 한국문화재단은 통일교와 연결된 재단으로서
1969년에 설립된 이래 리틀엔젤스예술단과 예술회관의 운영을 주축으로
국제적인 문화교류 사업을 해왔으며, 1990년대부터 북한과의 문화교류를
추진하였다. 1998년에는 리틀엔젤스 예술단이 평양을 방문하여 공연을 한
바 있다(≪시사저널≫, 1998.5.28).

이후에도 금강산가극단은 여러 차례 한국을 방문하여 여러 주요 도시에

서 공연을 했다. 2002년 12월 2~4일에는 두 번째 방한 공연이 KBS부산홀에서 열렸으며, 2002년, 2003년 국립국악관현악단 〈겨레의 노래년〉 협연, 2003년 6월 윤도현밴드와의 협연, 2004년 12월 안산시립국악단 제19회 정기연주회 협연, 2004년 〈오! 통일코리아 윤도현밴드〉와 합동공연 등 한국에서의 공연을 이어갔다(박순아, 2011: 54).⁹⁾ 초기에는 음악 분야가 중심이었으나, 2000년대 중반 무렵부터 무용에 중점을 둔 공연들도 이루어졌다. 6·15 남북공동선언 6주년 기념하여 2006년 6월에 수원(4일 경기도 문화의 전당)과 서울(7~8일 서울 올림픽홀)에서 열린 금강산가극단 특별공연에서는 무용 작품들을 선보였다. 당시 열린우리당 소속이던 무용가 국회의원 강혜숙이 실행위원장을 맡아 공연을 추진했다(고재열, 2006. 6.19).¹⁰⁾ 이 공연에서 금강산가극단은 그해 4월 북한의 '봄 친선 예술축전'에 참가했던 이미령의 독무 〈평고춤〉, 공훈배우 송영숙, 이미령 등이 함께하는 4인무 〈장고춤〉을 비롯하여, 군무 〈가고파〉, 〈키춤〉, 〈십오야 밝은 달아〉, 군무 〈명승의 나라〉, 독무 〈풍랑을 뚫고〉, 3인무 〈하나〉 등의 조선무용 작품들을 선보였다.

이듬해인 2007년 10월 초 평양에서 노무현 대통령과 김정일 위원장이 만나 역사상 두 번째 남북정상회담을 가졌다. 남북정상회담과 6·15공동선언 7주년을 기념하여 금강산가극단의 공연 〈조선무용 50년 북녘의 명무〉가 12월 24일과 25일 이틀 동안 국립국악원 예악당에서 개최되었다. 이 공연은 (주)예술TV, (주)민족21, (주)서울레코드가 주최하고, 국회의원 강혜숙의

---

9) 윤도현밴드와는 3년 연속 합동공연을 이어가 2005년 일본에서도 합동공연을 했고, 그해에는 일본에서 인기 드라마 대장금의 주제가 〈오나라〉를 부른 이안과도 합동공연을 했다.

10) 강혜숙 의원은 1988년에 결성된 민예총 산하 민족춤위원회의 초대 부위원장, 제2대 위원장을 맡은 바 있는 진보 성향의 한국무용가로, 청주대 교수로 재직하던 중 2004년에 열린우리당의 비례대표로 국회의원이 되었다. 그는 민족춤위원회 위원장이던 1993년 일본에서 민예총이 조평통, 문예동과 함께 개최한 '통일미술전'에서 〈살풀이춤〉을 추기도 했고(심광현, 2014), 국회의원으로 활동하면서 금강산가극단을 비롯한 총련계 예술단체 특히 무용단의 한국공연에 주선 또는 후원으로 중요한 기여를 하였다.

원실, 한국문화예술위원회, 국립중앙박물관문화재단이 후원했으며, 피엠지네트웍스가 제작을 맡았다. 당초 10월 23일~24일에 국립중앙박물관 내극장 '용'에서 개최될 예정이었으나, 단원들의 입국 절차 문제로 무산 위기에 놓이는 등 우여곡절을 겪은 끝에 예정보다 두 달 정도 늦게 공연이 이루어졌다.[11]

이 공연에서는 제1부에서 북한의 조선무용 50여 년 동안 가장 사랑받은 명작들을, 제2부에서 금강산가극단이 창작한 무용들을 선보였다. 제1부에서 무대에 오른 〈금강선녀〉, 〈샘물터에서〉, 〈부채춤〉, 〈북춤〉, 〈사과풍년〉, 〈도라지〉, 〈쟁강춤〉 등은 김락영(72, 평양무용대학 교수), 백환영(72, 만수대예술단 안무가), 홍정화(68, 조선무용가동맹 중앙위원회 무용부장), 김해춘(68, 왕재산경음악단 안무책임자) 등 북한 최고 안무가들의 작품들이다.[12] 제2부에서 선보인 금강산가극단 창작품들은 〈고려 삼신불춤〉, 〈설죽화〉, 〈꽃등놀이〉, 〈사랑의 치마저고리〉, 〈우리의 금수강산〉, 〈장고춤〉, 〈하나〉 등이며, 그중 〈설죽화〉는 금강산가극단 수석무용수 강수내가 안무한 작품으로 2000년 4월 평양에서 열린 〈4월의 봄 친선예술축전〉에서 금상을 수상했다. 금강산가극단 수석 무용수인 공훈배우 송영숙을 비롯한 17명의 무용수들이 출연했다. 배경음악으로는 북한의 대표적 예술단체인 피바다가극단과 만수대예술단, 국립민족예술단 등이 연주한 녹음 음원을 사용했다.

---

11) 당시 신문 보도에 의하면, 금강산가극단 단원들이 고향방문단용 '여행증명서 발급신청서'를 작성, 도쿄의 주일한국대사관에 제출했으나, 대사관 측이 단원들의 입국은 고향방문단 사업이 아니라며 통상 절차에 따른 '여권발급신청서'를 제출하라고 요구했고 가극단 측이 이 요구가 부당하다며 거부하고 공연 취소를 통보했다. 조선적 동포들이 방한할 때는 원칙적으로 '여권발급신청서'를 작성해야 하나 고향방문단 참가자의 경우에는 이를 간소화해 '여행증명서 발급 신청서'만 작성하면 되도록 예외를 두었는데, 가극단 단원들의 방한의 성격을 둘러싸고 갈등이 일어난 것이다(《한겨레신문》, 2007.10.15).

12) 괄호 안의 연령과 소속 기관은 공연이 있었던 2007년 당시.

2) 조선무용연구소, 개별 무용가들

금강산가극단에 앞서 '조선'적으로서 처음으로 한국에서 개인 공연을 한 무용가·무용단체는 백향주와 그가 속한 백홍천무용단이다. 1998년 6월 8일 자 ≪한국경제≫는 다음과 같이 공연 소식을 전했다.

> "전설적인 월북무용가 최승희가 서울에서 부활한다. '최승희의 재래'라는
> 찬사를 받고 있는 북한국적 조총련계 무용가 백향주(23) 씨가 29, 30일
> 오후 7시 30분 국립국악원 예악당에서 공연을 갖는다. 이 공연은 85년
> 남북예술단 교환방문을 제외하면 분단 이후 북한국적 무용수의 첫 국내
> 무대라는 점에서 관심을 모은다. 이번 내한공연에선 한국에서 초연되는
> 〈고구려 무희〉를 비롯, 〈무당춤〉, 〈초립동〉, 〈보살춤〉 등 한국 신무용
> 의 선구자로 평가받는 최승희의 대표작들을 선보인다. 의상과 음악에서도
> 최승희의 공연 모습을 그대로 재현할 예정이다(≪한국경제≫, 1998.6.8)."

당시 백향주의 공연은 한국 최초의 '북한 국적' 무용가의 공연이라는 점과 '최승희 춤의 재현'이라는 점에서 큰 화제를 불러일으키며 언론의 주목을 받았다. 재일동포의 '조선'적은 국적이 아니지만 일반적으로 북한 국적과 동일시되었음을 위 기사를 통해서도 알 수 있다. 백홍천은 금강산가극단 수석배우로 활동했고 문예동 무용부부장을 역임했으며, 일본에서 무용연구소를 운영하고 있었다. 백향주는 어릴 때부터 아버지인 백홍천으로부터 무용을 배웠고, 북한에 가서 최승희의 양자로 알려진 만수대예술단 단장·인민배우 김해춘의 지도를 받은 것으로 알려졌다. 또한, 위 기사에 따르면, 재일 한국무용가 정민에게서 〈승무〉, 〈살풀이〉, 〈교방무〉 등 남한의 전통무용을 배웠다고 한다.

2002년 9월 27일~10월 1일에 백향주와 백홍전에 대한 한국 사회의 관심은 당시 한국무용계의 최승희 재조명 움직임과 맞물려 증폭된 측면도 있다고 생각된다. 최승희 탄생 90주년을 기념하는 〈최승희 국제 무용축제〉가 부산과 서울에서 개최되었다. 이 축제에는 국내외 최승희 제자와 연구자들이 참석하여, 세계를 무대로 활동했던 최승희의 무용사적 업적을 돌아보고, 최승희의 대표작과 최승희의 영향을 받은 작품들을 공연했다. ≪경남신문≫ 기사에 의하면, 백향주와 백홍천무용단도 이 행사에 참석했다.

"최승희의 양아들 겸 애제자로 북산 만수대예술단 단장이기도 한 김해춘에게서 무용을 배운 백향주와 그가 속한 일본 백홍천무용단, 중국 옌벤대 예술학원 무용단, 최승희의 제자이자 동서였던 김백봉의 두 딸 안병주, 안병헌 등이 무대에 올라 최승희의 쟁강춤, 부채춤, 검무 등을 선보인다" (≪경남신문≫, 2002.8.27).

같은 기사에 의하면, 무용 축제 기간 중 부산과 서울에서 각각 한 차례씩 (9월 28일 오후 1시 부산 경성대 소강당, 29일 오후 1시 서울 문예진흥원 예술극장 연습실) 장영순 중국 옌벤대 무용과 교수와 백홍천무용단 단장에게 최승희 무용의 기본을 배우는 강습회도 마련되었다.

2006년 11월 15일~18일에는 강원도 홍천군과 GTB강원민방 주최로 홍천문화예술회관과 홍천종합문화복지관에서 〈2006 최승희 춤 축제 무용가 최승희, 아시아 춤의 창조와 평화 춤 축제〉가 개최되었다. 홍천군청 홈페이지에는 문화예술행사의 하나로 이 축제가 소개되어 있는데(홍천군, 2006. 11.04), 출연진 중 '재일본 최승희 무용연구원 무용단'이라고 되어 있는 단체가 바로 백홍천무용단이라고 보아야 할 것이다. 동 무용단이 공연할 작품은 최승희 원작 〈환희〉, 〈검무〉, 〈무녀춤〉을 백홍천이 재구성한 것으로 소개되어 있다. 행사기간 동안 무용인과 일반인을 대상으로 한 '조선무용 기본동작'과 '조선민족무용 신체훈련기본: 몸풀기 동작' 워크숍도 마련되었고, 강사는 백홍천이었다.

백향주와 함께한 1998년의 첫 한국 공연 이후 백홍천은 한국에서 최승희의 조선무용 기본과 최승희의 작품에 토대를 둔 조선무용 작품들을 보급하는 활동을 계속했다. 그의 강습을 통해 조선무용을 공연에 올린 단체들도 등장했다. 일례로 1999년에 결성된 '민족춤패 출'은 백홍천에게서 조선무용 기본동작을 익히는 강습을 5일 동안 받고 이후 5년간 백홍천으로부터 조선무용을 배워 2007년에 첫 조선무용 발표회를 열었다. 〈나래쳐라 겨레의 춤〉이라는 제목으로 CTS 아트홀에서 열린 이 공연에서는 조선무용 〈삼인무〉, 〈진주의 무희〉, 〈두레놀이북춤〉, 〈쌍검무〉, 〈도라지춤〉, 〈목동과 처녀〉, 〈쟁감춤〉, 창작무용극 〈염원은 하나〉 등이 무대에 올려졌다. '민족춤패 출' 단원들과 함께 백홍천, 재일 무용가 이명희도 출연했다. 백홍천은 "지금은 '민족춤패 출'이 누구에게 내보여도 손색없는 조선무용하는 집단으로 발전했다"고 평가하고, 한국에서 조선무용 공연을 하는 것의 의미에 대해 "… 지금 하는 공연은 단순한 작품 활동이 아닙니다. 예술교류는 더더욱 아닙니다. 통일을 이루자라는 우리의 마음이 하나가 되어 만들어내는 것입니다. 그것이 중요합니다. 우리가 하나라는 것, 우리의 염원이 같다는 것 그것이 중요합니다…"라고 하였다(하기연, 2017.11.13).

최승희 탄생 100주년을 맞은 2011년, 백홍천은 1962년에 조선과학영화촬영소가 제작한 조선민족무용 기본 영상의 필름 원본 4편을 숙명여대에 기증하기도 했다. 조선민족무용 기본 제1~15 동작과 최승희가 창작한 동작이 담겨 있는 이 영상은 백홍천이 40년간 보관해 온 것으로, 기증 당시 아직 남, 북한 매스컴에 나오지 않은 것이었다(≪국민일보≫, 2012.5.1).

총련계의 개인 무용가·무용단이 한국에서 공연한 두 번째 사례는 강휘선 조선무용연구소·무용단 날새[13]의 2006년 제주도 공연이다. 중국, 미국에 이어 평양에서도 공연을 한 후, 강휘선의 남은 소망은 아버지의 고향인 제주도와 서울에서 공연을 하는 것이었다. 그 소망은 2006년과 2007년에 실현되었다. 2006년 8월 10, 11일 이틀 동안 제주도 문예회관 대극장에서 〈강휘선 조선무용연구소·무용단 '날새' 초청 공연〉이 열렸다. 이번 공연은 민예총 제주도지회가 주최하고, 민예총 제주도지회, 제주도장애인총연합회, 신축제주항쟁기념사업회가 공동으로 주관했으며, 제주 통일청년회가 후원했다. 공연은 '통일'의 염원을 표현한 제1부 〈춤추자 나래 펴라! 하나될 때까지〉와 '독립'을 주제로 한 제2부 무용조곡 〈독립의 꽃 유관순〉으로 구성되었다. 제1부에서는 〈기차놀이〉, 〈태왁춤〉, 〈들북춤〉, 〈고대의 무희〉, 〈형제별〉, 〈춘향전〉, 〈아리랑〉 등을 선보였다. 그중 백두산에서 제주도까지 우리나라 방방곡곡을 자유로이 오가는 희망의 기차를 타고 노는 어린이들의 모습을 표현한 〈기차놀이〉와 분단의 아픔으로 헤어진 형제가 만나게 되는 내용의 〈형제별〉 등은 통일이라는 주제에 맞게 안무한 작품들이며, 〈아리랑〉은 강휘선이 독무로 추었다. 제2부 무용조곡 〈독립의 꽃 유관순〉은 유관순의 일대기를 전 5장에 걸쳐 조선무용으로 엮은 것이다(이슈제주, 2006.8.10).

제주도 공연 이듬해에는 서울 공연도 실현되었다. 2007년 7월 27일 국립국악원 예악당에서 개최된 강휘선 조선무용연구소·무용단 날새의 서울 공연은 한국민예총, 국회의원 강혜숙 의원실, 국립국악원이 공동으로 주최했으며, 평화민족문화연구원, 시민방송RTV, 이지연무용연구원, 연악사, 한국방정환재단 등이 후원기관으로 이름을 올렸다. 이 공연은 8·15 광복절 기념행사로 기획되어, 공연 홍보도 〈독립의 꽃 유관순〉에 초점을 맞추었다.

---

13) 조선무용가 강휘선에 대해서는 제4장과 제6장을 참조.

임추자 민족무용단도 2009년에 처음으로 서울에서 공연을 하게 되었다. 2009년 12월 9일 서울 국립국악원 예악당에서 열린 정명자 한국예술연구원의 가무악극 〈할미의 노래〉에 출연한 것이다. 1980년대 일본으로 유학을 갔다가 대학 졸업 후 도쿄에 한국무용연구소를 차리고 활동해 온 정명자는 생활 거점은 일본에 두고 한국과 일본 양편에서 무용 활동을 하고 있었다. 앞에서도 보았듯이 일본에서 임추자를 비롯한 총련계 무용가들과 여러 차례 함께 공연했고, 2001년에는 가수 김연자와 함께 북한 초청으로 평양에 다녀오기도 했다. 〈할미의 노래〉는 정명자가 이런 경험들을 바탕으로 통일이라는 문제를 할머니의 삶을 통해 생각해 본 작품으로 이 공연에서 임추자는 독무로 〈아리랑〉을 추었고, 임추자 민족무용단 단원들이 〈손북춤〉을 추었다.

제1장에서 보았듯이 임추자는 일찍이 최승희를 동경하여 무용을 시작했고 1950년대에 정무연, 조택원 등 한국에서온 무용가들에게 민족무용을 배웠다. 총련계 커뮤니티의 일원으로서 문선대 활동과 조선학교 무용 지도를 하면서 동시에 민단계에 속하는 조택원에게 무용을 사사했고, 결국 이념의 벽 때문에 결별할 수밖에 없었던 아픈 경험이 있다. 그런만큼 '공화국 인민배우'라는 명예로운 칭호와 조선무용에 대한 자부심을 간직하면서 동시에 분단의 경계를 넘어 남북을 아우르는 민족무용에 대한 희구를 내면에 지니고 있지 않았을까? 금강산가극단에서 은퇴하여 총련의 공적 조직에 속하지 않은 무용가로서 활동하게 되었을 때, 좀 더 적극적으로 그러한 경계 넘기를 추구할 수 있게 된 것이라 하겠다.

이상에서 든 백홍천, 강휘선, 임추자 외에도 2000년대 들어 한국에서 공연에 참가하고 한국무용가들과 교류를 한 재일 조선무용가들이 다수 존재한다. 1990년대 이후 총련계 동포 모국방문 사업을 통해 방한한 인원이 2000년 상반기까지 약 6만 명에 이를 만큼 많은 총련계 동포들이 한국을 찾았다. 1990년대 총련계 동포의 방한은 단체로 움직이는 것이었던 데 비해 2000년 하반기 이후에는 개별 방문이 일반화되기에 이르렀다. 2000년 6월 평양에서의 제1차 남북정상회담과 6·15남북공동선언 발표를 계기로 조선적 재일한인의 방문은 사실상 자유화되었다(한영혜, 2020b: 82~83). 2007년에는 노무현 대통령이 북한을 방문하여 김정일 위원장과 정상회담을 갖고 10·4 선언을 발표했고, 조선무용 단체 또는 무용가 개인들이 한국에서 공연을 갖거나 한국을 왕래하는 일들이 증가했다. 2008년 2월 25일 출범한 이명박 정부와 뒤이은 박근혜 정부하에서 남북관계가 경색되면서 남북 예술교류도 중단되었으나, 총련계 재일동포 무용가들과 한국의 교류는 계속되었다. 북한 예술가들과의 교류가 막힌 가운데, 총련계 예술가와의 교류가 북한 예술을 이해하고 남북 문화를 통한 상호이해를 증진시키기 위한 대안적인 방법이 된 측면도 있다. 다른 한편으로는 총련계의 조선무용가들이 한국무용을 배우기 위해, 또는 배우는 과정에서 생긴 한국무용가와의 네트워크를 통한 활동에 참가하기 위해 한국을 왕래하면서 개인적으로 한국에서 공연에 참가하여 조선무용을 피로하거나 아니면 새롭게 배운 한국무용에 참가하는 경우들도 존재했다. 이 같은 개별적인 교류에 대해서는 뒤에서 좀 더 구체적으로 살펴보기로 한다.

3. 조선무용과 한국무용을 함께하기

재일 민족무용가들이 '한국'과 '조선' 경계 넘기를 시도한 또 다른 예로, 조선무용가와 한국무용가가 합동공연을 마련하고, 그 가운데서 서로 배운 춤을 함께 추거나 상호 이해를 위한 프로그램을 고안하는 등의 시도를 한 경우, 총련계 조선무용가들로 구성된 무용단의 공연에서 단원들이 조선무

용 뿐 아니라 한국무용도 함께 하는 경우 등을 들 수 있다. 필자가 인터뷰 조사를 통해 파악한 이와 같은 사례들 중 전자에 속하는 사례는 조선무용 가 고정순과 한국무용가 유미라의 합동공연, 후자는 '코리아무용단 구슬(クスル(株))'과 무용단 '아리나래' 등이 있다. 이 절에서는 이 두 사례를 소개하고, 그 의미를 생각해 본다.

1) '합동무대'와 서로 배우기

도쿄가무단 출신의 조선무용가 고정순과 뉴커머 한국무용가 유미라는 2006~2012년에 합동발표회 또는 합동공연이라는 형식으로 해마다 합동 무대를 만들어왔다. 짝수 해에는 합동발표회, 홀수 해에는 합동공연으로 하여 발표회는 총 4회, 공연은 총 3회 개최했다. 합동발표회는 두 사람이 각각 지도하고 있는 애호가 그룹들이 모여서 그동안 연마한 작품을 피로하는 장이고, 합동공연은 조선무용가, 한국무용가로서 두 사람이 전문적인 무대를 마련하는 것이다.

고정순과 유미라가 처음 만난 것은 2005년 6월이다. 두 무용가의 연결고리가 된 것은 당시 신주쿠에 있던 국악기점 BBD(Big Business Dream)이다.[14] BBD는 서울 종로에 있는 연악사가 본사로, 김스랍 대표는 일본에 유학와 학업을 마친 후 연악사 대표인 부친의 권유로 2001년에 도쿄의 기타신주쿠에서 국악기점을 열었다.[15] 일본에서 유일한 국악기 전문점이었

---

14) BBD는 2006년에 신오쿠보로 이전했는데, 고정순과 유미라가 만나게 된 것은 가게가 아직 신주쿠에 있을 때였다.

15) 필자는 2009년에 고정순과 유미라를 만났고, 고정순의 소개로 BBD를 방문하여 김스랍 대표를 만나 이야기를 들었다. BBD와 관련된 내용은 김 대표와 고정순의 구술에 기초했고, 유춘오, 「BBD대표 김스랍」, 2012.11.8. (LARA) hellolara.com]를 일부 참조했다.

그림 7-2 _ 고정순·유미라 합동공연 제1회-제4회 팸플릿, 홍보사진

제1회 〈연·緣·ㅋン〉

제2회 〈혼·魂·ホン〉

제3회 〈흥·興·フン〉

제4회 〈향·香·ヒャン〉

자료: 고정순 선생 제공.

던 만큼 총련계 예술인들도 한국 악기점을 이용했다. 이들은 가야금, 날라리 등은 북한이 개량했기 때문에 북한에서 만든 악기를 쓰고 고전악기는 한국 것을 썼으며, 장구, 북 같은 타악기도 한국에서 나온 것이 질이 좋아서 한국악기를 많이 썼다. BBD는 악기뿐 아니라 한국 CD도 취급하기 때문에 무용을 하는 사람들이나 조선학교 학생들도 많이 찾아왔다.

조선무용가 고정순도 그 악기점에 종종 들르곤 했다. 21년간 속했던 도쿄가무단 퇴단을 앞두고 국악기점에 들른 어느 날, 김 대표가 퇴단 후에는 어떻게 춤을 추는지 등 여러 가지로 궁금해 하며 걱정을 해주었다. 한국무용을 배우고 싶다고 했더니, 마침 조선무용을 배우고 싶어 하는 한국무용가가 있다며 소개해 준 사람이 유미라였다. 유미라는 한국에서 무용을 전공하고 서울예술단과 인천시립무용단 단원으로도 활동했던 뉴커머 한국인이다. 2001년에 도일하여 2004년부터 요미우리 문화센터 등의 강사로서 한국무용을 지도하는 한편 공연활동도 하고 있었다.

이렇게 해서 만나게 된 두 무용가는 의기투합하여 만난 다음 주부터 곧바로 연습을 시작했다. 처음 연습한 곳은 요코하마에 있는 '트위니 요코하마'라는 곳이었다. 시설은 무척 좋은데, 역에서 멀어서 이용자가 별로 없었다. 한두 달 전에 엽서로 신청하면 되고, 미리 신청하지 않더라도 당일에 연습실이 비어 있으면 사용할 수 있었다. 그러다가 츠루미(鶴見)역 근처에서 무료로 좋은 장소를 빌릴 수 있게 되어 그곳에서 1년 정도 연습을 했다. 두 사람 모두 조직 기반이 없이 온전히 개인으로서 만나 무용 연습을 하는 것이었기 때문에 연습 장소를 이런 방식으로 확보할 수밖에 없었다.

두 무용가는 2006년 11월, 만난 지 1년여 만에 합동발표회를 가졌고, 그 이듬해 11월에는 첫 합동공연을 실현했다. '합동발표회'는 두 사람이 가르치는 제자들 – 동호회나 문화센터 강좌 등에서 – 의 학습 성과를 피로하는 무대이고, '합동공연'은 무용가로서의 전문적인 무대라는 차이가 있다. 고정순과 유미라는 애초에 합동공연은 총 4회 갖는 것으로 정하고, 각 공연의 제목들도 미리 정해두었다고 한다. 정해둔 제목들은 〈연·緣·ヨン〉, 〈혼·魂·ホン〉, 〈흥·興·フン〉, 〈향·香·ヒャン〉이며, 실제로 2018년까지 모두 실현되었다. 이들이 만든 합동공연과 합동발표회의 내용을 간략하게 살펴본다.

2007년 11월 24일 우시쿠(牛久) 구민홀에서 고정순·유미라의 합동공연 제1편 〈연·緣·ㅋン〉이 신주쿠구 후원, 재일한국청년상공인연합회·재일 본조선신주쿠청년상공회 협찬으로 열렸다. 공연 팸플릿에 실린 인사말에 서 고정순과 유미라는 이 공연이 "장래의 북남 화합을 상징하는 희망의 메 시지"이고자 한다면서 다음과 같이 합동공연의 배경을 설명하고 있다.

> "재일코리안 3세로서 일본에서 태어나 자라면서도 조선학교에 다니며 민
> 족의 마음, 언어, 역사와 함께 조선무용을 배운 고정순, 서울에서 태어나
> 자랐고, 어릴 때부터 예술학원에서 체계적으로 전통예능을 배운 유미라.
> 연이 있어서 서로 알게 된 우리들은 3년 전부터 1주일에 한 번씩 함께 땀
> 을 흘리며 서로의 무용을 배우기 시작했습니다. 60년의 분단의 역사 속
> 에서 본래 뿌리는 같았던 무용예술도 각각 독자적인 발전을 이루어 특색
> 을 지니게 되었습니다. 그러나 춤을 추면 출수록 민족무용 예능의 뿌리는
> '하나다'라는 느낌이 점점 강해졌고, 몸에 익숙해졌습니다. 서로의 좋은
> 점을 인정하고, 서로 높여주며, 그리해서 융합을 목표로 하는, 그런 무대
> 를 만들고 싶다는 마음이 오늘에 이르게 되었습니다. 좀 더 가까운 것을
> 표현하기 위해 고전이 아닌 창작에도 힘을 쏟았습니다."

이 공연에는 가무단 출신의 조선무용가 2명과 도쿄한국학교 때부터 한국 무용을 해온 재일 3세, 그리고 요코하마요미우리 문화센터에서 한국무용을 배운 일본인 여성과 극단에서 연극을 하다가 퇴단 후 한국무용 배우는 일 본인 남성 등도 출연했다. 음악은 금강산가극단 출신의 젓대 연주자 이재 수, 도쿄가무단 가수 출신의 양선미, 한국 민속촌 농악단 출신으로 도쿄에 서 사물놀이팀을 만들어 활동하는 김영삼 등이 함께했다. 김영삼은 1992년

에 유학으로 일본에 왔는데, 도쿄에서 호남 우도농악, 봉산탈춤, 사물놀이의 강사로 활동했고, 1994년에 본격적인 사물놀이팀 '동경풍물패'(2000년에 '터울림 사물놀이'로)를 결성하여 공연활동을 시작했다.

첫 합동공연에서 고정순과 유미라는 〈만남〉과 〈양산도〉를 함께 추었다. 〈만남〉은 두 사람이 함께 안무한 작품으로 도쿄와 서울에서 태어나 성장한 두 사람의 무용을 통한 만남이 서로의 좋은 점을 인정하고 더욱 고양시키기 위한 '연(緣)'의 시작이었음을 표현했다. 그 외에 고정순이 안무한 〈한삼춤〉과 유미라가 안무한 〈천년지애〉를 각각 선보였다. 제2부에서는 한국 정동예술단 총감독 서한우의 창작 가무악 〈생의 울림(生の響)〉 공연이 있었는데, 원작품을 재구성하여 노래를 제외하고 춤과 타악기만으로 편성했으며 조선무용과 한국무용의 〈무녀춤〉을 새로 넣는 시도를 하였다. 이런 프로그램을 통해 고정순과 유미라는 각각 조선무용과 한국무용을 보여준 한편, 〈양산도〉와 〈무녀춤〉을 통해 조선무용과 한국무용이 공유하는 부분도 보여주었다.

2년 후 2009년 11월 24일에 열린 두 번째 합동공연 〈혼·魂·ホン〉에서는 유미라와 고정순이 각각 한국무용과 조선무용의 대표적인 춤 〈승무〉와 〈도라지〉를 독무로 추고, 역시 한국과 북한의 고전적인 작품 〈태평무〉와 〈무녀춤〉을 6인무 군무로 구성하여 함께 추었다. 제2부에서는 서한우 타악팀과 함께한 〈신의 소리〉 공연에서는 신에게 바치는 의식을 모티브로 하여, 〈살풀이춤〉, 〈진춤〉, 〈지전춤〉 등 한국무용을 무대에 올렸다. 이번에도 제1회 때와 같이 총련계·민단계의 재일동포, 그리고 뉴커머 한국인 예술가들이 함께 출연했고, 음향이나 의상 부분에서 도쿄가무단, 봄날과 엄마맘마 같은 민족의상 업체의 협조를 받았다.

세 번째 합동공연 〈흥·興·フン〉은 2011년 11월 18일에 열렸다. 상연된 무용 작품은 제1부에서 〈'상사듸야' 노래와 춤〉, 〈입춤〉, 〈살풀이춤〉, 〈도라지〉, 〈무당춤〉, 제2부에서 〈무용과 타악기연주 '흥·興·フン'〉 등이었다. 이번에도 〈살풀이춤〉과 〈도라지〉는 각각 유미라와 고정순의 독무, 다른 춤들은 모두 고정순, 유미라를 포함한 5~6명의 군무로 구성되었다. 즉, 한국무용과 조선무용의 대표적인 작품 하나씩을 독무로 하고, 다른 춤들은 서로 배워서 함께 춘 것이다. 다만, 세 번째 합동공연에서는 유미라 외의 참가자가 모두 총련계 동포들인 점이 눈에 띈다.

마지막 합동공연 〈향·香·ヒャン〉은 시차를 두고 2017년 11월 10일에 열렸다. 그 사이에도 합동발표회는 계속되었고, 고정순의 개인 공연이 열려 유미라가 찬조 출연을 하는 등 어떤 형태로든 연결은 계속 이루어지고 있었다.

한편, 두 사람이 가르치는 동호회들의 무용과 장구 연주가 중심인 '합동발표회'는 〈우리 가무악 발표회(ウリ歌舞楽発表会)〉라는 제목으로 개최되었다. 〈우리 가무악 발표회〉는 2006년 11월의 제1회 이후 격년으로 열렸다. 즉, 2006년부터 '합동발표회'와 '합동공연'이 교차하는 방식으로 매년 고정순과 유미라의 합동무대가 만들어졌다.

제1회 합동발표회는 2006년 11월 17일 도쿄 메구로 파시몬 소홀(目黒パーシモン小ホール)에서 개최되었다. 출연 단체들 중 고정순이 지도하는 동호회는 도쿄 제5학구 무용 서클 '나래ナレ', 총련 오오타(大田)지부 아버지 장구서클 '만장회(万杖会)', 가나가와남부(南武)지부 무용서클, 도카츠(東葛)지부 장고서클 등이었고, 유미라가 지도하는 그룹은 요미우리 문화센터 요코하마와 동 문화센터 우라와(浦和)의 한국무용반 수강생들이었다. 총련계 무용서클들은 〈아름다운 산하〉, 〈쟁강춤〉, 〈북춤〉 등을 추었다. 유미라가 지도하는 요미우리 문화센터 수강생들의 무용 작품은 〈부채춤〉, 〈입춤/사랑가〉, 〈화관무〉, 〈장구춤〉 등이었다. 그리고 동아리들의 발표순서가 모두 끝난 뒤 고정순과 유미라가 각각 〈장고춤〉과 〈태평무〉를 추었다. 고정

순이 지도한 그룹은 도쿄도, 가나가와현, 치바현 등 수도권 내 총련 지부 또는 총련계 지역사회에서 만들어진 애호가 서클들이다. 그에 비해 유미라가 지도한 그룹은 주로 요미우리문화센터의 수강생들로 일본인들이 다수를 차지하고 있었다. 한류붐이 일면서 일본의 문화센터가 일본인들이 한국무용을 배울 수 있는 장을 제공하게 된 현실을 반영하는 것이라 하겠다.

2008년 11월 18일 규리안소극장(きゅりあん小ホール)에서 열린 제2회 합동발표회에서는 〈소고춤〉과 〈부채춤〉을 조선무용과 한국무용 양편 모두의 버전으로 보여주는 새로운 시도를 하였다. 즉, 제1부와 제2부의 첫 순서로 각각 한국무용 〈부채춤〉, 조선무용 〈부채춤〉을 넣었고, 〈소고춤〉은 조선무용과 한국무용을 연달아 무대에 올린 것이다. 이런 방식을 취한 것은 한국무용과 조선무용의 '같으면서도 다름'을 좀 더 쉽게 이해할 수 있도록 하기 위해서였다. 이번 발표회에서는 유미라는 〈교방살풀이〉, 고정순은 〈북춤〉(홍정화 안무)을 추었다. 출연진은 총련계의 경우 문예동 무용부 성인반이 추가된 외에는 제1회 때와 같으나, 한국무용 쪽은 요미우리문화센터 팀이 아니라 '한국무용'으로 되어 있는데, 아마도 문화센터 강좌에서 나와 유미라가 지도하는 한국무용 교실로 발전한 것이 아닌가 한다.

필자는 2009년 11월 22일, 제3회 합동발표회를 앞두고 연습과 준비가 한창이던 츠루미의 연습실을 방문했다. 고정순과 유미라는 또 하나의 새로운 시도를 계획하고 있었는데, 그 준비 및 연습 과정을 직접 볼 수 있었다. 제3회 발표회에서 고정순과 유미라가 함께 한국무용 〈태평무〉와 조선무용 〈쟁강춤〉을 출 계획이어서 그동안 이 춤들을 서로 배워 연습하고 있었다. 이번에는 두 무용가뿐 아니라 유미라에게서 한국무용을 배우는 제자들과 고정순에게서 조선무용을 배우는 제자들도 함께 무대에 오를 예정이었다. 태평무 의상은 강선영류 태평무와 같았다. 전문 무용가인 유미라와 고정순은 한국에서 의상을 맞췄지만, 의상비가 너무 비싸게 들기 때문에 다른 출

그림 7-3 _ 제3회 합동발표회 연습

〈태평무〉연습   〈쟁강춤〉연습

자료: 2009년 11월 22일 츠루미(鶴見) 연습실에서 필자 촬영.

연자들은 평양에서 만들어왔다. 평양에서 만든 의상은 가까이에서 보면 천이 다른 것을 알 수 있지만, 군무로 무대에 올랐을 때는 크게 차이를 느끼지 못할 것 같았다.

2) 총련계 무용단[16)]의 한국무용 도입

제6장에서 1990년대 이후 가극단·가무단 출신의 무용가들에 의한 사설 무용단들이 등장하기 시작한 현상에 대해 언급했다. 새롭게 등장한 무용단들을 모두 파악했다고는 할 수 없으나, 필자가 파악한 범위 내에서 레퍼토리에 한국무용을 일부 도입하거나, 오히려 한국무용이 주가 될 만큼 한국무용의 비중이 커진 경우를 발견할 수 있었다. 총련의 전문예술단 출신인 조선무용가들이 만든 무용단이 공연에서 한국무용을 무대에 올린다는 것은 무용단원 중 일부라도 한국무용을 무대에 올릴 만큼 습득했음을 보여준

---

16) 여기서는 무용단이 총련 산하 가극단과 가무단 출신의 무용가들, 달리 말하자면 조선무용을 전문으로 하는 무용가들에 의해 결성된 무용단에 대해 편의상 '총련계 무용단'이라 칭한다.

다. 필자는 인터뷰 조사와 공연 팸플릿이나 홍보문 등을 통해 총련계 무용단으로서 한국무용을 일부라도 도입한 사례를 두 건 발견할 수 있었다. 하나는 2005년에 결성된 '코리아무용단 구슬'이고, 다른 하나는 결성된 것은 2004년이나 2005년에 현재의 이름으로 개칭하여 오늘에 이르고 있는 무용단 '아리나래'이다. '코리아무용단 구슬'은 1996년에 설립된 '조선무용연구소 마이'의 강사들을 중심으로 2005년 오사카에서 창단되었다.[17] 무용연구소 이름에는 '조선무용'이라고 되어 있는데, 무용단은 '조선무용단'이 아닌 '코리아무용단'이라 되어 있는 점이 흥미롭다. 창단 후 한동안은 새롭게 창작을 할 만한 시간적 여유가 별로 없었고 단원들이 모두 가무단 출신이었기 때문이다. 공연 프로그램은 가무단에서 했던 작품들을 주축으로 해서 짜는 편이었다. 이 부분에 관해 필자가 인터뷰 조사를 한 것은 2013년 봄인데, 그때까지 창작은 한 작품에 그친 정도라고 하였다. 창작한 작품은 고구려 사신에 관한 것이었는데, 음악은 한국에서 가지고 온 것을 썼다.

'코리아무용단 구슬'의 기본은 조선무용이지만, 때에 따라서 '고전무용' 즉 한국무용도 보여준다. 필자의 인터뷰 시점인 2013년 봄까지의 공연에서 구체적으로 어떤 한국무용을 레퍼토리에 포함시켰는지, 그 한국무용은 어떻게 배웠는지 등에 대해서는 확인하지 못했다. 다만, '조선무용연구소 마이'와 '코리아무용단 구슬'의 설립을 주도한 조선무용가 임수향이 1995년부터 오랜 기간 한국무용을 배웠다는 것을 알 수 있었다. 오사카 가무단 출신으로 문예동 무용부장을 역임하기도 한 임수향은 가무단에서 은퇴한 후 1995년도부터 정민에게서 '고전무용'을 배우기 시작했다. 2000년대 들어서는 상황이 많이 달라졌지만, 당시만 하더라도 총련의 전문예술단 출신이자 문예동의 전임 무용부장으로 복무하고 있던 그의 입장에서는 공개적으로

---

17) '코리아무용단 구슬'에 관한 내용은 주로 2013년 6월 27일 임수향 인터뷰 기록에 의거.

배우기가 쉽지 않았다. 그래도 가무단을 그만둔 상태였기 때문에 눈 딱 감고 배우기로 마음먹고 정민에게서 개인 교습을 받았다. 1995년부터 정민이 타계할 때까지 10년 정도 배웠는데, 정민은 한국도 조선도 없다면서 '고전무용'을 가르쳐주었다. 정민에게서 배운 춤은 〈교방무〉, 〈오면고〉, 〈설장구〉 등이다. 임수향은 정민의 말만 들어도 조선 맛이 났다고 회고했다. 〈승무〉는 이매방의 제자로부터 배웠다. 이렇게 해서 습득한 한국무용의 자산이 무용단 출범 후 구체적으로 활용될 수 있었을 것으로 추측되지만, 이 부분은 필자의 추측에 그친다.

아무리 개인적으로 관심이 많고 배우고 싶더라도, 앞에서 기술한 1990년대 전반기의 남북교류협력 분위기와 이를 반영한 재일동포 사회 내부의 움직임이 없었더라면 임수향이 한국무용을 배우기는 어려웠을지도 모른다. 사실 1990년대 중반만 해도 아직은 선뜻 나서서 한국무용을 공공연하게 배우기는 쉽지 않은 상황이었을 것이다. 2000년의 남북정상회담 및 6·15 선언 발표 이전과 이후는 적지 않은 차이가 있지 않을까 생각된다. 재일 조선무용가와 이야기를 나누다 보면 한국무용을 '고전무용'이라고 칭하는 경우가 종종 있었다. 그것은 한국무용을 〈승무〉, 〈살풀이〉, 〈태평무〉 등으로 대표되는 전통춤으로 인식하고 있음을 보여준다. 이와 같이 '한국무용'과 '조선무용'을 한국과 북한의 무용으로 대비하는 대신 '전통' 내지 '고전'과 '재창조'된 춤으로 구분하고, '전통'·'고전'에 대해서도 긍정적인 평가를 하는 것은 총련계에서는 1990년대 이후 나타나기 시작한 변화라고 할 수 있다.

또 다른 사례인 무용단 '아리나레'도 금강산가극단이나 도카이, 교토가무단에서 활동했던 무용가들로 구성되었다. 2004년 4월에 '참춤새(チャムチュムセ)'라는 이름으로 활동을 시작했는데, 이듬해 '코리아 여성 전통예술 그룹 아리나레'로 명칭을 변경하여 새롭게 출발했다. '아리나레'란 동이어족의 고어 '생명, 혼, 근원'을 의미하는 '아리'와 '탄생, 소생, 강림'을 의미하는 '나레'를 합친 말로, 전통문화의 근원을 모티브로 하고, 현시대의 정서를 토대로 새로운 창작화 작업을 통해 생명과 예술혼을 계승해 나간다는 의미라고한다. 또한, 근원이 같은 'ONE KOREA'라는 의미가 내포되어 있다고 한다 (2005년 창단 기념공연 팸플릿 「アリナレのNEXTプロジェクトーその1 '色'」에서).

아리나레 단원 중 문정애(대표·예술감독), 오금, 황리마는 1985, 1986년부터 4년간 통신교육으로 평양음악무용대학에서 수학하고, 졸업 후 금강산가극단에 입단했다. 문정애와 오금은 1990년대 초에, 황리마는 2001년에 가극단을 퇴단하여 각자 활동하다가 함께 아리나래를 결성하게 되었다. 황향순, 정유의, 유정해는 1988, 1989년에 가무단에 입단했고, 1990년대 초에 퇴단하여 조선학교 강사, 문예동 무용부 등에서 활동했다. 최영주는 2001년에 가무단에 들어가 활동하다가 2005년에 퇴단하여 아리나레에 합류했다. 이들이 가극단이나 가무단에서 활동한 기간은 대개 4~5년 정도로 길다고는 할 수 없으며 아리나레는 구슬에 비해 더 적극적으로 한국무용을 수용했다. 아리나레의 대표 문정애는 1995~1998년에 정민에게 한국무용 김초향류를 사사하고, 1999년에 김옥성에게서 〈오면북〉, 〈장고춤〉, 〈태평무〉, 〈살풀이춤〉, 〈입춤〉 등을 배웠다.[18] 김옥성은 국악예술고등학교를 졸업하고 1980년에 일본으로 건너가 문화복장대학을 수료한 후, 도쿄에서 '김옥성 전통예술원 무용단'을 설립하여 활동한 뉴커머 한국무용가이다. 일본에서 활동하면서 이매방류 〈살풀이〉와 〈승무〉의 이수자가 되었다고 한다. 이와 같은 한국무용 습득을 바탕으로 2000년에 오사카에서 개인 공연을 했고, 2003년에는 제8회 한국전통무용콩쿠르 명무 부문에서 살풀이춤

---

18) 문정애가 정민에게 한국무용을 배운 1995~1998년은 임수향이 정민에게 배운 시기와도 겹친다. 문정애의 어머니는 오사카에서 '금강'이라는 한복집을 운영하고 있는데, 1960년대에 금강산가극단 단원으로 활동한 경력이 있다.

으로 금상을 수상했다. 오금은 1994년에 도쿄의 정명자 한국무용연구소에서 한국의 전통춤을 본격적으로 배웠다. 황향순은 도카이 가무단에서 퇴단한 후 나고야에서 조선무용교실 '무희'를 운영하면서 아리나레의 발기인으로 참가했는데, 한국무용을 제대로 배우기 시작한 것은 아리나레에 합류한 이후다. 2006년 무렵에 박경랑에게서 〈영남교방무〉와 〈살풀이〉를 배웠고, 그 후 김진옥에게서 〈한영숙류 태평무〉와 〈강강수월래〉를 배웠다. 또 〈박병천류 진도북춤〉을 이경화에게서, 그리고 〈김묘선류 소고춤〉을 배웠다.

이렇게 주축 멤버들이 일찍이 1990년대 중반부터 본격적으로 한국무용을 배웠기 때문인지, 2005년 10월 7일 창단기념공연 〈NEXT 프로젝트—그 1색(色)〉은 한국 전통예술공연 그룹 '발해'·한국 여성 전통타악 '동천(動天)' 등과 합동 무대를 만들었고, 이후 활동에서도 점차 한국무용의 비중이 더 커졌다. 단, 단원들의 개별적인 활동은 독자적이어서, 예컨대 황향순은 한국무용을 제대로 배우고자 적극적으로 찾아 나서면서도 조선무용을 자신의 본령으로 삼고 있으며, 아리나레의 공연에 조선무용교실 '무희'가 출연하기도 했다.

4. 경계 넘기의 의미

필자가 만난 조선무용가들은 거의 모두 2000년대에 한국을 방문한 경험이 있고, 상당수가 한국에 여러 차례 왕래하며 공연에 참여하거나 일본에서 무용하는 데 필요한 자원들을 한국에서 구입하거나 하였다. 김대중 정부가 조선적 동포의 입국을 허용하는 정책을 취했고, 2000년대 들어서는 단체가 아닌 개인의 방문이 증대했는데, 조선무용가들도 그 흐름에서 예외는 아니었다. 처음에는 '조선'적인 채로 왕래했던 사람들도 이명박 정부 때부터 '조선'적으로 입국하는 것이 어려워지자 국적을 한국으로 변경하게 된 경우가 많다. 총련과 산하 조직에 소속된 사람들은 공식적인 사업 외에 사적으로 한국에 가는 건 금지되고 있으며, 한국 국적을 가질 수도 없지만, 일단 총련 조직을 떠난 뒤에는 한국 국적을 취득하는 것이 가능하다. 조선무용가가 한국 국적을 취득하는 것은 주로 일의 편의 때문이다. 사실 조선적 동포가 한국으로 국적을 변경하는 이유는 당사자가 표명하는 것보다 더 복합적일 수 있다.[19] 필자가 만난 조선무용가들 중에는 한국적으로 변경한 사람들이 더 많았다. 이들은 거의 다 처음에는 조선적으로 한국을 방문하여 몇 차례 왕래를 하다가 한국적을 취득했고, 취득 시기는 2000년대 중반 이후가 대부분이었다. 한국에서는 한국무용가에게 강습을 받거나 공연에 참가하기도 하고, 음악이나 의상 등 무용 관련 물품을 구입하기도 했다.

한국 국적이 된 후에도 일본에서 이들이 속한 커뮤니티나 일상생활은 크게 달라지지 않은 것처럼 보여 매우 흥미로웠다. 한국무용을 배우고 한국무용가와 교류를 하면서도 문예동에서 활동하고 조선무용을 지도하며 조선무용 공연도 한다. 한국적이지만 평양에 가서 그곳의 무용가 또는 안무가에게 무용 지도를 받고 작품을 배워오기도 한다. 한반도 남과 북, 두 조국 모두로부터 무용 자원을 흡수하는 셈이다. 이렇게 두 조국을 다 다녀본 재일 조선무용가들 자신은 평양의 선생님들은 자신은 한국무용에 대한 정보가 없다며, 일본에 있으니까 한국 문화를 배울 수 있겠다고 관심을 보인다. 역으로 한국에서는 이들을 통해 북한무용을 접하고, 북한무용계에 관한 이야기도 듣고자 한다. 이들은 한국과 북한 양편을 왕래하는 것은 현재로서는 재일동포만이 할 수 있는 일이며, 그것은 재일동포 무용가의 강점이라고 하였다.

---

19) 조선적 동포의 한국 입국 문제와 한국적으로의 변경에 대해서는 한영혜(2020b)를 참조할 것.

한국무용을 접하고 배우기도 하면서, 이들은 조선무용가로서의 정체성을 분명히 유지하며, 오히려 한국무용을 접함으로써 조선무용의 정체성을 새롭게 생각하게 되는 것 같았다. 필자가 인터뷰한 조선무용가들은 대부분 한국무용은 '고전' 내지 '전통'으로서의 민족무용, 조선무용은 거기에 뿌리를 두지만 새롭게 창조해낸 민족무용으로 인식하고 있었다. 과거에 남북 간의 체제경쟁이 문화 경쟁으로 직결되던 시절에는 한국무용을 예술로서 인정하기보다는 부정했던 것과는 전혀 다른 인식이다. 이는 역으로 한국에서도 볼 수 있는 변화다. 위에서 보았듯이 한국에서 북한무용 또는 조선무용을 공연하고, 강습을 하는 등의 일은 북한무용 또는 조선무용을 그 자체로서 인정하는 것이라 하겠다.

　필자가 인터뷰를 통해 파악한 조선무용가들의 한국무용과 조선무용에 대한 생각은 대체로 다음과 같이 정리될 수 있다. 조선무용은 대담하기는 하지만 내적 느낌을 내지 못한다. 조선춤에는 한국 전통춤 같은 개인의 내면을 표현하는 것이 없다. 전통춤을 배우면 조선무용의 대담성뿐 아니라, 섬세한 표현 형상도 할 수 있지 않을까. 또, 조선무용은 나이 들어서까지 추기는 어려운 춤인 반면, 한국무용은 나이가 들어도 계속할 수 있는 춤이다. 이것은 한국무용의 장점이면서 단점이기도 하다. 조선무용은 고도의 테크닉이 필요한 데 비해, 한국무용은 쉽고, 재미가 없게 느껴지기도 한다. 그러나 한국춤이 재미없다는 의견에는 동의하지 않는다. 진정으로 내면을 표현하는 것, 호흡을 제대로 쓰는 것은 어렵고, 깊은 생각을 갖고 한국춤을 하는 사람과 단순히 한류의 유행을 따라 한국춤을 하는 사람은 다르다. 하지만, 전통춤도 너무 거기에만 매달리면 시대의 느낌을 못 맞춰간다. 전통 나름의 발전이 없으면 보존도 못된다. 이렇게 한국무용과 조선무용이 분명히 차이가 있다고 보면서, 그러나 뿌리는 같다고 느낀다는 사람들이 많았다.

후기

　재일동포 사회에서 민족무용은 '한국무용'과 '조선무용'으로 구분되어, '한국무용'은 주로 민단계를 통해 전승된 남한 무용, '조선무용'은 총련계를 통해 전승된 북한무용을 의미하는 것으로 통용되고 있다. 여기에는 구종주국 일본에서 분단된 두 '조국'을 품고 살아온 재일동포 특유의 역사성이 투영되어 있다. 필자는 이러한 역사성에 주목하여 재일동포 사회에서 민족무용의 전승을 '한국무용'과 '조선무용'을 구분하는 경계가 형성되고, 공고화되는 과정, 그리고 그 경계가 동요하거나 새로운 의미가 부여되는 과정으로서 고찰했다.

　해방 후 재일동포 사회는 조련과 민단으로 대표되는 좌, 우 양 진영으로 분열되었고, 1948년 대한민국과 조선민주주의인민공화국이 수립되자 민단은 대한민국, 조련은 조선민주주의인민공화국을 지지하는 입장을 표명하고, 각기 '조국'과의 관계를 지렛대 삼아 조직의 확대, 강화를 도모했다. 조련-민전-총련으로 이어지는 좌파 진영에서는 일찍부터 가무, 연극 등의 예능은 대중에 대한 선전, 홍보 및 대중동원의 중요한 수단으로 활용하여, 순회음악대, 문선대, 문공대 등 공연을 위한 단체들을 조직했으며, 1955년에 결성된 총련은 산하 기구로 재일조선중앙예술단(이하 중앙예술단)을 설립했다. 그러나 민족무용에 관해서는 전문적인 무용가가 부재한 상황이었다. 후일 '조선무용의 대모'라 일컬어진 총련계의 대표적인 무용가 임추자는 1952년부터 1960년 4·19혁명 직후까지 일본에 체류했던 조택원에게서 조선무용을 배웠다. 최승희와 더불어 이시이 바쿠의 제자이자 전전 부터 일본 무용계에서 명성이 높았고, 국제적으로도 알려진 무용가 조택원은 일본에 입국할 때부터 한일친선을 추구하는 보수 정치인들과 민단계 인사들의 지원을 받고 있었다. 임추자가 조택원에게 배운 시기는 조선학교 졸업 후 총련계 동포 사회에서 문선대를 조직하여 활동하던 1955~1957년으로 총련 조직 차원에서 공공연하게 배울 수 없었지만 개인적으로 배우는 것은 대충 넘어갔다. 이때 배운 조선무용은 임추자의 문선대 활동이나 조선무용 연구소 활동 등에서 기반이 되었다. 이념과 진영을 넘어선 두 사람의 사제 관계는 1950년대 재일동포 사회의 민족무용 지형에서는 '한국', '조선' 구분이 없는 하나의 민족무용이 존재했음을 단적으로 보여준다. 그러나 냉전체제의 공고화를 배경으로 재일동포 사회에서 민단과 총련, 그리고 이와 연결된 한국과 북한의 적대적 대립과 헤게모니 경쟁이 심화되면서 조택원과 임추자도 1957년에 결별할 수밖에 없었다.

1960년대에는 양 진영의 헤게모니 경쟁이 문화예술 차원으로 확장되었고, 한국무용과 북한무용의 일본 유입도 상당 부분 그 일환으로 이루어졌다. 다만, 유입 경로와 재일동포 사회에 전승되는 방식은 서로 매우 달랐다. 한일회담의 급진전과 한일수교라는 정치 과정을 배경으로 1960년대에는 한·일 간에 민간 교류가 촉진되었으며, 문화교류 차원에서 다양한 예술단체들의 일본 방문 공연이 이루어졌다. 한국무용도 그런 맥락에서 일본에 유입되었다. 한일교류의 상당 부분은 한국과 재일동포의 교류였고, 이는 대개 민단 또는 민단계 단체들의 초청으로 이루어졌다. 반면 북일 간에는 공식 외교관계가 없고 민간 교류도 억제된 상황이었으나, 북한무용도 1960년대 들어 일본에 유입되었다. 그것은 이른바 '귀국선'('북송선')을 매개로 이루어졌다. '귀국사업'에 의해 북한으로 이주하는 동포들을 수송하는 이 배를 통해 조선무용 교본과 영상, 반주 음악 테이프, 의상, 소도구 등이 재일동포에게 전달되었고, 북한인은 일본에 입국할 수 없었기 때문에 중앙예술단 단원들이 정박 중인 배에 승선하여 북한의 무용가에게서 주요 무용작품들을 전수받았다. 이와 같이 1960년대 '한일회담'과 '귀국사업'이라는 서로 맞물리며 전개된 대항적 정치 과정을 배경으로 한국무용과 북한무용이 서로 다른 방식으로 일본에 유입되어 재일동포 사회에서 전승되었다. 이를 계기로 재일동포 사회에서 수행되는 민족무용은 무용 양식이나 작품 내용 등에서 민단계와 총련계가 분명한 차이를 보이게 되었으며, '한국무용'과 '조선무용'으로 정체성이 구분되었다.

민족무용 전승 방식에서도 민단계와 총련계는 현저히 달랐다. 총련은 1960년대에 조직을 기반으로 재일동포 사회 내부에 전승체계를 구축했다. 우선 기존의 재일조선중앙예술단에 더해 총련 지방본부 차원의 전문예술단으로서 조선가무단(이하 가무단)을 설립했다. 중앙예술단은 1960년대 초부터 '귀국선' 선상에서 북한 최고의 무용가·안무가로부터 북한의 조선무용을 전수받아 동포 사회에 전하는 역할을 했다. 선상 지도를 통해 무용 작품들뿐 아니라 무용의 양식과 기법 등도 전해졌고, 이는 재일동포의 '조선무용' 창작 또는 안무에 기초가 되었다. 처음으로 북한을 방문한 1974년, 혁명가극 〈금강산의 노래〉를 습득하여 김일성 주석 앞에서 공연한 것을 계기로 '재일조선중앙예술단'은 '금강산가극단'(이하 가극단)으로 재편되었고, 북한의 유일한 해외 국립예술단으로 자리매김되었다. 그에 비해 가무단은 동포들의 일상생활에 가까운 곳에서 다양한 요구에 부응하여 활동하는, 기동력 있는 예술선전대로서의 역할을 부여받았다. 가극단과 가무단은 위상과 역할에 차이가 있지만, 둘 다 총련의 전문예술단으로서 단원들은 총련에서 급료를 받고 '예술가'로 간주되며, 전문 무용가라는 롤모델을 제공한다. 총련계 커뮤니티에서 무용 교육을 통해 차세대를 이 같은 전문 무용가로 길러내는 기저 조직은 조선학교이다.

조선학교의 무용 교육은 교과과정이 아닌 과외활동으로서의 무용소조 활동을 통해 이루어진다. 조선학교 학생들은 초급 4학년부터 모두 소년단에 가입하여 소년단 활동의 일환으로 소조활동을 하게 되는데, 무용소조도 그중 하나이다. 매년 개최되는 전국 조선학교 학생 예술경연대회는 무용소조가 평가를 받는 장이 되고, 대회에서 뛰어난 성적을 거둔 학생은 고급학교 졸업 후 예술단에 선발되어 전문 무용가의 길을 걸을 수 있기 때문에 무용소조 학생들의 중요한 목표가 된다. 조선학교에서 무용을 지도하는 교원은 무용 교육자로서 전문무용가와는 구분되는데, 대부분 조선대학교 무용소조 출신이다. 초급학교는 조선대학교 사범교육학부 사범과 졸업생, 중·고급학교는 외국어학부나 이학부 등 전문학부 졸업생이 교원으로 배치되는데, 이들 중 대학에서 무용소조에서 활동했던 사람이 무용을 지도한다. 이들도 대개 조선학교 시절부터 무용소조 활동을 해왔고, 전문 무용가가 아닌 애호가로서 문예동 등에서 조선무용을 계속할 수 있으며, 교원을 대상으로 한 조선무용 강습도 받는다. 이상과 같이 '조선무용'은 총련 조직을 축으로 하는 단선적인 체계를 통해 전승되어 왔다. 그 틀이 형성된 것은 1960년대 후반이며 전승체계가 좀 더 정비된 체제로 구축된 것은 1970년대라고 할 수 있다.

재일동포 사회에서 '한국무용'은 매우 다른 방식으로 전승되었다. 1960년대부터 한국의 전문예술단부터 학교 무용부에 이르기까지 다양한 단체들이 한일교류와 재일동포 위문을 목적으로 일본을 방문하여 공연을 했는데, 그중 다수는 민단과 민단계 단체나 기업인 등의 초청 또는 후원에 의한 것이었다. 일본에 들어오는 한국무용은 북한무용처럼 단일한 계통이 아니었고, 초청하거나 후원하는 재일동포 쪽 창구도 상대적으로 다양했다. 예컨대 전문예술단·무용단 중에도 국립과 민간이 있고, 민간의 경우도 국악 계열과 무용 계열이 나뉘며, 각 계열 안에서도 무용가에 따라 계승하는 무용이 다르기도 했다. 방일 목적은 대개 한일교류·친선과 재일동포 위문이었으나, 목적 외의 활동들이 더해지는 경우도 많았다. 한국무용 자체는 이념성을 띠지 않더라도, 애당초 정치적인 목적으로 공연이 추진되거나, 공연이 이루어진 장의 성격 때문에 결과적으로 정치적인 함의를 갖게 되기도 했다. 민간 전문예술단의 경우, 예능 프로덕션이 개입된 상업적인 활동이 이루어졌다. 1960~1970년대는 일본 방문이 쉽지 않은 시기였기 때문에 일단 비자를 받아 일본에 들어가면 허용되는 범위 내에서 가능한 한 오래 머물면서 방일의 주목적인 공연 외에도 개별적으로 강습을 하거나 한국요정이나 클럽 등의 업소에 출연하는 경우가 적지 않았다. 한일 간에 경제적 격차가 컸던 시절, 한국의 국악인, 무용가들에게 일본은 매력적인 시장이었고, 주된 수요자는 재일동포였다.

1960~1970년대에 형성된 민족무용 지형은 1980년대 들어서부터 서서히 변화되기 시작했다. 변화의 조짐은 민단계의 재일 2세들에게서 먼저 나타났다. 일본에서 태어나 자란 재일 2세들이 정체성에 대한 고민과 갈등 속에서 정체성의 기반으로서 '민족성'에 주목하게 되었고, 그런 맥락에서 한국무용을 배워 한국무용가의 길을 걷게 된 2세들이 나타났기 때문이다. 그 젊은이들은 일본에서 한국무용을 접할 기회가 있었고 배운 적도 있지만, 본격적으로 배우기 위해 한국에 유학을 가거나 단기 체류로 왕래하면서 한국의 명인급 무용가에게 춤을 배웠다. 처음부터 무용을 배울 목적이 아니라 음악을 배우러 혹은 어학연수로 한국에 갔다가 한국무용을 배우게 된 경우도 있다.

이렇게 한국에서 배우고 온 재일 2세들은 일본에서 한국무용단이나 무용연구소를 설립하여 이를 거점으로 한국무용가로서 활동하게 되었다. 빠르게는 1970년대 말부터 1980년대에 걸쳐 이러한 재일 2세 한국무용가들이 등장했고, 1990년대에는 중요무형문화재 춤의 이수자도 배출되었다. 국가가 지정한 문화재 춤을 그 보유자인 인간문화재에게 사사하고 이수자 시험을 치러 합격하면 문화재청에 '이수자'로서 공식적으로 등록된다. 그것은 전문적인 한국무용가로서의 자격을 국가가 공인했다는 증명에 다름 아니다.

총련계와 달리 일본에서 한국무용가로서 살아가는 롤모델이 부재하고, 조직이 뒷받침하는 민족무용가 양성체계도 부재한 가운데, 재일 2세 젊은 이들은 각자 분투하며 한국무용가의 길을 만들어갔다. 1980년대 이후 재일 동포 한국무용가들이 일본에서 춤을 추는 장은 일본의 시민운동과 연결된 곳으로 확장되었다. 평화운동, 반차별운동, 소수자 인권운동 등 다양한 운동 의 장에서 등장하는 한국무용은 재일동포라는 존재의 역사성과 관련된 상 징적 의미를 지니게 된 것이라 할 수 있다. 정체성의 기반으로서의 민족성 의 추구가 민족을 넘어서는 보편적인 화두와 연결되는 점에서도 그것은 매 우 의미 있는 새로움이었다.

1980년대 중반 무렵부터 총련계의 무용지형에도 변화가 일어났다. 우선, 재일동포의 북한 방문이 가능해짐에 따라, 북에서 직접 무용 지도를 받는 층이 확대되었다. 가극단뿐 아니라 가무단 단원들도 매년 북한에 가서 강 습을 받게 되었고, 조선학교 학생들도 설맞이공연(초·중급부)과 통신교육제 도 등을 통해 북한에서 무용 지도를 받을 수 있게 되었다. 아직 개인의 자 유로운 왕래는 어렵지만 북한과의 직접적인 교류의 확대는 자연히 '조선무 용' 전승 체계에 변화를 가져오게 되었다.

총련계의 민족무용 지형에서 주목할 만한 또 하나의 변화는 1990년대 이 후 총련 조직 외부에 무용단이나 무용연구소들이 등장한 것이다. 그동안에 는 총련 산하의 가극단과 가무단 외에는 전문예술단이 존재하지 않았고, 무용교육 또한 기본적으로 총련 산하의 조선학교에서 이루어졌다. 그러나 예술단에서 은퇴하는 무용가들이 축적됨에 따라 은퇴 후의 새로운 활동 기반으로서 무용단이나 무용연구소를 설립하는 경우들이 나타나게 되었 다. 더욱이 예술단 무용가들의 은퇴는 아직 젊은 시기에 이루어지는 경우 가 많아, 전문적인 역량을 살려서 활동을 계속할 수 있는 거점으로서 무용단이나 무용연구소는 충분히 고려할 만한 선택지의 하나라 하겠다. 총련 조직 외부의 무용단, 무용연구소는 말하자면 민간 사업자인 셈이며, 이들은 여전히 총련계 커뮤니티를 기반으로 하고 있지만, 총련의 직접 통제를 받지는 않는다. 이는 '조선무용' 전승 체계의 외연이 확장되면서 시장적인 요소가 어느 정도 들어가게 된다는 점, 그리고 총련계 커뮤니티에 속하지만 총련의 통제를 받지 않는 예술가, 무용가가 늘어난다는 점에서 주목할 만하다.

재일동포 사회의 민족무용 지형에서 눈에 띄는 새로운 현상은 '한국무용'과 '조선무용'의 교류이다. 여기에는 '한국무용'과 '조선무용'이 하나의 무대에 오르는 합동공연, '조선무용가'가 '한국무용'을 배우거나 그 반대인 경우 등이 포함된다. 1960년대에 형성된 '한국무용'과 '조선무용'의 경계는 한국과 북한, 민단과 총련의 적대적 대립과 헤게모니 경쟁이 강화됨에 따라 공고화되었고, 1980년대 중반까지 그대로 유지되었다. 필자가 조사한 한에서는 1985년에 처음으로 '한국무용'과 '조선무용'의 합동무대가 마련된 기록이 있고, 그해에 재일 2세들이 주도하는 통일운동으로서의 문화운동을 표방한 〈원코리아페스티벌〉이 시작되어 민단계와 총련계 양측이 함께 출연하는 공연을 추진했다. 1990년대 중반 무렵부터 아주 적은 사례이지만 금강산가극단이나 문예동 등 총련 산하 단체의 공연에 민단계의 재일동포 한국무용가와 뉴커머 한국무용가가 찬조로 출연한 경우를 볼 수 있으며, '조선무용가'가 민단계의 무용가에게 한국무용을 배우는 사례도 나타났다. 가극단, 가무단 같은 총련 조직에 속할 때는 곤란하지만, 은퇴한 후 배우는 것은 별 문제가 되지 않는 것도 새로운 상황이라고 할 수 있다. 일본에서 한국무용을 배울 뿐 아니라, '조선'적 동포의 한국 입국이 허용된 1990년대 말 이후에는 총련계의 조선무용가가 한국에서 강습을 받거나 한국에서 공연에 참가하는 경우도 나타났다. 또한, 한국무용가와 조선무용가가 개인 차원에서 합동공연을 하면서 서로 배우고 가르쳐 한국무용과 조선무용을 같이 추는 사례도 있다. 그런가 하면 '조선무용' 무용음악 음반을 한국에서 구입하거나 무용의상을 한국에서 맞추는 일도 있고, 거꾸로 '한국무용' 의상을 비용이 훨씬 저렴하게 드는 평양에서 제작하고 디자인은 한국 것을 보내는 경우도 있다. 미시적으로 들여다보면 그 밖에도 여러 다양한 사례들을 발견할 수 있다. 통계 자료는 없지만 필자가 사례 조사를 통해 파악한 바로는 조선무용가 중 한국 국적을 취득한 사람이 증가했다. 그러나 편의상 한국 국적을 취득했더라도 여전히 총련계 커뮤니티에 귀속의식을 갖고 그 일원으로서 활동하는 것이 보통이다.

이상과 같은 여러 변화들은 남북한 관계나 남북한과 일본의 관계 등 정치적 상황에 영향을 받지만, 결국 개인 행위자인 무용가들의 다양한 형태의 경계 넘기를 통해 만들어진다. 금강산가극단에서 활동했던 사람이 한국무용으로 전환한 경우가 있는가 하면, 한국무용을 배우고 공연에 참가하면서 오히려 자신의 본령은 '조선무용'이라는 조선무용가로서의 정체성을 더욱 명확히 갖게 되는 경우도 있다. '조선무용'과 '한국무용'의 융합을 모색하는 사람도 있다. 어떤 경우라도 그것은 무용가로서 자신이 원하는 혹은 잘할 수 있는 길을 선택하는 것이다.

남·북 분단과 적대적 관계가 지속되고, 본국 분단에 기인하는 재일동포 사회 내부의 분열이 계속되는 한, 1960년대에 형성된 민족무용 지형의 냉전적인 틀도 존속될 것이다. 다만 재일동포 사회의 민족무용 지형에 나타나는 작지만 의미 있는 변화들과 한국무용과 조선무용의 경계를 넘는 수많은 행위들이 축적되면 될수록, 그 틀은 형해화되거나 의미전환이 일어날 수도 있을 것이다. 그것은 재일동포이기 때문에 오히려 기대할 수 있는 미래가 아닐까?

재일동포의 민족무용에 관한 한국사회의 관심은(학문적인 연구를 포함해서)

본국 중심적이거나 민족주의적인 관점에 기초한 경향이 있다. 예컨대 총련계의 민족무용을 북한무용에 대한 관심의 우회로로서 접근하거나, 재일동포의 민족무용 전승을 민족의식의 척도로만 보는 경우 등이다. 그러나 관점에 따라서는 재일동포 사회가 본국(한국이나 북한)보다 다양하고 풍부한 민족무용 자산을 가지고 있다고 볼 수도 있다. 민족무용의 '한국'/'조선' 경계가 분단선으로 작용했던 시기에 비해 그 경계를 넘는 다양한 실천들을 통해 경계의 양편을 함께 품은 민족무용의 자장이 형성되기 때문이다. 또한 재일동포들이 민족무용을 수행하는 주된 장은 그들의 생활 기반인 일본, 그리고 지역사회이다. 민족무용이 이루어지는 구체적인 장과 맥락에 따라 같은 춤이라도 본국과는 다른 의미가 부여될 수 있다. 오늘날 디아스포라로서 정체성의 추구와 불가분하게 연결된 재일동포의 민족무용이 향후 어떤 방향으로 전개되어 갈지, 기대를 갖고 지켜보고 싶다.

이 책은 필자가 인터뷰와 문헌자료들을 통해 접한 수많은 이야기들 속에서 엮어낸 또 하나의 이야기를 담은 것이다. 앞에서 본문의 내용을 요약 정리했지만, 그 줄기 못지않게 잔가지들과 소소한 잎새들의 의미도 필자에게는 크고 소중하다. 솎아내어 한 켠에 쌓아둔 잎새들도 아직 촉촉한 향기를 머금은 채 곁에 있다. 새롭고 흥미진진한 이야깃거리들 속에서 헤매며 길을 닦았다가 덮고 다시 닦기를 수차례. 이제 겨우 이야기를 마무리하여 책으로 내어놓게 되었다. 부족한 부분들이 먼저 눈에 띄어 뿌듯함 보다 두려움이 앞선다. 읽는 분들의 비판과 조언을 통해 더 배울 수 있는 계기가 되기를 희망한다.

〈조선무용일람표〉는 박정순『재일조선인들 속에서 민족무용을 통한 민족성교양에 대한 연구』(2012년)와 김채원「재일조선인 무용 연구-금강산가극단을 중심으로」(2007), 그리고 필자가 입수한 총련계 무용가 개인 또는 단체의 공연 팸플릿을 토대로 필자가 작성한 것이다. 이 자료들에 수록된 무용작품은 총련계의 전문예술단, 전문무용가에서부터 조선학교 학생들, 일반 애호가들에 이르기까지 다양한 층에 의해 다양한 형태로 이루어진 것들을 포함한다. 특별한 기준에 입각해서 참고자료를 정한 것이 아니라 입수할 수 있었던 자료들을 활용하여, 재일동포의 조선무용은 구체적으로 어떤 춤들이 있는지 알아봄으로써 재일동포의 조선무용의 성격과 흐름을 이해하는 데 도움이 될 만한 단서를 제공하고자 하였다.

〈조선무용일람표〉의 1945~2000년 목록은 주로 박정순의 위 저서와 김채원의 위 논문, 그리고 〈임추자조선무용창작발표회〉(1994.12.15. 금강산가극단 주최) 팸플릿을 참고했다. 박정순은 해방 직후부터 2000년대에 이르기까지 재일동포 사회(총련계)에서 이루어진 조선무용의 흐름을 고찰하는 가운데 각 시기별로 공연된 무용 작품 제목들을 2000년까지 기술하고 있다. 김채원은 자료집「금강산가극단 40년의 발자취」(1995)를 토대로 1955~1995년 금강산가극단의 공연 작품 목록을 표로 작성하여 제시했다.[1] 〈임추자조선무용창작발표회〉 팸플릿에 실린 '주요 창작년대표'에서는 1950~

---

[1] 단, 2006년 작품 2편과 1998년 작품 1편이 목록에 포함되었는데, 2006년 작품들은 금강산가극단의 내한공연(2006) 팸플릿에서 뽑은 것으로 보이고, 1998년 작품의 출처는 알 수 없다. 〈표 1. 금강산가극단의 공연작품〉(49~50쪽).

1994년 임추자의 작품들을 소개하고 있다. 이상 3개 문헌자료에서 연도가 명기된 작품의 제목들은 본 일람표에서 연도별로 기재했으나, 박정순이 각 시기별로 연도를 명기하지 않고 제목만 기술한 것들은 본 일람표에서도 박정순의 시기 구분에 따라 '연도 미상'으로 하여 기재했다.

2001~2015년 목록은 아래 공연 팸플릿들에 의거해서 작성했다(공연주체 가나다순).[2]

① 강휘선 조선무용연구소

≪舞う, 舞いあがれ! ひとつになるまで 姜輝鮮朝鮮舞踊研究所 第30回発表会≫(2010.8.30)

≪세상에 둘도 없는 꽃 조선의 꽃 姜輝鮮朝鮮舞踊研究所 第31回発表会≫(2012.8.23)

② 고정순

≪芸術生活３０周年記念 高定淳リサイタル 춤사랑-조국의 명작을 춤추다-≫(2013.12.6)

③ 고정순·유미라(합동공연)

≪연·縁·ヨン -高定淳·柳美羅の舞-≫(2007.11.24)

≪혼·魂·ホン -高定淳·柳美羅の舞vol. II-≫(2009.11.24)

≪興 -高定淳·柳美羅の舞vol.3-≫(2011.11.18)

④ 고정순·유미라(합동발표회)

≪ウリ歌舞楽発表会≫ 제1회(2006.11.17), 제2회(2008.11.18), 제3회(2010.8.31), 제4회(2012.11.16), 제5회(2014.11.15)

⑤ 문예동중앙무용부

---

2) 같은 제목으로 공연 회차만 바뀌는 경우, 팸플릿 제목 아래 횟수만 기재함. 공연 장소는 참고 문헌에 기재된 것으로 갈음하고 여기서는 생략함.

≪재일본조선문학예술가동맹 무용경연대회≫ 제1회(2002.6.22), 제2회
(2003.7.13), 제3회(2004.6.26), 제4회(2005.12.17), 제5회(2007.11.23), 제6
회(2009.7.19), 제7회(2011.8.6), 제8회(2013.7.28), 제9회(2015.7.19)

≪아리랑의 노래 祖国解放70周年記念全国文芸同舞踊部員による 舞
踊祭典≫(2015.7.20)

≪무용조곡 세월과 더불어 舞踊組曲~歳月~≫(2000.12.24/ 2001.2.4/
2001.3.20)

⑥ 임추자민족무용단

≪舞踊生活六〇周年・古希記念 任秋子民族舞踊団特別公演≫(2006.
12.14)

≪舞踊半生七十年・傘寿記念 任秋子民族舞踊団特別公演 춤한길 ≫
(2017.7.6)

⑦ 조선무용교실 '무희' 공연 팸플릿

≪춤추는 꽃 舞姫 朝鮮舞踊敎室〈舞姫〉10周年記念發表會≫(2010.9.1)
≪춤추는 꽃, 舞姫 朝鮮舞踊敎室〈舞姫〉第4回定期發表會≫(2012.8.31)
≪조선을 춤추다－朝鮮舞踊敎室〈舞姫〉15周年記念發表會≫(2010.9.1)

참고한 자료들에서 작품의 제목만 기재된 경우와 예컨대 '가무극'과 같이
작품 형식이 병기되어 있는 경우를 구분하여, 각 연도별로 전자는 상단, 후
자는 하단으로 나누어 기재했다. 전자는 대개 무용소품들인데, 형식의 기
재 누락이 의심되는 경우가 극히 일부 포함되어 있으나 그대로 기재했다.
참고 자료들에서 제목에 병기되어 있는 작품 형식의 명칭들은 다음과 같다:
무용극, 조선고전무용극, 가극, 가무극, 창무극, 가무, 앙상블, 음악무용종
합공연, 구성시, 무용시, 음악무용구성시, 대음악무용서사시, 무용조곡, 가
무이야기, 무용과 합창, 독창과 무용, 대군무, 무용특별공연.

총련계 각종 공연 속의 조선무용 일람

연도	제목
1950	노들강변, 도라지, 빛나는 조선
1953	아리랑, 초립동, 항쟁
1954	노들강변, 농악, 부채춤, 빨간 저고리, 소년단행진곡
1945~1954 (연도 미상)	우리는 승리한 공화국의 녀성, 닐리리야, 승무, 양산도, 어랑타령, 뽕따러가세, 새아리랑
	흥부와 놀부(무용극)
1955	도라지, 바다의 노래, 양산도, 타령, 탈춤, 한삼춤, 해방의 노래
	노승과 처녀(조선고전무용극), 백사자와 처녀(무용극), 조선은 하나다(앙상블/가무)
1956	가무팔도, 검무, 꽃춤, 농악무, 물동이춤, 용궁의 나라, 초립동, 타령, 한삼춤, 활량무
	아리랑(무용극),
1957	밀양아리랑, 북춤, 선녀춤, 어머니의춤,
	견우와직녀(귀국선, 행복의노래, 수궁의세계, 궁궐의춤)
1958	물동이춤, 부채춤, 북춤, 칼춤, 타령
	백두산이야기(구성시), 춘향전(창무극), 아름다운조선(앙상블/가무: 제1장 무용극 〈해불〉, 제2장 민요집 〈노래하자 나의조국〉, 제3장 무용조곡 〈동트는아침〉)
1959	물동이춤, 인형무, 초립동, 타령, 허수아비의 장난
	조선가무집(앙상블/가무), 추학무(무용극)
1960	바다의 랑만, 부채춤, 양산도
	귀국의 기쁨(무용조곡), 사회주의조국 좋을시구(음악무용구성시), 평화통일에로의 길(앙상블/가무)
1961	건설, 농악부, 모란봉, 백만톤을 더 내세, 북춤, 장고춤
	불사조의 노래(음악무용구성시), 해바라기(무용극)
1962	직포공, 풍년가
	랑반이야기(가면무용극)
1963	봉화, 북춤, 사당패, 아리랑, 풍년가, 허수아비와 마을처녀
	동트는 아침(무용조곡)
1964	농악무, 만풍년, 환희
	빛나는 조국(구성시), 쇠물은 흐른다(앙상블/가무)

연도	제목
1955~1964 (연도 미상)	강강수월래, 3인무, 공화국할머니들 늙을 줄 모른다네, 꽃맞이, 산조무, 선녀와 학, 승무, 아들자랑 딸자랑, 어부들, 옹헤야, 일터의 휴식, 장단무, 지상락원 할머니들, 천리마여 앞으로, 콩쥐팥쥐, 쾌지나칭칭나네, 탈춤, 태평무, 학무, 황량무, 김일성 장군의 노래
1965	농악무, 바다의 노래, 지상락원
	분노(무용극), 조선의 노래와 춤(앙상블/가무)
1966	유격대행진곡, 항쟁의 길,
	조국의 해빛 아래(대음악무용서사시: 긴아리랑, 고난의행군, 만풍년, 우리는 조선의 아들딸이다. 농악, 노호하라 남해바다여), 련꽃이 필 때(앙상블/가무)
1967	10대강령의 노래, 동백꽃, 봉선화, 싸우는 남녁의 녀성들, 전선의 왈쯔, 조국통일 행진에로, 조선은하나다
	남녁의 (한) 어머니(무용극), 붉은 꽃수건(무용극), 평양은 마음의 고향(구성시), 조국과 수령께 드리는 노래(대음악무용서사시: 그중 만풍년, 홰불춤, 귀국의 길 열린다)
1968	귀국의 기쁨, 김일성 장군의 노래, 두레놀이 북춤, 불멸의 노래, 사령부를 찾아서, 영광스런 조국: 조선민주주의인민공화국, 조일친선원무곡
	수령님께 드리는 충성의 노래(음악무용구성시), 위대한 수령께 영광을 드립니다(대음악무용서사시 전9장 23경: 삼색춤, 풍년, '쇠물은흐른다'에서 쇠물정의 춤, 어부의 춤, 총동원가)
1969	조국의 해빛 아래, 널뛰기, 농악무, 장고춤,
	수령님의 해빛 아래(음악무용구성시), 싸우는 남녁땅(앙상블/가무), 조국 광복을 위하여(대음악무용서사시)
1970	고난의 행군, 과수반 처녀, 김일성 원수님께 드리는 노래, 북춤, 뻐꾹새와 처녀, 사회주의조국 얼마나 좋으랴, 새 소식을 가지고 오늘도 출발, 선녀춤, 손꼽아 기다리던 조국상품전람회, 아리랑, 우리 꽃동산, 우리나라 옷감, 우리마음 평양에로, 장고춤, 즐거운 야영지, 청산리정신을 따라 배우자, 혁신의 나날
	김일성 장군님은 우리의 태양(앙상블/가무),
1971	남북의 장벽을 허물자, 농악무, 무궁화 꽃수건, 아박무
	불멸의 노래(음악무용구성시)

연도	제목
	27년 만에 되찾은 민족의 넋, 60만은 수령님의 만수무강을 축원합니다, 금은보화, 농악무, 만경대를 찾아서, 모두 다 조선사람으로 살아갑시다, 원한의 섬에 공화국기 휘날린다, 조국의 사랑은 따사로워라, 조일친선의 단결, 직포공의 사랑, 통일의 한 길로
1972	사과 딸 때(앙상블/가무), 조국의 해빛아래(대음악무용서사시: 김일성 원수님은 우리의 태양, 탄생의 노래, 아리랑, 남산의 푸른 소나무, 고난의 행군, 유격대행진곡, 보천보의 해불, 빛나는 조국, 두레놀이 북춤, 결전의 길로, 격랑을 헤치고, 우리는 이겼다, 복구건설의 노래, 3대 기술혁명 꽃피워 가네, 경제건설과 국방건설의 병진로선 받들고, 영원토록 충성하리라, 수령님의 주체사상 높이 받들고, 우리 자랑 이만저만 아니라오, 〈만경봉〉호 타고서 조국으로 돌아가리, 미래의 주인공, 노호하라 남해바다여, 전 세계 인민들이여 친선의 노래 부르자, 김일성 장군의 노래, 수령님의 만수무강 축원합니다)
1973	3인무, 꽃파는처녀, 눈이내린다, 샘물터에서, 장검무, 키춤
	은혜로운 해빛 아래(무용극), 이름없는 이역의 꽃(무용극), 충성의 노래(음악무용구성시), 학교건설의 노래(앙상블/가무)
1974	공화국 기발을 목숨으로 지키리, 근거지 처녀, 금강산의 노래, 민족악기 받아안고, 새봄, 쇠물은 흐른다, 수령님의 만년장수 축원합니다, 우리자랑 이만저만 아니라오, 풍년씨앗 뿌려가세
	수령님의 만수무강을 60만은 축원합니다(앙상블/가무)
1965-1974 (연도 미상)	3인무, 곤충잡이, 너도나도 치마저고리, 비날론 폭포 쏟아진다, 승리의 해불, 아버지 원수님께서 보내주신 〈만경봉〉호, 양산도, 어부의춤, 조국선수단과 함께 얼음타기 즐거워요, 조국선수단을 맞이하는 날
1975	감방에서, 귀여운 신입생 나의 동생, 나가자 평화통일의 길, 농악, 봄, 북춤, 샘물터에서, 서명운동에 우리도 나섰어요, 영원토록 충성하리라, 우리자랑 이만저만 아니라오, 우리는 행복해요, 우리신문 쏟아져나온다, 조개 캐는 처녀, 조국통일 념원을 안고, 조국통일 행진에로, 키춤
	조국의진달래
1976	그 언제나 우리 앞길 비쳐줍니다, 서명운동에 우리도 나섰어요, 수령님 해빛 아래 만풍년 들었네, 아박춤, 양산도, 우리신문 쏟아져나온다, 원수님 사랑 속에 붉게붉게 피는 꽃, 진달래
1977	공화국 기발을 목숨으로 지키리, 금강선녀, 봄, 북춤, 수령님 보내주신 민족악기를 받아안고, 시내가의 봄, 인쇄공의 자랑, 조국통일 대행진, 조국통일 행진에로, 최승대의 추석명월
	수령님의 만수무강을 60만은 축원합니다(앙상블/가무),
1978	신입생이 학교가는 첫아침, 쟁강춤, 지하의 보물을 찾아서
1979	림진강, 벽화의 무희, 봄맞이, 천리마단조공

연도	제목
1980	널뛰기, 동백꽃, 만풍년, 명경대, 백두산 상상봉에서 부르는 노래, 북춤, 불타는 고지, 상품전람회의 선녀, 수령님의 만수무강을 70만은 축원합니다. 우리모두 학습을 잘하자요, 일편단심 붉은 마음 간직합니다, 은혜로운 해빛 아래, 처녀 분국장의 기쁨, 할아버지와 소녀,
	어머니의 소원(가무극), 귀국하는 기쁜 길(무용과 합창), 달매와 범다리(가무극), 모란봉(합창과 무용), 5월의 노래(대음악무용서사시: 70만은 영광을 드리옵니다, 수령님 총련을 무어주셨네, 수령님 열어주신 귀국의 배길, 향도의 해발 안고 피여난 목란꽃(아동무용), 우리 자랑 이만저만 아니라오(가무), 향도의 별을 우러러, 해와 별 모시는 길에 영광 빛나라)
1981	고려민주련방공화국 10대 강령의 노래, 꽃북놀이, 나가자 평화통일의 길, 대를이어 충성을다하렵니다, 명승의나라, 장고와상모, 통일의 새아침 밝아오는 그날까지, 판문점을 지나서, 허수아비와 처녀, 환희, 회양닐리리
	고려련방공화국세워나가자(앙상블/가무), 우리는행복해요(합창과무용),
1982	고려민주련방공화국 실현해가자, 대를 이어 주체위업 빛내가리, 모란봉, 빛나는 조국, 주체의 내 나라, 조국통일 소원 담아, 충성의 한마음 수를 놓네
	백두산의 쌍무지개(독창과무용), 4월의 봄 명절에 드리는 충성의 노래(음악무 용종합공연), 수령님 열어주신 귀국의 배길(노래와 무용이야기), 제일강산 좋을시구(앙상블/가무), 조선의 별(앙상블/가무), 통일의 한길로(가무), 위대한 수령 김일성원수님의 만수무강 축원합니다(음악무용구성시: 70만 송이송이 꽃이 되어서(송가와 무용), 우리는 행복해요(합창과 무용))
1983	갈밭에서(가극 '어머니의 소원' 중에서)
1984	북놀이, 탈놀이, 해와 별 모시는 길에 영광 빛나리
	경치도 좋지만 살기도 좋네(앙상블/가무), 노래하자 금강산(앙상블/가무)
1985	다람이와 원숭이, 달밝은 명절 밤에 북놀이 하자구, 도라지, 벽화의 무희, 북춤, 3인무, 사물놀이와 장고춤, 손북춤, 시내가의 봄, 우리 자랑 이만저만 아니라요, 장고춤, 칼춤, 통일의 새 아침 밝아오는 그날까지, 청춘의 붉은 꽃, 수령님 총련을 무어주셨네, 수령님 열어주신 귀국의 배길, 향도의 해발 안고 피여난 목란꽃(아동무용), 향도의 별을 우러러, 해와 별 모시는 길에 영광 빛나리
	영광의 노래(가무), 5월의 노래(대음악무용서사시), 70만은 영광을 드리옵니다(합창과 무용). 우리 자랑 이만저만 아니라오(가무),
1986	강강수월래, 고구려의 벽화, 벽화의 녀인, 북놀이, 오북놀이, 탈춤, 한삼춤
	조선고전무용집(가무앙상블)
1987	림진강, 봉선무, 부채춤, 한삼춤, 해와별모시고영광빛나라
	원수님 뵙고 싶어 왔습니다(가무이야기), 편지(가무이야기)
1988	돈돌라리, 빛나는 조국, 욕심많은 량반
	양산도(합창과 무용)

연도	제목
1989	내 마음속에 핀 한송이 빨간 꽃, 능수버들, 뜨거운 마음, 봉선무, 새납과 상모, 오북놀이
1990	경축무, 단심춤, 바다의 노래, 사당춤, 진주의 무희, 한마음
	5월의 행복을 노래합니다(음악무용구성시)
1991	〈만경봉92〉호, 경축, 사냥군춤, 수령님의 환하신 웃음 속에서, 인형무
	하나의 겨레, 하나의 조국(합창과 무용)
1992	기차놀이, 대원수님 탄생 80돐에 드리는 우리의 정성, 물고기 은어 동무, 우리의 길, 충성과 효성 다해가리, 항심
	관등놀이(앙상블/가무), 우리의 금수강산(앙상블/가무), 환하신 웃음(앙상블/가무)
1993	농악무, 랑만, 물동이춤, 바라춤, 박춤, 부채춤, 사냥군춤, 산조무, 손북춤, 승무, 진주검무, 통일새
1994	〈조국의진달래〉, 고구려벽화, 대하, 따르는 한마음, 모란봉, 무궁화꽃 수건의 노래, 봉선무, 북놀이, 사당춤, 산조무, 세월아 가지 말아, 승무, 우리 자랑 이만저만 아니라오, 탈놀이, 통일새, 한길, 한삼춤,
1995	따르는 한마음(따르는 마음), 박편무, 젊은 후의, 형제 별
	주체의 빛발 따라(음악무용구성시), 지새지 말아 다오 평양의 밤아(앙상블/가무)
1996	장고춤, 쟁강춤, 조선팔경가
	애국의 대를 이어(음악무용구성시), 조선대학교의 노래(음악무용구성시)
1997	기쁨의 옹헤야, 노들강변, 봉선화, 소고춤, 아박춤, 양산도, 우리 자랑 이만저만 아니라오, 이국의 하늘 아래, 장고춤, 조선팔경가, 좋다좋네 오늘의 경사
	금강산의 무희들(무용특별공연),
1998	거울바위, 장기놀이, 화동춤
	금강산의 무희들(무용특별공연)
2000	눈물의 아리랑, 부채춤, 채방울춤, 칼춤, 탈춤, 봄맞이, 명절놀이, 칼춤
	금강산의 4계절(경치도 좋지만 살기도 좋네, 금강산의 서리꽃, 류두놀이, 금강산 팔선녀, 명경대, 봉선화, 부용당의 사랑, 장고춤, 팔경가, 봄꽃), 세월과 더불어(무용조곡: 강강수월래, 소매옷춤, 쓸치마춤, 아침의 나라, 아박춤, 금수강산 내 조국 온세상에 자랑하세(즐꽃놀이춤))
2001	꽃놀이, 벽화의무희, 봉선화, 젊은 무희
2003	나의 초소, 넋두리 기본, 도라지, 바라춤, 북춤, 사리원 젊은 무희, 소고춤, 아리랑, 장고춤, 장고춤 '모', 장고춤 '흥', 젊은 무희, 조개춤, 청춘의 기쁨

연도	제목
2004	금수강산 좋을씨구, 농악무, 도라지, 명승의 나라, 모란봉, 무녀춤(무당춤), 바라춤, 봄꽃, 부용당의 봄, 북춤, 사리원 젊은 무희, 소고놀이, 소고춤,아박춤(아박무), 오북놀이, 우리 장단이 좋아, 우리의 금수강산, 월선도, 장고춤, 장고춤 '흥', 젊은 무희, 줄채방울춤, 채방울춤, 청춘의 기쁨, 행복의 북소리, 회양닐리리
2005	고대의 무희, 나의 초소, 도라지, 무녀춤(무당춤), 민속기본 부채춤, 바라춤, 북춤, 소고춤, 장고춤, 젊은 무희, 조개춤, 조국의 품을 그리며, 줄채방울춤, 직포공의 마음, 천안삼거리, 청춘의 기쁨,
	계절 따라 피는 사랑(행상인과 녀인들, 혼례춤, 꽃놀이, 농군춤, 세배춤, 청홍북춤),
2006	고구려 벽화, 고대의 무희, 검무, 기차놀이, 무당춤, 들북춤, 림진강, 봉선화, 북춤, 永えに, 아름다운 산하, 아리랑, 소장고춤, 장고춤, 춘향전, 태왁춤, 평고춤, 풍랑을 뚫고, 초립동, 한삼춤, 향령무, 향수(아리랑), 형제별,
	금강산의 무희들(무용특별공연: 농군춤, 벽화의 무희, 십오야 밝은 달아, 하나, 우리의 금수강산, 쟁강춤, 사냥군춤, 오북놀이), 독립의 꽃 유관순(무용조곡)
2007	고구려 장구춤, 명승의 나라, 못다 핀 꽃, 무녀춤(무당춤), 바라춤, 방울춤, 북춤, 산천가, 소고춤, 수건춤 기본, 양산도, 우리 장단이 좋아, 장고춤, 조국 산천 좋을씨구, 채방울춤, 천안삼거리, 타향무, 혁명의 승리가 보인다
2008	부채춤, 북춤, 소고춤
2009	경북춤(慶太鼓), 경축, 계주봉(옹헤야), 기원, 도라지, 들북춤, 명승명가(名勝名歌), 부채춤, 모란봉, 무궁화의 사랑, 무녀춤(무당춤), 물동이춤, 바라춤, 부채춤, 북춤, 산천가, 소고춤, 쌍북춤, 아름다운 금수강산, 온세상에 만발한 김정일꽃, 우리 자랑 이만저만 아니라오, 장고춤, 젊은 무희, 조개춤, 줄채방울춤, 직포공의 마음, 초립동, 타향무, 패랭이춤, 팽이춤
2010	거울바위, 계주봉(옹헤야), 고대의 무희, 고려삼신불춤, 기차놀이, 꽃등놀이, 내 마음 속에 핀 한송이 빨간 꽃, 대하, 련습 풍경, 무녀춤(무당춤), 비단실 뽑는 처녀, 사과 풍년, 사당춤, 새남과 상모, 샘물터에서, 설죽화, 소고춤, 소장고춤, 아리랑, 일편단심 붉은 마음 간직합니다, 장검무, 장고춤, 쟁강춤, 칼춤, 풍랑을 뚫고, 형제별, 화동춤
	금강산 이야기: 아름다운 사계(무용조곡: 류두놀이, 금강산 팔선녀, 금강의 오누이, 눈의 꽃, 명경대, 조선팔경가, 조천무), 해녀의 일기장(무용조곡: 어머니의 한탄, 해녀 시기를 되돌아보며, 바다가에서, 서러운 리별, 영원하리라 애국의 씨앗이여)
2011	경북춤(慶太鼓), 그날에 활짝 피리(咲き誇る統一の花), 기쁨, 꽃바라춤, 무녀춤, 물동이춤, 바라춤, 박판무, 방울춤, 봉선화, 부채춤, 북춤, 사당춤, 소고놀이, 소고춤, 손북놀이, 손북춤, 신바람, 우리 장단이 좋아, 우리의 금수강산(我が 祖国), 1월의 아침(幸福の朝), 장고춤, 젊은 무희, 조개춤, 줄채방울춤, 직포공의 마음, 청춘의 기쁨, 패랭이춤, 팽이춤, 환희

연도	제목
2012	기본동작, 련습 풍경, 룡강기나리, 명승의 내 나라, 바라춤, 박놀이, 박판춤, 병아리 키워요, 상모춤, 소고놀이, 소고춤, 수라간의 금싸래기들, 장고와 방울춤, 조개 캐는 처녀, 천안삼거리, 패랭이춤, 팽이춤, 한장의 그림 '나에게 날개가 있으면', 회양닐리리
	조선옷 입을 때면(무용조곡: 우리 옷이 좋아, 미래, 박편무, 고구려의 녀인들, 날고 싶어, 고구려의 벽화, 달빛 속의 련꽃, 슬기, 옥패춤), 세상에 둘도 없는 꽃 '조선의 꽃'(대군무: 독립의 꽃, 항일의 꽃, 통일의 꽃, 재일의 꽃, 꽃정, 꽃봉오리정)
2013	경북춤(慶太鼓), 고구려장고춤, 기쁨, 나도야 병아리 키워요, 나의 사랑 나의 행복, 나의 초소, 도라지, 들북춤, 등불춤, 량부채춤, 명경대, 목동과 처녀, 무녀춤(무당춤), 무희, 물동이춤, 박판무, 방울부채춤, 방울춤, 벽화의 무희, 부채춤, 북춤, 사과 풍년, 사당춤, 시리원 젊은 무희, 사항가 '어머니의 마음', 산천가, 삼색춤, 소고놀이, 소고춤, 손북춤, 쌍박춤, 아박춤, 열의, 온 세상에 만발한 김일성화, 우리 장단이 좋아, 장검무, 장고놀이, 장고춤, 쟁강춤, 조개춤, 줄채방울춤, 직포공의 마음, 천안삼거리, 청춘의 기쁨, 청풍명월, 칼춤, 패랭이춤, 팽이춤, 행운, 환희
2015	강강수월래, 경한삼춤, 고구려 장구춤, 고동: 이어지는 민족의 넋, 꼭두각시, 꿍니리, 내 나라 제일로 좋아, 도라지, 두레놀이북춤, 들북춤, 마음속 우러르는 내 나라 기발, 명절의 아침에, 무녀춤(무당춤), 무희, 무희: 조선을 춤추다, 물동이춤, 바라춤, 박판무, 박편무, 방울춤, 백두 한나, 보자기에 북을 싸서, 부채춤, 북춤, 사항가, 삼색춤, 샘물터에서, 소고놀이, 소고춤, 소장춤, 손북춤, 아박춤, 아리랑 고개를 넘어, 아리랑의 노래, 옷고름춤, 우리 장단이 좋아, 이름없는 이역의 꽃, 저 하늘 나는 새에 통일념원을 담아, 항쇠춤: 울려퍼지리 우리의 넋

참고문헌

고재열. 2006.6.19. 「춤추는 선량'이 벌인 조총련 극단의 춤판」. ≪시사저널≫.

공보실. 1964. 「재일교포의 수강 허가」(1964.12.31.기안. 국립국악원)(국가기록원, 관리번호 DA0348219).

국립국악원. 2013a. 『국립국악원 구술총서 6 구윤국』.

_____. 2013b. 『국립국악원 구술총서 9 최충웅』.

_____. 2014. 『국립국악원 구술총서 16 정화영』.

김남조. 2013.9.9. 「잊지 못할 조국방문의 나날에」. 재일본조선문학예술가동맹. ≪문예통신≫, 제2호.

김덕수. 2007. 『신명으로 세상을 두드리다』. 김영사.

김말애. 2006. 「조택원 「가사호접」의 생성배경과 전승맥락 연구」. ≪한국여성체육학회지≫, Vol. 18 No. 2.

김승국. 2012. 「향사 박귀희의 한국음악사적 행적」. ≪한국 전통공연예술학≫, 창간호, 281~323쪽.

김영동. 2015. 「1970·80년대 국악대중화−김영동 음악을 중심으로」. ≪동양음악≫, 제38집, 51~73쪽.

김영희. 1994. 「해방 직후 근대 한국 무용사에 관한 연구(1945~1948)」. ≪韓國舞踊硏究≫, 제12집, 23~48쪽.

_____. 2002. 「조선음악무용연구회의 활동에 대한 연구」. ≪大韓舞踊學會≫, 第32號, 1~24쪽.

김정환·하루미 엮음. 2009. 『김천흥의 해맑은 삶』(심소 김천흥 선생 타계 2주기 추모사진집). 민속원.

김채원. 2007. 「재일조선인 무용 연구−금강산가극단을 중심으로」. ≪大韓舞踊學會≫, 第53號, 39~54쪽.

_____. 2008. 『최승희 춤−계승과 변용』(한국무용사학회 학술총서 10). 민속원.

_____. 2010. 「북한 이데올로기와 춤의 관계」. ≪우리 춤과 과학기술≫, 제12집, 119~146쪽.

김청강. 2015. 「'조선'을 연출하다: 조선악극단의 일본 진출 공연과 국민화의 (불)협화음(1933~1944)」. ≪동아시아문화연구≫, 제62집, 167~204쪽.

김한길,2000. 「금강산가극단 서울공연 환영만찬·축사」. 2000.12.18. 연설. (대한민국 정책브리핑, http://korea.kr/archive/speechView.do?newsId=132010199&pageIndex=344&srchType=title&srchKeyword=)

남현호. 2007.11.6. 「러 최고무용수 이고르 모리세예프 사망」. 주러시아 한국대사관. overseas.mofa.go.kr

대한무역진흥공사. 1971. 『EXPO '70 日本万國博覽會 한국참가종합보고서』.

도노무라 마사루. 2007. 「식민지기의 조선 대중 예능과 일본인」. ≪일본공간≫, 2호, 94~113쪽.

東京 一記者. 1934. 「東京에 있어서의 崔承喜第一回發表會印象記」. ≪新東亞≫, 第四卷 第十二號, 133~136쪽.

모리 토모오미(森類臣). 2019. 「북일 문화 교류 사례에 관한 일고찰－1973년 만수대예술단 일본 순회공연에 대한 분석」. ≪다양성+Asia≫, 4호(3월). http://diverseasia.snu.ac.kr/?p= 2584.

문원택(편). 2009. 『김문숙: 남겨진 한 계단을 디디며』. 도서출판 운선.

문화체육관광부. 2013. 『남북 문화교류협력 사업 분석 및 발전 방안 연구』.

민족미학연구소 엮음. 2001. 『姜理文 춤비평론집 1－한국 무용문화와 傳統』. 현대미학사.

박귀희. 2013. 「향사 자서전」. http://www.hyangsa.or.kr/swboard/list.php?bcode=3 (2013년 1월 21일 게시).

박순아. 2011. 「금강산가극단: 재일동포가 해외에서 유지한 한국전통음악문화」. ≪음악과 문화≫, 제25호, 53~86쪽.

박정순. 2000. 『재일조선학생들의 민족성교양과 민족무용교육』. 문학예술종합출판사.

_____. 2012. 『재일조선인들 속에서 민족무용을 통한 민족성교양에 대한 연구』. 2.16예술교육출판사.

_____. 2013. 「재일동포의 민족무용을 생각한다」. ≪朝鮮大学校学報≫, vol. 23, 73~87쪽.

백향주. 2006. 「최승희 〈조선민족무용기본〉의 형성과 변화」(한예종 예술전문사 학위논문).

성기숙. 2001. 『한국 무용학 연구의 지평』. 현대미학사.

_____. 2002. 「최승희의 월북과 그 이후의 무용행적 재조명」. ≪무용예술학연구≫, 제10집, 101~141쪽.

_____. 2011. 「전통명인 박성옥의 예술세계 연구」. ≪한국무용연구≫, 29권2호, 1~27쪽.

_____. 2016. 「박귀희의 무용활동과 그 의의」. ≪한국전통공연예술학≫, 제5집.

손태룡. 2000. 「김문보, 한국인 최초의 바리톤 성악가」. ≪계간 낭만음악≫, 제12권 제3호(통권 47호), 5~32쪽.

수유산방. 2011. 『예술사 구술 총서 1 박용구 한반도 르네상스의 기획자』. 국립예술자료원.

신재경. 2010.9.1. 「일본에서 한국술집 여성들이 살아가는 법」. ≪제주의 소리≫, www.jejusori.net.

심광현. 2014.10.26. 「기적처럼 열린 '코리아통일미술전' … 통일주 건배 20년 전 신기루로」. ≪한겨레≫.

심우성. 2015.06.11. 「(특별기고) 소중한 김숙자 선생과 만남」. ≪서울문화투데이≫ http://www.sctoday.co.kr/news/articleView.html?idxno=20890

오규상. 2018. 「87년…, 재일동포들도 함께한 격동의 80년대」. ≪현장언론 민 플러스≫ http://www.minplusnews.com/news/articleView.html?idxno=6163 (10.17. 11: 53).

오명석. 1998. 「1960-70년대의 문화정책과 민족문화담론」. ≪비교문화연구≫ 제4호, 121~152쪽.

유인화. 2007.12.6. 「[춤과 그들] 정무연 '춤추는 제비'의 고독한 날개짓」. ≪경향신문≫

유진주. 2016. 「한국문화사절로서의 한국춤 해외 공연 활동양상」. 한국체육대학교 박사학위논문.

유춘오. 2012.11.8. 「BBD대표 김스랍」. (LARA) hellolara.com.

이병옥. 2002. 「1990년대 이후 우리식 북한무용의 현황과 전망」. ≪韓國音樂史學報≫, 제28집, 135~161쪽.

이사라. 2017. 「재일한국인2세 여성 무용가들의 무용활동을 통한 정체성 형성에 관한 고찰」. 한국예술종합학교 예술전문사 학위논문.

이상영. 2018. 「발생기의 우리학교 Vol. 40 조선학교와 민족악기」. ≪월간 이어≫ 2018년 10월호 http://www.mongdang.org/kr/bbs/board.php?bo_table=school_series&wr_id=42&page=2

이세기. 2003. 『명무 강선영 평전-여유와 금도의 춤』. 푸른사상사.

이송. 2004. 『거장과의 대화-예술가와 함께하는 짧은 여행』. 도서출판 운선.

이시이 바쿠(石井 漠). 2007. 「최승희와 그 외」. 『일본잡지 모던일본과 조선 1939』(완역). 윤소영·홍선영 외 2명 옮김. 어문학사, 363-366쪽.

이양지. 1984.6.14. 「모국생활 4개월째」. ≪중앙일보≫.

이철주. 2017.10.12. 「일본에서 꽃핀 북한의 민족무용, 최승희의 후예들[북한예술로 읽다] 북한무용(4)」. http://www.minplus.or.kr/news/articleView.html?idxno=3805

이토 준코. 2016.12.1. 「김매자와 야마다 세쓰코의 30년 이야기(10)」. 일본국제교류기금 서울사무소 홈페이지 〈연재코너〉 https://www.jpf.or.kr/index/content_print2.php?bo_table=publish&wr_id=74

이화여자대학교. 2013. 『이화여자대학교 무용과 50년 발자취』 제1편.

이흥구. 2015. 『한성준의 생애와 승무』. 보고사, 18~19쪽.

임수향. 2013.11.30. 「조선무용기본동작강습」. 재일본조선문학예술가동맹. ≪문예통신≫ 제3호.

임장혁 등. 2006. 『중요무형문화재 원형 보존과 재창조 가이드라인』. 문화재청.

임혜정. 2017. 「광복 이후 한국음악 공연물의 흐름과 변화-국립국악원과 서울시국악관현악단의 공연을 중심으로」. ≪국악원논문집≫, 제36집, 157~185쪽.

장광열. 1992. 「서울 국제 무용제, 가족과 함께 보자」. ≪객석≫. http://www.arko.or.kr/zine/artspaper92_10/19921006.htm

장혜순. 2018. 「발생기의 우리 학교 vol. 38 조선무용 서클」. ≪월간 이어≫, 2018년 8월호. http://www.mongdang.org/kr/bbs/board.php?bo_table=school_series&wr_id=40&page=2

_____. 2018. 「발생기의 우리학교 VOL.37_재일학생소년예술단 서울공연」. ≪월간 이어≫, 2018년 8월호. http://www.mongdang.org/kr/bbs/board.php?bo_table=school_series&wr_id=39&page=2

재일동포모국공적조사위원회. 2008. 『母國을 향한 在日同胞의 100年 足跡』. 재외동포재단.

전라북도립국악원 편. 2015. 『전북의 전통예인 구술사. 17(전라북도 무형문화재 제40호) 가야금산조 보유자 지성자』.

정병호. 1985. 「신한국무용을 극복하고 전통무용의 기틀을 잡기까지」. 한국문화예술위원회 광복
40년 오늘의 문화예술 무용·傳統舞踊. http://www.arko.or.kr/zine/artspaper85_07/
19850716.htm (2019.12.27 검색).

_____. 2002. 「공간사랑의 추억」. ≪문화예술≫, 12월호, 76~77쪽.

정인섭. 1995. 『재일조선인의 법적지위』. 서울대학교 출판부.

정호석. 2020. 「자이니치의 만박: 1970년 일본만국박람회 당시 재일한국인들의 후원 활동」. 『재
일한인총서 3권 모국공헌』. 한울.

조동화. 1976. 「巨人의 그림자―조택원 선생의 서거에 부처서」. ≪공간≫, 74쪽.

조택원. 2015. 『조택원』. 지식공작소.

조현미. 2013. 「두 한인 디아스포라 여성의 삶과 정체성」. ≪日本語文學≫, 第60輯, 459~484쪽.

최태현. 1991. 「민속악회 시나위'의 회고와 전망」. ≪한국음악사학보≫, 7권 0호, 2~47쪽.

波鳥. 1975. 「르뽀 서울 市內 무용학원의 실태」. ≪舞踊≫, 第2輯, 48~57쪽

하유미. 2013. 「정재를 활용한 창작 사례 1―1990년대~2005년 국립국악원 무용단을 중심으로」.
≪國樂院論文集≫, 제27집, 199~230쪽.

한국은행 경제통계국. 2005.8. 「숫자로 보는 광복 60년」.

한영혜. 2009. 「재일조선인사회 민족무용의 전승과 아이덴티티」. ≪일본비평≫, 창간호.
318~351쪽.

_____. 2020a. 「'한국'과 '조선' 경계짓기와 경계넘기: 국민정체성의 재구성과 생활의 전략」. 『재
일한인연구총서 2 경계와 재현: 재일한인의 국적·사회조사·문화표상』. 한울.

_____. 2020b. 「재일한인, 본국과의 새로운 관계―'조선'에서 '한국'으로 '국적변경'을 한 재일 3세
를 중심으로」. 『재일한인연구총서 2 경계와 재현: 재일한인의 국적·사회조사·문화표상』.
한울.

CHE. R. 2018.9. 「조선춤(チョソンチュム)を追いもとめ／始まりのウリハッキョ編 vol.39 朝
鮮舞踊基本動作の普及」(企画朝鮮学校百物語) http://www.io-web.net/2018/09/.

高祐二. 2014. 『在日コリアンの戦後史―神戸の闇市を駆け抜けた文東建の見果てぬ夢』. 明石
書店.

廣瀬陽一. 「金達洙事典: 孤独な彼ら(小説)」. http://srhyyhrs.web.fc2.com/k2-ko4.htm (2019
년 12월 15일 검색).

国立ハンセン病資料館. 2019. 「貴重映像でたどる〈アリランの会〉の軌跡」.

国会衆議院. 1963.12.17. 「法務委員会議録」. 第四号(第一類　第三号) (第45回国会衆議院).

金剛山歌劇団. 「〈昭和レビュー狂の時代〉」第1部: 昭和14年~昭和19年(NDTの歴史-II)
http://www.geocities.jp/yfcwn373/s14-19nen.html (2018년 12월 10일 검색)

吉村裕美·中河督裕. 2008. 「三年峠と三年坂―韓国·日本そして京都」.　佛教大学総合研究所紀
要別冊. 『京都における日本近代文学の生成と展開』, 253~274쪽.

金德龍. 2004. 『朝鮮学校の戦後史 1945-1972』(増補改訂版). 社会評論社.

金滿里. 2012. 「文学やアートにおける日本の文化史 日韓戦中後, 古典前衛芸術物語」. 『ノーマライゼーション 障害者の福祉』, 2012年11月号32巻(通巻 376号).

金利恵. 1993.8.11. 「中上健次さんを偲んでー物語のあじまり」. ≪統一日報≫.

_____. 2003.11.6. 「道成寺 日韓和合の舞ー安珍・清姫伝説を韓国舞踊で解釈して表現」. ≪日本経済新聞≫.

_____. 2005. 『風の国 風の舞』. 水曜社.

_____. 2010a. 「あの頃のこと②女友達」. ≪季刊 東北学≫, 第22号. 柏書房, 219~224쪽.

_____. 2010b. 「あの頃のこと③女友達2」. ≪季刊 東北学≫, 第23号. 柏書房, 243~247쪽.

金理花. 2016. 「「在日朝鮮人運動」における音楽活動ー朝連文化部の事例から」
    (金理花, HERMES-IR, 2016.11.20) http://hadl.handle.net/10086/28103.

金英達・高柳俊男(編). 1995. 『北朝鮮帰国事業関係資料集』. 新幹社.

金泰明・鄭甲寿. 2008. 「(対談)他者救済とボランティア」. ≪ワンコリアフェスティバル≫ 24th. 10~13쪽.

金坡禹. 1958. 「韓国の音楽と舞踊系譜(その二)ー韓国唱劇編」. ≪親和≫, 60号, 5~7쪽.

大阪青年会議所. 1971. 「大阪青年会議所認定証書伝達式記念雑誌」.

島 公靖. 1943. 「春香傳」. 東寶舞踊隊・佐谷功 編. 『日本民族舞踊の研究』. 東寶書店, 277~310쪽.

東寶舞踊隊・佐谷功 編. 1943. 『日本民族舞踊の研究』. 東寶書店.

白凜. 2018. 「南北分断を異教の地で乗り越えた「連立展」ー知られざる在日朝鮮人の美術展を解明する」. 『アジア太平洋レビュー2018』, 16~30쪽.

浜田幸. 2015. 「『京城日報』の紀元二六〇〇年の記念イベント」. ≪メディア史研究≫ 38, 77~96쪽.

三橋蓮子. 1943. 「韓成俊先生と僧舞のことども」. 東寶舞踊隊・佐谷功(編). 『日本民族舞踊の研究』. 東寶書店, 266~272쪽.

西嶋一泰. 2010. 「一九五〇年代における文化運動のなかの民俗芸能ー原太郎と「わらび座」の活動をめぐって」. ≪Core Ethics≫ Vol. 6, 299~310쪽.

西方恭子. 2003. 「会報「チュムパン」生まれて一年 感謝をこめて」. ≪趙寿玉チュムパンの会会報≫, 第4号(2003.5.18), 4쪽.

石井 漠. 1951. 『私の舞踊生活』. 講談社.

小林直弥. 2008. 「崔承喜の足跡と創作舞踊への考察ー中国と中央戯劇学院における資料を中心に」. ≪日本大学芸術学部紀要≫, 57~71쪽.

孫ミギョ. 2017. 「在日コリアンにおける文化運動としてのワンコリアフェスティバルの意義」. ≪空間・社会・地理思想≫, 20号, 57~71쪽.

梁永厚. 1956. 「座談会 朝鮮の芸術家たち」(湯淺克衛・趙澤元・吉田常二). ≪親和≫, 37号, 1~10쪽.

_____. 1994. 『戦後・大阪の朝鮮人運動 1945-1965』. 未來社.

呉 文子. 2020.2.14. 「「調布ムルレの会」と共に40数年」. ≪東洋経済日報≫.

二階堂清寿. 1962. 「進明高校舞踊団を迎て」. 日韓親和会. ≪親和≫, 99号, 28~29쪽.

李良枝. 1997. 『由熙・ナビタリョン』. 講談社文芸文庫.

李泳采. 2010. 「戦後日朝関係の初期形成過程の分析－在日朝鮮人帰国運動の展開過程を中心
に」. ≪立命館法学≫, 333・334号(2010年5・6号), 33~58쪽.

李裕淑. 2017. 「在日コリアン社会のチェサ文化の変容」. ≪立命館言語文化研究≫, 28巻3号,
143~159쪽.

李銀子. 1992. 「ヤンジの「思い出」(追悼文)」. ≪季刊 青丘≫, 13号(1992.8.15).

_____. 1994. 「「言葉の杖」を求めて－同時代を生きた友へ」. ≪新日本文学≫, no.556(1994년
11월호), 58~81쪽.

_____. 2003. 「言葉の杖を探し求めて－わが友ヤンジへ」. ≪新日本文学≫, 2003년 5, 6월호,
62~65쪽.

日本芸術文化振興会. 2003. 『日本洋舞史年表 I 1900-1959』.

日韓親和会. 1956a. 「"日韓親善のつどい" 趙沢元・小沢恂子民族舞踊公演招待会を和やかに開
催」. ≪親和≫, 30号, 28~29쪽.

_____. 1956b. 「座談会 朝鮮の芸術家たち/趙沢元・湯浅克衛」. ≪親和≫, 37号, 1~10쪽.

_____. 1961. 「日本における統一運動－四月十八日文化祭にみる」. ≪親和≫ 90号, 28~29쪽.

任秋子. 2004. 「朝鮮の土の香りがする舞踊を求めて」. 朴日紛・金潤順(編). 『生涯現役－在日
朝鮮人-愛と闘いの物語』. 同時代社, 193~204쪽.

_____. 2008.9.26. 「受け継がれる「朝鮮舞踊の名作」」. ≪朝鮮新報≫.

長谷川 道弘. 2000. 「日韓平和と友好の旅」(99.8/21~26)レポート. https://ha3.seikyou.ne.jp/
home/tom-hase/peace/aala/kore00_1.htm 「日韓友好を考える旅」(2000年11月2日~6日
レポート&感想文).

斎藤 裕子. 2000.6.12. 「「韓国民族伝統芸能」をみて－民族衣装も華やかに舞う」. 新聞 ≪農民
≫ 付 http://www.nouminren.ne.jp/dat/200006/2000061211.htm.

在日朝鮮人歴史研究所 編. 2005. 『朝鮮総連』. 朝鮮新報社.

鄭甲寿. 2015. 『ハナワンコリア道草回顧録』. ころから.

朝鮮学校を記録する会. 2017. 「教育援助費と奨学金が送られた日(再現1957.4.19)」(2017.3.25,
업데이트 2017.5.3) https://www.urihakkyo.com/2017/03/25/enjohi-saigen/

曹恩愛. 2016. 「1950年代における日韓会談の展開と「(旧)在朝日本人」/「在日朝鮮人」をめぐる
記憶・表象の政治学－日韓親和会機関誌『親和』を中心に」(公益財団法人日韓文化交流基
金 フェローシップ報告書).

川勝敬子・牛久保滋. 2006. 『韓国舞踊 趙寿玉』(사진집).

秦 豊吉. 1943. 「日本民族舞踊の研究について」. 東寶舞踊隊・佐谷功(編). 『日本民族舞踊の研
究』. 東寶書店, 2~3쪽.

下村 宏. 1956. 「趙澤元民族舞踊公演招待会開催にあたりて御挨拶」. 日韓親和会. ≪親和≫

30号, 23쪽.

韓東鉉. 2006. 『チマチョゴリの制服の民族誌』. 双風社.

ヒロシマ平和メディアセンター. 1981. 「広島の記録」(1981.8) http://www.hiroshimapeace media.jp/?p=26003

[신문(인터넷신문 포함)] (기사 목록 별첨)

≪경남신문≫, ≪경향신문≫, ≪고성신문≫, ≪국민일보≫, ≪디트news24≫, ≪매일경제≫, ≪매일신보≫, ≪민족의학신문≫, ≪서울문화투데이≫, ≪시사저널≫, ≪전북일보≫, ≪아시아 뉴스통신≫, ≪이슈제주≫, ≪조선일보≫, ≪朝鮮中央日報≫, ≪중부매일≫, ≪중앙일보≫, ≪춤추는 거미≫, ≪피플투데이≫, ≪한겨레≫, ≪한국경제≫, ≪朝日新聞≫, ≪神奈川新聞≫, ≪韓國新聞≫, ≪韓国学生新聞≫, ≪神戸新聞≫, ≪協同戦線≫, ≪共同新聞≫, ≪統一日報≫, ≪東京新聞≫, ≪東洋経済日報≫, ≪中日新聞≫, ≪報知新聞≫, ≪民主新聞≫, ≪民団新聞≫, ≪読売新聞≫, ≪News Wire≫

[기사 목록]

≪경남신문≫. 2002.8.27. 「최승희 탄생 90주년 기념 국제무용 축제」.

≪경향신문≫. 1961.3.28. 「아름다운 韓國 等 試演 － 朴貴姬女史 中心으로 猛練習, 國際民俗 藝術祭 參加準備」.

＿＿＿. 1962.5.2. 「民族藝術을 자랑－5·16革命 한 돌 紀念 서울 國際音樂祭典」.

＿＿＿. 2007.12.6. 「[춤과 그들]정무연 '춤추는 제비'의 고독한 날개짓」.

≪고성신문≫. 2020.7.17. 「김만리로 산다는 것 '꽃은 향기로워도'」.

≪국민일보≫. 2012.5.1. 「최승희 무용 동작 기록한 필름 원본 공개－백홍천씨, 영화용 제작 '조선민족무용기본' 숙명여대에 기부」.

≪News Wire≫. 2007.12.04. 「한국 근대 춤의 선구자 조택원 영상기록물 최초 발굴」.

≪디트news24≫. 2007.12.04. 「근대 춤 선구자 조택원 영상기록물 최초 발굴」.

≪동아일보≫. 1969.7.10. 「「코리아하우스」에서 인기를 끌고 있는 한국춤」.

≪매일경제≫. 1998.6.16. 「북한국적 춤꾼 백향주 국내 공연」.

≪매일신보≫. 1934.1.22. 「趙澤元·石井榮子 第一回舞踊發表會」.

≪민족의학신문≫. 2003.8.29. 「2003 백향주 무용 공연」.

≪서울문화투데이≫. 2018.1.29. 「신금옥 무용가 '한국무용의 명맥 잇는 하나의 줄이 되었으면 좋겠다'」.

≪씨네21≫. 2001.5.17. 「고이 접어 나빌레라: 김리혜 첫 춤판」.

≪시사저널≫. 1998.5.28. 「박보희 '금강산 개발 마스터 플랜 마련'」.

＿＿＿. 2007.3.12. 「뉴욕에 가서 끝장 보겠다'」.

≪아시아 뉴스통신≫. 2019.5.17. 「전통예술계의 대모 정재연구회 김영숙 예술감독: 종묘제례일무의 역사 미학 세계로 전파하다」.

≪이슈제주≫. 2006.08.10.「일본서 계승된 우리 전통무를 제주에서-강휘선조선무용연구소 무용단 '날새' 공연」.

≪전북일보≫. 2000.4.21.「문화광장」.

≪朝光≫. 1937년 4월 호.「고수 50년」.

≪朝鮮中央日報≫. 1934.9.22.「非常한 人氣中에 崔承喜女史 舞踊 盛況」.

≪조선일보≫. 1937.3.27.「鼓手五十年 韓成俊氏」.

_____. 1937.3.27.「崔承喜送別座談會」.

_____. 1938.1.6.「蔑視밧든 朝鮮舞踊 大衆藝術의 境域에」.

_____. 1938.1.7.「묵은 朝鮮의 새 香氣」.

_____. 1938.6.19.「古典舞踊大會」.

_____. 1940.2.25.「朝鮮音樂舞踊研究會 二十七日밤 府民舘에서 渡東記念公演」.

_____. 1940.7.12.「韓成俊氏 東京公演」.

_____. 1952.9.23.「趙澤元氏 東京서 公演」.

_____. 1952.10.7.「熱狂的인 拍手喝采 趙澤元氏 東京 公演」.

_____. 1960.5.7.「14년 만에 還國-舞踊家 趙澤元氏」.

_____. 1960.5.12.「民族藝術 樹立위해 努力-趙澤元氏 歸國談」.

_____. 1962.11.24.「일본서 이름 떨친 한국 소녀문화 사절단」.

_____. 1963.11.24.「일본서 한 달 공연: 한국 소녀민속무용단 출발」.

_____. 1968.3.28.「母國訪問 國樂발표회: 在日韓國舞樂院」.

_____. 2003.11.11.「[사람들]민속 악기로 일본에 한국문화 알려요」.

≪중부매일≫. 2000.12.03.「강혜숙춤패 일본공연, 7-12일 도쿄서」.

≪중앙일보≫. 1970.2.28.「세계에 선보일 한국의 민속」.

_____. 1970.5.19.「(251)엑스포70 한국의 날」.

_____. 1972.3.10.「「일본요정에 취직시켜준다」 여인들 모아 돈 뜯어」

_____. 1972.4.24.「일본서 활약하는 교포 음악인들」

_____. 1978.6.24.「대형화한 민속예술사절: 올해 해외 공연 일정 확정」

_____. 1980.09.1.「가을에 온 사람들 〈1〉: 재일 가야금 연주가 지성자씨, 예술은 교포들에게 조국 알리는 유산, 제자에 우리가락 보여주려 함께 방문」.

_____. 1982.1.23.「무속무용 일본에 선뵈」.

_____. 1985.8.24.「북한예술은 어떤 것인가: 남북한예술단 교환공연 계기로 본다」.

_____. 1986.4.8.「「해녀」·「나비타령」의 작가 이량기씨의 진쇠춤」.

_____. 1986.10.29.「「경기도당굿」 예술승화」.

_____. 1987.7.30.「두 민간악단 「음악사절」로 나섰다」.

_____. 1989.8.17.「실종된 민족예술 자긍심」.

_____. 1990.12.10.「김숙자 무용공연 출연」.

_____. 1991.8.25.「고전무용가 송화영 씨 누드사진 곁들인 고별공연 무산」.

_____. 1997.10.15. 「재일동포·일본인 혼성 '도쿄비빔밥클럽' … 빌보드지서 대서특필」.

_____. 2001.9.14. 「'민속악 요람' 국악예고 개교 40주년 맞아」.

_____. 2001.12.20. 「이철우 평양 윤이상음악연구소 부소장 첫 방한」.

_____. 2018.06.23. 「태평양전쟁 중 日에 동원된 조선인 2600명 명부 발견」.

≪춤추는 거미≫. 2007.12.18. 「북녘의 춤, 서울 무대를 수놓다」. www.dancingspider.co.kr

≪통일뉴스≫. 2000.12.2. 「총련의 금강산가극단, 최초로 서울 공연(12월 11일~18일)」.

_____. 2007.11.13. 「조선민족의 넋을 잘 알아야 비로소 조선무용은 완성된다: 민족춤패 출, 14일
밤 5년간 준비한 조선무용 선보여」.

_____. 2018.10.15. 「남북, 예술로 통일을 꿈꾸다」.

≪피플투데이≫. 2014.1.15. 「한·중 전통아악 및 무용문화 교류에 앞장서」.

≪한겨레≫. 2007.7.19. 「풍물인생 50년 최종실 교수」.

_____. 2007.9.17. 「금강산가극단 '북한의 춤사위' 서울에서 훨훨」.

_____. 2007.10.15. 「금강산가극단 입국절차 갈등 공연취소」

_____. 2008.4.28. 「원로 언론인 이상권 씨」.

≪한국경제≫. 1998.6.8. 「'최승희가 살아온듯' … 조총련계 무용가 백향주 씨 공연」.

≪共同新聞≫. 1968.1.3. 「銀月」(광고)

≪朝日新聞≫. 1994.8.1. 「「在日」韓国舞踊団芸術祭に初参加」.

≪神奈川新聞≫. 2009.9.9. 「障害者にクラシックを ゛茅ケ崎で福祉コンサート」.

≪神戸新聞≫. 1994.10.8.(夕刊). 「芸術祭に外国人として初参加」.

≪韓國新聞≫. 1962.11.7. 「韓日会談促進大会－民団岡山県本部で開催」.

_____. 1963.1.10. 「韓国民謡農楽団が来日－来月八日から全国主要都市で公演」.

_____. 1963.1.26. 「韓国芸能使節団が来日－僑胞慰問と韓日親善を促進」.

_____. 1963.2.3. 「無形文化財を指定－消えゆく民族の文化」.

_____. 1963.7.16. 「韓芸総正式に発足－理事長に郭仁植氏が就任」.

_____. 1964.9.18. 「東京オリンピック大会動員計画」.

_____. 1964.9.18. 「在日芸総で五輪対策委を組織 オリンピックの歌を発表」.

_____. 1964.10.8. 「本国文化芸術団が来日」.

_____. 1965.2.18. 「児童劇団「新園」日本を去る－告別公演は「兎伝」」.

_____. 1966.9.25. 「韓國國立國樂院日本公演－韓日両国民の親善融和を促進/要望される実施
要項の徹底」.

_____. 1967.3.23. 「韓国古典唱劇人気絶頂」.

_____. 1967.3.23. 「"春香座"を公演 21日八尾支部で」.

_____. 1967.11.25. 「進明女高舞踊団一行来日－韓国学校,日本高教へ親善公演」.

_____. 1968.10.15. 「崇義女高舞踊団招き－滋賀民団で同胞慰安会」.

_____. 1968.10.15. 「民族色も豊かに－東京韓国学校の運動会」.

_____. 1968.10.15. 「無事に帰国-崇義女高舞踊団」.

_____. 1968.11.15.「韓国民謡舞踊芸術団が来日」.

_____. 1969.1.1.「韓国児童舞踊団来日－16, 17, 25日大阪で公演」.

_____. 1969.5.25.「韓國民俗歌舞芸術団来演－3月11日・東京皮切りに全国巡演無形文化財級ズラリ」.

_____. 1969.10.25.「在日韓国人慰問に民俗舞踊団再び来日－10月21日から全国10都市を巡回公演」.

_____. 1969.10.25.「優美華麗な舞台－来日の民俗舞踊団各地で絶賛」.

_____. 1971.1.2.「天才少女舞踊団小さな天使－日本で第2回公演」.

_____. 1971.1.16.「佐藤首相大いに感激－「リトル・エンゼルス」大きな外交/東京共立講堂に皇太子ご夫妻も」.

_____. 1971.1.8.「ご宴会・お食事は銀座並木通りの東亜チェンでどうぞ」(광고).

_____. 1973.7.21.「ヨーロッパでの南・北韓民芸公演の反響」.

_____. 1973.8.4.「ヨーロッパでの南・北韓民芸公演の反響」(下).

_____. 1975.1.25.「韓国舞踊の'静'芸術－日本第一人者小沢恂子さん」.

≪協同戦線≫. 1952.12.15.「豫告 趙澤元 舞踊團 公演」.

≪統一日報≫. 1981.11.19.「"独自の文化表現"求めて－在日韓国芸術・文化人会議準委が発足」.

_____. 1985.9.6.「晴れの舞台 見てね－名古屋の同胞女性ら「伽倻琴と舞踊の夕べ」」.

_____. 1985.9.19.「同胞主婦らが発表会－名古屋で「伽倻琴と舞踊の夕」/2年の成果息もピタリ.

_____. 1993.5.27.「民族文化の習得 在日同胞に「限界」ない」.

_____. 1995.8.24.「踊りは祖国と祈りと模索 インタビュー金利恵の舞踊世界〈上〉」.

_____. 2002.9.4.「伝統舞踊ひとすじ－日韓文化交流基金賞 金利恵さん `在日として初受賞」.

≪東京新聞≫. 2002.8.22.「日韓舞台 私は踊る」.

≪東洋経済日報≫. 2001.5.18.「在日のハンセン病患者」.

≪中国新聞≫. 1981.8.1. 「ヒロシマの記録 1981 8月」(ヒロシマ平和メディアセンター). http:// www.hiroshimapeacemedia.jp/?p=26003

≪中日新聞≫. 2016.10.14.「「ノリパン」始めて31年」(蔡孝).

≪東洋経済日報≫. 2001.5.18.「〈鳳仙花〉◆ 在日のハンセン病患者 ◆」.

≪韓国学生新聞≫. 檀紀4286(1953).1.5.「韓国宮廷舞踊の一こま」(사진).

≪民主新聞≫. 1954.7.1.「民族芸術祭典開く」.

≪民団新聞≫. 2000.9.13.「在日の南北舞踊家が共演－和合・交流願い10月31日に」.

_____. 2008.7.16.「在日音楽家ら障害児を支援 神奈川で慈善公演」.

≪神戸新聞≫ 1994.10.8.(夕刊)「芸術祭に外国人として初参加」.

≪報知新聞≫ 1994.10.15.「2000人が喝采 朴貞子韓国舞踊団「ありあり」公演」.

≪読売新聞≫ 1994.10.9.「(顔) 外国人で初めて文化庁芸術祭に参加する在日韓国人舞踊家朴貞子さん」.

〈팸플릿〉

(강휘선)

≪舞う, 舞いあがれ! ひとつになるまで 姜輝鮮朝鮮舞踊研究所 第30回発表会≫(2010.8.30 大
　　阪国際交流センター).

≪세상에 둘도 없는 꽃 조선의 꽃 姜輝鮮朝鮮舞踊研究所 第31回発表会≫(2012.8.23. クレオ大
　　阪中央大ホール).

(고정순)

≪芸術生活30周年記念 高定淳リサイタル 춤사랑-조국의 명작을 춤추다-≫(2013.12.6. 四谷区
　　民ホール).

(고정순·유미라 합동공연/합동발표회)

≪연·緑·ヨン-高定淳·柳美羅の舞-≫(2007.11.24. 牛込箪笥区民ホール).

≪혼·魂·ホン-高定淳·柳美羅の舞vol.II-≫(2009.11.24. きゅうりあん大ホール).

≪興-高定淳·柳美羅の舞vol.3-≫(2011.11.18. 滝野川会館大ホール).

≪ウリ歌舞楽発表会≫(2006.11.17. 目黒パーシモン小ホール).

≪第2回 ウリ歌舞楽発表会≫(2008.11.18. きゅうりあん大ホール).

≪第3回 ウリ歌舞楽発表会≫(2010.8.31. きゅうりあん大ホール).

≪第4回 ウリ歌舞楽発表会≫(2012.11.16. きゅうりあん小ホール).

≪第5回 ウリ歌舞楽発表会≫(2014.11.15. 新宿区立四谷区民ホール).

(김리혜)

≪韓舞 하얀도성사≫(2005.11.3~4. 호암아트홀).

≪韓舞からまい　　白い道成寺≫(2005.11.13.北九州芸術劇場/11.14.名古屋市青少年文化セン
　　ター アートピアホール/11.15.新国立劇場中劇場/11.17.シアターBRAVA!).

(김순자)

≪우리 판-金順子韓國民俗舞踊研究所 開設4周年記念 第一回発表会-≫(1990.5.20. 練馬区立
　　練馬文化センター小ホール).

≪우리 판-金順子韓國伝統芸術研究院 開設8周年記念 第三回発表会-≫(1994.6.5. 練馬区立
　　練馬文化センター小ホール).

≪우리 판-金順子韓國伝統芸術研究院 開設10周年記念 第6回公演-≫(1996.6.16. 練馬区立練
　　馬文化センター大ホール).

≪우리 판-鼓舞響 -金順子韓国伝統芸術研究院 第8回公演≫(1998.6.27. 練馬区立練馬文化セ
　　ンター大ホール).

≪新羅千年の香り 達城教坊舞-韓国伝統舞踊家金順子が舞う≫(2000.6.11. 練馬区立練馬文
　　化センター大ホール).

≪新羅千年の香り 達城教坊舞-金順子韓國伝統芸術研究院20周年記念公演≫(2003.2.12. 前
　　進座劇場).

≪韓舞楽-社団法人　韓国国楽協会日本東京支部設立15周年記念公演≫(2004.2.5.　日暮里サ

ニーホール).

(놀이판)

≪축제의 땅에서 「祝祭の大地から」≫(2003.7.26. 名古屋市青少年文化センター アートピア
ホール).

≪백년의 약속 百年の祝祭 -ノリパン25周年記念公演-≫(2011.1.8.名古屋市芸術創造センター).

≪響け! 大地の聲 第2回ちくさノリマダン≫(2005.5.7.千種文化小劇場).

(문예동)

≪재일본조선문학예술가동맹 무용경연대회≫(2002.6.22. サンパール荒川).

≪제2차 재일본조선문학예술가동맹 무용경연대회≫(2003.7.13. 鶴見会館).

≪제3차 재일본조선문학예술가동맹 무용경연대회≫(2004.6.26. 大阪府立青少年会館).

≪제4차 재일본조선문학예술가동맹 무용경연대회〈독무부문〉≫(2005.12.17. 名古屋市守山文化
小劇場).

≪제5차 재일본조선문학예술가동맹 무용경연대회≫(200711.23. 東京朝鮮文化会館).

≪제6회 재일본조선문학예술가동맹 무용경연대회≫(2009.7.19. 兵庫県芦屋市民センター).

≪제7회 재일본조선문학예술가동맹 무용경연대회≫(2011.8.6. 東大阪市立市民会館).

≪제8회 재일본조선문학예술가동맹 무용경연대회≫(2013.7.28. 名古屋芸術創造センター).

≪제9회 재일본조선문학예술가동맹 무용경연대회≫(2015.7.19. きゅりあん(品川総合区民会館))

≪아리랑의 노래 祖国解放70周年記念全国文芸同舞踊部員による 舞踊祭典≫(2015.7.20.きゅう
りあん大ホール).

(아리나래アリナレ)

≪アリナレのNEXT　プロジェクトーそのⅠ　色≫(2005.10.7.名古屋市青少年文化センター
[アートピア]).

(임추자)

≪임추자조선무용창작발표회≫(1994年12月15日[木],メルパルクホール(東京郵便貯金ホール),
主催:金剛山歌劇団, 後援:在日本朝鮮文學芸術家同盟).

≪舞踊生活六〇周年·古希記念　任秋子民族舞踊団特別公演≫(2006年12月14日[木], 北とぴあ
(さくらホール))主催：任秋子民族舞踊団特別公演実行委員会, 後援：在日本朝鮮文学
芸術家同.

≪할미의 노래≫ (정명자한국예술연구원의 '가무악극'/ 2009.12.9. 국립국악원 예악당).

≪舞踊半生七十年·傘寿記念 任秋子民族舞踊団特別公演 춤한길 ≫(2017年7月6日[木]太田区民
ホール アプリコ).

(재일한국인문화예술협회)

≪在日韓国人文化芸術協会の夕べ　アリランの旅人ーアリラン·ナグネー≫(1997.11.6. 朝日
生命ホール).

(조선무용교실 무희)

≪춤추는 꽃 舞姫 朝鮮舞踊教室〈舞姫〉10周年記念發表會≫(2010.9.1. 名古屋市青少年文化セ

ンター(アートピアホール11階)).

≪춤추는 꽃, 舞姫 朝鮮舞踊教室〈舞姫〉第4回定期發表會≫(2012.8.31. 名古屋市青少年文化セ
ンター(アートピアホール11階)).

≪조선을 춤추다 -朝鮮舞踊教室〈舞姫〉15周年記念發表會-≫(2010.9.1. 名古屋市青少年文化セ
ンター(アートピアホール11階)).

(조수옥)

≪趙寿玉춤판 五方舞Ⅲ 砂厓オジ≫(2008.10.10.めぐろパーシモン小ホール)ンター(アートピ
アホール11階)).

(최숙희)

≪李清子舞踊發表會≫(1975.9.27~28. 예술극장).

≪日韓親善グループ黎明 第二回 韓国舞踊発表会≫(1982.7.21. 大阪厚生年金会館大ホール).

≪グループ黎明10周年記念公演≫(1987.8.22~23. 大阪府立労働センター).

≪グループ黎明・韓国舞踊公演 '하제'≫(1989.8.7.~13. KCC(韓国キリスト教会会館) 5階大
ホール).

≪グループ黎明15周年記念公演 '明'≫(1991.2.8.~11. KCC(韓国キリスト教会会館) 5階大ホー
ル).

≪グループ黎明・韓国舞踊公演≫(1993.8.18. 厚生年金会館中ホール).

≪グループ黎明所沢公演 韓国伝統舞踊と国楽≫(1997.11.9. 韓国伝統舞踊の世界), 11.13.(閔
栄治 音楽の世界). 所沢ミューズ/マーキーホール).

≪'神氣'韓国伝統舞踊と音楽≫(1999.10.29. 北トピア さくらホール).

≪심소김천흥선생과 정재연구회≫(1998.12.4. 국립국악원 예악당).

≪神氣— 韓国伝統舞踊と音楽≫(2001.6.22. いずみホール).

≪第1回 佾舞の由来≫(2006.2.5.湯島聖堂内 斯文会館 講堂).

(지성자가야금연구회)

≪가야금을 즐기는 밤 『ガヤブムに親しむ夕べ』-池 成子伽倻琴研究会第1回発表会≫(1979.
6.23. 代々木八番公民館ホール).

≪第5回 伽倻琴 `舞踊学習発表会≫(1979.12.1. 東京商銀7階 会議室).

≪第2回 伽倻琴と舞踊に親しむ夕べ 가야금과 무용을 즐기는 밤≫(1981.11.15. 豊島区民セン
ター文化ホール).

(그외)

≪金淑子—恨と歓喜の世界—韓国巫俗舞踊の夕べ≫(1982.2.2.ソルフェージスクールホール).

≪在日韓国人文化芸術協会の夕べ —アリランの旅人(アリラン・ナグネ)≫ (1997.11.6. 朝日生
命ホール) (재일한국인문화예술협회 주최).

≪무용조곡 세월과 더불어 舞踊組曲~歳月~≫ (2000.12.24.大阪国際交流センター大ホール/
2001.2.4.愛知県勤労会館/ 2001.3.20.北トピア・さくらホール) (문예동 중앙무용부 홈페
이지에서 https://munedong-myb50.jimdofree.com/).

≪第3回 愛と平和のシンフォニー ~1人の100歩より100人の1歩~≫(2007.10.27.横浜関内ホール. 主催:WE LOVE THE WORLD).

≪パンクッ-旅人(ナグネ)たちの祝祭-≫(2013.6.15.名古屋市港文化小劇場).

〈기타 자료들〉

石香金順子韓国伝統芸術研究院. 〈活動の記録 since 1986~〉. https://kgk296.wixsite.com/kimsunja/1986-1996; https://kgk296. wixsite.com/kimsunja/1997-2007

趙寿玉. 「趙寿玉 活動記録」. http;//www.chosoook.com/index/huo_dong_ji_lu.html

영상역사관. 1962.5.5. 〈도쿄 한국 공보관 개관〉(대한뉴스 363호).

KBS뉴스. 2000.6.9. 〈15년 전 무산된 남북 콘서트 日서 열려〉.

스포티비뉴스. 2018.3.31. 〈반세기 만에 이뤄지는 북한의 도쿄 올림픽 참가〉.

KBS통일방송연구. 2006.3.18. 「평양 '금성학원'이란?」. http://office.kbs.co.kr/tongil/archives/21035(검색일 2020.9.20).

Yu Jun Choi. 2014.3.2. 〈식민지시대 조선악극단 공연모습〉. https://www.youtube.com/watch?v=2o9L3Y5RIes (검색일 2019.7.23).

peace3000. 2006.5.29. "금강산가극단 공연 사단법인 평화3000 회원님들께 드리는 6월 나들이 이벤트". http://peace3000.net/?p=6816

제주주민자치연대. 2006. "[공연알림 제주민예총 초청-강휘선주선무용연구소 무용단 "날새"=독립의 꽃 유관순". http://jejujumin.net/skyBoard/view/free/5080

홍천군. 2006.11.4. 「2006 최승희춤축제」 홍천문화관광포털 문화예술행사. http://www.great.go.kr/_festival/festival07u.asp?mode=read&pg=15&sno=11&r_url=/_festival/festival07.asp&part=?%EA%BE%A9%EA%BB%9C

유춘오. 2012.11.8. "BBD대표 김스랍". ≪LARA≫. http://hellolara.com/?p=17443

한국예술디지털아카이브(DA-Arts). 「김정욱(金貞郁)」. https://www.daarts.or.kr/handle/11080/6361

디지털천안문화대전. 「유홍란」. http://cheonan.grandculture.net/cheonan/toc/GC04501166

『세계 한민족 문화대전』. 「재일한국·조선인 한센병 환자동맹」. www.okpedia.kr/Contents…)

국립창극단 홈페이지 「연혁」 https://www.ntok.go.kr/kr/Changgeuk/Introduction/History

통일부 정보포털 「북한의 공연예술」.

통일부 북한자료센터 자료검색. 「조선민주주의인민공화국 국립평양예술단 일본공연 기념판 녀성민요독창」. https://unibook.unikorea.go.kr

사단법인 한국국악협회. 「협회 연혁」, 「협회 조직도」. http://www.kukakhyuphoe.or.kr/

사단법인 한국무용협회. 「협회 연혁」, 「조직도」. http://www.koreadanceassociation.org/es_bh2a1n1/?r=home&c=125/136

블로그Ameba 「東京ビビンバクラブ(テーマ:今日の一枚)」. 2016.5.7. 21:00:47 https://

ameblo.jp/fujixx-world/entry-12091779142.html (검색 2020.7.1).

≪日刊イオ≫.「母・金紅珠に会いにいく ―金満里さん, 20年ぶりに東京で「ウリ・オモニ」を
上演へ」(2019-01-31　10:00:00　l(瑛)のブログ)　https://blog.goo.ne.jp/gekkan-io/e/
93e19a898272c94e7713181c50c96308

「昭和レビュー狂の時代」. 第1部: 昭和14年~昭和19年(NDTの歴史-II). http://www.geocities.
jp/yfcwn373/s14-19nen.html (2018년7월10일 검색).

「마쓰시로(松代)의 위안소」. 동북아역사재단 〈동북아역사넷〉. http://contents.nahf.or.kr/item/
item.do?levelId=iswm.d_0005_0010

「松代大本営地下壕のご案内」. http://matushiro.la.coocan.jp/kinenkan/newpage2.html

「学術人類館」　100年の時空を越えて-エスニックコンサート10周年記念　　http://www7b.
biglobe.ne.jp/~whoyou/kakologu03.htm#03.11.24

[홈페이지]

劇団ともしび 홈페이지 https://tomoshibi.co.jp/operetta

劇団現代座홈페이지 http://www.gendaiza.org/info/jigyo.htm

문예동 중앙무용부 홈페이지 https://munedong-myb50.jimdo.com

文芸通信-文芸同中央-情報紙/ https://munedong-myb50.jimdofree.com/コンクール

府中けやき平和コンサートの会・けやき合唱団 홈페이지 http://www.keyaki-heiwa.com/

松代大本営平和記念館홈페이지 http://matushiro.la.coocan.jp/

在日同胞の生活を考える会 https://www.zainichi-seikatsu-kangaerukai.com/

JP스튜디오 홈페이지 http://jp-studio.net/

〈통일마당〉 공식 웹사이트 https://madang.jp/

찾아보기

각 권 차례

저자 소개

한영혜

전 서울대학교 교수이다. 서울대학교 사회학과에서 석사를 마쳤고, 일본 쓰쿠바대학 사회과학연구과에서 '일본의 사회의식론'에 관한 논문으로 박사학위를 받았다. 서울대학교 국제대학원 교수, 도쿄대학·교토대학 객원교수, 스탠퍼드대학교 방문교수, 한국사회사학회 회장, 서울대학교 일본연구소 소장 등을 역임했다. 최근 수년간은 냉전기·탈냉전기 재일한인과 분단된 본국의 관계 양상에 관심을 기울여 왔다.

한울아카데미 2206

재일한인 연구총서 4

재일동포와 민족무용
냉전의 문화지형과 디아스포라 정체성

지은이 **한영혜** ｜ 펴낸이 **김종수** ｜ 펴낸곳 **한울엠플러스(주)**
편집 **조수임**

초판 1쇄 인쇄 **2021년 3월 2일** ｜ 초판 1쇄 발행 **2021년 3월 24일**

주소 **10881 경기도 파주시 광인사길 153 한울시소빌딩 3층**
전화 **031-955-0655** ｜ 팩스 **031-955-0656** ｜ 홈페이지 **www.hanulmplus.kr**
등록번호 **제406-2015-000143호**

ⓒ 한영혜, 2021
Printed in Korea

ISBN 978-89-460-7206-0 93300(양장)
      978-89-460-6849-0 93300(무선)

* 책값은 겉표지에 표시되어 있습니다.

이 총서는 (재)이희건 한일교류재단의 연구지원을 받아 제작되었습니다.